A Dictionary of Com...

A Dictionary of Common Persian & English Verbs

With Persian Synonyms & Examples

Hooshang Amuzegar

Ibex Publishers
Bethesda, Maryland

A Dictionary of Common Persian & English Verbs
With Persian Synonyms and Examples
by Hooshang Amuzegar

Copyright © 1988, 2005 Hooshang Amuzegar

All rights reserved. No part of this book may be reproduced or retransmitted in any manner whatsoever except in the form of a review, without permission from the publisher.

Manufactured in the United States of America

The paper used in this book meets the minimum requirements of the American National Standard for Information Services – Permanence of Paper for Printed Library Materials, ANSI Z39.48-1984

IBEX Publishers, Inc.
Post Office Box 30087
Bethesda, Maryland 20824 USA
Telephone: 301-718-8188
Facsimile: 301-907-8707
www.ibexpublishers.com

Library of Congress Cataloging-in-Publication Information

Amuzgar, Hushang.
A dictionary of common Persian and English verbs with Persian synonyms and examples / Hooshang Amuzegar.
p. cm.
Originally published: London : Payam Pub. & Distribution Centre, 1988. With new introd.
Includes bibliographical references and index.
ISBN 1-58814-030-X (alk. paper)
1. Persian language—Verb. 2. English language—Verb—Dictionaries—Persian. 3. Persian language—Verb—Dictionaries—English. I. Title
PK6285 .A46 2004
491/.55321 21   2003050806

to
my late Father
Farideh, my wife
Jamshid, my brother

Preface

After the publication of the first edition of my father's dictionary (*Farhang-e Amuzegar*) in 1952 in Tehran, my father suggested that I produce a Persian-English dictionary based on his work.

Almost thirty years later, and by now living in London, I was further encouraged in the task by my English students of Persian, and in 1981 I began a serious approach to the work.

Inevitably, I soon realized what an immense task it was for one individual to compile and write a comprehensive dictionary. Therefore, I instead decided to produce a dictionary of common verbs in Persian and English.

Ten major English and Persian dictionaries have been consulted.

I have added a few synonyms to the Persian verbs in the Persian-English section. As a pronunciation guide, orthographic signs have been used and I have included, where necessary, the relevant preposition which either precedes or follows the Persian verb.

In the English-Persian section, for reasons of space, I have restricted myself to three or four meanings in Persian for every English verb. In the meantime I have excluded the archaic and rare senses of an English verb.

I accept that this dictionary is not without its mistakes and shortcomings.

It remains for me to record my deep gratitude to Mr. Berkeley Milne for his assistance and interest, to Dr. Saeed Goudarznia, Dr. Hassan Fateh and my wife for reading through the manuscript and making valuable suggestions.

Finally I should like to record my appreciation of the care and efforts which Payamco Ltd. have put into the phototypesetting of this dictionary.

— H. Amuzegar
London, 1988

علائم صدا

Orthographic Signs

The sign “*Maddi*” ـٓـ above the letter is pronounced as 'a' in 'part'
Example: آمدن (amadan)

The sign “*Zebar*” ـَـ above a letter is pronounced as 'a' in 'can'
Example: اَرزش داشتن (arzesh dashtan)

The sign “*Zeer*” ـِـ below a letter is pronounced as 'e' in 'pen'
Example: اِرفاق کردن (erfagh kardan)

The sign “*Peesh*” ـُـ above a letter is pronounced as 'o' in 'go'
Example: جُستن (jostan)

The sign “*Sokoon*” ـْـ above the letter is pronounced as 'oa' in 'boat'
Example: توْدیع کردن (toadi kardan)

The sign “*Tashdeed*” ـّـ above a letter is used to double the consonant.
Example: توجّه کردن (tavajjoh kardan)

حروف اختصاری که در فرهنگ بکاربرده شده است

Abbreviations Used in the Dictionary

(v.i.) for Intransitive Verb — (ل) برای فعل لازم

(v.t.) for Transitive Verb — (م) برای فعل متعدی

(syn.) for synonym Verb — (مج) برای معنی مجازی

KEY TO THE PRONUNCIATION

آ	as	a	in part, cart
اَ	as	a	in can, ban
اِ	as	a	in pen, men
او	as	oo	in moon, noon
ای	as	ee	in keen, bean
چ	as	ch	in chin, charm
خ	as	ch	in Scottish word 'loch'
ژ	as	j	in the French word 'jour'
ش	as	sh	in show, shout

ع is a glottal plosive

غ, ق is a voiceless uvular plosive approximating to 'r' in French words

و can be a consonat, vowel or diphthong

انگلیسی بفارسی

ENGLISH - PERSIAN

A

abandon	ترک کردن، رها کردن، ول کردن، دست کشیدن از
abase	تحقیر کردن، خوار کردن، پست کردن
abate	کاستن، تخفیف دادن، فرونشستن، کم کردن
abbreviate	خلاصه کردن، مختصر کردن (کلمه)
abdicate	کناره گیری کردن، استعفادادن (از سلطنت)
abduct	آدم ربائی کردن، ازجای خود بیرون کشیدن (طب)
abhor	تنفر داشتن از، نفرت کردن
abide	ساکن شدن، ایستادگی کردن، انتظار کشیدن
abolish	ملغی کردن، منسوخ کردن، ازمیان بردن
abominate	بیزار بودن از، نفرت کردن، ازچیزی تنفر داشتن
abort	سقط جنین کردن، بچه انداختن، بی نتیجه ماندن
abrade	سائیدن، خراشیدن، زدودن
abridge	خلاصه کردن، مختصر کردن، کوتاه کردن، محروم کردن
abrogate	باطل کردن، لغو کردن، نسخ کردن، از بین بردن
absolve	آزاد کردن، تبرئه کردن، عفو کردن، بخشیدن
absorb	جذب کردن، بخود کشیدن، مکیدن، مجذوب کردن
abstain	پرهیز کردن از، خودداری کردن، احتراز کردن، اجتناب کردن
abstract	کسر کردن، کوتاه کردن، مجزا کردن، خلاصه کردن
abuse	سوء استفاده کردن، فحش دادن، بد استعمال کردن
accede	جلوس کردن، دست یافتن به، رضایت دادن، موافقت کردن
accelerate	تند ترکردن، سریع تر شدن، تسریع کردن (کاری)
accentuate	با تکیه تلفظ کردن، تأکید کردن، اهمیت دادن
accept	قبول کردن، پذیرفتن، تقبل کردن، قائل بودن
acclaim	تحسین کردن، آفرین گفتن، فریاد شادی زدن
acclimate	به آب وهوای تازه عادت کردن، عادت دادن
accommodate	وفق دادن، تصفیه کردن (اختلاف)، جا دادن
accompany	همراه رفتن، همراهی کردن (درموسیقی)
accomplish	انجام دادن، اجرا کردن، بانجام رساندن، تمام کردن
accord	تطبیق کردن، جور بودن، یکی بودن، توافق کردن

account	محسوب کردن، دانستن، حساب کردن، فرض کردن
account for	حساب پس دادن، توضیح دادن، ذکر علت کردن، دلیل آوردن
accredit	باور کردن، اعتماد کردن به، اعتبارنامه فرستادن (برای سفیر)
accrue	عاید شدن، بدست آمدن، تعلق گرفتن (بهره پول)
accumulate	اندوختن، جمع کردن، جمع شدن، رویهم انباشتن
accuse	متهم کردن، تهمت زدن
accustom	عادت دادن، خو دادن، آموخته کردن، معتاد ساختن
achieve	بدست آوردن، بانجام رسانیدن، از پیش بردن
acidify	ترش کردن، تبدیل به اسید کردن، اسید شدن
acknowledge	تأیید کردن، اقرار کردن، اعتراف کردن، تصدیق کردن
acquaint	آشنا کردن، مطلع کردن، آگاهی دادن، آگاه ساختن
acquire	بدست آوردن، تحصیل کردن، کسب کردن، احراز کردن
acquit	تبرئه کردن، رفع مسئولیت کردن، پرداختن (قرض)
act	عمل کردن، کارکردن، بازی کردن (درتئاتر)، رفتارکردن
act as a human	انسانیت کردن، دلسوزی کردن، رحم کردن
act imprudently	بی احتیاطی کردن، جسارت کردن
act deceitfully	تزویر کردن، دغل بازی کردن، گول زدن
act intentionally	تعمد داشتن، عمدا کاری راکردن
actuate	بکارانداختن (ماشین)، سوق دادن، وادار بکاری کردن
acuminate	نوک چیزی راتیز کردن
adapt	وفق دادن، اقتباس کردن، جور کردن
add	اضافه کردن، اضافه شدن، جمع کردن (عدد)
addle	گیج کردن، گیج شدن، خراب کردن، ضایع شدن
addict	خوگرفتن، عادت کردن، عادت دادن
address	خطاب کردن، سخن گفتن، طرف صحبت قرار دادن
adduct	بمرکز نزدیک شدن، بدرون کشیدن
adhere	چسبیدن، پیوستن، طرفدار بودن
adhere to a party	از حزبی طرفداری کردن، هواخواه حزبی بودن
adjoin	متصل کردن (دوچیز)، مجاور بودن
adjourn	موکول کردن (بوقت دیگری)، خاتمه یافتن، خاتمه دادن
adjudge	فیصل دادن (با حکم قضائی)، محکوم کردن، فتوی دادن در
adjudicate	داوری کردن، احقاق حق کردن
adjure	باسوگند کسی رامتهم کردن
adjust	تنظیم کردن، تعدیل کردن، تطبیق دادن، تسویه کردن

administer

administer	اداره کردن، بکار بردن، نظارت کردن
administer an oath	کسی را سوگند دادن
administer justice	عدالت کردن، عدل گستردن
admire	تحسین کردن، تمجید کردن، مدح و تعریف کردن
admit	پذیرفتن، قبول کردن، اعتراف کردن
admonish	نصیحت کردن، وادار کردن، ترغیب کردن، آگاه کردن
adopt	اتخاذ کردن، قبول کردن (کسی را بفرزندی)، گرفتن
adore	پرستیدن، ستودن، عشق ورزیدن
adorn	زینت دادن، آرایش دادن، مزین کردن
adulate	تملق گفتن، چاپلوسانه ستودن، مداهنه کردن
adulterate	تحریف کردن، جازدن، آغشتن، با چیز پست ترآمیختن
advance	پیشرفت کردن، ترقی دادن، جلورفتن، اقامه کردن
advantage	فایده بخشیدن به، سودمند بودن برای، نافع بودن
adventure	در معرض مخاطره گذاشتن، دل بدریا زدن
advert	اشاره کردن، رجوع کردن، عطف کردن، بازگشت کردن
advertise	آگهی کردن، اعلان کردن، باطلاع عموم رساندن
advise	باطلاع رساندن، توصیه کردن، مشورت کردن، پند دادن
advocate	حمایت کردن از، دفاع کردن، طرفداری کردن
aerate	هوادادن، درمعرض یک عمل مکانیکی یا شیمیائی هوا قرار دادن
affect	اثر کردن، تأثیر نمودن، وانمود کردن، بخود بستن
affiliate	پیوستن، درمیان خود پذیرفتن، مربوط کردن
affirm	اظهار قطعی کردن، تصدیق کردن، بطور قطع گفتن
affix	چسباندن، ضمیمه کردن، الحاق کردن، الصاق کردن
afflict	مبتلا کردن، دچار کردن، آزردن، پریشان کردن
afford	استطاعت داشتن (بافعل معین can استعمال میشود)
age	پیر شدن، پا بسن گذاردن، باعث پیری شدن
agglomerate	گرد آوردن، جمع کردن، متراکم شدن، گرد آمدن
aggrandize	افزودن، بزرگتر کردن، بالا بردن (مقام، قدرت، ثروت)
aggravate	تشدید کردن، بد ترکردن، شدید ترکردن
aggregate	جمع کردن، بالغ شدن، جمع شدن، سرزدن به
aggrieve	آزردن، اذیت کردن، جور کردن، جفا کردن
agitate	تکان دادن، تحریک کردن، مضطرب کردن، آشفتن، بهم زدن
agonize	رنج کشیدن، عذاب دادن، بیهوده کوشیدن
agree	موافق بودن، جور بودن، موافقت کردن، سازش کردن

aid	مساعدت کردن، یاری کردن، کمک کردن
ail	درد داشتن، درد کشیدن، رنج دادن، متألم ساختن
aim	هدف قرار دادن، هدف قرارگرفتن، نشانه کردن
air	باد دادن، درمعرض هوای آزاد گذاردن، خشک کردن
alarm	ازخطرآگاه کردن، متوحش کردن، هراسان کردن
alcoholize	الکلی کردن، تحت تأثیر الکل درآوردن
alien	مالکیت چیزی رامنتقل کردن (حقوقی)
alienate	منحرف کردن، واگذارکردن، دلگیر کردن (کسی را)
alight	پیاده شدن (ازاسب، ترن، کالسکه)، پائین آمدن
align	دریک خط آوردن، ردیف کردن، ردیف شدن
allege	بطورقطع گفتن، اظهار قطعی کردن، تقریرکردن
alleviate	تخفیف دادن، سبک کردن، تسکین دادن
allocate	اختصاص دادن، تعیین کردن، تخصیص دادن
allot	معین کردن، توزیع کردن، تعیین کردن
allow	اجازه دادن، روادانستن، منظورکردن، چیزی کم کردن
allow for	درنظرگرفتن، چیزی منظور کردن
alloy	عیار زدن، آمیختن (فلزات)
allude	کنایه زدن، گوشه زدن، اشاره کردن
allure	تطمیع کردن، اغوا کردن، فریفتن، بدام انداختن
ally	متحد کردن، پیوستن، ملحق کردن، هم پیمان کردن
alter	تغییر دادن، تغییرکردن، عوض کردن، تغییریافتن
alternate	یک درمیان گذاردن (قرارگرفتن)، متناوب کردن
amalgamate	بهم پیوستن، آمیختن، مخلوط کردن، امتزاج یافتن
amass	اندوختن، انباشتن، رو بهم جمع کردن
amaze	مبهوت کردن، متحیرساختن، متعجب کردن
ambush	شبیخون زدن، درکمین نشستن، کمین کردن
ameliorate	اصلاح کردن، بهترکردن، اصلاح شدن
amend	اصلاح کردن (سند حقوقی)، بهترکردن، بهترشدن
amortize	استهلاک کردن (قرض، سرمایه)
amount	بالغ شدن (جمع کردن مبلغی پول)، سرزدن (جمع پول)
amplify	بلند کردن (صدا)، بزرگ کردن (حکایت، بیانیه)
amputate	بریدن یاقطع کردن (عضوی ازاعضای بدن انسان یاحیوان)
amuse	سرگرم کردن، ازحالت جدی درآوردن، تفریح دادن
anaesthetize	بیهوش کردن، بی حس کردن

analogize	قیاس کردن، مطابقه کردن، قیاس نشان دادن
analyse	تجزیه کردن، تحلیل کردن، موشکافی کردن
anatomize	تشریح کردن (پزشکی)، تجزیه وتحلیل کردن
anchor	لنگرانداختن، بالنگربستن (نگاه داشتن)
anger	خشمگین کردن، بغضب درآوردن
animate	روح دادن، جان دادن
annex	ضمیمه کردن، پیوست کردن، الحاق کردن
annihiliate	نیست ونابود کردن، معدوم کردن، ازمیان بردن
announce	اعلام کردن، آگهی کردن، اطلاع دادن
annoy	رنجاندن، آزردن، آزاردادن، اذیت کردن
annul	باطل کردن، لغو کردن، ملغی کردن
answer	جواب دادن، پاسخ دادن، دفاع کردن از، ازعهده برآمدن
antagonize	مخالفت کردن، ضدیت کردن، دشمنی راتحریک کردن
antedate	پیش ازتاریخ حقیقی تاریخ گذاشتن
anticipate	پیش بینی کردن، پیشدستی کردن، انتظارکشیدن
antiquate	کهنه کردن، ازمد انداختن، ازرسم روزمنسوخ کردن
apologize	پوزش خواستن، معذرت خواستن، عذرخواهی کردن
appal	ترساندن، بوحشت انداختن
appeal	استیناف دادن، پژوهش خواستن، التماس کردن
appear	ظاهرشدن، بنظررسیدن، منتشر شدن، پدید آمدن
appease	تسکین دادن، آرام کردن، فرونشاندن
append	افزودن (به نوشته ای)، پیوست کردن، ضمیمه کردن، آویختن
appertain	وابسته بودن، مربوط بودن، اختصاص داشتن
appetize	اشتهادادن، به اشتهاآوردن
applaud	تحسین کردن، کف زدن، آفرین گفتن
apply	بکار بردن، بموقع اجراکردن، اختصاص دادن، درخواست کردن
appoint	تعیین کردن، گماشتن، منصوب کردن
apportion	سهم دادن، تقسیم کردن، اختصاص دادن
appraise	تقویم کردن، ارزیابی کردن، قیمت کردن، تخمین زدن
appreciate	قدردانی کردن، ارزیابی کردن، ممنون بودن از
apprehend	دریافتن، درک کردن، توقیف کردن، بیم داشتن
apprentice	بشاگردی گرفتن، بشاگردی گذاشتن
approach	نزدیک شدن، وارد مذاکره شدن، نزدیک کردن
appropriate	اختصاص دادن، تصرف کردن، برای خود برداشتن

approve	تصویب کردن، جایز شمردن، موافقت کردن، تحسین کردن
approximate	نزدیک کردن، نزدیک شدن (نوع جنس، تعداد)
arbitrate	حکمیت کردن، میانجیگری کردن، فتوی دادن
arch	طاق زدن، بشکل قوس درآمدن
argue	بحث کردن، گفتگو کردن، استدلال کردن، دلیل آوردن
arise	برخاستن، رخ دادن، ناشی شدن، بوجود آمدن، سرزدن
arm	مسلح کردن، مسلح شدن، مجهز کردن، اسلحه برداشتن
arouse	بیدارکردن، برانگیختن، تحریک کردن
arraign	احضارکردن (بدادگاه)، متهم کردن، مقصردانستن
arrange	ترتیب دادن، مرتب کردن، چیدن، قرارگذاشتن
array	صف آرائی کردن، آراستن، آرایش دادن
arrest	توقیف کردن، بازداشت کردن، جلب کردن
arrive	رسیدن، وارد شدن، تشریف آوردن
arrogate	بیجا ادعاکردن، بیخود ادعاکردن
articulate	شمرده صحبت کردن، واضح سخن گفتن
ascend	بالا رفتن، صعود کردن، جلوس کردن بر
ascertain	ثابت کردن، محقق کردن، معلوم کردن، معین کردن
ascribe	نسبت دادن، استناد کردن، حمل کردن بر
ask	پرسیدن، خواهش کردن، استدعا کردن، سئوال کردن
ask for help	تقاضای کمک کردن
asphalt	اسفالت کردن
aspirate	ازحلق ادا کردن، بانفس تلفظ کردن
aspire	آرزوداشتن، هوس داشتن، بلند پروازی کردن، همت کردن
assail	حمله کردن، هجوم کردن بر، مصمم کاری راآغاز کردن
assassinate	بقتل رساندن، کشتن، قتل کردن
assault	حمله کردن بر، یورش بردن، تاخت وتازکردن
assemble	دورهم جمع کردن، فراهم کردن، جمع شدن، سوارکردن
assent	موافقت کردن، رضایت دادن
assert	اظهارقطعی کردن، ادعاکردن، اعلام کردن
assess	مالیات وضع کردن، ارزیابی کردن (ملک بمنظورتعیین مالیات)
assign	تعیین کردن، محول کردن، تخصیص دادن، گماشتن
assimilate	یکسان کردن، جذب شدن، شبیه ساختن
assist	کمک کردن، مساعدت کردن، یاری کردن
associate	معاشرت کردن، پیوستن، همدم شدن، شریک شدن

assort	طبقه بندی کردن، دسته بندی کردن، جورکردن، جورشدن
assuage	آرام کردن، ساکت کردن، فرونشاندن، تسکین دادن
assume	بخود گرفتن، فرض کردن، تقبل کردن (مسئولیت)، قبول کردن
assure	اطمینان دادن، خاطر جمع کردن، بیمه کردن
astonish	متحیر کردن، متعجب ساختن، بشگفت آوردن
astound	مبهوت کردن، متحیرکردن، مات کردن
atone	کفاره دادن، آشتی دادن (دشمن)
atrophy	لاغرکردن، لاغرشدن (دراثر بد غذائی)
attach	بستن، چسباندن، پیوست کردن، نسبت دادن، ضبط کردن (حقوقی)
attach importance	اهمیت دادن (بچیزی)
attack	حمله کردن، هجوم آوردن بر
attain	نائل شدن، رسیدن (بمقصود)
attempt	سعی کردن، کوشش کردن، تلاش کردن، کوشیدن
attend	توجه کردن، حاضرشدن (درجلسه)، درخدمت کسی بودن
attenuate	رقیق کردن، باریک کردن، رقیق شدن، نازک شدن
attest	شهادت دادن، گواهی دادن، گواهی کردن، قسم دادن
attire	آرایش کردن، لباس پوشاندن
attract	جلب کردن، جذب کردن، شیفتن، مجذوب ساختن
attribute	نسبت دادن، استناد کردن به، حمل کردن به
attune	هم آهنگ کردن، هم کوک کردن (درموسیقی)
audit	رسیدگی کردن (بحساب)، ممیزی کردن، حساب رسی کردن
augment	افزودن، زیاد کردن، زیادشدن، علاوه کردن
augur	پیشبینی کردن (باتفأل)، تفأل زدن
authenticate	سندیت دادن، رسمیت دادن، اعتباردادن
authorize	اختیاردادن، اجازه دادن، تصویب کردن
autograph	بادست خود نوشتن (مصنف، مؤلف)، امضأ کردن
avail	بدرد خوردن، سودمند بودن برای، فایده بخشیدن به، استفاده کردن
avenge	انتقام گرفتن از، تلافی درآوردن، تلافی کردن
aver	بطوریقین اظهارکردن، اثبات کردن (حقوقی)، تصریح کردن
average	حد وسط چیزی راپیداکردن، میانه قراردادن
avert	برگرداندن، گردانیدن، دفع کردن، دورکردن
aviate	خلبانی کردن، پرواز کردن (باهواپیما)
avoid	دوری کردن از، اجتناب کردن از، پرهیز کردن از، ملغی کردن (حکم)
avouch	آشکارا گفتن، ضمانت کردن، اقرارکردن

avow	اعتراف کردن، اقرار کردن، تصدیق کردن
await	منتظر بودن (شدن)، انتظار کشیدن
awake	بیدار کردن، بیدار شدن
awaken	بیدار کردن، بیدار شدن
award	اعطا کردن، عطا کردن، دادن، فتوی دادن، مقرر داشتن
awe	هیبت دادن، ترساندن
axe	کم کردن یا کاستن (هزینه یا خدمات)

B

babble	ورورکردن، یاوه گفتن، وراجی کردن
baby-sit	از بچه نگهداری کردن
back	پشتی کردن، شرط بستن (روی شخص)، پشت انداختن به
back-up	عقب زدن، پس زدن (اسب، ماشین، قایق)
baffle	برهم زدن، باطل کردن، عاجز کردن، از پیشرفت بازداشتن
bag	باد کردن، برآمدگی پیدا کردن، کیسه کردن، درکیسه ریختن
bail	باضمانت آزاد کردن، ضامن کسی شدن، سپردن کالا
bait	اذیت کردن (حیوانات)، طعمه دادن، خوراک خوردن
bake	پختن (نان وشیرینی)، پخته شدن (میوه درآفتاب)
balance	موازنه کردن، برابر کردن، مساوی شدن، ترازکردن
ballot	باورقه رأی دادن، رأی مخفی دادن، قرعه کشی کردن
ban	منع کردن، قدغن کردن، لعن کردن، تحریم کردن
band	باند بستن، متحد کردن، بهم پیوستن، متحد شدن
bandage	نوار پیچ کردن یابستن (زخم)
bang	دوچیزرامحکم بهم زدن وصدا درآوردن، صدادرآمدن
banish	تبعید کردن، ازشهر بیرون کردن
bank	بانکداری کردن، کاربانکی کردن
bankrupt	ورشکست کردن
bar	ممنوع کردن، کلون کردن، مسدود کردن (راه)، بستن (بامیله)
bargain	چانه زدن، قرارداد معامله بستن، معامله کردن
bark	پوست کندن درخت، عوعو کردن (سگ)
barricade	مسدود کردن، دفاع کردن (بابستن مانع)
barter	معامله پاپاپای کردن، تهاتری عمل کردن
base	قراردادن (براساسی)، اساس نهادن
bash	ضربه شدید زدن، ضربه شدید خوردن
bask	خودراگرم کردن، باگرمای ملایم گرم کردن
baste	کوک زدن، چرب کردن (گوشت کبابی را)
bate	ازدست دادن (امید)، نگهداشتن (نفس)، پائین آوردن
bath	درحمام شستن (بچه یاشخص علیل)

bathe	شستشوکردن، استحمام کردن، شستشو دادن
batten	پروراندن، فربه کردن، فربه شدن
batter	خرد کردن، داغان کردن، کوبیدن، ازشکل انداختن
battle	منازعه کردن یاجنگیدن (بامشکلات وغیره)، نزاع کردن
bawl	دادزدن، فریاد زدن، باصدای بلند گفتن، جارزدن
be	بودن (فعل معین) (فعل رابط)
be able	توانستن، قادر بودن، توانابودن
beam	نورانداختن، پرتوافکندن
bear	بردن، تحمل کردن، زائیدن، دربرداشتن، طاقت آوردن
bear arms	مسلح بودن، اسلحه بتن داشتن
bear a child	بچه زائیدن، بچه بدنیاآوردن
bear in mind	درنظر داشتن
bear witness	گواهی دادن، شهادت دادن
bear a hand	کمک کردن
bear out	تاب آوردن، تحمل کردن
bear up	تاب آوردن، ناامید نشدن
bear with a person	باکسی ساختن، سازش کردن، کسی راتحمل کردن
bear a loss	ضرر دادن ، زیان دیدن
beat	زدن، کتک زدن، شکست دادن، خوردن به، کوبیدن
beat the breast	سینه زدن (درعزاداری)
beat black and blue	کبود یاکوفته کردن
beat the air	کوشش بیهوده کردن
beat at door	باصدای بلند درکوبیدن
beat in	خرد کردن، له کردن
beat up eggs	زدن تخم مرغ
beat one's brains	دنبال افکارجدید گشتن
beautify	زیبا کردن، آرایش دادن، قشنگ کردن
beckon	اشاره کردن (باسرودست)، بااشاره کسی راصداکردن
become	شدن (فعل رابط)، برازیدن، آمدن به، گشتن، گردیدن
befall	اتفاق افتادن، رخ دادن
befit	درخوربودن، مناسب بودن، لایق بودن
befriend	همراهی کردن با، مساعدت کردن با، باکسی دوستی کردن
beg	استدعاکردن، خواهش کردن از، گدائی کردن
beg pardon	معذرت خواستن، پوزش خواستن

begin	شروع کردن، آغاز کردن، شروع شدن، دست بکارشدن
begrudge	حسرت چیزی راخوردن، غبطه خوردن
beguile	اغفال کردن، فریب دادن، گول زدن
behave	رفتارکردن، ادب نگاه داشتن، درست رفتارکردن، مؤدب بودن
behead	سر بریدن، گردن زدن
behold	مشاهده کردن، دیدن، متوجه شدن، نظاره کردن
belch	آرغ زدن، بشدت اداکردن (فحش وکفروغیره)
belie	دروغ درآوردن، تصورغلط دادن، انتظارکسی رابرنیاوردن
believe	باورکردن، فکر کردن، اعتقاد داشتن، ایمان آوردن
belittle	کوچک کردن، تحقیر کردن
bell the cat	زنگوله به گردن گربه بستن
bellow	نعره زدن، ماق کشیدن (گاونر)
belong	تعلق داشتن، متعلق بودن، مال کسی بودن، وابسته بودن
bemoan	سوگواری کردن، گریه کردن
bend	خم کردن، خم شدن، دولا کردن، متوجه ساختن، مطیع شدن
benefit	استفاده بردن، استفاده رساندن، فایده بردن (رساندن)
bereave	محروم کردن، ناامید کردن
berth	مهارکردن (کشتی)، لنگر انداختن
beseech	استدعا کردن، التماس کردن
beset	فراگرفتن، احاطه کردن
besiege	محاصره کردن
bestow	اعطاکردن، ارزانی داشتن، بخشیدن، جادادن
bet	شرط بستن، شرط بندی کردن
betray	خیانت کردن به، لودادن، فاش کردن
better	بهتر کردن، بهتر شدن
beware	محتاط بودن، باحذر بودن، حذر کردن از
bewilder	گمراه کردن، گیج کردن
bewitch	افسون کردن، سحرکردن، فریفتن
bias	تحت نفوذ درآوردن، مورد تعصب قرار دادن
bid	امرکردن، فرمودن، پیشنهاد دادن، دعوت کردن
bid farewell	خداحافظی کردن، بدرود گفتن، تودیع کردن
bid welcome	خوش آمد گفتن
bid fair to	امیدواری دادن، وعده انجام کاری رادادن
bide one's time	منتظر فرصت شدن

bill	آ گهی کردن، اعلام کردن، آ گهی به درودیوار چسباندن
bind	بستن، مقید بودن، صحافی کردن، موظف کردن، ملتزم کردن
bind up a wound	زخم بندی کردن، روی زخم رابستن
bind a book	کتابی راصحافی کردن
bisect	به دوقسمت مساوی تقسیم کردن یابریدن
bit	دهنه به دهان اسب گذاردن، جلوگیری کردن از
bite	گزیدن، گاز گرفتن، بادندان گرفتن، پوسیدن (زنگ زدن)، زدن
bite one's lips	جلوی خشم وعصبانیت راگرفتن (لب گاز گرفتن)
blab	احمقانه صحبت کردن، فاش کردن (اسرار)
black	سیاه کردن، رنگ سیاه زدن
black out	تاریک کردن (باکشیدن پرده های پنجره)
blacken	سیاه کردن، لکه داروبدنام کردن
blame	ملامت کردن، عیب گرفتن، سرزنش کردن، مقصردانستن
blanch	سفید کردن، رنگ پریدن (ازترس، سرما)
blandish	نوازش کردن، ریشخند کردن
blanket	باپتوپوشاندن، سر پوش گذاشتن (بررسوائی)
blaspheme	کفرگفتن، بی حرمتی به عقاید مذهبی کردن
blast	منفجر کردن، ترکاندن، پژمرده کردن (نباتات وغیره)
blaze	شعله ورشدن، آتش زبانه گرفتن، اعلام کردن (باشیپور)
blaze up	شدیدا عصبانی شدن، ازجادررفتن
bleach	سفید کردن، سفید شدن
bleed	خون آمدن، دلسوزی کردن، بزورپول ازکسی گرفتن
bleed to death	ازخون آمدن زیاد مردن
blemish	آسیب رساندن، معیوب کردن، لکه دارکردن
blench	شانه خالی کردن، پس رفتن
blend	مخلوط کردن (انواع چای)، مخلوط شدن، آمیختن
bless	برکت دادن، دعای خیرخواندن، برکت طلبیدن، دعاکردن
blind	کورکردن، ازبینائی محروم کردن، اغفال کردن
blindfold	چشمان کسی راباچیزی بستن
blink	چشمک زدن، باچشم نیمه بازنگاه کردن، چشمان رالحظه ای بستن
blister	طاول زدن، داغ کردن
bloat	دودی کردن (ماهی)، بادکردن، آماسیدن
block	مسدود کردن، مانع شدن از، مخالفت کردن (درمجلس بالایحه)

block a passage	مانع عبورشدن، راه رابستن
block the progress of anything	مانع پیشرفت چیزی شدن
block a bill in parliament	با لایحه ای درمجلس مخالفت کردن
blockade	ممانعت کردن، مانع شدن، بستن، محاصره کردن
bloom	شکوفه کردن، گل دادن، بزیبائی کامل رسیدن، باوج رسیدن
blossom	شکوفه زدن، شکفته شدن (باوج ترقی رسیدن)
blot	لک انداختن (باجوهر)، لکه دارکردن (شخصیت)
blow	دمیدن، فوت کردن، باد کردن، نواختن، نفس نفس زدن، وزیدن
blow bellows	دم آهنگری دمیدن
blow over	ایستادن یاتمام شدن (وزیدن باد)
blow one's own trumpet	ازخود تعریف کردن، خود ستائی کردن
blow out	خاموش کردن (آتش، شعله)
blow the expenses	بی پروا خرج کردن، ولخرجی کردن
blow a trumpet	شیپور نواختن
blow nose	فین کردن، دماغ گرفتن
blow up	منفجر کردن، ترکیدن، باد کردن
bluff	بلوف زدن، لاف زدن، توپ زدن (بازی ورق)
blunder	لغزش خوردن، لغزیدن، بد انجام دادن (اداره کردن)
blunder away	حیف ومیل کردن بعلت سوء اداره
blunder out	بدون فکر مطلبی را اداکردن
blunder upon	اشتباه بزرگ کردن، بد اداره کردن
blunt	کند کردن (درمقابل تیز کردن)
blur	لک کردن یاکثیف کردن (نوشته ای)، محوکردن، لکه دارکردن
blush	سرخ شدن (صورت یاازخجالت یااز خوشحالی)
bluster	طوفانی شدن هوا، غوغا کردن، دادوبیداد کردن
board	غذا دادن (بمسافر در پانسیون)، سوارکشتی شدن
boast	لاف زدن، فخرکردن، خودنمائی کردن، افاده کردن
boat	قایق رانی کردن
bode	پیش بینی کردن، پیش گوئی کردن، ازپیش خبردادن
boil	جوش آوردن، جوش آمدن، جوشاندن، جوشیدن، خشمگین شدن
boil over	سررفتن (جوشیدن مایع وریختن آن به خارج ظرف)
bolt	انداختن (تیر)، رم کردن (اسب)، بستن (درب یاکشو)
bomb	بمب انداختن، بمب پرتاب کردن
bombard	بتوپ بستن، بافحش وناسزاگفتن بکسی حمله کردن

book	پیش خریدن (بلیط تئاتر وغیره)، وارد دفتر کردن، ثبت کردن
boom	ناگهانی ترقی کردن (قیمتها وغیره)، بازار (چیزی را) گرم کردن
boost	بالا رفتن وترقی کردن (کالا وغیره دراثرآگهی)، جلوبردن
booze	زیاد مشروب خوردن، مشروب خوری راادامه دادن
border	لبه گذاشتن، درسرحد واقع شدن، حاشیه گذاشتن به
bore	سوراخ کردن (بامته)، کندن (تونل)، خسته شدن (از پرحرفی وغیره)
borrow	قرض کردن، قرض گرفتن، وام گرفتن، اقتباس کردن
boss	مدیریت کردن، ریاست کردن
bother	مزاحم شدن، درد سردادن، مخل آسایش شدن
bottle	دربطری ریختن، درشیشه نگهداشتن
bottom	بقعر دریارفتن، پی بردن به کنه مطلبی
bounce	بالا و پائین جستن، چک بی محل درآمدن، گزافگوئی کردن
bound	محدود کردن، جهیدن (موج دریاوغیره)، حدود جائی راگفتن
bow	تعظیم کردن، خم شدن، دولا کردن، تسلیم شدن، خم کردن
box	مشت بازی کردن، مشت زدن، عرضحال تسلیم دادگاه کردن
boycott	تحریم کردن، مورد تحریم قراردادن، خودداری ازشرکت کردن درجائی
brace	محکم بستن، سفت کردن، جفت کردن
brag	لاف زدن، بالیدن، نازیدن، پز دادن
braid	بافتن (مو، نخ وغیره)، موی سرراباروبان بافتن
brainwash	شست شوی مغزی دادن، تلقین کردن افکارمعینی درمغزکسی
braise	باآتش ملایم پختن
brake	ترمز کردن، ترمز گرفتن
brandish	تاب دادن، گرداندن، افشاندن (شمشیر)، آختن (برکشیدن)
brave	تشجیع کردن، دل دادن، شیرکردن، جرأت دادن
brawl	داد وبیداد کردن، قیل وقال کردن
bray	سائیدن، سابیدن، نرم کردن، کوبیدن
breach	نقض کردن، شکستن، بهم زدن
break	شکستن، خرد کردن، خرد شدن، بهم زدن، قطع کردن، نقض کردن
break bread with	پذیرائی شدن، مهمان شدن، پیش کسی نان ونمک خوردن
break away	مانع رابرطرف کردن، باتندی وخشونت آغازکردن
break ground	شخم کردن، شخم زدن
break the ice	ازشرم وحیابیرون آمدن و صحبت راآغازکردن
break the ranks	برهم زدن، بی نظم کردن، بهم زدن
break out	درگرفتن (جنگ)، فاش شدن، شایع شدن، ناگهانی اتفاق افتادن

break butterfly on wheel	کوشش بیهوده کردن، بیهوده سعی کردن
break off	قطع کردن، جدا کردن، موقوف کردن
break an officer	اخراج کردن، بیرون کردن، عذرکسی راخواستن
break news	خبرفاش کردن
break the heart	دل شکستن، آزردن، رنجاندن
break a horse	اسب را رام کردن
break down	خراب شدن (اتوموبیل)، فروریختن، خراب کردن
break even	سربسر کردن (نه نفع ونه ضرر کردن)، مساوی کردن
break off relations	قطع رابطه کردن
break up	بهم خوردن، منحل شدن، خرد شدن، منحل کردن (جلسه وغیره)
break one's fast	افطارکردن، روزه راباز کردن
break one's promise	خلف وعده کردن، عهد شکستن، بقول خود وفانکردن
break a habit	ترک عادت کردن
break through an obstacle	مانعی رابر طرف کردن
break into house	درب خانه راشکستن و وارد شدن
break in	بزور وارد شدن، رام کردن، بطورنا گهانی شکستن
break loose	ول شدن، در رفتن
break with one's friend	بادوست خود بهم زدن
breathe	نفس کشیدن، تنفس کردن، دم زدن، استنشاق کردن
breed	پرورش دادن، تولید کردن، ترویج کردن، پروراندن، بارآوردن
brew	دم کردن (چای)، آبجودرست کردن، پرورش دادن (خیال ـ فکر)
brew rebellion	تحریک بشورش کردن
bribe	رشوه دادن، دم کسی رادیدن
brick up	جلوی (پنجره وغیره) راباآجر گرفتن
bridge	پل زدن (بر، روی)
bridle	افسار (بدهن اسب) زدن، رام کردن، مطیع کردن
brief	خلاصه کردن، مطیع کردن، بطورکامل قبلا (مطلبی را) توضیح دادن
brighten	روشن کردن، روشن شدن، نور امید دادن
brim	لبالب کردن (لب ریزکردن)، لب ریزشدن
bring	آوردن، رساندن، موجب شدن، اقامه کردن
bring into the world	بدنیاآوردن، زائیدن
bring home to	قانع کردن، اقناع کردن، محکوم کردن
bring to mind	بخاطر آوردن، بیاد آوردن، بیاد انداختن
bring to pass	بوقوع رساندن

bring about	بوقوع رساندن، باعث شدن، فراهم کردن
bring back	بازآوردن، برگرداندن، بخاطرآوردن، پس آوردن
bring forward	ازصفحه ای بصفحه دیگر منتقل کردن
bring in	ابداع کردن، تازه آوردن، اقامه کردن، ذکر کردن، تولید کردن
bring off	رهانیدن، نجات دادن، بدست آوردن
bring out	بیرون آوردن، آشکار کردن، منتشر کردن
bring over	تبدیل کردن، برگرداندن، تغییر دادن
bring round	بهوش آوردن
bring through	بهبودی دادن (شخص بیمار را)
bring to life	زنده کردن
bring under	مطیع کردن، رام کردن
bring up	پرورش دادن، قی کردن، تربیت کردن، مطرح کردن
bring down (price)	پائین آوردن (قیمتها)
bring forth	موجب شدن، مطرح کردن، بمیان آوردن، سبب شدن، زائیدن
bristle	سیخ کردن (مو)، راست شدن (مو)، آماده جنگ شدن
broadcast	پخش کردن (برنامه رادیو یا تلویزیون)
broaden	پهن کردن، پهن شدن، وسیع کردن، وسیع شدن
broil	سرخ کردن (روی آتش)، کباب کردن، سرخ شدن
brook	تحمل کردن، زیربارچیزی رفتن (درجمله منفی)
broom	جاروکردن، روبیدن
browbeat	تشرزدن، نهیب دادن (بانگاه وبیان)
brown	قهوه ای رنگ کردن یاشدن (دراثرآفتاب سوختگی)
bruise	کبود کردن (بدن انسان یاحیوان)، کبود شدن، کوفته کردن
brush	ماهوت پاک کن زدن، مسواک زدن، نقاشی کردن
brutalize	عمل غیرانسانی انجام دادن، باخشونت شدید رفتارکردن
bubble	غلغل زدن، جوشاندن، اغفال کردن
buckle	باسگگ بستن، آماده کارشدن، کج کردن
bud	غنچه کردن، جوانه زدن، پیوند زدن (باغداری)
budge	جزئی تکان خوردن، جزئی تکان دادن
budget	دربودجه درنظر گرفتن
build	ساختن، بناکردن، بنائی کردن، احداث کردن
build up a reputation	شهرت برای خود ایجاد کردن
bulge	متورم شدن شکم، شکم دادن، باد کردن
bully	آزاردادن، اذیت کردن (جسمایاروحا)، تهدید کردن، زورگفتن

bump	ضربت زدن، پرت کردن، بهم خوردن، تصادم کردن
bunch	دسته کردن، چین دادن (لباس)، خوشه کردن
bundle	دسته کردن، پیچیدن، بقچه کردن
bungle	سرهم بندی کردن، سنبل کردن، بد درست کردن
buoy	روی آب نگاه داشتن، شناورساختن
burden	بارکردن (بمعنی حقیقی ومجازی)، تحمیل کردن
burgle	دزدی کردن، سرقت کردن
burke	ساکت نگاه داشتن، سر پوش گذاردن، خفه کردن
burn	سوزاندن، سوختن، آتش زدن
burn away or out	سوختن واز بین رفتن، سوختن و تمام شدن
burn down or low	آهسته سوختن
burn blue	شعله یا نور آبی دادن
burn the midnight oil	تا دیر وقت کار کردن
burn the daylight	نور مصنوعی در روز بکار بردن
burst	ترکیدن، ترکاندن، ازهم پاشیدن، منفجرشدن
burst in	سرزده آمدن
burst out	فریاد زدن (از درد یا خشم وغیره)
burst into tears	زیر گریه زدن، گریه افتادن
burst out laughing	زیرخنده زدن، از خنده غش کردن
burst up	منفجر شدن، بکلی فروریختن، مضمحل شدن
bury	دفن کردن، زیرخاک کردن، چال کردن، کنارگذاشتن
bury alive	زنده بگور کردن
bury the hatchet	آشتی کردن، دست کشیدن (از دعوا)
busy	مشغول کردن (خودرا)
butter	کره مالیدن، کره زدن، با کره غذا پختن
butter up	چاپلوسی کردن، تملق گفتن، مداهنه کردن
button	دگمه انداختن، دگمه بستن
buy	خریدن، خریداری کردن، خرید کردن
buy in	بالا ترین قیمت رادر حراج پیشنهاد دادن
buy into	سهام خریدن (دریک شرکت)
buy off	با پول وادار به ترک دعوا کردن
buy over	رشوه دادن، بارشوه راضی کردن
buy up	خریدن (کل سهام با کالا بمنظور نظارت درعرضه آنها)
buy out	خریدن ملک ودارائی کسی (بمنظور اخراج وی درشرکت وغیره)

buy back	بازخرید کردن، از گرو درآوردن
buy in advance	پیش خرید کردن
buzz	وزوز کردن (زنبور)، زیرلب غرغر کردن، زمزمه کردن

C

cage	در قفس نهادن
calcify	آهکی کردن، آهکی شدن، تبدیل به سنگ کردن
calculate	حساب کردن، قبلا تعیین کردن، ترتیب دادن
call	صدا کردن، فریاد کردن، نامیدن، دعوت کردن، احضارکردن
call for	خواستن، باصدای بلند تقاضا کردن، اقتضا کردن
call in (upon)	سرزدن (بکسی)، یاری خواستن از، التماس کردن
call off	لغو کردن (جلسه)، منصرف کردن، صرف نظر کردن
call into being	هستی دادن، بوجود آوردن
call in question	تردید کردن در، شک داشتن (نسبت بچیزی)
call to mind	بخاطر آوردن، بیاد آوردن
call up	احضار کردن(بدادگاه، خدمت نظام)
call away	منحرف کردن (فکر)، برگردانیدن، بازخواندن
call in	جمع کردن (اسکناس درجریان)، کمک خواستن (از پزشک یاپلیس)
call forth	استنباط کردن، بیرون کشیدن، درآوردن، ظاهر شدن
call out	فراخواندن (سربازان)، بکارانداختن
call a meeting	جلسه ای تشکیل دادن
call attention to	تذکر دادن، خاطر نشان ساختن
call witness	گواهی خواستن از، استشهاد کردن، شهادت طلبیدن
call over	باصدای بلند نام بردن (مثلا دردبستان)
call back	بازخواندن، احضار کردن، برگرداندن (چیزی)
call bad names	بد گفتن، فحش دادن
call to account	مسئول دانستن، سرزنش کردن
call cousin	ادعای رقابت (باکسی) کردن
call down	سرزنش کردن، توبیخ کردن، پائین آوردن
calm	آرام کردن (ساختن)، آرام شدن، ساکت کردن
calumniate	تهمت زدن، افترا زدن، بدنام کردن
camp	چادر زدن، خیمه زدن، اردوزدن، در اردو جادادن (سربازان)
campaign	مبارزه کردن (برای منظور خاص)
can	توانستن (فعل معین)
canalize	کانال ایجاد کردن (از رودخانه وغیره)

cancel	باطل کردن، لغو کردن، فسخ کردن، باطل شدن
cane	باچوب (بچه را) زدن
capitalize	تبدیل به سرمایه کردن، باحروف بزرگ نوشتن
capitulate	تسلیم شدن (باشرایطی وطبق قرارداد)
capsize	وارونه کردن، وارونه شدن، چپه شدن، برگشتن
captivate	فریفتن، مجذوب کردن، شیفتن
capture	اسیر کردن، تصرف کردن، تسخیر کردن
care	مواظبت کردن، توجه کردن، اهمیت دادن، مواظب بودن
caress	نوازش کردن، دلجوئی کردن، بوسیدن
carpet	فرش کردن (باقالی یاموکت)
carry	حمل کردن، بردن، انتقال دادن
carry away	ازخود بیخود شدن، ازجادربردن، ربودن
carry off	باعث مرگ شدن، بردن (جایزه)
carry on	ادامه دادن، پیش بردن
carry out	انجام دادن، اجرا کردن، از پیش بردن
carry over	منتقل کردن (بصفحه بعد)، موکول ببعد کردن
carry through	بپایان رسانیدن (باموفقیت ازمشکلات)
carve	تراشیدن، کنده کاری کردن، حجاری کردن
carve meat	گوشت خرد کردن، ورقه ورقه کردن گوشت
cash	نقد کردن (چک، برات وغیره)
cast	انداختن، پرتاب کردن، افکندن، پرت کردن
cast dice	طاس انداختن (دربازی تخته نرد وبازیهای دیگر)
cast a vote	رأی انداختن (درصندوق انتخابات)
cast net	تور انداختن
cast anchor	لنگر انداختن
cast an eye	نگاهی انداختن
cast light	نور انداختن
cast aside	ول کردن، ترک کردن، صرفنظر کردن
cast about	درجستجوی چیزی این طرف وآن طرف رفتن
cast back	بازگشتن، رجوع کردن (بمطلبی)
cast off	ترک کردن، ول کردن، اندازه گرفتن جا (در چاپخانه)
cast up	جمع کردن، جمع زدن، حساب کردن، بالا انداختن
castrate	اخته کردن، خواجه کردن
catch	گرفتن، گیر انداختن، رسیدن (به ترن وغیره)، گیرکردن

catch up (away)	گیر آوردن، رسیدن به، قاپیدن
catch fire	آتش گرفتن
catch on	فهمیدن، درک کردن
catch hold of	محکم چیزی را گرفتن
catch cold	سرما خوردن، چائیدن
catch a likeness	چیزی را دیدن و مانند آنرا درست کردن
catch a glimpse of	برای لحظه ای چیزی را دیدن، نگاه کوتاه کردن
cater	خوراک تهیه کردن و در اختیار (شرکتها وغیره) گذاردن
cause	باعث شدن، سبب شدن، موجب شدن، وادار کردن
cause damage	باعث خسارت شدن
cause discord	باعث تفرقه (جدائی) شدن
cause unrest	باعث ناآرامی شدن، سبب شورش شدن
cause to see	باعث دیدن شدن
cause trouble	مزاحمت ایجاد کردن، اسباب زحمت شدن
cause a commotion	باعث جنجال (هیاهو) شدن
caution	آگاه کردن، اخطار کردن
cave	سوراخ کردن، در غار زندگی کردن، تسلیم شدن، ریزش کردن
cease	متوقف شدن، ایستادن، قطع کردن، دست کشیدن از
cede	تسلیم شدن، صرفنظر کردن، قبول کردن، واگذار کردن
celebrate	جشن گرفتن، عید گرفتن
cement	سیمان بکار بردن، با سیمان پوشاندن، محکم کاری کردن
censor	سانسور کردن (مطبوعات، کتاب، فیلم وغیره)
censure	سرزنش کردن، انتقاد کردن، خرده گیری کردن از
centralize	تمرکز دادن، متمرکز کردن، مرکزیت دادن
centre	درمیان گذاردن، در مرکز قرار دادن
certify	گواهی کردن، تصدیق کردن
chain	زنجیر کردن
chair	رئیس (جلسه) شدن، ریاست کردن
challenge	بمبارزه طلبیدن، اعتراض کردن، تکذیب کردن، جلب کردن
chance	اتفاق افتادن، آزمایش کردن
change	تغییر دادن، عوض کردن، تبدیل کردن، عوض شدن
change colour	رنگ باختن، سرخ شدن (از خجالت)
change one's mind	عقیده خود را عوض کردن، تغییر عقیده دادن
change hands	دست بدست گشتن

change money	پول خرد کردن
chant	سرائیدن، سرود خواندن، آواز خواندن
char	کلفتی کردن
characterize	توصیف کردن، مشخص کردن
charge	بار کردن، گماشتن، شارژ کردن (باطری)، متهم کردن
charge to account	بحساب کسی گذاردن، حساب کسی را بدهکار کردن
charm	فریفته کردن، فریفتن، افسون کردن، محفوظ کردن
charter	اجاره کردن، کرایه کردن، امتیاز دادن به
chase	تعقیب کردن، دنبال کردن، شکار کردن
chastise	تنبیه کردن، ادب کردن، گوشمالی دادن
chat	حرف زدن، گپ زدن
chatter	پرحرفی کردن
cheat	حقه بازی کردن، تقلب کردن، دغل بازی کردن
check	رسیدگی کردن، بازداشتن، تطبیق کردن، جلوگیری کردن
cheep	جیر جیر کردن (گنجشک)
cheer	هورا کشیدن، آفرین گفتن، هلهله کردن
cherish	نوازش کردن، گرامی داشتن، دلبستگی داشتن
chew	جویدن، اندیشه کردن
chill	سرد کردن، خنک کردن
chip	بریدن، تراشیدن، ورقه ورقه کردن
chirp	جیر جیر کردن (گنجشک)
choir	دسته جمعی آواز خواندن
choke	خفه کردن، خفه شدن، بسته شدن
choose	انتخاب کردن، برگزیدن، اختیار کردن
chop	خرد کردن، ریزریز کردن
chop in	حرف کسی را قطع کردن
christen	بنام مسیح غسل تعمید دادن
chuck	زیرچانه (کسی) دست زدن، انداختن
chuck away	فرصت از دست دادن، هدر کردن
chuck up	با تنفر ترک کردن
chuck out	اخراج کردن (شخص مزاحم را از جائی)
cipher	حساب کردن، رمز کردن
circle	دور زدن، چرخ زدن، احاطه کردن، حلقه زدن
circulate	گردش کردن (خون)، انتشار دادن، پخش کردن

circumambulate	دور زدن، طواف کردن
circumcise	ختنه کردن
circumscribe	دور چیزی خط کشیدن، محدود کردن، محاط کردن
cite	احضار کردن (بدادگاه)، نقل کردن از (کتاب وغیره)، مراجعه کردن
civilize	متمدن کردن، ازوحشیگری بیرون آوردن
claim	ادعا کردن، مطالبه کردن، مدعی بودن
clamp	چرخ اتوموبیل رابادستگاه قفل کردن (درمحل توقف ممنوع)
clap	کف زدن، دست زدن
clarify	توضیح دادن، روشن کردن، روشن شدن
clash	بهم خوردن، تصادم کردن، برخورد کردن
clasp	دست دادن، محکم گرفتن، باقفل بستن، درآغوش گرفتن
classify	طبقه بندی کردن، دسته بندی کردن
clatter	صدای بهم خوردن (بشقاب)، صدادرآوردن
claw	چنگ زدن، پنجه انداختن، خاراندن
clean	پاک کردن، تمیز کردن، مرتب کردن
cleanse	پاک کردن (ادبیات)، ازگناه پاک کردن
clear	روشن کردن (مطلب)، برچیدن، پاک کردن
clear one's throat	گلو صاف کردن
clear land	درختهارا انداختن وزمین راصاف کردن
clear away	برچیدن (سفره از روی میز)، جمع کردن، برطرف کردن
clear off	خلاص شدن، رهائی پیداکردن
clear out	خالی کردن (کشتی ورفتن ازبندر)
clear up	صاف شدن (هوا)، بازشدن هوا
cleave	جداکردن، شکافتن، جداشدن، چسبیدن، پیوستن
clench (clinch)	محکم گرفتن، سفت گرفتن، پرچ کردن (میخ)
click	تیک کردن، صداکردن
climax	باوج رسیدن
climb	صعود کردن، بالا رفتن، ترقی کردن
cling	چسبیدن، پیوستن
clip	چیدن (باقیچی)، بریدن
clog	مسدود کردن، بستن، کند کردن، خوب کارنکردن
close	بستن، پایان دادن (جلسه)، خاتمه دادن
close down	تعطیل کردن (منحل کردن مغازه وغیره)
close up	مسدود کردن (بستن و پرکردن)

close in	نزدیکتر شدن (روزها)، پشت سرهم کوتاهترشدن
clot	لخته شدن (خون وغیره)، دلمه بستن
clothe	لباس پوشاندن، پوشاندن (برگها روی درختان)
cloud	ابری کردن، تیره وتارک کردن، افسرده شدن
cloy	بی میل کردن (ازفرط غذا)، سیر کردن، بی نیاز کردن
club	بشکل باشگاه درآوردن، چماق زدن، بهم پیوستن
clutch	چنگ زدن، بچنگال گرفتن، محکم گرفتن، قاپیدن
coach	آموزش خصوصی دادن (برای شرکت درامتحان یامسابقه ورزش)
coagulate	ماسیدن، دلمه شدن، سفت کردن (مایع)
coalesce	بهم پیوستن، یکی شدن، آمیختن
coast	درطول ساحل قایق رانی کردن، سرازیری دوچرخه سواری کردن
coat	پوشاندن (پوشانیدن)، اندود کردن، روکش کشیدن بارنگ
coax	باچاپلوسی وریشخند وادار بکاری کردن
cobble	پینه دوزی کردن، تعمیر کردن (کفش)
cock	راست کردن (سیخ کردن)، خرامیدن
cocoon	پیله کردن، پیله بستن
code	رمز تهیه کردن (تلگرام، پیام وغیره)
coexist	باهم زیستن، هم زیستی کردن
cogitate	تفکر کردن، اندیشه کردن
cohabit	باهم زندگی کردن (مثل زن وشوهر)
cohere	چسبیدن، ثابت و پایدار بودن، باهم ارتباط داشتن
coil	حلقه کردن، پیچیدن (طناب وغیره)
coin	سکه زدن، ازفلز پول درست کردن، ابداع کردن
coincide	هم زمان واقع شدن، موافق شدن
collaborate	همکاری کردن با، تشریک مساعی کردن
collapse	مضمحل شدن، فروریختن، خراب شدن
collate	مقابله کردن، آزمایش وباهم مقایسه کردن، تطبیق کردن
collect	وصول کردن (مالیات وغیره)، دریافت کردن، جمع شدن
collide	تصادم کردن، بهم خوردن
colligate	بهم پیوستن، بهم متصل کردن
collogue	محرمانه گفتگو کردن، تحریک کردن، توطئه کردن
collude	تبانی کردن، باهم ساختن، توطئه کردن
colonize	تشکیل مستعمره دادن، درمستعمره ساکن شدن
colour	رنگ زدن، رنگ کردن، رنگی شدن

comb	شانه کردن، شانه زدن
combat	نبرد کردن، جنگ کردن، جنگیدن (باچیزی)
combine	بهم پیوستن، ملحق شدن، یکی کردن، یکی شدن
come	آمدن، تشریف آوردن، رخ دادن، ناشی شدن، رسیدن (زمان)
come to life	بهوش آمدن، حقیقت مجسم کردن
come of age	بسن بلوغ رسیدن، بالغ شدن
come to hand	رسیدن (نامه)، بدست آمدن، تحویل دادن
come to pass	اتفاق افتادن، روی دادن، واقع شدن
come to harm	مجروح شدن، زخمی شدن
come about	اتفاق افتادن، روی دادن
come across	ملاقات کردن، بکسی برخوردن
come away	جداشدن، ورآمدن، ترک کردن
come back	برگشتن، مراجعت کردن
come clean	اعتراف کردن
come forward	خود رامعرفی کردن، داوطلب شدن، پیش آمدن
come into	صاحب شدن، مالک شدن (ارث وغیره)
come off	جداشدن، خلاص شدن، انجام شدن، بحالت ویژه ای درآمدن
come over	آمدن (ازجای دور)، ازمانعی گذشتن، غالب شدن
come under	دردسته ای یاطبقه ای واقع شدن، تحت نفوذ قرارگرفتن
come up	پیش آمدن، مطرح شدن، برابر شدن (با with)
come upon	حمله کردن (ناگهانی)، تصادفی ملاقات کردن، ادعائی کردن
come by	گذشتن، عبور کردن، بدست آوردن
come in	وارد (جائی) شدن، داخل شدن
come into trouble	درزحمت افتادن
come out	بیرون آمدن، جنگیدن، اعتصاب کردن، منتشر شدن (روزنامه وغیره)
come round	سر زدن، بخود آمدن، بحالت عادی برگشتن، موافق شدن
come to one's sense	بهوش آمدن، بخود آمدن، بحال آمدن
come to an agreement	بتوافق رسیدن
come to turn	نوبت رسیدن
come to an end	بپایان رسیدن، خاتمه یافتن
come down (of prices)	پائین آمدن (قیمتها)
come into being	بوجود آمدن
come to boil	بجوش آمدن
come to a halt	متوقف شدن

comfort	دلداری کردن، تسلی دادن
command	فرمان دادن، امرکردن، تسلط داشتن بر
commandeer	به بیگاری گرفتن، باجبار برای آرتش خدمت کردن
commemorate	بعنوان یاد بود مراسمی برگذارکردن، جشن گرفتن
commence	آغاز کردن، شروع کردن، شروع شدن
commend	ازچیزی یاکسی تمجید کردن، تحسین کردن، ستودن
comment	اظهارنظر کردن، انتقاد کردن، تفسیر کردن
commercialize	کاری رابصورت تجارتی درآوردن
commingle	باهم آمیختن، مخلوط کردن
comminute	سائیدن، نرم کردن
commiserate	ترحم کردن، ترحم داشتن، رحم کردن، همدردی کردن
commission	مأموریت دادن، اختیاردادن، به مأموریت فرستادن
commit	مرتکب شدن، ارجاع کردن، محول کردن، تقویض کردن
commit an offence	جرم مرتکب شدن، خلاف کردن
commit suicide	خودکشی کردن
commit a crime	جنایت مرتکب شدن
commit oneself	به گردن گرفتن، خود راگرفتارکردن
commune	صمیمانه گفتگو کردن
communicate	آگاهی دادن، اطلاع دادن، سهیم شدن، رساندن
communize	عمومی کردن، دراختیارمردم گذاردن (زمین وغیره)
commute	تبدیل کردن، باهم عوض کردن، رفت وآمد کردن
compact	تنگ هم قراردادن، بهم فشردن، ترکیب کردن
company	همراه کسی رفتن، باکسی بودن
compare	مقایسه کردن، تطبیق کردن، سنجیدن، تشبیه کردن
compart	تقسیم کردن، بقطعات کوچک جداکردن
compassionate	دلسوزی کردن، همدردی کردن، ترحم کردن
compel	مجبورکردن (ساختن)، وادارکردن، ناگزیر
compensate	تلافی کردن، جبران کردن
compete	رقابت کردن، رقیب هم بودن، چشم همچشمی کردن
compile	گرد آوری کردن، جمع آوری کردن، تدوین کردن(کتاب و غیره)
complain	شکایت کردن، گله کردن
complement	تکمیل کردن، کامل کردن
complete	تکمیل کردن، بانجام رساندن، انجام دادن
complicate	پیچیده کردن (مطلبی)، بغرنج کردن

compliment	تعارف کردن، تعریف وتمجید (ازکسی) نمودن
comply	رضایت دادن، موافقت کردن
compose	تصنیف کردن، ساختن (شعر، آهنگ)، ترکیب کردن
compound	آمیختن، ترکیب کردن، تصفیه کردن (حساب)، سازش کردن
comprehend	درک کردن، فهمیدن، دریافتن
compress	بهم فشردن، متراکم کردن، ازحجم (چیزی) کم کردن
comprise	شامل بودن، دارا بودن، متضمن بودن
compromise	مصالحه کردن، سازش کردن
compute	حساب کردن، شمردن
conceal	پنهان کردن، قایم کردن، نهفتن
concede	واگذار کردن، تصدیق کردن، عطا کردن
conceit	تصور کردن، خیال کردن، دل خوش کردن
conceive	آبستن شدن، تصور کردن، پنداشتن
concentrate	تمرکز دادن، متمرکز کردن، حواس (خود را) جمع کردن
concern	مربوط بودن، ربط داشتن، علاقمند بودن، نگران بودن
concert	هم آهنگی ایجاد کردن، مرتب کردن
conciliate	جلب رضایت کردن، التیام دادن، آشتی دادن
conclude	نتیجه گرفتن، خاتمه دادن، منتهی شدن
conclude a treaty	قراردادی منعقد کردن، پیمان بستن
concrete	سفت کردن، منجد کردن، بتون (درساختمان) بکار بردن
concur	هم زمان شدن، همکاری کردن، موافق بودن (باعقیده ای)
concuss	بشدت تکان دادن، صدمه زدن
condemn	محکوم کردن، مقصر دانستن، معیوب اعلام کردن، سرزنش کردن
condense	منقبض کردن (شدن)، بهم فشردن، خلاصه کردن
condescend	سرفرود آوردن، تمکین کردن، تن درد ادن
condition	مشروط کردن، موکول کردن، محدود کردن، آزمایش کردن کالا
condole	همدردی کردن، تسلی دادن
condone	چشم پوشی کردن، اغماض کردن
conduce	منجر شدن، منتهی شدن
conduct	راهنمائی کردن، اداره کردن، رهبری کردن (ارکستر)
confederate	متفق کردن، هم پیمان کردن (شدن)
confer	اعطا کردن، گفتگو کردن، مشورت کردن
confess	اقرار کردن، اعتراف کردن، اذعان کردن
confide	اعتماد داشتن (کردن)، اعتقاد داشتن

confine	مجاور بودن، مرز مشترک داشتن، محدود کردن، محبوس کردن
confirm	تأیید کردن، تصدیق کردن، تثبیت کردن، پابرجا کردن
confiscate	توقیف کردن، محاصره کردن، ضبط کردن
conflict	جنگ کردن، زدوخورد کردن، کشمکش کردن
conform	تطبیق کردن، جورکردن، جوردرآمدن، برابر کردن (شدن)
confound	ساقط کردن، برهم زدن، شرمنده کردن، مغشوش کردن
confront	روبروشدن، مواجه شدن، مقابله کردن
confuse	گیج کردن، درهم برهم کردن، باهم اشتباه کردن (دوچیز را)
confute	اشتباه (کسی) راثابت کردن، مجاب کردن، قبولاندن
congeal	یخ بستن، ماسیدن، سفت شدن
congest	جمع شدن (دریکجا)، توده کردن، انباشتن
conglobate	گرد کردن، بشکل توپ درآوردن، گرد شدن
conglomerate	گلوله کردن (شدن)، بهم چسباندن (چسبیدن)
conglutinate	بهم چسباندن، بهم جوش دادن (خوردن)
congratulate	تبریک گفتن، تهنیت گفتن، شادباش گفتن
congregate	دورهم جمع شدن، اجتماع کردن، گرد هم آمدن
conjecture	حدس زدن، احتمال دادن، گمان بردن
conjugate	صرف کردن (افعال)، باهم جفت شدن
conjure	افسون کردن، تقاضای عاجزانه کردن، التماس کردن
connect	متصل کردن، مربوط کردن، وصل کردن، پیوستن
connive	تجاهل کردن، خودرابنادانی زدن، عمدا نادیده گرفتن
connote	اشاره ضمنی کردن، اشاره کردن بر، شامل شدن
conquer	تسخیر کردن، غلبه کردن، جنگ رافتح کردن، پیروز شدن بر
conscribe or conscript	برای خدمت نظام نام نویسی کردن
consent	رضایت دادن، موافقت کردن
conserve	نگهداری کردن، حفظ کردن (از خرابی یا ضایع شدن مثل مربا و غیره)
consider	توجه کردن، ملایمت کردن، توجه داشتن، درنظر گرفتن
consign	واگذار کردن، سپردن، بطورامانت فرستادن کالا (باکشتی وغیره)
consist	شامل بودن، عبارت بودن از، تشکیل شدن از
console	دلداری دادن، تسلی دادن
consolidate	مستحکم کردن (وضع سربازان)، یکی کردن، بهم پیوستن
consort	جورکردن (شدن)، هم نشین شدن، موافق بودن
conspire	توطئه کردن، تبانی کردن، باهم ساختن
conspue	اظهار تنفرو بیزاری کردن

constipate	یبوست دادن، منقبض کردن (پزشکی)
constitute	بر پا کردن، رسمیت دادن، منصوب کردن
constrain	مجبور کردن، درفشار گذاشتن
constrict	بهم فشردن، تنگ کردن، کوچک وباریک کردن
construct	ساختن، بنا کردن، احداث کردن
construe	تجزیه وترکیب کردن (دردستورزبان)، تعبیرکردن
consult	مشورت کردن با، گفتگو کردن، نظرمشورتی (ازکسی) خواستن
consume	مصرف کردن، هدرکردن، تلف کردن (وقت)
consummate	تکمیل کردن، بپایان رسانیدن، انجام دادن، کامل کردن
contact	تماس گرفتن (باکسی)
contain	جاگرفتن، شامل بودن، جلوی (خود را) گرفتن
contaminate	آلوده کردن، کثیف کردن
contemn	تحقیر کردن، خوارشمردن
contemplate	تفکر کردن، درنظر گرفتن، انتظارداشتن، اندیشه کردن
contemporize	هم زمان کردن، ازحیث زمان باهم تطبیق دادن
contend	ستیزه کردن، مشاجره کردن، مجادله کردن
content	راضی کردن، کافی بودن برای، متقاعد کردن
contest	مجادله کردن، مشاجره کردن، بحث وگفتگو کردن، رقابت کردن
continue	ادامه دادن، دنبال کردن، دوام داشتن
contort	پیچ دادن، کج کردن، ازشکل انداختن
contract	مقاطعه کاری کردن، قرارداد بستن، آب رفتن، منقبض شدن
contradict	مخالف بودن با، تناقض داشتن، انکارکردن
contrast	مقابله کردن (دوچیز باهم ومقایسه تقاوت آنها)
contravene	تخلف کردن از(قانون)، تخطی کردن از، مخالفت کردن با
contribute	دادن، اعانه دادن، کمک (مالی ومعنوی) کردن
contrive	طرح ریختن، ابتکارکردن، توطئه کردن، ازخود ساختن (جعل کردن)
control	نظارت کردن، بازدید کردن، کنترل کردن، زیرنظر گرفتن
controvert	مخالف . کردن با، رد کردن
convalesce	بهبودی یافتن (ازبیماری)
convene	دورهم جمع شدن، جلسه کردن، تشکیل (جلسه)دادن
converge	بهم نزدیکتر شدن، بیک نقطه متوجه شدن
converse	گفتگو کردن، مذاکره کردن، تکلم کردن
convert	وارونه کردن، برگرداندن، تبدیل کردن (پول) ، تغییردادن
convey	رساندن (ازجائی بجائی)، منتقل کردن (ملک)

convict	محکوم کردن، مقصر دانستن، مجرم ثابت کردن
convince	قانع کردن، راضی کردن (بادلیل)، متقاعد کردن
convocate or convoke	احظار کردن، دعوت (به اجتماع) کردن
convoy	همراهی کردن (کشتی جنگی ازکشتیهای تجارتی)، بدرقه کردن
convulse	متشنج کردن، بلرزه درآوردن، بشدت تکان دادن
cook	آشپزی کردن، پختن، طبخ کردن
cool	خنک کردن (شدن)، ملایم کردن، آرام کردن
cooperate	همکاری کردن، تشریک مساعی کردن
coopt	انتخاب کردن و در میان خود آوردن
coordinate	هماهنگ کردن، موزون کردن (ساختن)
cope	ازعهده (چیزی) برآمدن، حریف شدن
copulate	جماع کردن، جفت گیری کردن
copy	رونوشت برداشتن، کپی کردن
coronate	تاجگذاری کردن
correct	تصحیح کردن، اصلاح کردن، غلطگیری کردن، درست کردن
correlate	بهم نسبت داشتن، مربوط بودن، بهم مربوط کردن
correspond	مطابق بودن، مطابقت داشتن، مشابه بودن، مکاتبه کردن
corroborate	تقویت کردن، تأیید کردن، قوی کردن
corrode	بتدریج فاسد کردن، پوشاندن، فاسد شدن، تحلیل رفتن
corrugate	چین دادن، چین خوردن (پوست بدن)
corrupt	فاسد کردن (شدن)، معیوب کردن (شدن)، رشوه دادن
cost	تمام شدن (قیمت)، ارزش داشتن، ارزیدن، برآورد کردن قیمت
couch	پائین آوردن، خوابانیدن، در لفلفه نهادن، پنهان کردن
cough	سرفه کردن، سرفیدن
counsel	نظر دادن، توصیه کردن، پیشنهاد دادن
count	شمردن، محسوب کردن (شدن)، بحساب آمدن، اهمیت داشتن
count up	جمع (چند رقم را) پیدا کردن، جمع زدن
count on (upon)	اعتماد کردن (بکسی)، امید (بکسی) داشتن
count for	ارزیدن، ارزش داشتن
counter	مخالفت کردن، ضدیت کردن، معامله بمثل کردن
counteract	خنثی کردن، مانع شدن، شکست دادن، (درنتیجه عمل متقابل)
counterchange	باهم عوض کردن (شدن)، جور بجور کردن
counterfeit	تقلید کردن، جعل کردن (سکه ، اسکناس وغیره)
countermand	لغو کردن، پس خواندن، برگرداندن

countermine	نقب زدن(جبهه جنگ)، شکست دادن
counterplot	توطئه درمقابل توطئه طرح کردن
counterpoise	برابری کردن، تعادل کردن (درمقابل قدرت دشمن)
countersign	امضای متقابل کردن (روی چک مسافری)
couple	پیوستن، جفت کردن (شدن)
course	دنبال کردن، تعقیب کردن، شکارکردن، دویدن
court	عرض بندگی کردن، اظهار عشق کردن
cover	پوشاندن، پنهان کردن، شامل شدن، پناه دادن، جبران کردن
cover a distance	مسافتی راپیمودن
covet	آرزو کردن، آرمان داشتن، تمایل شدید داشتن
crack	ترکیدن، ترک خوردن، ترکاندن، لکه دارکردن (اعتبارکسی)
cram	پرکردن، خوراک دادن به (مرغ وجوجه)، چپاندن، تپاندن
crane	با جرثقیل بلند کردن، گردن دراز کردن
crankle	پیچ وخم خوردن
crash	خرد کردن، سقوط کردن (هواپیما یابازارتجارت)
crave	آرزو کردن، طلب کردن، خواستن
crawl	خزیدن، چهاردست و پا رفتن
craze	دیوانه کردن (شدن)، ترک برداشتن (ظروف سفالی)
cream	خامه درست کردن، خامه ازشیرگرفتن
crease	چین دادن، (خوردن)، تابرداشتن، چوروک خوردن
create	ایجاد کردن، احداث کردن، آفریدن، بوجود آوردن
create a difficulty	اشکال ایجاد کردن (تراشیدن)
credit	اعتبارقائل شدن (برای کسی)، بحساب کسی گذاشتن، بستانکار کردن
creep	خزیدن، آهسته وبااحتیاط حرکت کردن، دزدکی راه رفتن
cremate	جسد راسوزاندن خاکستر کردن
crime	متهم یامحکوم کردن به جرم نظامی (درآرتش)
criminate	متهم بجنایت کردن، مجرم خواندن
crinkle	پیچ دادن(خوردن)، چین دادن (خوردن)
cripple	فلج کردن، چلاق کردن
criticize	انتقاد کردن، ایراد گرفتن، عیبجوئی کردن
crop	محصول دادن، باردادن، کوتاه کردن (مو یاگوش حیوان)
cross	عبور کردن، گذشتن، خط زدن، قطع کردن (دوخط)
cross out a word	کلمه ای راخط زدن یاقلم زدن یاخط کشیدن
cross one's mind	بخاطر کسی گذشتن، بنظرکسی رسیدن

cross-examine	بازجوئی کردن، استنطاق کردن
crouch	خم شدن یا قوز کردن (ازترس یا تسلیم)
crowd	ازدحام کردن، بزور جا دادن (جمعیت)
crown	تاج برسر گذاشتن، پوشاندن روی دندان
crucify	بصلیب کشیدن، ریاضت دادن (کشتن هوس وشهوت وغیره)
cruise	با کشتی گشت زدن، درجستجوی دشمن بودن
crumble	ریز ریز کردن خرد کردن (شدن)، نرم کردن، سائیدن
crumple	مچاله کردن (شدن)، چین خوردن، پیچاندن
crunch	بادندان خرد کردن، زیر پا له کردن
crush	شکست دادن، از بین بردن، له کردن (شدن)، خرد کردن
cry	فریاد کردن (زدن)، داد زدن، گریه کردن، اعلام کردن
cry down	غیر قانونی اعلام کردن، رسوا کردن، بی اعتبار کردن، هو کردن
cry up	بسیار ستایش کردن، خیلی تمجید کردن
cry bitter tears	اشک ریختن
crystallize	بلوری کردن، متبلور ساختن (شدن)
cuddle	درآغوش گرفتن، نوازش کردن
cuff	با کف دست زدن، کشمکش کردن، نزاع کردن
culminate	باوج رسیدن، درنصف النهار قرار گرفتن
cultivate	کشت کردن، زراعت کردن، پرورش دادن، ترویج کردن
cumber	مانع شدن، بازداشتن، تحمیل کردن
cumulate	روی هم انباشتن، جمع شدن (انباشته شدن)
curdle	منجمد کردن (شدن)، دلمه کردن (شدن)
cure	معالجه کردن، شفا دادن، بهبودی یافتن
curl	فر زدن (موی سر)، حلقه کردن (شدن)
curry	قشو کردن (اسب یا الاغ)، بعمل آوردن (چرم)
curse	دشنام دادن، فحش دادن، لعنت کردن، کفر گفتن
curtail	کوتاه کردن، کاستن، کم کردن، خلاصه کردن
curve	منحنی کردن (شدن)، کج کردن (شدن)
cut	بریدن، قطع کردن، پاره کردن، چیدن، تقلیل دادن
cut short	میان بر کردن (راه)، حرف کسی را قطع کردن
cut in	ناگهانی وارد شدن، پادرمیان گذاردن، حرف کسی را قطع کردن
cut off	قطع کردن، ناگهانی پایان دادن (روابط)
cut out	پیش دستی کردن (ازرقیب)، آماده کردن، حذف کردن
cut one's hair	موی سر خود را چیدن

cut prices	قیمتها را پائین آوردن (تقلیل دادن)
cut a gem	تراشیدن سنگ قیمتی (جواهر)
cut a pack of cards	برزدن ورق بازی
cut one's wisdom tooth	دندان عقل را کشیدن (بیرون آوردن)
cycle	دورزدن، چرخ زدن، دوچرخه سواری کردن

D

dab	ضربه زدن (ناگهانی)، نوک زدن (پرنده)
dabble	خیس کردن (باپراندن آب)، ترکردن، آغشتن
daff	کنارگذاشتن، دورانداختن
dally	وقت رابه بازی گذراندن، عشقبازی کردن، طفره رفتن
damage	خسارت وارد آوردن (کردن)، زیان زدن، خراب کردن
damn	عیب گرفتن از، لعنت کردن، بد اعلام کردن
dance	رقصیدن، رقصاندن، برقص درآوردن، برقص واداشتن
dangle	آو یزان بودن ،آو یزان کردن، بدنبال افتادن
dare	جرأت کردن، شجاعت داشتن، جسارت کردن
darken	تاریک کردن، تیره کردن (شدن)، ازدید محروم کردن
darn	رفو کردن(لباس یاقالی سوراخ شده رابهم دوختن)
dash	ضربه زدن، زدن، خرد کردن، انداختن، پرت کردن، تصادم کردن
date	تاریخ گذاشتن، تاریخ تعیین کردن، حساب کردن
daunt	ترساندن (ترسانیدن)، بی جرأت کردن
dawn	روشن شدن (هوا)، نمایان شدن، توسعه وترقی آغاز شدن
daze	گیج کردن، بیهوش کردن
dazzle	خیره کردن، مبهوت کردن (دراثر زیبائی چیزی)
deafen	کر کردن (در اثر صدا)، عایق کردن (کف اطاق، دیوار از صدا)
deal	معامله کردن، رفتارکردن، توزیع کردن، وارد آوردن
debar	منع کردن، جلوگیری کردن (از ورود) ممنوع کردن، محروم کردن
debase	پائین آوردن (ارزش چیزی)، پست کردن، قلب کردن (پول)
debate	شورکردن، بحث کردن، مذاکره کردن، ملاحظه کردن
debauch	ازراه بدرکردن، فریفتن، فاسد کردن، پست کردن
debilitate	ضعیف کردن، پست کردن
debit	بدهکار کردن (حساب)، بحساب (کسی) گذاشتن
decamp	برچیدن چادر، جمع کردن چادر، بطورناگهانی کوچ کردن
decapitate	گردن زدن، سر بریدن
decay	فاسد شدن، پوسیدن، خراب کردن (شدن)، فاسد کردن
decease	مردن ، فوت کردن، مرحوم شدن، ازدنیارفتن
deceive	گول زدن، فریب دادن، اغفال کردن (شدن)

decelerate	ازسرعت کاستن (کم کردن)
decentralize	ازتمرکز خارج کردن، حکومت محلی دادن به
decide	تصمیم گرفتن، اراده کردن، مصمم شدن، قصد کردن
decipher	کشف رمز کردن (تلگرام وغیره)، سردرآوردن از(معنی چیزی)
deck	آراستن، آرایش دادن
declaim	سخنوری کردن، بافصاحت سخن گفتن، باحرارت صحبت کردن
declare	اظهار کردن، اعلام کردن، بیان کردن
declare war	اعلام جنگ دادن
declare oneself	قصد خودرا اظهار کردن، طینت خودرا بروز دادن
declare off	بهم زدن، قطع کردن (معامله وغیره)
declare a dividend	سود سهام را اعلام کردن
decline	خم شدن، پس رفتن، کاستن، ردکردن، امتناع کردن
decode	ازحالت رمز درآوردن
decolourize	بی رنگ کردن، رنگ بردن از
decompose	تجزیه کردن، متلاشی کردن (شدن)، فاسد کردن
decontaminate	ازبین بردن و پاک کردن (آلودگی محیط، لباس وغیره)
decontrol	ازنظارت وکنترل خارج کردن
decorate	تزئین کردن، آراستن، آرایش دادن (کردن)، نشان ودرجه دادن
decrease	کاهش دادن (یافتن)، کسر کردن (شدن)، کم کردن
decree	حکم کردن، مقرر داشتن، امرکردن
decry	تقبیح کردن، بی اعتبار ساختن، رسواکردن، ارزش (پول را) کم کردن
dedicate	وقف کردن، اهداکردن، تقدیم کردن، اختصاص دادن
deduce	دریافتن، استنباط کردن، نتیجه گرفتن
deduct	کسر کردن، کاستن، کم کردن
deem	معتقد بودن، پنداشتن، به نتیجه رسیدن
deem one's duty	وظیفه خود دانستن
deepen	عمیق کردن (شدن)، گود کردن (شدن)
deface	از شکل انداختن، بی قواره کردن، محو کردن
defame	بد نام کردن، رسواکردن، مفتضح کردن، افترازدن
default	مقصر دانستن، قصور کردن، غفلت کردن، در دادگاه حاضرنشدن
defeat	شکست دادن، مغلوب کردن، باطل و بی اثرکردن
defecate	صاف کردن، تصفیه کردن، خارج کردن، دُرد گرفتن (ازشراب)
defect	از کشور خود فرار کردن وبکشور دیگری پناهنده شدن
defend	دفاع کردن، حمایت کردن

defer	عقب انداختن، بتأخیر انداختن (افتادن)، پس افتادن
defile	رژه رفتن
define	توضیح دادن، تشریح کردن، تعریف کردن، معنی کردن
deflate	باد (لاستیک وغیره) خالی کردن، پائین آوردن تورم پول
deflect	کج کردن، منحرف کردن (شدن)، بیک طرف کج شدن
deform	ازشکل انداختن، بی قواره کردن، تغییرشکل دادن
defraud	حقه بازی کردن، فریب دادن، سرکسی راکلاه گذاشتن
defray	واریز کردن (پرداختن هزینه وغیره)، اداکردن
defrost	برفک یایخ یخچال راآب کردن
defy	مبارزه کردن، مقاومت کردن با، دشوار ساختن، بی اعتنائی کردن
degenerate	خصوصیات خوب رااز دست دادن، رو بانحطاط گذاردن
degrade	تحقیر کردن، خوارو پست نمودن، تنزل مقام دادن (یافتن)
dehydrate	آب گرفتن از، بی آب کردن (شیمی)
deject	افسرده کردن، دلسرد کردن، دلتنگ کردن
delate	متهم کردن، برعلیه (کسی) خبردادن
delay	بتعویق انداختن، بتأخیر انداختن (افتادن)، عقب افتادن
delegate	نمایندگی دادن، مأموریت دادن
delete	حذف کردن، محو کردن، پاک کردن
deliberate	مشورت کردن، تأمل کردن، سنجیدن، اندیشیدن
delight	خرسند کردن، خوشحال کردن (شدن)، محظوظ شدن
delimit (ate)	حدود (چیزی را)تعیین کردن، مرزتعیین کردن
delineate	رسم کردن، طرح کردن، عکس کشیدن
deliquesce	مایع شدن، آب شدن
deliver	تحویل دادن، ایراد کردن (نطق، سخنرانی)، رهانیدن، رساندن
delude	تحمیل کردن (عقیده یافکری)، فریب دادن، اغفال کردن
delve	زمین کندن، بیل زدن، کاوش کردن
demand	تقاضا کردن، خواستارشدن، ایجاب کردن، ادعاکردن
demean (oneself)	خود راپست کردن، کوچک کردن
demilitarize	منطقه ای رااز تشکیلات نظامی تخلیه کردن
demise	باوصیت واگذار کردن، انتقال دادن (عنوان) پس ازمرگ یاتبعید
demit	فرستادن، استعفا دادن از، ول کردن، کناره گیری کردن
demobilize	ازحالت بسیج خارج کردن
demolish	خراب کردن، ویران کردن، تخریب کردن، ازبین بردن
domonstrate	نشان دادن، ثابت کردن، نمایش دادن، تظاهر کردن

demoralize	دلسرد کردن، روحیه راخراب کردن (باختن)
demote	درجه یامقام راتنزل دادن
demur	اشکال تراشی کردن، ایجاد اشکال کردن
denaturalize	ازحالت طبیعی (یاازتابعیت کشوری) خارج کردن
denigrate	سیاه کردن، لکه دارکردن، بدنام کردن
denominate	نام گذاری کردن، نام گذاردن (نهادن)
denote	نشان دادن، علامت گذاشتن، تشخیص دادن، دلالت کردن بر
denounce	علنی متهم کردن، باتهدید اخطار کردن، محکوم کردن
denude	برهنه کردن، لخت کردن، عاری ساختن
deny	تکذیب کردن، انکارکردن، حاشا کردن
depart	حرکت کردن (هواپیما)، ازچیزی دست کشیدن، ترک کردن
depasture	چراندن، چریدن (خوراندن حیوانات دردشت)
depend	موکول بودن به، بسته بودن به، منوط بودن به، اعتماد داشتن
depict	ترسیم کردن، نمایش دادن (بانقشه وغیره)، تعریف کردن
depilate	مو کندن از(پا وصورت)، موبردن از
deplete	خالی کردن، تهی کردن، به ته رساندن
deplore	اظهارتأسف کردن، گریستن (زاریدن) برای چیزی
deploy	سربازان راازستون به صف درآوردن، نصب کردن (موشک)
deplume	پرکندن، ازمقام ومنزلت انداختن
depopulate	کم کردن جمعیت، کم جمعیت شدن
deport	تبعید کردن، کسی راازکشوراخراج کردن
depose	معزول کردن، ازکاربیکارکردن، گواهی دادن
deposit	سپردن، گذاردن، امانت گذاردن
deprave	فاسد کردن، ازراه بدرکردن، منحرف کردن (اخلاقا)
deprecate	قبیح وبد دانستن، اظهارعدم تمایل کردن، واداشتن
depreciate	ازبهای چیزی کاستن (کم شدن)، تحقیر کردن
depress	افسرده کردن، ازرونق انداختن، فعالیت (تجارتی را)کم کردن
deprive	محروم کردن، بی بهره کردن، بی نصیب کردن
depurate	پاک کردن (شدن)، صاف کردن
depute	نمایندگی ذادن، اختیاردادن، جانشین تعیین کردن
deputize	معاون تعیین کردن، بعنوان معاون عمل کردن
deracinate	ریشه کن کردن
derail	ازخط خارج انداختن (ترن)، ازخط بیرون رفتن
derange	برهم زدن، بهم زدن، مختل کردن، نامنظم کردن

derive	ناشی شدن، مشتق شدن، سرچشمه گرفتن، آمدن
derogate	کاسته شدن، کم شدن (آبروو حیثیت)
descend	فرود آمدن، پائین آمدن، بارث رسیدن، پائین آوردن
describe	تعریف کردن، شرح دادن، توصیف کردن
desecrate	بیحرمتی کردن، کفرگفتن
desegregate	تفکیک نژادی رامنحل کردن (درمدارس آمریکا)
desert	ترک کردن، دست کشیدن از، فرار کردن (از خدمت درآرتش)
deserve	مستحق بودن، سزاوار بودن، استحقاق داشتن، جاداشتن
desiccate	خشک کردن (شیروغیره برای نگهداری)
desiderate	آرزوی (داشتن) چیزی راکردن، جای (کسی را) خالی کردن
design	طرح کردن، نقشه کشیدن، درنظرگرفتن، تخصیص دادن
designate	گماشتن، تعین کردن، اختصاص دادن، قلمداد کردن
desire	میل داشتن، خواستن، آرزو داشتن، اشتیاق داشتن
desist	دست برداشتن، دست کشیدن از
desolate	کم کردن جمعیت جائی ، ازآبادانی انداختن، بیچاره کردن (کسی)
despair	مأیوس شدن، ناامید شدن
despise	تحقیر کردن، حقیر شمردن
despoil	غارت کردن، ربودن، محروم کردن از
despond	دلسرد شدن، افسرده شدن
destine	مقرر داشتن، تعیین کردن، تخصیص دادن، مقدر دانستن
destroy	منهدم کردن، ویران کردن، خراب کردن، از بین بردن
detach	جدا کردن، سوا کردن، جداساختن
detail	بتفصیل شرح دادن، وظیفه ای محول کردن (نظامی)
detain	بازداشت کردن، توقیف کردن، معطل کردن، نگهداشتن
detect	پی بردن (بکارکسی)، کشف کردن (بوجود مطلبی)
deter	مانع (انجام عمل خطرناکی) شدن
deteriorate	بدتر کردن (شدن)، خراب شدن (حال کسی)
determine	بپایان رساندن، تصمیم گرفتن، فیصله دادن، معلوم کردن
detest	تنفر داشتن، نفرت داشتن، بد آمدن
dethrone	خلع کردن، معزول کردن، از تخت و تاج پائین آوردن
detonate	منفجر کردن (شدن)، ترکاندن (باصدای بلند)
detract	کاستن، کم کردن، بی آبرو کردن، کوچک کردن، بی اعتبارکردن
detrain	بار ازترن خالی کردن، ازترن پیاده شدن
devalue, devaluate	ارزش (پول را) کم کردن، پائین آوردن ارزش پول رسمی کشور

devastate	ویران کردن، خرابی بارآوردن (وارد آوردن)
develop	توسعه دادن، ترقی کردن، ظاهر کردن (فیلم)، بسط دادن
deviate	منحرف شدن (ازراه، قاعده)، ازراه بدرکردن (کسی را)
devise	به ارث گذاشتن (باوصیت)، اندیشیدن، اختراع کردن
devitalize	ازنیرو انداختن، بیجان کردن،ازکارانداختن
devolute	انتقال دادن (منتقل کردن) وظائف واختیارات
devolve	واگذار کردن، محول کردن (شدن)
devote	فداکاری کردن، نثارکردن، وقف کردن، اختصاص دادن
devour	دریدن وخوردن (حیوانات)، بلعیدن ، برباد دادن
dew	شب نم زدن، ترکردن، مرطوب کردن
diagnose	تشخیص دادن (بیماری)
dial	اندازه گرفتن، شماره گرفتن (تلفن)
dice	باطاس بازی کردن، خرد کردن (گوشت)
dictate	مطلبی رابرای نوشتن بکسی باصدای بلند گفتن
diddle	فریب دادن، تقلب کردن
die	مردن ، فوت کردن، خشک شدن (درخت وگل)، خفه شدن (صدا)
diet	خوراک دادن، غذای رژیمی دادن، درخوردن پرهیز کردن
differ	تفاوت داشتن، فرق داشتن، اختلاف داشتن، فرق گذاردن
differentiate	فرق گذاشتن، تمیز دادن، تشخیص دادن
diffuse	پخش کردن، پراکنده کردن (نوروغیره)، از کار انداختن (بمب)
dig	کندن، حفاری کردن، کاوش کردن
digest	هضم کردن، خلاصه کردن، طبقه بندی کردن، تحمل کردن
dignify	محترم شمردن، مقام ومنزلت دادن، نام یاعنوان شایسته دادن
digress	ازموضوع خارج شدن، منحرف شدن، عدول کردن
dilapidate	بحالت خرابی درآوردن (افتادن) (ساختمان)
dilate	وسیع ترو بزرگتر کردن (شدن)
dilute	آبکی کردن، رقیق کردن
dim	کم نورکردن، کمی تاریک کردن (شدن)
diminish	کسر کردن، کم کردن، کاستن، کوچک کردن (شدن)
dine	ناهار خوردن (دادن) دررستوران
dip	فرو بردن (رفتن)، درآب غوطه ورشدن، سرازیر شدن
direct	نشانی نوشتن، راهنمائی کردن، دستوردادن، رهبری کردن
disable	عاجز کردن، ناتوان کردن، ازکارانداختن
disabuse	ازاشتباه درآوردن

disaccord	موافق نبودن، ناسازگار بودن
disaffirm	انکار کردن، منکر شدن، نقض کردن
disagree	موافق نبودن، ناسازگار بودن
disallow	رد کردن، منع کردن
disappear	ناپدید شدن، غائب شدن، نیست شدن
disappoint	مأیوس کردن، ناامید کردن
disapprove	تصدیق نکردن، موافقت نکردن
disarm	خلع سلاح کردن، اسلحه را از (دست دشمن) گرفتن
disarrange	بهم زدن، مختل کردن، از نظم انداختن
disarray	درهم برهم کردن، بی نظم کردن
disavow	انکار کردن، رد کردن
disband	منحل کردن (شرکت)، برهم زدن
disbelieve	باور نکردن، اعتقاد نکردن
disburden	بار از (دوش) برداشتن، خلاص کردن
discard	دور انداختن، انداختن (در بازی ورق)، رد کردن
discern	تشخیص دادن، تمیز دادن
discharge	تخلیه کردن (بار از کشتی)، از کار برکنار کردن، آزاد کردن
discipline	تحت انضباط درآوردن، تنبیه (انضباطی) کردن
disclaim	ترک دعوا کردن، انکار کردن، صرف نظر کردن
disclose	فاش کردن (ساختن)، افشا کردن، علنی کردن، آشکار کردن
discolour	رنگ عوض کردن، لک کردن (شدن)، بی رنگ کردن (شدن)
discomfit	بکلی مغلوب کردن (نظامی)، خنثی کردن، شکست دادن
discomfort	ناراحت کردن، دلسرد کردن، دلتنگ کردن
discommode	زحمت دادن، ناراحت کردن
discompose	آرامش برهم زدن، مضطرب کردن، پریشان کردن
disconcert	برهم زدن، مشوش کردن
disconnect	قطع کردن، جدا کردن، سوا کردن
discontent	ناراضی کردن، ناخشنود کردن
discontinue	ادامه ندادن، قطع کردن (شدن)
discord	موافق نبودن، ناسازگار بودن، ناجور بودن
discount	تخفیف دادن، برات را قبل از سررسید نقد کردن
discourage	دلسرد کردن، بی جرأت کردن
discourse	سخن گفتن، در مورد مطلبی زیاد گفتن و نوشتن
discover	کشف کردن، پی بردن، علنی کردن

discredit	بی اعتبار کردن، اعتماد از بین بردن، بدنام کردن
discriminate	فرق گذاشتن، تفاوت قائل شدن، تبعیض کردن
discrown	ازسلطنت خلع کردن، بی تاج وتخت کردن
discuss	بحث کردن، گفتگو کردن، مذاکره کردن
disdain	کسرشأن خود دانستن، ناشایسته دانستن، عار داشتن از
disembark	پیاده شدن (ازکشتی)، ازکشتی پیاده کردن
disembarrass	آسوده کردن، ازناراحتی خلاص کردن
disembody	جداکردن (روح) ازجسم، متفرق کردن (سربازان)
disembroil	ازتشویش درآوردن، آسوده کردن
disenchant	ازشیفتگی درآوردن، رفع طلسم کردن، ازخواب وخیال درآمدن
disengage	ازقید آزاد کردن، ازتعهد آزاد شدن، رهائی یافتن
disentangle	از پیچیدگی درآوردن، رها کردن، ازگیر درآوردن
disfavour	بی توجهی کردن به، نپسندیدن، حمایت نکردن
disfigure	ازشکل انداختن، بی قواره کردن
disfranchise	ازحقوق ومزایا محروم کردن (بی بهره کردن)
disgorge	قی کردن، خالی کردن، ریختن، پس دادن، برگرداندن
disgrace	رسواکردن، بی آبرو کردن
disguise	تغییر قیافه دادن، شکل (خود را) عوض کردن
disgust	بیزارکردن، متنفرکردن
dishabituate	واداربه ترک عادت کردن
dishearten	دلسرد کردن، افسرده کردن، ازسرشوق انداختن
dishonour	بی احترامی کردن، بیحرمتی کردن، برات را نکول کردن
disillusion (ize)	ازخیال درآوردن، ازحالت رؤیائی بیرون آوردن
disincline	بی میل کردن، ازمیل انداختن
disincorporate	شرکتی رامنحل کردن، ازشرکتی جداشدن
disinfect	ضد عفونی کردن
disinherit	ازارث محروم کردن
disintegrate	تجزیه کردن، جداکردن (شدن)
disinterest	بی علاقه کردن، بی میل کردن
disjoin	ازهم جداکردن، ازهم گسیختن
disjoint	جابجاکردن (شدن)، دررفتن، جداشدن
dislike	دوست نداشتن، بدآمدن (ازچیزی یاکسی)
dislocate	جابجاکردن (شدن)، ازجادررفتن (بیرون آمدن)
dislodge	ازجای خود بیرون کردن، ازاستحکامات راندن (دشمن)

dismantle	پیاده کردن (اجزأماشین)، برهنه کردن، و یران کردن
dismay	ترساندن، بی جرأت کردن، ازشجاعت اخلاقی محروم کردن
dismember	بند از بند جداکردن (عضله بدن)
dismiss	ازکار برکنارکردن، اخراج کردن، ردکردن (ادعائی درداد گاه)
dismount	پیاده کردن (شدن)، پائین آمدن (ازاسب وغیره)
disobey	اطاعت نکردن، تمردکردن، سرپیچی کردن
disoblige	رنجاندن، تقاضای (کسی را) انجام ندادن
disorder	ازنظم خارج کردن (انداختن)، مختل کردن، برهم زدن
disorganize	تشکیلات (جائی را)بهم زدن، سازمان بهم زدن
disown	ازخود سلب کردن، ازخود ندانستن، انکارکردن
disparage	بی اعتبار کردن، بدنام کردن، تحقیرکردن، کم گرفتن
dispatch	ارسال کردن، فرستادن، مخابره کردن
dispel	بزور متفرق کردن، ازهم پاشیدن
dispense	پخش کردن، توزیع کردن، نسخه پیچیدن، باطل کردن
disperse	متفرق کردن (ساختن)، پراکنده کردن، جداکردن (شدن)
dispirit	افسرده کردن، دلسرد کردن
displace	ازجای خود خارج کردن، جابجا کردن، برکنارکردن
display	نمایش دادن، ابراز کردن، نشان دادن (درنمایشگاه)
displease	رنجاندن (رنجانیدن)، ناراضی کردن، مکدرکردن
dispose	ترتیب دادن، آراستن، متمایل کردن، ازشرچیزی خلاص شدن
dispossess	ازتصرف محروم کردن، ازجای خودبیرون کردن
disprove	ردکردن، اشتباه کسی راثابت کردن، محکوم کردن
dispute	دعواکردن، مشاجره کردن، مجادله کردن
disqualify	سلب صلاحیت کردن، شایسته ندانستن
disquiet	ناراحت کردن (جسمی یافکری)، بی قرارکردن
disregard	بی اعتنائی کردن، بی توجهی کردن
disrelish	دوست نداشتن، بی میل بودن، تنفرداشتن از
disremember	بخاطرنیاوردن، ازیادبردن
disrespect	بی احترامی کردن، اهانت کردن
disrupt	ترکاندن، ترکیدن، داغان کردن (شدن)، گسیختن، بهم زدن
dissatisfy	ناراضی کردن ، رنجاندن
dissect	پاره پاره کردن، تشریح کردن (پزشکی)، تجزیه کردن
dissemble	خود رابشکل عوضی درآوردن، بروی خود نیاوردن
disseminate	افشاندن، پراکنده کردن (تخم)، منتشرکردن (نظریه ، عقیده)

dissent	موافق نبودن با، اختلاف (عقیده) داشتن
disserve	بد خدمت کردن، میزجمع کردن، آزاررساندن
dissimilate	ناجور کردن (شدن)، بی شباهت کردن (فلسفه)
dissipate	پراکنده کردن (شدن)، تلف کردن (پول)، عیاشی کردن
dissociate	جداکردن، سواکردن، تجزیه کردن (شیمی)
dissolve	حل کردن (شدن)، آب کردن (شدن)، منحل کردن
dissuade	منصرف کردن، بازداشتن (کسی را ازعملی)، منحرف کردن
distance	عقب گذاشتن (درمسابقه)، درفاصله دورقراردادن
distemper	ناسازگارکردن، آشفته کردن، برهم زدن، مختل کردن
distend	ورم کردن (مثانه)، بزرگ کردن (شدن)
distil	چکیدن، قطره قطره افتادن، تقطیرکردن، عرق گرفتن از
distinguish	تشخیص دادن، تمیزدادن، فرق گذاشتن، مشهورکردن
distort	تحریف کردن، بدجلوه دادن، بدتعبیرکردن، ازشکل طبیعی انداختن
distract	منصرف کردن، منحرف کردن، جداکردن، برگرداندن
distrain	گروکشی کردن، ملک کسی را گروکشیدن (بمنظور پرداخت بدهی)
distress	پریشان کردن، مضطرب کردن، متأثر کردن
distribute	توزیع کردن، پخش کردن، تقسیم کردن
distrust	اعتماد نداشتن، بدگمان بودن
disturb	مزاحم شدن، ناراحت کردن، مختل کردن، برهم زدن
disuse	ازاستعمال (چیزی) خودداری کردن، بکارنبردن
disunite	ازهم جداکردن، اختلاف وتفرقه انداختن
ditch	گود کندن (شدن)، گودال پاک کردن
divaricate	منشعب شدن، جداشدن، ازهم جداکردن
dive	شیرجه رفتن، غوطه ورشدن، درآب فرورفتن، فرو بردن
diverge	ازهم جداشدن، منحرف شدن (کردن)، راه دیگر پیش گرفتن
diversify	تنوع دادن، گوناگون کردن، متنوع ساختن
divert	منحرف کردن، برگرداندن، منصرف کردن، پرت کردن (حواس)
divest	برهنه کردن، بی بهره کردن، محروم کردن (حقوقی)
divest oneself of	ترک کردن، رهاکردن، ول کردن
divide	تقسیم کردن، قسمت کردن، طبقه بندی کردن
divine	حدس زدن، پیشبینی کردن، پیشگوئی کردن، غیب گوئی کردن
divorce	طلاق دادن، فسخ کردن، جداشدن (زن وشوهر)
divulge	فاش کردن، علنی کردن، بروزدادن، آشکارکردن
do	کردن، انجام دادن، عمل کردن، (درخیلی موارد فعل معین)

do away with	بهم زدن، خاتمه دادن، موقوف کردن
do by	عمل کردن، رفتارکردن
do for	برای کسی یاازطرف کسی عمل کردن، خراب کردن، کشتن
do with	ترتیب دادن، تحمل کردن
do without	بدون (چیزی) گذاردن، احتیاج (به چیزی)نداشتن
do over	روکش کشیدن، اندودن، اندود کردن
do up	تعمیرکردن، مرتب کردن، بسته بندی کردن
do one's hair	موی خودرا درست کردن
do harm	آزاررسانیدن، اذیت کردن
dock	کوتاه کردن (دم حیوان)، کم کردن، لنگرانداختن کشتی
doctor	طبابت کردن، معالجه کردن، دست بردن در (تحریف کردن درسند)
document	باسند ثابت کردن، سند ارائه دادن
dodder	لرزیدن (بعلت سستی)، تلوتلو خوردن
dodge	پس و پیش حرکت کردن، ناچیز شمردن، اززیر (چیزی) دررفتن
doff	لباس کندن، کلاه برداشتن، کنارگذاشتن (عادت)
dog	بدقت دنبال کردن، تعقیب کردن
dogmatize	آمرانه صحبت کردن، قاطع اظهارعقیده کردن
domesticate	اهلی کردن، رام کردن ، بومی کردن
domicile	درجائی (بطورثابت) اقامت کردن
dominate	تسلط داشتن، تحکم کردن، حکمفرمائی کردن
domineer	ظالمانه حکومت کردن، برتری بردیگران داشتن
doom	محکوم کردن، حکم دادن برعلیه،مقدرکردن
dope	دارودادن، خواب کردن
dot	نقطه گذاردن
double	دوبرابر کردن (شدن)، دولا تاکردن، دولا شدن
doubt	شک داشتن، مشکوک بودن، مظنون بودن، تردید کردن
dower	بخشیدن، اعطاکردن، دادن
down	بزمین زدن (انداختن)، فرود آوردن (هواپیما درائرتیراندازی)
doze	چرت زدن، میان خواب و بیداری بودن
drabble	گلی وکثیف کردن (شدن)، ماهی گرفتن
draft	پیش نویس (مطلبی) تهیه کردن، برای خدمت نظام نام نویسی کردن
drag	بزورکشیدن، لاروبی کردن، کند حرکت کردن، ادامه دادن
draggle	خیس وکثیف کردن (شدن)، کشیده شدن

drain	زه کشی کردن ، آب گرفتن از، بتدریج تمام شدن (ثروت کشور)
dramatize	بشکل درام یاداستان درآوردن (درآمدن)
drape	باپرده یاپارچه پوشاندن یاآرایش دادن
draught	طرح ریختن، بخدمت نظام گرفتن
draw	کشیدن ، جلب کردن، استنباط کردن، مکیدن، بیرون کشیدن
draw curtain	پرده کشیدن
draw deep breath	نفس عمیق کشیدن
draw attention	توجه جلب کردن
draw customers	مشتری جلب کردن
draw a blank	ورقه سفید (یاپوچ) دربخت آزمائی درآوردن
draw a cheque	چک کشیدن
draw to an end	بپایان رسانیدن
draw back	پس گرفتن(حقوق گمرکی)، پس رفتن
draw in	شوررفتن، آب رفتن، دچارشدن، توکشیدن (نفس)
draw on	بوقوع پیوستن، باعث شدن
draw off	عقب کشیدن (سربازان ازجائی)
draw up	تنظیم کردن، بصف کشیدن (سربازان)، متوقف کردن (شدن)
drawl	آهسته وشل صحبت کردن، باسستی اداکردن
dread	بیم داشتن، ترس داشتن، ترساندن، باوحشت انتظارکشیدن
dream	خواب دیدن، خواب چیزی رادیدن، چیزی راتصورکردن
dredge	لاروبی کردن (رود خانه وغیره)، پاک کردن، آرد پاشیدن
drench	خوراندن، خیس کردن، بزورداروبه (حیوان) دادن
dress	لباس پوشیدن، مرهم گذاشتن، آرایش دادن، درست کردن (مو)
dress a wound	زخم راپانسمان کردن (مرهم گذاردن)
dribble	کم کم چکاندن (چکیدن)، دربازی فوتبال دریبلینگ کردن
drift	رانده شدن (بوسیله آب یاباد)، بی اراده کارکردن
drill	مشق دادن (کردن)، تعلیم دادن، سوراخ کردن (بامته)
drink	آشامیدن، نوشیدن، خوردن (چای)
drip	چکاندن، چکیدن، چکه کردن
drive	راندن، رانندگی کردن، دنبال کردن، وادارکردن، ازپیش بردن
drive mad	دیوانه کردن
drive at	منظورداشتن، قصد داشتن
drive away	دفع کردن، دورکردن
drivel	آب دهان ازدهان خارج شدن، بچگانه یاابلهانه حرف زدن

drizzle	نم نم باریدن، ریزریز باران آمدن
droll	مسخرگی کردن، شوخی کردن، لودگی کردن
droop	خم شدن، تکیه کردن، پائین انداختن (سر)، سر بزیرافکندن
drop	افتادن، پائین آمدن، انداختن، چکاندن
drop away	قطره قطره تمام شدن، یک بیک نابود شدن
drop in	بکسی سرزدن (بدون اطلاع قبلی دیدن کسی رفتن)
drop off	یک بیک پس رفتن، خواب بردن، مردن
drop out	ازمحل خود ناپدید شدن
drop short	کم آمدن ، کسرآمدن، نرسیدن
drown	غرق شدن، غرق کردن، خفه کردن (صدا)
drowse	چرت زدن، میان خواب و بیداری بودن
drum	طبل زدن، کوس زدن، مثل صدای طبل بگوش رسیدن
dry	خشک کردن (شدن)، رطوبت از بین رفتن ، ازشیرانداختن (گاو)
dub	ناطق فیلم رابزبان دیگر برگرداندن
duck	فرورفتن درآب، غوطه خوردن، سرزیرآب کردن
dulcify	شیرین کردن، آرام کردن، فرونشاندن
dull	کند کردن (شدن)، تیره کردن (شدن)، فاقد نیروشدن
dump	کالای اضافی رادرکشوربیگانه بابهای ارزان فروختن، خاکروبه ریختن
dun	بستوه درآوردن (بخصوص برای پرداخت قرض)، باسماجت خواستن
dupe	فریب دادن، گول زدن، حقه زدن، کسی رادست انداختن
duplicate	دوبرابر کردن، رونوشت برداشتن
dust	گردوخاک کردن، گرد پاشیدن، گرد وخاک گرفتن
dwell	مدتی درجائی ساکن بودن، اقامت کردن، سکونت کردن
dye	رنگ کردن (زدن)، رنگ خوردن، رنگ برداشتن

earn	بدست آوردن، تحصیل کردن، درآمد داشتن
earth	باخاک پوشاندن (پوشیده شدن)، زیرخاک کردن
ease	آسودگی دادن، آسایش دادن، سبک شدن، راحت شدن
eat	خوردن، خوراک خوردن، سائیدن، سائیده شدن
eavesdrop	مخفیانه به مکالمه محرمانه گوش کردن
ebb	فرونشستن یاپس رفتن (آب دریا یارودخانه)، روبزوال نهادن
echo	منعکس کردن (شدن صدا)
eclipse	تاریک کردن، منکسف کردن (خورشید)، منخسف کردن (ماه)
economize	صرفه جوئی کردن، قناعت کردن، مخارج راکم کردن
edge	تیز کردن (ابزار، اسلحه)، خودرادرمحلی جادادن
edit	تغییر دادن و تحریف کردن مطلب کتاب یا روزنامه، سردبیر (روزنامه و غیره) بودن
educate	تربیت کردن، آموزش دادن، وسیله تحصیل فراهم کردن
educe	آشکارکردن، درآوردن (خبرازکسی)، ظاهرکردن
efface	پاک کردن، محوکردن، تراشیدن، نابود کردن
effect	باعث شدن، انجام دادن، فراهم کردن
effectuate	بوقوع رساندن، به نتیجه رساندن، بانجام رساندن
effuse	ریختن، افشاندن، پاشیدن
ejaculate	بطورناگهانی (کلمه ای) اداکردن، بیرون پریدن
eject	بیرون انداختن، اخراج کردن، دفع کردن
elaborate	بزحمت درست کردن، بتفصیل توضیح دادن
elapse	سپری شدن، گذشتن (وقت)
elbow	هول دادن (با بازو)، راه بازکردن (با بازو درجمعیت)
elect	انتخاب کردن، برگزیدن
electrify	برقی کردن (خط آهن وغیره)، جریان برق ردکردن، ازجاپراندن
elevate	بلند کردن (صدا، چشمان)، ترفیع دادن، بالا ترقراردادن
elicit	استنباط کردن، بیرون کشیدن، درآوردن
elide	کوتاه کردن (کلمه)، حذف کردن (یک یادوحرف درتلفظ)
eliminate	خارج کردن، حذف کردن، محوکردن، دفع کردن
elongate	درازکردن، طویل کردن (شدن)، امتداد دادن
elope	فرارکردن (زن ازشوهریا ازخانه)

elucidate	توضیح دادن، مطلبی راروشن کردن
elude	گریختن (ازخطر، مشکلات وغیره)، طفره رفتن (ازقانون یاتعهد)
emanate	سرچشمه گرفتن، ازمنبعی صادرشدن، بیرون آمدن (گازوغیره)
emancipate	ازمحرومیت های (حقوقی - اجتماعی - سیاسی) آزاد کردن
emasculate	اخته کردن، ضعیف کردن (زبان)، سست کردن
embargo	ممنوع کردن، تحریم کردن (خرید وفروش کالا)
embark	درکشتی گذاردن، سوارکشتی شدن، مبادرت بکاری کردن
embarrass	ناراحت کردن، اسباب زحمت شدن، مانع شدن
embattle	آماده جنگ کردن، صف آرائی کردن
embelish	آرایش کردن (دادن)، زینت دادن، شاخ وبرگ دادن (به حکایت)
embezzle	حیف ومیل کردن، اختلاس کردن، بالا کشیدن، دزدیدن
embitter	تلخ کردن (زندگی)، ناگوارکردن، متغیرکردن (خشمگین کردن)
embody	مجسم کردن، جادادن، یکی کردن، ابراز کردن، دربرداشتن
embolden	جسورکردن، تشویق کردن، شیرکردن، تحریک کردن
emboss	کنده کاری کردن، حجاری کردن، برجسته درآوردن
embrace	درآغوش گرفتن، مشتاقانه قبول کردن، اتخاذ کردن
embroider	قلاب دوزی کردن، گلدوزی کردن
embroil	دشمنی ایجاد کردن، گرفتارکردن، درهم برهم کردن
emerge	ناشی شدن، بیرون آمدن، سربرآوردن، ظاهرشدن
emigrate	مهاجرت کردن (ازکشورخود)، جلاً وطن کردن
emit	بیرون دادن (نور، حرارت، صدا)، منتشرکردن (اسکناس وغیره)
emphasize	تأکید کردن در، بکاربردن، بکارگماشتن، مشغول کردن
employ	استخدام کردن، بکارگماشتن، بکاربردن
empoison	زهردادن (ریختن)، فاسد کردن، خشمگین کردن
empower	بکسی اختیاردادن (برای انجام کاری)، اجازه دادن
empty	خالی کردن (شدن)، تهی کردن(شدن)
empurple	ارغوانی رنگ کردن، قرمز کردن
emulate	چشم هم چشمی کردن، رقابت شدید کردن
enable	قادرکردن (ساختن)، اختیاردادن، تقویت کردن
enact	مقررداشتن، وضع کردن (قانون)، نقشی راروی صحنه بازی کردن
enamel	لعاب دادن، بارنگهای مختلف تزیین کردن، میناکاری کردن
enamour	شیفته کردن، محفوظ کردن، مشعوف کردن
encamp	چادرزدن (سربازان)، خیمه برپاکردن، درچادرمنزل دادن
encash	برات یاچک رانقد کردن

enchant	افسون کردن، جادوکردن، فریفته کردن
encircle	احاطه کردن، حلقه زدن، دورگرفتن، دائره تشکیل دادن
enclose	درمیان گذاردن، محصورکردن، پیوست کردن، ضمیمه کردن
encode	پیامی رارمز کردن
encompass	دورگرفتن، احاطه کردن، دارابودن
encounter	روبروشدن با(درجنگ)، مصادف شدن با، مواجه شدن، برخورد کردن
encourage	تشویق کردن، جرأت دادن، ترغیب کردن، تحریک کردن
encroach	دست درازی کردن، تخطی کردن، تجاوز کردن
encumber	مانع شدن، بازداشتن، مسدود کردن، اسباب زحمت شدن
end	تمام کردن (شدن)، خاتمه دادن (یافتن)، منجرشدن
endanger	بخطرانداختن، درمعرض خطرقراردادن
endear	گرامی داشتن، عزیز داشتن
endeavour	کوشش کردن، سعی وجدیت کردن، جدوجهد کردن
endorse	پشت نویسی کردن، ظهرنویسی کردن، تأیید کردن
endow	وقف کردن، اعطاکردن، بخشیدن
endue	لباس پوشاندن، پوشاندن، دادن، بخشیدن
endure	تحمل کردن، دوام آوردن، طاقت آوردن، تن دردادن
energize	نیرودادن، قوت دادن، نیروبخرج دادن
enface	نوشتن یاچاپ کردن یامهرزدن (روی برات و غیره)
enfeeble	ضعیف کردن، سست و ناتوان کردن
enfold	پیچیدن، درآغوش گرفتن
enforce	وادارکردن، مجبورکردن، تحمیل کردن، اجراکردن
enfranchise	آزاد کردن (از بندگی، تعهد)، حق رأی در انتخابات دادن
engage	متعهد کردن (شدن)، مشغول کردن، گرفتار بودن، نامزدشدن
engineer	کارمهندسی کردن، فن مهندسی بکاربردن
engorge	بلعیدن، باحرص (چیزی را)خوردن
engraft	پیوند زدن (درخت)، داخل کردن یاجادادن (فکری درمغزکسی)
engrave	کنده کاری کردن، حکاکی کردن، قلم زدن
engross	باحروف درشت نوشتن، بخود انحصاردادن، جلب کردن (توجه کسی)
engulf	فرو بردن، غوطه ورساختن
enhance	بالابردن (صفات، قدرت)، افزایش دادن (قیمتها)
enjoin	تحمیل کردن، قدغن کردن (بحکم دادگاه)، فرمان دادن
enjoy	خوش گذراندن، لذت بردن از، برخورداربودن
enkindle	برافروختن، دامن زدن، تهییج کردن، آتش زدن

enlace	محکم حلقه زدن، دورگرفتن، درآغوش گرفتن
enlarge	بزرگ کردن (عکس وغیره)، توسعه دادن
enlighten	نورانی کردن، نوردادن، روشن فکرکردن، ازبند خرافات درآوردن
enlink	بهم متصل کردن، پیوستن
enlist	نام نویسی کردن (درآتش)، مساعدت خواستن از
enounce	اداکردن، تلفظ کردن، اعلام کردن
enrage	خشمگین کردن، عصبانی کردن، بغضب درآوردن
enrapture	بشعف وشادی درآوردن
enrich	ثروتمند کردن، متمول کردن، پرمایه کردن(ازمعنویات)
enrol (enroll)	نام نویسی کردن، ثبت کردن
ensue	در نتیجه رخ دادن، نتیجه گرفتن، دنبال کردن
ensure	ازخطرحفظ کردن، مطمئن کردن
entail	وقف کردن، تحمیل کردن، متضمن بودن، مستلزم بودن
entangle	گرفتارکردن، گیرانداختن، پیچیده کردن
enter	واردشدن، داخل شدن، نفوذ کردن، نام نویسی کردن
entertain	پذیرائی کردن، سرگرم کردن، مهمان نوازی کردن
entice	فریفتن، اغواکردن، گول زدن، ازراه بدرکردن
entitle	سزاواردانستن، لقب دادن، نام نهادن، حق دادن
entreat	التماس کردن، استدعای عاجزانه کردن
entrench	سنگر بندی کردن، درسنگرقراردادن
entrust	وظیفه بکسی محول کردن، تفویض کردن، اعتماد کردن
enumerate	شمردن، صورت دادن، تعداد (چیزی را)معین کردن
envelop	پیچیدن، پوشاندن، محاصره کردن (دشمن)
envisage	روبروشدن (باخطر، حقایق)، درنظرگرفتن
envy	حسادت کردن، رشک بردن، غبطه خوردن
equal	برابرکردن، مساوی کردن، با(چیزی) برابرشدن
equate	برابر گرفتن، مساوی درنظرگرفتن، برابرعمل کردن
equilibrate	بحال تعادل درآوردن، متعادل شدن
equip	تجهیزکردن، آماده کردن، آراستن
equivocate	دو پهلو حرف زدن، باابهام صحبت کردن
eradicate	ریشه کن کردن، بکلی ازبین بردن
erase	پاک کردن (کلمه ای روی کاغذ)، محوکردن، تراشیدن
erect	بر پاکردن، نصب کردن، ساختمان بناکردن، تأسیس کردن
erode	سائیدن یاخوردن (عمل اسیدها)

err	اشتباه کردن (درقضاوت)، غلط بودن، اخلاقا منحرف شدن
erupt	ازلثه درآمدن (دندان)، آتش فشانی کردن
escape	فرارکردن (دادن)، گریختن
escort	همراه کسی رفتن (بعنوان محافظت یااحترام)
espouse	عقد کردن (ازدواج)، ازدواج کردن، شوهرکردن
essay	سعی کردن، آزمایش کردن، کوشش کردن
establish	تأسیس کردن، بر پا کردن، دایرکردن،ثابت کردن
esteem	احترام قائل شدن، محترم شمردن، قدردانستن
estimate	برآورد کردن، تخمین زدن، ارزیابی کردن
estrange	بیگانه محسوب کردن، دلگیرکردن، کنارگذاشتن (عادت)
etch	سیاه قلم عِکس کشیدن، باتیزاب قلم زدن
eulogize	تحسین کردن، ستایش کردن (درسخنرانی یانوشته)
evacuate	تخلیه کردن، خالی کردن، ترک کردن
evade	طفره رفتن، پشت گوش انداختن، فرارکردن، رعایت نکردن
evaluate	ارزیابی کردن، تقویم کردن، قیمت کردن
evanish	ناپدید شدن، ازبین رفتن
evaporate	تبخیرکردن (شدن)، تبدیل به بخارشدن، ناپدید شدن
even	هموارکردن، صاف کردن، برابرکردن، ترازکردن
evert	وارونه کردن، پشت وروکردن، معکوس کردن
evict	ازطریق قانون پس گرفتن، بیرون کردن (مستأجر)
evince	نشان دادن (صفات انسانی)، معلوم کردن
evoke	احضارکردن (روح)، دعوائی رابه دادگاه بالا تر بردن
evolve	بازکردن، گشودن، بیرون دادن (بخار)، آشکارکردن
exacerbate	تشدید کردن، بدترکردن، خشمگین کردن
exact	بزورمطالبه کردن (پول وغیره)، اقتضا کردن، بدادگاه فراخواندن
exaggerate	اغراق گفتن، مبالغه کردن در، گزاف گوئی کردن
exalt	مقام ومنزلت دادن، ستودن ، تند کردن (رنگ)
examine	امتحان کردن، آزمایش کردن، بازرسی کردن، رسیدگی کردن
exasperate	خشمگین کردن، متغیرکردن، شدیدترکردن، بغضب آوردن
excavate	کاوش کردن، حفاری کردن، تونل کندن، اززیرخاک بیرون آوردن
exceed	تجاوز کردن (ازحدی)، بیشتر بودن از، برتری داشتن
excel	برتری داشتن از، پیش افتادن از، پیشی جستن
except	مستثنی کردن (شدن)، ردکردن، باچیزی مخالفت کردن
excerpt	اقتباس کردن، برگزیدن، انتخاب کردن

exchange	تبدیل کردن، ردوبدل کردن، عوض کردن (شدن) ـ
excite	تحریک کردن، برانگیختن، تهییج کردن، جریان انداختن (برق)
exclaim	فریاد کشیدن (ازدرد، ازخوشحالی، ازعصبانیت ، ازتعجب)
exclude	مستثنی کردن، محروم کردن، قبول نکردن، خارج کردن
excogitate	اندیشیدن، اختراع کردن، ازخود درآوردن (ساختن)
excommunicate	تکفیرکردن، اخراج کردن (کسی) ازشرکت درمراسم کلیسا
exculpate	تبرئه کردن، مبرا کردن (ازسرزنش)
excuse	معاف کردن از، ازکسی معذرت خواستن، بخشیدن (مجازات)
execrate	نفرت کردن از، نفرین کردن، لعنت کردن
execute	انجام دادن، عمل کردن، اجراکردن، قانونی کردن، اعدام کردن
exemplify	بامثال نشاندادن، نمونه بودن، رونوشت برداشتن از
exempt	معاف کردن، بخشودن (از پرداخت مالیات وغیره)
exercise	تمرین دادن (کردن)، ورزش کردن، زحمت دادن، بکاربردن
exert	بکاربردن، عمل کردن، تقلا کردن، اعمال کردن
exhale	بیرون دادن (نفس)، بیرون آمدن (بخار)، تبخیر کردن
exhaust	خسته کردن، ازنفس انداختن، نیروی (چیزی را) گرفتن، تمام کردن
exhibit	نمایش دادن، نشان دادن، جلوه دادن، ابراز کردن
exhilarate	نشاط دادن، روح بخشیدن، شادکردن
exhort	ترغیب کردن، وادارکردن، توصیه کردن
exhume	ازخاک بیرون آوردن، کندن
exile	تبعید کردن، ازوطن خود بیرون کردن
exist	وجود داشتن، پیداشدن، زندگی کردن
exonerate	تبرئه کردن، روسفید کردن، مبراکردن (ازسرزنش وغیره)
expand	توسعه دادن (یافتن)، ورم کردن، بسط دادن، منبسط شدن
expatiate	درنوشتن یاصحبت کردن زیاده روی کردن، سرگردان بودن
expatriate	ازکشورخود (بکشور دیگر) مهاجرت کردن
expect	انتظار داشتن، توقع داشتن، چشم براه بودن، حامله بودن
expedite	تسریع کردن، روانه کردن، درپیشرفت (کاری) کمک کردن
expel	اخراج کردن (کسی ازجائی)، بیرون انداختن
expend	خرج کردن، بکاربردن، مصرف کردن
experience	تجربه کردن، سختی کشیدن، دانستن، فهمیدن
experiment	آزمایش کردن، امتحان کردن
expiate	کفاره دادن، جبران کردن
expire	منقضی شدن، بپایان رسیدن، نفس بیرون دادن

explain	توضیح دادن، شرح دادن، روشن کردن
explicate	توجیه کردن، توضیح دادن، آشکارکردن
explode	منفجرکردن (شدن)، ترکاندن، ترکیدن، محترق کردن (شدن)
exploit	استخراج کردن، بهره برداری کردن، استثمار کردن
explore	اکتشاف کردن، جستجوکردن، معاینه کردن (زخم)
export	صادرکردن، بیرون فرستادن
expose	بی پناه گذاردن، نوردادن (عکاسی)، درمعرض نمایش گذاردن
expostulate	گله کردن، اعتراض دوستانه کردن
express	فشردن (میوه)، فهماندن، بیان کردن، اظهار کردن
expropriate	سلب مالکیت کردن، ملکی رااازکسی گرفتن
expunge	حذف کردن، محوکردن، پاک کردن (نام ازفهرست وغیره)
extemporize	بی مقدمه صحبت کردن یانوشتن
extend	درازکردن، تمدید کردن، توسعه دادن، ارزیابی کردن (زمین)
extenuate	کم کردن، تخفیف دادن (خطا وتقصیر)، کوچک کردن (تحقیر کردن)
exterminate	نابود کردن، بکلی ازبین بردن، ریشه کن کردن، منهدم کردن
extinguish	خاموش کردن، فرونشاندن، مستهلک کردن (قرض)
extirpate	بکلی نابود کردن، منهدم کردن
extol	ستایش کردن، تمجید کردن، ستودن، بسیارتعریف کردن
extort	بزورگرفتن (پول ازکسی)، استنباط کردن، باتهدید (چیزی) گرفتن
extract	اقتباس کردن (ازکتاب وغیره)، گرفتن (آب میوه)، کشیدن (دندان)
extradite	تحویل دادن جانی یافراری به کشورمتبوع
extravagate	سرگردان شدن، منحرف شدن، ازحد اعتدال خارج شدن
extricate	آزاد کردن، رها کردن (ازمشکلات)
exuberate	فراوان بودن، وفور داشتن
exude	تراوش کردن، ترشح کردن، پس دادن، بیرون آمدن
exult	شادی کردن، اظهارخرسندی زیاد کردن

F

fable	افسانه گفتن، دروغ گفتن، جعل کردن، قصه گفتن
fabricate	دروغ ساختن، ازخود درآوردن، جعل کردن (سند)
face	روبروشدن، مواجه شدن، روکردن به، روکردن (ورق بازی)
facilitate	آسان کردن، تسهیل کردن، وسیله فراهم کردن
fade	پژمرده شدن، رنگ رفتن، پلاسیدن، بتدریج ناپدید شدن
fag	زحمت کشیدن، سخت کارکردن، خسته کردن
fail	کوتاهی کردن، موفق نشدن،ردشدن (امتحان)، کفایت نکردن
faint	غش کردن، ازحال رفتن، بیهوش شدن، ضعف کردن
fake	جعل کردن، جازدن، دزدیدن
fall	افتادن، تنزل کردن (قیمتها)، سقوط کردن، پائین آمدن، رخ دادن
fall behind	پس افتادن، عقب افتادن
fall for	فریفته شدن، مجذوب شدن
fall into a habit	عادت کردن (بچیزی)
fall on	حمله کردن، آغاز کردن، بهم برخوردن، متوسل (بکسی) شدن
fall under	جزو دسته یاطبقه ای قرارگرفتن
fall within	مشمول (چیزی) شدن
fall away	فاسد شدن، ناپدید شدن، مرتد شدن
fall back	عقب رفتن، عقب نشینی کردن
fall in with	برخوردن (بچیزی)، موافقت کردن (باکسی)، تصادف شدن با
fall off	عقب کشیدن، کم شدن جدا شدن، تمرد کردن
fall out	مخالفت کردن، دعواکردن، ترک کردن، اتفاق افتادن
fall short	کسرآمدن، کم آمدن، کوتاهی کردن
fall through	موفق نشدن، به نتیجه نرسیدن
fall in love with	عاشق (کسی) شدن
fall ill	بیمارشدن، مریض شدن
fall asleep	خواب بردن، خواب رفتن
fall down	زمین خوردن، پائین رفتن(آب رودخانه)
fallow	شخم کردن(زمین)، برای کاشت آماده کردن
falsify	تحریف کردن، دست بردن در(سند)، دروغی راثابت کردن

falter	تلوتلو خوردن، لغزیدن، لکنت زبان داشتن، متزلزل شدن (امید)
familiarize	معروف کردن ، آشنا کردن (ساختن)
famish	گرسنگی دادن، گرسنگی کشیدن، تنگی دادن
fan	باد دادن (گندم)، بادزدن، با بادبزن بحرکت درآوردن
fancy	تصورکردن، گمان کردن، درفکرمجسم کردن، پنداشتن
fare	رفتن، سفرکردن، گذراندن، معاش کردن، خوراک خوردن
farm	کرایه کردن (دادن)، قرارداد بستن، کشت کردن، کشاورزی کردن
fascinate	فریفته کردن، شیفته کردن، مجذوب کردن، افسون کردن
fashion	شکل دادن، قالب کردن
fast	روزه گرفتن (درماه رمضان یازمان دیگرازخوردن هرچیزی خودداری کردن)
fasten	چیزی راباچیز دیگر بستن، سفت کردن (شدن)، محکم کردن
father	بوجود آوردن، خودراپدر (کسی)یانوسنده (کتابی) دانستن
fatigue	خسته کردن، فرسوده کردن، ازشدت کارضعیف کردن
fatten	چاق کردن (گاووگوسفند برای کشتار)، حاصلخیز کردن (زمین)
favour	التفات کردن، لطف کردن، یاری کردن، شبیه بودن با، تأیید کردن
fawn	دم تکان دادن واظهار دوستی کردن (سگها)، تملق گفتن، مداهنه کردن
fear	ترسیدن ، بیم داشتن، ترساندن، خوف داشتن
feast	مهمانی دادن، عیش کردن، سورادادن
feather	پرزدن (به چیزی)، باپر پوشاندن
feature	بطور برجسته نشان دادن، روی پرده سینمانمایش دادن
federate	به اتحادیه یاپیمانی ملحق شدن، اتحاد کردن
feed	خوراندن، غذادادن، چراندن، چریدن، تغذیه کردن
feel	احساس کردن، لمس کردن، دست زدن، درک کردن
feign	بهانه کردن، جعل کردن (سند)، وانمود کردن
felicitate	تبریک گفتن، تهنیت گفتن، شادباش گفتن
fell	بریدن وانداختن (درخت)، درزگرفتن (خیاطی)، ضربه زدن
fence	شمشیر بازی کردن، حصارکشیدن، باکالای دزدی معامله کردن
fend	دفع کردن، دوری جستن، رد کردن
ferment	ترش شدن، تخمیرکردن، بهیجان آوردن
ferry	باقایق ازروی کانال یارودخانه عبور کردن
fertilize	بزمین کود دادن، خاک راپرورش دادن (قوت دادن)
fester	چرک کردن (شدن)، جراحت کردن (زخم)
fetch	رفتن وآوردن (چیزی یاکسی)
fete	جشن گرفتن، درجشن پذیرائی کردن

fiddle	ویولن زدن، کار بیهوده کردن، بیهوده وقت گذراندن
fidget	ناآرامی کردن، ناراحت بودن، دراضطراب بودن
fight	جنگیدن، زدوخورد کردن، جدال کردن، نزاع کردن
figure	مجسم کردن، ترسیم کردن، تصورکردن، حساب کردن
file	بایگانی کردن، ضبط کردن، رژه رفتن
fill	پرکردن (شدن)، تکمیل کردن، احرازکردن (شغل)
fill in	جاهای خالی (پرسشنامه یاسندی را) پرکردن
fill out	بزرگ کردن (شدن)، توسعه دادن، تمام کردن
fill up	پرکردن (مخزن بنزین)، لبریز کردن
film	فیلمبرداری کردن، فیلم برداشتن از
filter	تصفیه کردن، صاف کردن (شدن)، زلال شدن
finance	پول تهیه کردن (برای اجرای طرح یابرنامه ای)، سرمایه گذاردن
find	پیداکردن، یافتن، فهمیدن، دانستن، فراهم کردن
find fault with	عیب گرفتن از، گله کردن از
find out	متوجه شدن، ملتفت شدن، دریافتن
fine	جریمه کردن (دادن)، صاف کردن (مایع)
finger	انگشت زدن، ناخنک زدن، نواختن (آلت موسیقی باانگشت)
finish	تمام کردن (شدن)، بپایان رساندن (رسیدن)، خاتمه دادن
fire	تیردرکردن، تیرخالی شدن، تیرانداختن، آتش زدن، منفجرکردن
firm	محکم کردن، سفت کردن (شدن)
fish	ماهی گرفتن، صید کردن (درآب)، درآوردن، طلب کردن
fist	مشت زدن، بامشت گرفتن
fit	مناسب بودن، اندازه بودن، مناسب کردن، آمدن به، تطبیق دادن
fix	تعیین کردن، نصب کردن، تثبیت کردن، درست کردن
flabbergast	مبهوت کردن، مات کردن، بشگفت درآوردن
flag	بیرق آویزان کردن، مخابره کردن (باحرکت بیرق روی کشتی)
flake	ریزه ریزه آمدن (برف)، ورقه ورقه کردن (شدن)، ورآمدن
flame	مشتعل کردن (شدن)، برافروختن، بهیجان آمدن، شعله زدن
flap	بهم زدن (بال)، پر پر زدن، راندن (مگس)
flare	پهن کردن، بزرگ کردن (شدن)، بهیجان درآوردن (آمدن
flash	شعله ورشدن، مثل برق فرستادن، مانند برق نمودارشدن
flatter	تملق گفتن، چاپلوسی کردن، چرب زبانی کردن، دلخوشی دادن
flaunt	خودنمائی کردن، خود فروشی کردن، جلوه دادن
flaw	شکستن وترک دادن، ترک برداشتن، عیب گرفتن (ازسند)

flay	پوست کندن، غارت وچپاول کردن (شخص)، انتقاد شدید کردن
fleck	لکه دارکردن، خط دارکردن
fledge	باپرپوشاندن، پر دادن
flee	فرار کردن، گریختن، دررفتن، فرار دادن
fleer	ریشخند زدن، خنده نیشدارکردن، استهزأ کردن
fleet	سریع عبورکردن، زود گذشت، ناپدید شدن
flex	خم کردن، پیچ دادن
flicker	تکان خوردن، لرزیدن (پرندگان)، برق زدن واز بین رفتن
flinch	شانه خالی کردن (ازانجام وظیفه)، عقب کشیدن از
fling	باخشم رفتن، جفتک انداختن (اسب)، پرت کردن
flip	تلنگر زدن، شیریاخط انداختن
flirt	لاس زدن، لاسیدن، تلنگرزدن، تند تکان دادن
flit	کوچ کردن، جابجاشدن، نقل مکان کردن
float	شناوربودن، درآب یاهوامعلق بودن، درجریان بودن
flock	دورهم جمع شدن، گردهم آمدن
flog	شلاق زدن، تازیانه زدن
flood	طغیان کردن، زیرآب گرفتن، دچارخون ریزی شدن
floor	فرش کردن (کف اطاق وغیره)، بزمین زدن، غلبه کردن بر
flop	تلوتلو خوردن، زشت راه رفتن یانشستن یازانوزدن
flounce	غیرطبیعی راه رفتن، بااضطراب تکان خوردن
flounder	تقلا کردن، غوطه ورشدن، کاری رابدانجام دادن
flourish	رشد کردن، نشوونموکردن، ترقی کردن، موفق بودن
flout	مسخره کردن، استهزأ کردن، اهانت کردن
flow	جاری شدن، روان شدن، ناشی شدن، جریان داشتن (خون)
flower	گل کردن (دادن)، غنچه کردن، شکوفه کردن
fluctuate	بالا و پائین رفتن (قیمتها، ارزوغیره)، نوسان داشتن
flurry	دست پاچه کردن، آشفتن، تحریک کردن، سراسیمه کردن
flush	بافشارآب پاک کردن، جوانه زدن (نباتات)، سرخ شدن
fluster	مضطرب کردن، نیمه مست کردن، عصبانی کردن (شدن)
flutter	درجابال زدن (پرنده)،بی قراربودن، مضطرب بودن
fly	پرواز کردن، پریدن، پراندن، شتابیدن، تند گذشتن، حمله کردن
foam	کف کردن، ازکف پرشدن، جوش زدن (ناراحت بودن)
fob	گول زدن، حقه بازی کردن، حیله زدن
focus	میزان کردن (عدسی دوربین عکاسی)، درکانون متمرکز کردن

fog	تیره کردن (هوا)، تاریک کردن (فیلم عکاسی)، گیج کردن
foil	بی اثرکردن، عقیم گذاردن، پایمال کردن، دفع کردن، خنثی کردن
foist	بزورتحمیل کردن، چپاندن
fold	تاکردن، تازدن، تاخوردن، پیچیدن
foliate	ورقه ورقه شدن، شماره گذاشتن (جلد کتاب)
follow	دنبال کردن، پیروی کردن، درزیرآمدن، تأسی کردن
follow suit	تبعیت کردن (ازچیزی یاکسی)
follow out	بپایان رساندن، انجام دادن
follow up	تعقیب کردن، شدیدا دنبال کردن
foment	حمّام طبی دادن (گرفتن)، تحریک کردن، برانگیختن
fondle	نوازش کردن، درآغوش گرفتن
fool	کسی رادست انداختن، خرکردن
foot	پازدن، پاکوبیدن، رقصیدن، پاروی (چیزی) گذاشتن
footle	احمقانه صحبت کردن یاعمل کردن
foozle	سنبل کردن، درهم وبرهم کردن
forbear	خودداری کردن، صرف نظرکردن، صبوربودن، گذشت کردن
forbid	منع کردن، قدغن کردن، بازداشتن، مانع شدن
force	مجبورکردن، بزورگرفتن، وادارکردن، شکست دادن
forebode	قبلا اطلاع دادن، پیشبینی کردن، پیشگوئی کردن
forecast	پیشبینی کردن (وضع هواوغیره)، قبلا خبردادن
foreclose	محروم کردن، منع کردن، سلب کردن حق (دررهن)
forego	قبلا رفتن، مقدم بودن بر(زمان یامکان)
forejudge	قضاوت قبلی کردن، پیش ازشنیدن گواهی داوری کردن در
foreknow	ازقبل دانستن، از پیش اطلاع داشتن
foreordain	قبلا تعین کردن یامقدرکردن (سرنوشت)
foresee	پیش بینی کردن، آینده راحدس زدن
foreshadow	از پیش خبردادن، دلالت کردن بر
foreshow	از پیش نشان دادن، پیشگوئی کردن
forest	درختکاری کردن، تبدیل به جنگل کردن
forestall	پیش خرید کردن (کالا)، سلف خریدن، جلوگیری کردن از
foretaste	قبلا مزه کردن (چشیدن)
foretell	پیشگوئی کردن، پیش بینی کردن، از پیش خبردادن
forewarn	از پیش اخطارکردن، قبلا آگاهی دادن
forfeit	ازدست دادن، محروم کردن، جریمه دادن، ضبط کردن

forgather	دورهم جمع شدن، گرد هم آمدن
forge	جعل کردن سند، آهن کوبی کردن، پیش رفتن
forget	فراموش کردن، غفلت کردن
forgive	عفوکردن، بخشیدن، صرفنظر کردن از
forgo	خودداری کردن از، دست کشیدن از، ول کردن
fork	منشعب شدن، باچنگال برداشتن، تسلیم کردن، پرداختن
form	درست کردن، تأسیس کردن، تشکیل دادن
formalize	رسمیت دادن، رسمی کردن، سروصورت دادن
formulate	کوتاه کردن (بشکل فورمول، قاعده)، تنظیم کردن
fornicate	زناکردن، بی عفتی کردن، به ناموس کسی تجاوز کردن
forsake	دست کشیدن از، ترک کردن، ول کردن
forswear	انکارکردن (باسوگند)، سوگند دروغ خوردن
fortify	مستحکم کردن، تقویت کردن (فکری یاروحی)، قوت دادن
fortune	روی دادن، اتفاق افتادن، برخوردن
forward	ارسال داشتن، فرستادن، جلوانداختن
fossick	جستجوکردن، گشتن
foster	نوازش کردن، ترویج کردن، پرورش دادن، مساعد بودن
foul	مسدود کردن، بی آبروکردن، تصادف کردن (شدن)
found	بنیاد نهادن، تأسیس کردن (شدن)، ذوب کردن وقالب گرفتن
founder	فروریختن، از پاافتادن، رمیدن، غرق کردن (کشتی)
fox	روبه بازی کردن (تزویرکردن) بی رنگ کردن (صفحات کتاب)
fractionate	مجزاکردن، تجزیه کردن (مایعی بوسیله عمل تقطیر)
fractionize	خردکردن، تبدیل کردن (به قطعات ریز)
fracture	شکستن (استخوان)، باعث شکسته شدن
frame	قاب کردن، تدوین کردن، درست کردن، توطئه کردن، تصورکردن
frank	مجانا فرستادن، دررفت وآمد تسهیلات فراهم کردن
fraternize	برادری کردن، رفاقت کردن، دوستی ایجاد کردن
fray	ترساندن، ترسیدن، سائیدن
free	آزاد کردن، معاف کردن، خلاص کردن
freeze	یخ بستن، فلج کردن، سرمای شدید حس کردن
freight	بارکردن (کشتی) با کالا، اجاره کردن (کشتی) برای حمل بار
frequent	زیادرفت وآمد کردن، آمدوشدکردن زیاد
fret	سائیدن، فرسوده کردن، ناراحت کردن، رنجاندن، آزرده شدن
fribble	کار بیهوده کردن، یاوه گوئی کردن

frighten	هراساندن، ترساندن، بوحشت انداختن
frisk	جست وخیزکردن (ازفرط خوشی)
fritter	خرد کردن (بقطعات ریز)، هدرکردن (پول، نیرو، وقت وغیره)
frivol	کار بیهوده کردن، بیهوده (پول، وقت) تلف کردن
frizz	فرزدن (مو)، روی جنس چرمی رابرجسته کردن
frizzle	سرخ کردن، برشته کردن، فرزدن (مو)
front	روبرو شدن، مواجه شدن، روکردن به
frost	برفک زدن (روی نباتات)، سفید کردن (مو)، میخ زدن (بنعل اسب)
frown	اخم کردن، ترشروئی کردن، بداخلاقی کردن
fructify	میوه دادن، باردادن، باردارکردن
frustrate	مأیوس کردن، عاجزکردن، خنثی کردن، بی نتیجه گذاردن
fry	سرخ کردن (شدن)، نیمروکردن (تخم مرغ)، بریان کردن (شدن)
fuddle	مست کردن، گیج کردن (شدن)، مبهوت کردن
fudge	سرهم بندی کردن، جعل کردن، بیرون دادن (جنس ازکارخانه)
fuel	سوختگیری کردن، سوخت گرفتن
fulfil	انجام دادن، اجراکردن، تکمیل کردن، باتمام رساندن
fulminate	برق زدن، منفجرشدن، محترق شدن، محکوم کردن
fumble	سرهم بندی کردن، دست پاچه شدن
fume	دود دادن، بخاردادن، رنجیدن، خشمگین شدن
fumigate	ضد عفونی کردن، معطرکردن، بخاردادن
function	کارکردن (ماشین وغیره)، کاری راانجام دادن، عمل کردن
fund	سرمایه تهیه کردن، سرمایه گذاشتن در، سرمایه گذاری کردن
funk	شانه خالی کردن (ازانجام کاری)، ترسیدن، ترساندن
fur	باخز پوشاندن، باخزتزئین کردن، خزدوختن به
furbish	صیقلی کردن، جلا دادن، نوکردن، پرداخت کردن (شیئی فلزی)
furnish	تأمین کردن، مبله کردن (اثاثیه برای منزل خریدن)، فراهم کردن
further	کمک به (پیشرفت کسی یاچیزی) کردن، پیشرفت کردن
fuse	گداختن،ذوب کردن، آب شدن (دراثرحرارت زیاد)، ترکیب کردن
fuss	هیاهوکردن، بچیزهای جزئی اهمیت دادن، مضطرب کردن

G

gabble	وراجی کردن، تند ادا کردن، نشمرده صحبت کردن
gad	ول گشتن، آواره بودن، هرزه روئیدن (نباتات)
gag	جلوی سخن (کسی) را گرفتن، دهنه زدن (به اسب)
gage	گرو گذاشتن، وثیقه گذاشتن
gain	سود بردن، بدست آوردن، بازیافتن، نائل شدن
gain time	دست بدست کردن، به بهانه ای وقت گذراندن
gain the upper hand	غلبه کردن، فاتح شدن، پیش بردن
gain the ground	خاک دشمن تصرف کردن، تجاوز کردن
gall	زخمی کردن (پوست)، رنجاندن، آزردن
gallop	تاختن، تازاندن، چهارنعل رفتن (اسب)
galvanize	زیربرق گذاشتن، سفید کردن (آهن)
gamble	قمارکردن، قماربازی کردن، بخطرانداختن
game	قماربازی کردن، بابازی درقمار پول ازدست دادن
gaol	درزندان انداختن، حبس کردن
gape	دهن دره کردن، خمیازه کشیدن
garble	تحریف کردن (بیان یامطلبی)، گمراه کردن
garden	باغبانی کردن، درخت کاشتن
gargle	غرغره کردن
garnish	تزئین کردن، بعنوان شخص ثالث احضارکردن (درداد گاه)
garrison	پادگان (درجائی) گذاردن، سرباز(درجائی) گماشتن
garter	بند جوراب بستن
gas	گاز(بجائی) رساندن، باگازمسموم کردن
gash	زخم کردن، بریدن، چاک دادن، شکاف دادن
gasp	نفس نفس زدن، تند نفس کشیدن
gather	جمع کردن (شدن)، گرد آوردن (آمدن)، تلقی کردن
gauge	اندازه گرفتن، سنجیدن، برآورد کردن
gaze	خیره نگاه کردن، چشم دوختن
gear	در دنده افتادن (چرخ)، راه انداختن (کارخانه)
geld	اخته کردن (حیوان)
geminate	جفت کردن، دوبرابر کردن، تکرارکردن

generalize	عمومی کردن، تعمیم دادن، نتیجه کلی گرفتن
generate	تولید کردن، بوجود آوردن، احداث کردن
germinate	جوانه زدن، نشوکردن، روئیدن
gesticulate	درصحبت کردن بادست وسراشاره کردن
get	بدست آوردن، گرفتن، فراهم کردن، مجبور بودن، فهمیدن
get at	رسیدن به
get hold of	پیدا کردن، محقق کردن، تعیین کردن
get off	پیاده شدن، فرارکردن، شروع کردن
get over	پیروز شدن (برمشکلات)، بهبودی یافتن از، بپایان رساندن
get round	ازسرخود رفع کردن، طفره رفتن
get on	سوارشدن (براسب)، پیشرفت کردن
get through	بپایان رسانیدن، لایحه ای ازمجلس گذشتن، فارغ شدن (ازکار)
get about	باین طرف وآن طرف رفتن، پاشدن وراه رفتن (پس ازبیماری)
get along	پیشرفت کردن، بسر بردن، ساختن (باکسی)
get away	گریختن، فرارکردن
get back	برگشتن، بازیافتن
get down	پیاده شدن
get in	داخل شدن (اتومبیل، اطاق وغیره)
get out of sight	ناپدید شدن، محوشدن
get out of hand	ازکنترل خارج شدن، ترک عادت کردن
get together	دورهم جمع شدن، فراهم کردن، گردآوردن
get up	برخاستن، بلند شدن
get under	مهارکردن، فرونشاندن (آتش وغیره)
get rid of	خلاص شدن از، رهائی یافتن از
get done with	خاتمه دادن، تمام کردن
get married	ازدواج کردن
get dark	تاریک شدن
get used to	عادت کردن، خوگرفتن (بچیزی)
get old	پابسن گذاردن، پیرشدن
get in touch	تماس گرفتن (باکسی)
get involved	پابندشدن، گرفتارشدن
get ready	حاضرشدن
gibber	تندونشمرده صحبت کردن
gibe	مسخره کردن، طعنه زدن

giddy	گیج کردن، گیج شدن
giggle	قهقهه زدن، نخودی خندیدن
gild	روکش طلا کشیدن
gird	کمربند بستن، اختیار (بکسی) دادن، مسخره کردن
give	دادن، تسلیم کردن، بخشیدن، واگذارکردن، عطا کردن
give birth to	زائیدن، بوجودآوردن
give ground	عقب نشینی کردن، پس نشستن
give rise to	باعث شدن، سبب شدن
give way	از پادرآمدن، خراب شدن، تن دردادن، پائین آمدن قمیتها
give away	واگذارکردن، عروس رابه داماد سپردن، رسوا کردن
give back	پس دادن، ردکردن
give forth	منتشرکردن، انتشاردادن
give place to	جاخالی کردن، جابازکردن
give in	تسلیم شدن، تسلیم کردن (اسناد) بمقامات مربوطه
give out	توزیع کردن، انتشاردادن، کسرآمدن
give over	دست کشیدن از، ترک (عادت) کردن، واگذاردن
give up	رهاکردن، ول کردن، ترک کردن، صرفنظرکردن، ازدست دادن
gladden	خوشحال کردن، خرسند کردن، مسرور کردن (شدن)
glair	سفیده مالیدن، باسفیده لعاب دادن
glamour	فریفتن، مسحورکردن
glance	نظراجمالی (بکسی یاچیزی) انداختن، گوشه زدن
glare	زیاد درخشیدن، خیره نگاه کردن
glass	منعکس کردن (مثل آینه)
glaze	لعاب دادن، براق کردن، شیشه انداختن (به پنجره)
gleam	روشنائی دادن، تابیدن
glean	خوشه جمع کردن، برچیدن، جمع کردن (خبروغیره)
glide	سرخوردن، حرکت کردن(هواپیمای بدون موتور)
glimmer	نورضعیف دادن، کم نورتابیدن
glimpse	نورکم بیرون دادن، نگاه اجمالی کردن
glint	برق زدن، درخشیدن، کج نگاه کردن
glissade	روی برف و یخ سرخوردن
glisten	درخشیدن، جرقه زدن، برق زدن
glitter	برق زدن، درخشیدن
gloat	چشم چرانی کردن، نگاه حسرت آمیز کردن

globe	بشکل کره درآوردن، گرد شدن
gloom	افسرده بودن، عبوسانه نگاه کردن، اخم کردن
glorify	تجلیل کردن، تمجید کردن، حمد (خدا) گفتن
glory	مباهات کردن، فخرکردن، نازیدن
gloss	حاشیه نویسی کردن، تفسیرنوشتن، برق وجلا دادن، صیقل دادن
glow	نورانداختن، تابیدن
glower	خیره نگاه کردن، اخم کردن
gloze	آرام ونرم صحبت کردن، موقتا آرام کردن
glue	چسباندن، باچسب چسباندن
glut	سیرکردن، اشباع کردن، عرضه کردن کالابیش ازتقاضادربازار (مثل نفت)
gnash	دندان قرچه کردن، دندان بهم زدن
gnaw	تند تند جویدن، سائیدن، سائیده شدن
go	رفتن، روانه شدن، عازم شدن، حرکت کردن، خرج شدن
go about	ازجائی بجائی رفتن، تقلا کردن، دست و پازدن، مشغول کارشدن
go at	بطورخیلی جدی مشغول شدن، حمله (بکاری) کردن
go behind	بررسی کردن مجدد (درمسئله ایکه کنارگذاشته شده بود)
go for	دنبال (چیزی) رفتن، حمله کردن
go into	شرکت کردن، رسیدگی کردن، وارد (کاری یاشغلی) شدن
go off	دررفتن (تیر)، فاسد شدن (گوشت)، بخواب رفتن
go over	رسیدگی کردن (بطوردقیق)، تمرین کردن
go through	مفصل بحث کردن، موشکافی کردن، به اتمام رساندن
go with	جور بودن، مطابق بودن، همفکر بودن
go without	بدون (چیزی) بسر بردن
go ahead	بدون تأمل کاری انجام دادن
go along with	موافق بودن، همراه رفتن
go by	گذشتن (زمان)، عبورکردن
go in	داخل شدن، واردشدن، شرکت کردن (بعنوان رقیب)
go on	ادامه دادن، سلوک کردن، پیش رفتن
go round	دید و بازدید (خودمانی) کردن
goad	سیخ زدن، تحریک کردن، برانگیختن
gobble	غورت دادن، حریصانه خوردن، مثل بوقلمون صدادرآوردن
goggle	چشم چپ کردن، چشم گرداندن
gorge	پرخوردن، غورت دادن، سیرکردن
gormandize	پرخوردن، حریصانه خوردن

gossip	پشت سرکسی حرف زدن، دری وری حرف زدن، بدگوئی کردن
govern	حکومت کردن، اداره کردن، تأثیرداشتن در، فرمانفرمائی کردن
grab	قاپیدن، ربودن، چنگ زدن
grabble	درتاریکی بادست و پا (دنبال چیزی) گشتن
grace	آراستن، تزیین کردن، کسی را(بادادن عنوان) مفتخرکردن
gradate	درجه بندی کردن، ازرنگی به رنگ دیگرعوض شدن
grade	طبقه بندی کردن، درجه بندی کردن، هموارکردن (زمین)
graduate	دوره آموزشگاهی راتمام کردن، درجه علمی گرفتن
graft	پیوند زدن، پیوند کردن (شدن)، بهم پیوستن
grain	دانه دانه کردن، موکندن از(پوست حیوان)، رنگ زدن (مصنوعابشکل چوب)
grant	دادن، بخشیدن، عطاکردن، پذیرفتن، واگذاردن
granulate	خردکردن، ریز ریز کردن (شدن)، دانه دانه کردن
graph	رونوشت برداشتن، چند برابرکردن
grapple	باقلاب گرفتن، باچنگک گرفتن، چنگ زدن به، زورآوردن
grasp	درچنگ آوردن، دریافتن، درک کردن، گرفتن
grass	باچمن پوشاندن، انداختن، چراندن (حشم)
grate	رنده کردن، سائیدن، تراشیدن
gratify	پاداش دادن (باپول)، تقدیرکردن، خوشحال کردن، حظ دادن
grave	کندن، حفاری کردن، دفن کردن، حک کردن
gravel	باسنگ ریزه فرش کردن
gravitate	تحت قوه جاذبه قرارگرفتن، سنگینی کردن
graze	چراندن، چریدن، تغذیه کردن از، چراکردن
grease	روغن مالیدن، چرب کردن، روغن زدن
green	سبز شدن، رنگ سبززدن
greet	سلام کردن، تهنیت گفتن، استقبال کردن،آفرین گفتن
grey	خاکستری رنگ کردن (شدن)
gride	بریدن، سوراخ کردن، خراشیدن، خراشیده شدن
grieve	غمگین کردن (شدن)، غصه خوردن، محزون کردن (شدن)
grill	کباب کردن (گوشت روی سیخ)، عذاب دادن
grimace	ادادرآوردن، شکلک درآوردن
grime	سیاه کردن، چرک کردن
grin	نیش باز کردن، پوزخند زدن
grind	نرم کردن، آسیاب کردن، خردکردن (شدن)، سائیدن
grip	محکم گرفتن، سفت گرفتن، گیردادن، چسبیدن از

gripe	زیرفشارگذاشتن، محکم گرفتن، پیچ دادن، زورآوردن
grit	بهم سائیدن (دندان)، بهم مالیدن
groan	ناله کردن (ازدرد یاغصه)، نالیدن، باناله گفتن
grope	درتاریکی دنبال چیزی گشتن
ground	بنا نهادن، بگل نشستن، ممنوع کردن هواپیما ازپرواز
group	دسته بندی کردن، گروه بندی کردن (شدن)
grovel	دمرخوابیدن، سینه مال رفتن
grow	نموکردن، رشد کردن، بزرگ شدن (سن)، روئیدن، سبزشدن
growl	غرغر کردن، لند لند کردن، زیرلب غرغرکردن
grub	زمین کندن، زمین ازریشه پاک کردن، جستجوکردن
grudge	حسد بردن، غبطه خوردن از، رشک بردن ، لج کردن
grumble	غرغر کردن، لندلند کردن
guarantee	تضمین کردن، ضمانت کردن، تعهد کردن، تأمین کردن
guard	نگهبانی کردن، پاسبانی کردن، محافظت کردن، پائیدن
guddle	ماهی گرفتن (بادست)
guess	حدس زدن، گمان کردن، تخمین زدن
guide	راهنمائی کردن، هدایت کردن، ارشادکردن
gulf	درگرداب انداختن، بلعیدن
gulp	باعجله غورت دادن، بلعیدن
gum	چسب زدن، چسباندن، باچسب چسباندن
gun	باتفنگ شکارکردن
gurgle	غلغل کردن (صدای آب)، شرشر کردن
gush	جاری شدن، روان شدن، فواره زدن
gust	باد بشدت وزیدن
gut	حریصانه خوردن، شکم ماهی پاک کردن
gutter	آب روان شدن، قطرقطره ریختن (شمع)
guttle	حریصانه خوردن
guzzle	بلعیدن، باحرص خوردن، پول هدر دادن

H

habilitate	برای استفاده آماده کردن (معدن)، شایستگی داشتن
habituate	بچیزی عادت دادن، خودادن
hack	شکاف دادن، قطع کردن، لگد زدن (درفوتبال)
hackle	شکافتن، متلاشی کردن
haggle	مجادله کردن، یک ودوکردن، چانه زدن
hail	تگرگ باریدن، صدازدن (تاکسی)، درود گفتن
hale	کشیدن، روانه کردن
hallucinate	دچارخیالات واوهام شدن، هذیان گفتن
halt	متوقف کردن، باتأمل راه رفتن، مکث کردن
halve	دونیم کردن، دونصف کردن
hammer	چکش زدن، کوبیدن، ضربت زدن
hamper	مانع شدن، ازکاربازداشتن، مختل کردن
hand	تحویل دادن، واگذار کردن، بدست (کسی) دادن، کمک کردن
handicap	امتیاز(بطرف ضعیف دربازی) دادن، دروضع نامساعد قراردادن
handle	دست زدن به ، بکاربردن، اداره کردن
hang	آویزان کردن، آویختن، بدارآویختن
hang back	بیعلاقگی نشان دادن (برای انجام کاری)
hang off	رهاکردن، پس زدن
hang on	سماجت کردن، بچیزی متکی شدن، دوام داشتن
hang out	ازپنجره آویزان کردن، آویزان شدن
hang together	متفق بودن، بهم چسبیدن
hang up	معلق کردن، صحبت تلفنی راقطع کردن (گوشی راروی تلفن گذاشتن)
hang behind	عقب ماندن، لنگیدن
happen	اتفاق افتادن، روی دادن، رخ دادن، واقع شدن
harass	عاجز کردن، اذیت کردن، بستوه درآوردن
harbour	لنگرانداختن، پناه بردن
harden	سخت کردن، سفت کردن، محکم کردن (شدن)
harm	صدمه زدن، آسیب رساندن، آزاردادن، خسارت واردآوردن
harmonize	هماهنگ کردن (شدن)، موزون کردن

harness	افسار زدن (به اسب)، مهار کردن، تحت کنترل قرار دادن
harrow	باچنگک زمین صاف کردن، زخم کردن، جریحه دار کردن
harry	غارت کردن، هدر دادن، ضایع کردن، آزردن، لخت کردن
harvest	درو کردن و محصول برداشتن، خرمن جمع کردن
haste	عجله کردن، شتاب کردن
hasten	تسریع کردن (شدن)، شتاب کردن، تعجیل کردن
hatch	جوجه از تخم بیرون آوردن، به تخم نشستن (مرغ)
hate	نفرت داشتن، متنفر بودن، بیزار بودن
haul	کشیدن، هل دادن، حمل کردن (با گاری وغیره)
haunt	زیاد رفت و آمد کردن، به محلی آمد وشد کردن
have	داشتن (فعل معین)، دارا بودن، مجبور بودن، خوردن
havoc	منهدم کردن، و یران کردن
hawk	دوره گری کردن، طوافی کردن
hazard	بخطر انداختن، درمعرض خطر قرار دادن
haze	تیره کردن (هوا)، بستوه آوردن (از شدت کار)
head	رهبری کردن، ریاست داشتن بر، باسر زدن
heal	بهبودی یافتن، خوب شدن، شفا یافتن، التیام دادن زخم
heap	رویهم انباشتن، کومه کردن، توده کردن، رویهم جمع کردن
hear	شنیدن، گوش دادن، خبرداشتن، استماع کردن
hear from	نامه یا پیغامی دریافت کردن
hearken	گوش کردن به، گوش دادن به
hearten	دل دادن، جرأت کردن، بشاش بودن
heat	گرم کردن (شدن)، برانگیختن، برافروختن
heave	بلند کردن (چیز سنگین)، جابجا کردن، بالا آمدن
hedge	پرچین کشیدن، محصور کردن، حصار درست کردن
heed	توجه داشتن، ملاحظه کردن، اعتنا کردن به
heel	پاشنه بزمین گذاشتن (در رقص)، تعقیب کردن
heighten	بالا بردن، شدید کردن، زیاد شدن
heir	ارث بردن، وارث شدن
help	کومک کردن، مساعدت کردن، جلوی چیزی را گرفتن
hem	لبه دار کردن (خیاطی)، حاشیه گذاردن، سینه صاف کردن
herald	از وقوع چیزی خبر دادن، اطلاع دادن
herborize	گیاه جمع کردن (بمنظور گیاه شناسی)
herd	درگله حرکت کردن، گرد آمدن، پیوستن

hesitate	تردید داشتن، مردد بودن، مضایقه کردن، تأنّی کردن
hew	ریزریز کردن، قطع کردن، بریدن، انداختن (درخت)
hibernate	بخواب زمستانی رفتن (حیوانات)
hiccup	سکسکه کردن
hide	پنهان کردن، مخفی کردن (شدن)، ازنظردورداشتن
higgle	چانه زدن، وراجی کردن، مجادله کردن
hike	راه پیمائی کردن، پیاده روی کردن
hinder	مانع شدن، جلوگیری کردن، بازداشتن
hinge	لولا زدن (به در)، منوط بودن به
hint	اشاره کردن، به اشاره گفتن
hire	کرایه کردن، اجاره کردن
hiss	صدای هیس کردن (مثل مار)، عدم موافقت نشان دادن
hit	زدن، ضربه زدن، اصابت کردن، خوردن به
hitch	هل دادن، تکان دادن، باقلاب بستن، بسته شدن
hive	زنبوردرکندو جمع کردن، انبارکردن، اندوختن
hoard	احتکارکردن، انبارکردن، ذخیره کردن (پول وغیره)
hoax	گول زدن، فریب دادن، دست انداختن
hobble	لنگیدن، شلیدن، لنگ لنگان راه رفتن، پاهای اسب رابستن
hocus	فریفتن، گول زدن
hoist	برافراشتن (پرچم)، بالابردن، بلند کردن
hold	نگاه داشتن، گرفتن، دارابودن، گنجایش داشتن، چسبیدن
hold aloof	ارتباط باکسی نداشتن، ازبرقراری ارتباط خودداری کردن
hold back	جلوگیری کردن از، خودداری کردن، تأمل کردن
hold off	بتعویق انداختن، تأخیرانداختن، دورنگاه داشتن
hold out	توسعه دادن، بسط دادن، تحمل کردن
hold over	پس ازمدت معین برسرکاری باقی ماندن یادرملکی ماندن
hold up	بلند نگاه داشتن، نشان دادن، جلوی کسی راگرفتن وغارت کردن
hole	سوراخ کردن (معدن، بدنه کشتی)
hollow	خالی کردن، تهی کردن، کندن، کاوش کردن
homologate	تأیید کردن، تصدیق کردن
homologize	همسان کردن، مشابه کردن (شدن)
honour	احترام کردن به، احترام گذاشتن، مفتخرکردن، تکریم کردن
hook	باقلاب گرفتن (بستن)، باچنگک کشیدن
hoot	صدای بلند درآوردن، داد زدن، بوق زدن

hop	روی یک پا جهیدن، جستن از، لی لی کردن
hope	امید داشتن، امیدوار بودن، انتظار داشتن
horrify	ترساندن، بوحشت انداختن
hospitalize	در بیمارستان بستری کردن
house	منزل دادن، جا دادن، پناه دادن
hover	در هوا معلق بودن (پرنده)، معطل کردن، منتظر کردن
howl	زوزه کشیدن، ازدرد ناله و فریاد کردن
huddle	روی هم انباشتن (ریختن)، سرهم بندی کردن، درآغوش گرفتن
hug	درآغوش گرفتن، بغل کردن، نزدیک ساحل شدن (کشتی)
hum	وزوز کردن، همهمه کردن، زمزمه کردن
humanize	انسانی کردن (شدن)، واجد صفات انسانی شدن
humble	فروتنی کردن، شکسته نفسی کردن، تحقیر کردن
humiliate	اهانت کردن، تحقیر کردن، پست کردن
hump	قوز کردن، اوقات تلخ کردن، متأثر کردن
hunch	خم کردن، قوز کردن، بشکل قوز درآوردن
hunger	گرسنگی حس کردن، گرسنه کردن، اشتیاق داشتن
hunt	شکار کردن، صید کردن، جستجو کردن، تعقیب کردن
hurdle	از روی مانع پریدن
hurl	پرت کردن، پرتاب کردن (موشک)، انداختن
hurry	شتاب کردن، عجله کردن، شتابیدن، تعجیل کردن
hurt	صدمه زدن، آزردن، آسیب رساندن، اذیت کردن، جریحه دار کردن
hurtle	تصادف کردن، خوردن به، با صدا پرت شدن
hush	ساکت کردن، آرام کردن، آرام شدن، مخفی نگاه داشتن
hustle	تنه زدن، هل دادن، فشار دادن، عجله کردن
hydrate	با آب ترکیب کردن (در شیمی)
hyphen	کلمات را با خط (—) متصل کردن، خط (—) بین کلمات گذاردن
hypnotize	با هیپنوتیزم خواب کردن

I

ice	یخ بستن، منجمد شدن (کردن)
ideate	تصورکردن، خیال کردن
identify	تشخیص دادن، هویت (چیزی یا کسی را) تعیین کردن
idle	بیحرکت بودن، کارنکردن،وقت بیهوده تلف کردن
idolize	بت ساختن، بت پرستیدن، ستایش کردن
ignite	آتش کردن، آتش زدن، آتش گرفتن، روشن شدن
ignore	نادیده گرفتن، ردکردن (لایحه)، نادیده پنداشتن
illegitimate	نامشروع دانستن، حرامزاده خواندن
illume	روشن کردن، نورانی کردن، روشن فکرساختن
illuminate	منورکردن، روشنائی دادن، چراغانی کردن
illumine	روشن کردن، روشن فکرساختن
illustrate	توضیح دادن، بامثال بیان کردن، روشن ساختن
image	منعکس کردن، مجسم کردن، نشان دادن، تصویرکردن
imagine	تصورکردن، پنداشتن، فرض کردن، انگاشتن، گمان کردن
imbibe	آشامیدن، نوشیدن، جذب کردن، فروبردن
imbricate	مثل فلس ماهی رویهم چیدن، رویهم قرارگرفتن
imbrue	آغشتن (بخون)، آلوده بخون کردن
imbue	رنگ کردن با، اشباع کردن، نفوذ کردن، رسوخ کردن
imitate	تقلید کردن، تأسی کردن به، ادای کسی رادرآوردن
immerse	فروبردن، زیرآب کردن، غرق کردن، گرفتارکردن
immigrate	مهاجرت کردن، ترک وطن کردن، کوچ کردن
immobilize	از حرکت بازداشتن (سربازان، خودروها وغیره)
immolate	قربانی کردن، فداکردن
immortalize	جاودانی کردن، شهرت جاویدان دادن
immunize	مصون ساختن، مصونیت دارکردن
immure	درچهاردیواری نگاهداشتن، زندانی کردن
impact	بهم فشردن، زیرفشارقراردادن، بافشارجادادن
impair	خراب کردن، ضایع کردن، تضعیف کردن، لطمه زدن، آسیب رساندن
impale	چهارمیخ کردن، بمیخ کشیدن، سوراخ کردن، محصورکردن
imparadise	غرق خوشحالی کردن، بهشت کردن

impark	محصورکردن (حیوانات) در پارک، محصورکردن (زمین) برای پارک
impart	دادن، سهم دادن، رساندن، ابلاغ کردن
impassion	برانگیختن، تحریک کردن، بهیجان آوردن
impaste	خمیر گرفتن، رنگ غلیظ زدن
impawn	گروگذاشتن، رهن گذاشتن، تعهد کردن
impeach	متهم کردن، مقصردانستن، عیب گرفتن از، تردید کردن در
impede	بازداشتن، مانع شدن، عقب انداختن
impel	واداركردن، برآن داشتن، مجبورساختن
impend	معلق بودن، آویزان بودن، درشرف وقوع بودن(خطر)، تهدید کردن
impenetrate	نفوذ کردن در (چیزی) بطورعمیق
imperil	بخطرانداختن، درمخاطره انداختن
impersonate	نقش دیگری رابازی کردن، بصورت شخص درآوردن
impersonify	شخصیت دادن، مُجسم کردن
impetrate	لابه واستغاثه کردن (درعلم الهیات)، باعجزولابه بدست آوردن
impinge	برخورد کردن، تصادم کردن، تجاوز کردن
implant	جادادن، فروکردن، القأ کردن
implead	داد خواست دادن، عرضحال دادن
impledge	گروگذاشتن، رهن گذاشتن، تعهد کردن
implement	اجراکردن، انجام دادن، ایفأ کردن، تکمیل کردن
implicate	گرفتارکردن، بهم پیچیدن، گیرانداختن
implore	درخواست کردن از، التماس کردن به، عجزولابه کردن
imply	دلالت ضمنی کردن، مطلبی رارساندن، اشاره داشتن بر
import	وارد کردن (کالابکشور)، اظهارکردن، معنی دادن
importune	مصرا خواستن، اصرارکردن به، سماجت کردن
impose	تحمیل کردن، تکلیف کردن به، اعمال نفوذ کردن
impound	درآغل نگاه داشتن، ضبط کردن، توقیف کردن (اموال)
impoverish	فقیرکردن، محتاج کردن، بی قوت کردن، بینواکردن
imprecate	لعنت کردن، نفرین کردن
impregnate	آبستن کردن، حامله کردن، لقاح کردن، اشباع کردن
impress	تحت تأثیر قرارداد ن، تأثیرگذاشتن، مهرزدن، ضبط کردن
imprint	مهرزدن، درخاطرنشاندن، باسمه زدن، تأثیر گذاشتن، چاپ کردن
imprison	زندانی کردن، حبس کردن، درزندان افکندن
improve	بهتر کردن (شدن)، اصلاح کردن، پیشرفت کردن، ترقی دادن
improvise	بالبداهه ساختن، آناً سرودن

impugn	اعتراض کردن (به)، مورد حمله قراردادن، رد کردن
impute	نسبت دادن، استناد کردن
inaugurate	رسماً افتتاح کردن، رسماً (کسی را) بکارگماشتن، آغازکردن
inbreathe	دمیدن ، فرو بردن، استنشاق کردن
incapacitate	ناقابل ساختن، سلب صلاحیت کردن، ناتوان کردن
incarcerate	درزندان انداختن، حبس کردن
incarnate	مجسم کردن، صورت واقعی (بچیزی) دادن
incense	بخوردادن، خوشبوکردن، خشمگین کردن
incept	تعهد کردن، آغاز کردن
inchoate	شروع کردن، بنیاد نهادن، احداث کردن
incinerate	خاکسترکردن، سوزاندن (مرده)
incise	حکاکی کردن، کندن، حجازی کردن
incite	برانگیختن، تحریک کردن، اغوا کردن
incline	خم کردن، شیب دادن، متمایل بودن (شدن)، کج کردن
include	شامل بودن، دربرداشتن، متضمن بودن، بحساب آوردن
incommode	ناراحت کردن، زحمت دادن، دردسردادن، مانع شدن
inconvenience	ناراحت کردن، مصدع شدن، اسباب زحمت شدن
incorporate	یکی کردن، متحد کردن، آمیختن، تشکیل دادن
increase	زیاد کردن، افزایش دادن، اضافه کردن، افزودن
incriminate	بگناه متهم کردن، گناهکارقلمداد کردن
incubate	روی تخم خوابیدن، جوجه کشی کردن
inculcate	تلقین کردن، فرو بردن، بااصرارواداشتن
inculpate	متهم کردن، سرزنش کردن، گرفتارکردن، مقصردانستن
incur	مواجه کردن، خود را (در خطر) انداختن
incurve	خم کردن، کج کردن
indemnify	جبران (زیان) کردن، غرامت پرداختن، تاوان دادن
indent	دندانه دارکردن (روی فلز)، برجسته کردن، سفارش دادن
indicate	اشاره کردن بر، نشان دادن، دلالت کردن بر
indict	اعلام جرم کردن، علیه کسی ادعانامه تنظیم کردن، متهم کردن
indispose	مریض کردن، بیمارکردن، ناتوان کردن، ناجورکردن
indite	انشأ کردن، نوشتن (سخنرانی ، شعر)، تصنیف کردن
individualize	بصورت فردی درآوردن، مشخص کردن، مجزا کردن
individuate	فردی کردن، جدا کردن، تک قراردادن
indoctrinate	تلقین کردن، تعلیم دادن، آموختن به

induce

induce	وادارکردن، اغوا کردن، تحریک کردن، پی بردن به
induct	کسی رادرکاری گماشتن، رهبری کردن، معرفی کردن
indulge	بحال خودواگذاشتن، جلوگیری نکردن، آزاد گذاردن
indurate	سخت کردن، سفت کردن، بی حس کردن، پوست کلفت کردن
industrialize	صنعتی کردن، بنگاههای صنعتی تأسیس کردن
inebriate	مست کردن، کیف دادن، سرحال آوردن
infame	رسواکردن، مذمت کردن، مردود کردن
infatuate	کسی را احمق کردن، شیفته کردن
infect	آلوده کردن، عفونی کردن، ملوث کردن
infer	استنباط کردن، پی بردن به، نتیجه گرفتن، حدس زدن
infest	هجوم کردن، آزردن، اذیت کردن، درزحمت بودن (ازحشرات وغیره)
infiltrate	نفوذ کردن، تراوش کردن، رخنه کردن (درخطوط دشمن)
infix	فرو بردن (فکری درمغز)، فرونشاندن، تحت تأثیر قراردادن
inflame	برافروختن، آتش زدن، بهیجان درآوردن، شعله ورشدن
inflate	باد کردن، دمیدن، متورم شدن، مغرورکردن
inflect	تاکردن، خم کردن، منحرف کردن
inflict	وارد آوردن، تحمیل کردن، ضربت زدن
influence	تحت نفوذ خود قراردادن، نفوذ کردن، تأثیر کردن بر
inform	اطلاع دادن، مطلع کردن، آگاه کردن، خبردادن
infringe	نقض کردن (قرارداد، عهد وغیره)، تجاوز کردن از
infuriate	آتشی کردن، بسیارخشمگین کردن، ازجادرکردن
infuse	ریختن، دم کردن (چای)، القأ کردن، برانگیختن
ingeminate	تأکید کردن، تکرارکردن، مکررکردن، بازگوکردن
ingest	قورت دادن (غذا)، فرو بردن بشکم
ingratitate	طرف توجه قراردادن، خودشیرینی کردن
ingurgitate	بلعیدن، حریصانه قورت دادن
inhabit	ساکن شدن (در)، سکنی گرفتن
inhale	استنشاق کردن، تنفس کردن
inhere	ذاتی بودن، جبلی بودن، ماندگاربودن
inherit	به ارث بردن، وارث شدن، جانشین شدن
inhibit	منع کردن، بازداشتن، قدغن کردن، جلوگیری کردن از
inhume	بخاک سپردن، دفن کردن، درخاک نهادن
initial	باحروف اول نام خودنوشتن، پاراف کردن
initiate	آغاز کردن، نخستین قدم رابرداشتن، تازه وارد کردن

inject	تزریق کردن، سوزن زدن، اماله کردن
injure	صدمه زدن، آسیب رساندن، زخمی کردن، جریحه دارکردن
inlay	نشاندن، درچیزی کاشتن، خاتم کاری کردن
innovate	چیز تازه آوردن، بدعت گذاردن، ابداع کردن
inoculate	مایه کوبی کردن، تلقیح کردن، آغشتن
inosculate	بهم پیوستن (رگ بدن)، بهم اتصال دادن
inquire (enquire)	پرسش کردن، اطلاع پیداکردن، بازجوئی کردن
insalivate	غذاراباآب دهان مخلوط کردن، بابزاق آمیختن
inscribe	نوشتن، حکاکی کردن، حجاری کردن، نقش کردن
inseminate	کاشتن، افشاندن، پاشیدن
insert	درمیان گذاردن، حرفی رادرمیان کلمه ای جادادن، داخل کردن
inset	اضافه کردن (صفحه ای به کتاب)، جادادن
insinuate	باشاره فهماندن، تلقین کردن، بطور ضمنی فهماندن
insist	اصرارکردن، سماجت کردن، پافشاری کردن، اصرارداشتن
inspect	بازرسی کردن، تحقیق کردن، بازدیدکردن
inspire	تنفس کردن، استنشاق کردن، فرو بردن (درریه)، الهام بخشیدن
inspirit	روح دادن به، جان دادن به، تشویق کردن
inspissate	غلیظ کردن، سفت کردن (شدن)
install	نصب کردن، برقرارکردن، کارگذاشتن، گماشتن
instigate	برانگیختن، وادارکردن، تحریک کردن، برآن داشتن
instil	چکاندن، بتدریج تلقین کردن، کم کم فهماندن، تزریق کردن
institute	تأسیس کردن، بنیاد نهادن، برقرارکردن
instruct	دستورداده، تعلیم دادن، آموزش دادن، آموختن به
insufflate	دمیدن، فوت کردن در، روح دمیدن در
insulate	مجزاکردن، جداکردن، بصورت جزیره درآوردن، عایق کردن
insult	بی احترامی کردن، توهین کردن، بدحرفی کردن
insure	بیمه کردن، ضمانت کردن، تأمین دادن
integrate	تکمیل کردن، تمام کردن، بصورت یک چیز تمام درآوردن
intend	قصد داشتن، درنظرداشتن، خیال داشتن، معنی داشتن
intensify	تشدید کردن (شدن)، تقویت کردن
inter	دفن کردن، زیرخاک کردن
interbreed	جفتگیری کردن (حیوانات ازنژاد مختلف)
intercede	میانجیگری کردن، وساطت کردن
intercept	جلوگیری کردن از(حرکت هواپیماوغیره)، مانع شدن از، بریدن

interchange	باهم عوض کردن، بجای هم گذاشتن، تبدیل کردن
intercommunicate	باهم ارتباط داشتن، باهم آمیزش کردن، مراوده کردن
interdepend	بیکدیگرمتکی بودن، بهم مربوط بودن
interdict	قدغن کردن، ممنوع کردن، بازداشتن، منع کردن
interest	علاقمند کردن، سهیم کردن، جلب توجه کردن
interfere	دخالت کردن، پامیان گذاردن، مداخله کردن
interfuse	درهم آمیختن ، بهم آمیختن
interject	درمیان آوردن، بطورمعترضه گفتن
interlace	بهم پیچیدن، درهم آمیختن، درهم بافتن
interlard	مخلوط کردن، آمیختن، بمیان آوردن
interleave	برگ سفید درمیان صفحات کتاب گذاردن
interline	درمیان سطرهانوشتن، آسترگذاشتن (لباس)
interlock	درهم گیرکردن، بهم پیچیدن، بهم قفل شدن
intermarry	ازدواج کردن بامنسوبین، ازدواج کردن درمیان قبایل
intermediate	میانجیگیری کردن، وساطت کردن، واسطه شدن
intermingle	چند چیز راباهم مخلوط کردن، ممزوج کردن
intern	بازداشتن کردن (بطورموقت)، نگاه داشتن (کشتی وغیره درآبهای مرزی)
internationalize	بین المللی کردن، سرزمینی رادرزیرحمایت چندملل قراردادن
interpellate	استیضاح کردن (دولت درمجلس)، توضیح خواستن
interpenetrate	درهم نفوذ کردن، ازهم گذشتن
interpolate	لغات یاعبارات تازه (بکتابی یانوشته ای) اضافه کردن
interpose	میانجیگیری کردن، پادرمیان گذاردن
interpret	ترجمه کردن (کتبی)، تفسیرکردن، تعبیرکردن
interrogate	بازپرسی کردن از، تحقیق کردن، بازجوئی کردن
interrupt	حرف دیگری راقطع کردن، مانع شدن، قطع کردن
intersect	ازوسط قطع کردن، تقاطع کردن، ازمیان بریدن
intersperse	پاشیدن، افشاندن، پراکنده کردن
intertwine	درهم پیچیدن، درهم بافتن، درهم بافته شدن
intervene	مداخله کردن، درمیان واقع شدن، پامیان گذاردن
interview	مصاحبه کردن، گفتگو کردن
intervolve	بدورهم پیچاندن
interweave	باهم بافتن، باهم آمیختن، درهم بافتن
intimate	علنی کردن، اظهار داشتن، اعلام کردن
intimidate	ترساندن، مرعوب کردن، تهدید کردن

intonate	باصدابیان کردن، باآهنگ اداکردن
intone	باآهنگ موسیقی خواندن، سرائیدن
intoxicate	مست کردن، ازخود بیخود کردن
intrigue	توطئه کردن، دسیسه کردن، رابطه داشتن، وادارکردن
introduce	معرفی کردن، آشناکردن، مطرح کردن، آغاز کردن
intromit	داخل کردن، جا دادن
introspect	بخودآمدن، درخود فرورفتن
introvert	بخود متوجه کردن، سوی درون کشیدن
intrude	بدون اجازه وارد شدن، مزاحم شدن
intuit	بافراست دریافتن، درک کردن
inundate	سیل آمدن، طغیان کردن، اشباع کردن
inure (enure)	عادت دادن (کردن)، خودادن، اثرکردن (داشتن)
invade	هجوم کردن، تهاجم کردن، حمله کردن، نقض کردن
invaginate	غلاف کردن، توی خود برگرداندن، غلاف شدن
invalidate	بی اثرکردن، بی اعتبارکردن، باطل کردن
inveigh	پرخاش کردن، باسخن حمله کردن، سخت سخن گفتن
inveigle	ازراه بدرکردن، فریفتن، گمراه کردن، گرفتارکردن
invent	اختراع کردن، ازپیش خود ساختن، ازخود حرف درآوردن
invert	پس و پیش کردن (عبارت یاجمله)، وارونه کردن، برگرداندن
invest	سرمایه گذاردن، لباس پوشاندن، دادن (اختیار)
investigate	رسیدگی کردن، تحقیق کردن، وارسی کردن
invigilate	پائیدن (شاگردان هنگام امتحانات)
invigorate	نیرودادن، قوت دادن، تقویت شدن، روح بخشیدن
invite	دعوت کردن، جلب کردن، خواهش کردن از، فراخواندن
invoke	دعاکردن، طلب (کمک) کردن، احضارکردن (روح)
involve	گرفتارکردن، دربرداشتن، مستلزم بودن، احاطه کردن
inweave (enweave)	درهم بافتن، باهم بافتن (دوچیزرا)
irk	خسته کردن، رنجاندن، زحمت دادن، ناراحت کردن
iron	اطوکردن، اتوزدن، باآهن پوشاندن
irradiate	درخشان کردن، منورکردن، روشن کردن، درخشیدن
irrigate	آبیاری کردن، آب دادن به، مشروب کردن، تازه کردن
irritate	خشمگین کردن، تحریک کردن، برانگیختن، رنجاندن
isolate	جداکردن، مجزاکردن، تنهاگذاردن، عایق دارکردن
issue	بیرون آمدن، صادرشدن، انتشاریافتن، ناشی شدن، عاید شدن

itch	خاریدن، آرزو داشتن
iterate	دوباره گفتن، تکرار کردن، از سر گرفتن
itinerate	سفر کردن، مسافرت کردن، ازجائی بجائی رفتن

J

jab	فروکردن، سوراخ کردن، باچاقوضربه زدن، سیخ زدن
jabber	تندوناشمرده سخن گفتن، ورورکردن، وراجی کردن
jack	جک زدن (بالا بردن اتومبیل باگذاردن جک زیراتومبیل)
jag	دندانه دارکردن، کنگره دارکردن، چاک زدن، ناهمواربریدن
jail	زندانی کردن، حبس کردن
jam	فشردن، فشاردادن، بیحرکت کردن، متراکم کردن
jangle	دادوبیداد کردن، جنجال کردن، قیل وقال کردن
jar	صدای ناهنجاردرآوردن، طنین انداختن، لرزاندن، نزاع کردن
jaunt	گردش کردن، تفریح کردن، تفرج کردن
jeer	طعنه زدن به، مسخره کردن، سخن مسخره آمیز گفتن
jeopardize	بخطرانداختن، بمخاطره انداختن
jerk	تکان تند دادن، تند کشیدن، سریع انداختن، تکان تند خوردن
jest	شوخی کردن، طعنه زدن، مزاح گفتن، کنایه زدن
jet	مانند فواره جاری شدن، پراندن، فواره زدن، بیرون ریختن
jig	رقصیدن، جست وخیز کردن، غربال کردن (مواد معدنی)
jingle	جرنگ جرنگ کردن، جرنگیدن
jink	بسرعت حرکت کردن، بسرعت چرخ زدن، طفره رفتن
jitter	عصبانی بودن (شدن)، باعصبانیت رفتارکردن
jockey	گول زدن، نیرنگ زدن، سوارکاراسب دوانی شدن
jog	آهسته دویدن، هول دادن، تنه زدن به
join	پیوستن، متصل کردن، ملحق شدن، گرائیدن، وصل کردن
joint	بهم چسباندن، خردکردن، متصل کردن، بندکشی کردن
joke	شوخی کردن، خوش مزگی کردن، دست انداختن
jollify	سرخوش بودن، سرحال بودن، کیف کردن، عیش کردن
jolt	تکان دادن، تکان خوردن، بالاو پائین انداختن
jostle	تنه زدن، هول دادن، آرنج زدن
jot	بطورمختصرنوشتن یایاد داشت کردن
journey	سفرکردن، مسافرت کردن
joy	شادی کردن، خوشی کردن، خوشحالی کردن
jubilate	وجد کردن، شادمانی کردن، هلهله کردن

judge	قضاوت کردن، داوری کردن، حکم دادن، فتوی دادن
juggle	تردستی کردن، شعبده بازی کردن، چشم بندی کردن
jugulate	خفه کردن، کشتن، جلوی پیشرفت بیماری رابادارونی گرفتن
jumble	به هرسوتکان خوردن، درهم برهم کردن، پریشان کردن
jump	پریدن، خیززدن، جستن، جهیدن، پرش کردن، ترقی کردن
justify	تصدیق کردن، توجیه کردن، بجادانستن، حق دادن به

K

keen	نوحه خواندن، سوگواری کردن، نوحه سرائی کردن
keep	نگاه داشتن، حفظ کردن، وفا کردن، نگهداری کردن
keep company	معاشرت کردن، باهم آمیزش کردن، باهم بودن
keep house	خانه داری کردن، خانه نشین شدن
keep in	نگاه داشتن (شاگردان درمدرسه)، محبوس کردن، بروزندادن (احساسات)
keep away	دورنگاه داشتن، ازخود دورکردن، حذرکردن
keep down	تحت کنترل داشتن، مطیع کردن، پائین نگاه داشتن (قیمتها)
keep back	بازداشتن، ممانعت کردن از، دفع کردن
keep off	دوری کردن از، راه نرفتن (روی چمن وغیره)، نزدیک نشدن به
keep on	بوضع حال نگهداشتن، ادامه دادن
keep out	ازداخل شدن جلوگیری کردن
keep under	درفرمان یااطاعت خود داشتن
keep up	بالا نگهداشتن، ازتنزل جلوگیری کردن، ثابت نگاه داشتن
key	کلید کردن، کوک کردن (پیانو)، باکلید قفل کردن
kick	لگد زدن، باپازدن، لگد زدن (تفنگ)، زدن (توپ)، لگد انداختن
kid	دست انداختن، شوخی کردن، زائیدن (بزغاله)
kidnap	آدم دزدی کردن، بچه دزدی کردن
kill	کشتن، قتل کردن، بقتل رساندن، ازبین بردن
kill time	وقت گذراندن، وقت رابیهوده تلف کردن
kill a bill (in Parliament`	مانع تصویب لایحه شدن (درمجلس)
kindle	آتش کردن، برافروختن، آتش گرفتن، روشن کردن، آتشی شدن
kiss	بوسیدن، ماچ کردن
kite	پرواز کردن، پرواز دادن، سفته بازی کردن
knap	ضربه زدن، شکستن، خرد کردن
knead	خمیر کردن، سرشتن، ورزیدن، مالش دادن
knee	زانوزدن، زانودادن (شلوار)، بازانو خم شدن
kneel	بزانو درآمدن، زانوزدن، بزانوافتادن، زانوزدن ولابه کردن
knife	چاقوزدن، باچاقو بریدن، باکارد ضربه زدن
knit	بافتن، چین دادن، درهم کشیدن، متحد شدن، وصل کردن
knock	زدن، کوبیدن، تصادم شدید کردن، کوفتن

knock about	بدرفتاری کردن، پرسه زدن، نامرتب زندگی کردن
knock down	باضربه بزمین زدن، بامشت بزمین انداختن، پائین آوردن (قیمتها)
knock off	ضربه زدن، دست ازکارکشیدن، ترک کردن، قلم زدن (کم کردن)
knock up	زود فراهم کردن، برخوردن، فرسوده کردن (شدن)، از پادرآمدن
knot	گره زدن، گیرانداختن، گره خوردن، گرفتارکردن (شدن)
know	دانستن، شناختن، آگاه بودن، اطلاع داشتن از، بلد بودن

L

label	برچسب زدن، طبقه بندی کردن
labour	زحمت کشیدن، رنج کشیدن، تلاش کردن، تقلا کردن
lace	بند کفش بستن، توردوزی کردن، شلاق زدن
lacerate	پاره کردن، مجروح کردن، آزردن، دریدن، جریحه دارکردن
lack	فاقد بودن، نداشتن، کم داشتن، نبودن
lacquer	لاک الکل زدن، جلا دادن، روغن زدن
lade	بارکردن، بارروی (کشتی) گذاردن، آب کشیدن (ازرودخانه وغیره)
lag	عقب ماندن، واماندن، آهسته پیشرفت کردن
lam	محکم زدن، کوبیدن، خرد کردن
lame	لنگ کردن، فلج کردن
lament	ناله وزاری کردن، سوگواری کردن، عزاداری کردن، ندبه کردن
laminate	ورقه ورقه کردن (فلز)، رو یهم قراردادن
lamp	درخشیدن، تابیدن، روشن کردن
lance	پرت کردن، نیشترزدن، بانیزه زخمی کردن یا کشتن
land	بساحل آمدن، ازکشتی پیاده شدن، بزمین نشستن (هواپیما)
languish	ضعیف شدن، بیحال شدن، افسرده شدن، ناتوان شدن
lap	لیس زدن، حریصانه آشامیدن، تا کردن (لباس)، احاطه کردن
lapidate	سنگسارکردن، سنگ پرتاب کردن وکشتن
lapidify	تبدیل به سنگ کردن، سنگ شدن
lapse	ساقط شدن، سپری شدن، باطل شدن، ازدرجه اعتبارافتادن
lash	تکان ناگهان خوردن، شلاق زدن، عجله کردن، انداختن
last	طول کشیدن، دوام داشتن، دوام کردن
latch	چفت کردن (در خانه)، کلزن (درخانه) انداختن
lather	باصابون شستن، کف کردن، صابون زدن
laud	ستایش کردن، تمجید کردن، مدح کردن
laugh	خندیدن، خنده کردن
launch	پرتاب کردن، انداختن، پرت کردن، روانه کردن
launch a missile	موشک پرتاب کردن
launch a vessel	کشتی به آب انداختن
launch out	ول خرجی کردن، پرگوئی کردن

launder	شستن وخشک کردن (پیراهن وغیره)
lavish	ولخرجی کردن، مداهنه کردن، اسراف کردن، چرب زبانی کردن
lay	گذاردن، کارگذاشتن، نصب کردن، ریختن (طرح)، وضع کردن
lay eggs	تخم گذاردن
lay aside	کنارگذاشتن، ترک کردن، عقب انداختن
lay in	ذخیره کردن، نقاشی کردن، ضربه زدن
lay off	بخدمت خاتمه دادن، نقشه کشیدن (زمین)، متوقف کردن (ساختن)
lay on	وضع کردن (مالیات وغیره)، حمله کردن، ضربه واردآوردن
lay out	پهن کردن، چیدن، طرح کردن، آماده دفن کردن، نشان دادن
lay up	انبارکردن، ذخیره کردن، پس اندازکردن، ازکارانداختن
layer	خواباندن نباتی (برای اینکه ریشه تازه بگیرد)، طبقه بندی کردن
leach	ازصافی ردکردن، ازروی چیزی گذاردن
lead	راهنمائی کردن، رهبری کردن، هدایت کردن، کشیده شدن
lead the way	پیشقدم شدن، اول رفتن
lead captive	به اسارت بردن
lead off (out)	آغاز کردن، شروع کردن
lead on	واداربه فعالیت بیشتری کردن
lead up	کشیده شدن، منجرشدن، کشیدن
lead away	ازراه بدرکردن، اغواکردن
leak	رخنه کردن، نشت کردن، نفوذ کردن، فاش کردن (شدن)
lean	تکیه کردن، پشت دادن، پشت گرمی داشتن، تکیه دادن
leap	جستن، پریدن ، جفت زدن، پراندن
learn	یاد گرفتن، آموختن، فراگرفتن، خبرگرفتن
lease	اجاره کردن (خانه یاملک)، کرایه دادن
leather	چرم گذاشتن، باتسمه چرمی شلاق زدن، سخت کارکردن
leave	ترک کردن، جاگذاشتن، باقی گذاردن، حرکت کردن، عازم شدن
leave behind	چیزی راجاگذاشتن
leave off	دست کشیدن از، قطع کردن
leave out	حذف کردن، مشمول نکردن
leave over	ببعد موکول کردن
lecture	سخنرانی کردن، نطق کردن، سرزنش کردن
leer	ازگوشه چشم نگاه کردن، چپ نگاه کردن
legalize	قانونی کردن، اعتبارقانونی دادن، برسمیت شناختن
legate	به ارث گذاشتن، باوصیت دادن

legislate	قانون وضع کردن، قانون گذاردن
legitimate	مشروع ساختن، قانونی شناختن، توجیه نمودن
legitimize	قانونی کردن، مزایای قانونی (به بچه) دادن
lend	قرض دادن، وام دادن، متوجه کردن، عاریه دادن
lend an ear	توجه کردن، گوش کردن
lend a hand	دست یاری دادن
lengthen	دراز کردن، طولانی کردن (شدن)
lessen	کمتر کردن (شدن)، تقلیل دادن (یافتن)، کاهش دادن
let	گذاشتن، ول کردن، اجاره دادن، واگذار کردن
let alone	بحال خود واگذاردن، ازدخالت خود داری کردن
let loose	رها کردن، آزاد کردن، ول کردن
let fall	انداختن، کشیدن (خط عمودی درهندسه)
let go	رها کردن، آزاد کردن، ازفکر خارج کردن
let slip	رها کردن (افسار سگ وغیره)، فرصتی را ازدست دادن
let down	پائین آوردن، پائین گذاشتن، مأیوس کردن
let in	اجازه دخول دادن به
let off	درکردن (تیر)، معاف کردن (جریمه یا جرم)
let on	رازی رافاش کردن
let out	راه (برای خارج شدن) بازکردن، آشکار کردن، تندی کردن
let up	نرم شدن، کم شدن، قطع شدن
let a house	خانه کرایه دادن
let (someone) know	بکسی اطلاع دادن
level	تراز کردن، میزان کردن، برابر کردن، یکنواخت کردن
lever	بااهرم بلند کردن، بااهرم تکان دادن
levigate	نرم کردن، سائیدن، صاف کردن
levitate	برخاستن و بلند شدن (دراثر کم وزنی)، درهوا معلق بودن
levy	وضع کردن (مالیات)، برقرار کردن (عوارض)، سرباز گیری کردن
libel	تهمت زدن، افترا زدن، بدنام کردن
liberate	آزاد کردن، رها کردن، مجزا کردن، جدا کردن (درشیمی)
librate	جنبیدن، نوسان داشتن
license (ce)	پروانه صادر کردن، اجازه استفاده (ازچیزی را) دادن
lick	لیسیدن، زبان زدن، شکست دادن (درمسابقه)
lie	دراز کشیدن، دروغ گفتن، واقع شدن، قرار گرفتن
lie by	استعمال نشده باقیماندن، ساکت بودن، فعال نبودن

lie down	دراز کشیدن، خوابیدن، استراحت کردن
lie off	ازساحل دورتوقف کردن(کشتی یاقایق)
lie over	عقب افتادن (پرداخت پول)
lie up	کناره گیری کردن، در بارانداز لنگر انداختن (کشتی)
lift	بلند کردن، بالابردن، دزدیدن (حشم)، بالارفتن (پنجره)
ligate	بستن (شریان)، مسدود کردن (رگ)
light	روشن کردن، آتش کردن، وزن کم کردن، پائین آمدن، نوردادن
lighten	سبک کردن، برق زدن، درخشیدن، منورکردن
like	دوست داشتن، میل داشتن، خواستن
liken	مانند کردن، شبیه کردن، مقایسه کردن
limit	محدود کردن، منحصرکردن، مشخص کردن، تعیین کردن
limp	لنگیدن، شلیدن، مکث کردن
line	خط کشیدن، خط زدن، بخط ایستادن (سربازان)
linger	معطل کردن (هنگام حرکت)، تأخیرکردن، دیرراه افتادن
link	پیوستن، متصل کردن (شدن)، بازوی دیگری راگرفتن، ارتباط دادن
liquate	گداختن، ذوب کردن، آب کردن (فلزات)
liquefy	تبدیل به مایع کردن، آبگونه شدن، گداختن
liquidate	تصفیه کردن (حساب)، پرداختن بدهی
liquor	روغن زدن (به پوتین وکفش چرمی)، مشروب خوردن، چرب کردن
lisp	شل حرف زدن، بالکنت اداکردن، مثل بچه حرف زدن
list	فهرست کردن، درفهرست ثبت کردن
listen	گوش کردن، گوش دادن، استماع کردن
lithograph	چاپ سنگی کردن
litigate	طرف دعوا بودن، دادخواهی کردن، اعتراض کردن بر
live	زندگی کردن، زیستن، زنده بودن، بسر بردن
liven	چالاک شدن، زنده دل شدن
load	بارکردن، پر کردن(تفنگ)، گذاشتن (فیلم در دوربین عکاسی)
loaf	بیهوده وقت تلف کردن، بیهوده گذراندن، ولگردی کردن
loan	وام دادن، قرض دادن (این فعل درامریکا استعمال میشود)
lob	سنگین راه رفتن، آهسته خودرا کشیدن
lobby	لایحه دولت رابادیدن نمایندگان مجلس خارج ازجلسه وخواهش وگفتگو گذراندن
localize	محلی کردن، محدود به یکجا کردن، تمرکز دادن
locate	جای (چیزی را)تعیین کردن، تعیین محل کردن، مستقرکردن
lock	قفل کردن، حبس کردن، گیرانداختن، قفل شدن

lodge	جادادن، منزل دادن، سپردن، قراردادن، شب بسر بردن
loiter	معطل کردن، تأخیرکردن، تنبلانه رفتن، دیرکردن
loll	لم دادن، لمیدن، آویختن، زبان بیرون انداختن
long	آرزوداشتن، اشتیاق داشتن
look	نگاه کردن، نگریستن، نظرانداختن
look about	بهرطرف نگریستن، مواظب اطراف واوضاع خود بودن
look after	مراقب بودن، مواظب بودن، توجه کردن، نگهداری کردن
look for	جستجو کردن، انتظارداشتن، امیدوار بودن، درجستجو بودن
look into	رسیدگی کردن، به (کتابی) مراجعه کردن
look on	بانظرخاصی نگاه کردن، فقط تماشاگر بودن
look over	بازرسی کردن، ندیده گرفتن، متوجه (اشتباه یاقصوری) شدن
look through	از(پنجره یاچیزدیگر) نگاه کردن، بازرسی دقیق کردن
look to	متوجه بودن، مواظب بودن، دقت کردن
look around	به اطراف نگاه کردن، توجه دقیق نمودن
look back	عقب نگریستن، به گذشته فکرکردن، پیشرفت نکردن
look down	حقیرشمردن، خودرابالاترازدیگران دانستن
look in	بکسی سرزدن، ازکسی دیدن (کوتاه) کردن
look out	مواظب بودن، ازداخل بخارج نگاه کردن، چشم براه بودن
look forward to	انتظارداشتن، درانتظار بودن
look up	بالا نگاه کردن، بالارفتن (قیمتهایاملک)، به (فرهنگ) مراجعه کردن
loom	بطورتیره ونامعلوم ظاهرشدن
loop	حلقه کردن، پیچ دادن(خوردن)، گره زدن
loose	ول کردن، شل کردن، لق کردن، رهاکردن
loosen	بازکردن (گره)، جداکردن، لینت دادن، سست کردن
loot	غارت کردن، چاپیدن، تاراج کردن
lop	چیدن (شاخه درخت)، دست و پای (کسی را) قطع کردن
lope	جست وخیزکردن، شلنگ برداشتن (انداختن)
lose	گم کردن، ازدست دادن، تلف کردن، خسارت دیدن
lounge	لمیدن، لم دادن، ول گشتن
lour, lower	اخم کردن، عبوس بودن، عصبانی بنظررسیدن
love	دوست داشتن، عاشق بودن، خوش داشتن
low	ماق کشیدن (نعره گاو)، کاستن، کم کردن، مشتعل کردن (شدن)
lower	پائین آوردن، کم کردن، تخفیف دادن، تنزل دادن
lubricate	روغن کاری کردن (اتومبیل)، روغن زدن، چرب کردن

lucubrate	ریاضت کشیدن، دود چراغ خوردن، اثرادبی تهیه کردن
lull	آرام کردن، خواب کردن، ضعیف شدن (صدای باد)
lullaby	لالائی گفتن، بالالائی خواباندن
lumber	سنگین راه رفتن، سلانه سلانه رفتن، الوارقطع کردن، الوار رو یهم ریختن
lump	توده کردن، قلنبه کردن، ناراضی بنظر رسیدن، به ناچاری ساختن
lunch	ناهاردادن، ناهارخوردن (درامریکا استعمال میگردد)
lurch	تلوتلو خوردن، به اینطرف وآنطرف رفتن
lure	بدام انداختن، اغواکردن، تطمیع کردن
lurk	درکمین نشستن، کمین کردن، دزدکی عمل کردن
lust	شهوت داشتن، شهوت چیزی راداشتن، چیزی راآرزو کردن
lustrate	تطهیرکردن، پاک کردن (درمراسم مذهبی مسیحی)
luxuriate	درنعمت وفراوانی زیستن، خوشگذرانی کردن، درتجمل زندگی کردن
lynch	بدون محاکمه مجازات کردن یا کشتن

M

macerate	خیس کردن، لاغر کردن
machinate	دسیسه کردن، نقشه کشیدن (ریختن)
machine	باماشین کارکردن، مثل ماشین کارکردن
madden	برآشفتن، دیوانه کردن، عصبانی کردن، دیوانه شدن
magnetize	آهن ربائی کردن، مقناطیسی کردن، جذب کردن، بخود کشیدن
magnify	بزرگ کردن، (باذره بین)، مبالغه کردن
mail	نامه راباپست فرستادن، پست کردن
maim	چلاق کردن، شل کردن، فلج کردن، ناتوان کردن
maintain	نگهداری کردن، ادامه دادن، عقیده داشتن، حمایت کردن از
make	ساختن، درست کردن، وادارکردن، تولید کردن، شدن
make after	تعقیب کردن، دنبال کردن
make against	مخالفت کردن
make away with	خلاص شدن (ازدست کسی)، برباد دادن، کشتن
make an attempt	مبادرت کردن، سعی کردن
make a bargain	معامله کردن
make believe	تظاهرکردن، وانمود کردن
make bed	تخت خواب درست کردن
make a difference	تفاوت داشتن، فرق کردن
make exception	استثناء کردن
make efforts	کوشش کردن، جدیت کردن
make for	بنفع (کسی) عمل کردن
make a face	ادا درآوردن، تقلید کردن
make friends	دوست پیداکردن، دوست شدن (باکسی)
make fortune	ثروت اندوختن، پول (زیاد) درآوردن
make in	مداخله کردن
make journey	مسافرت کردن
make money	پول درآوردن
make noise	سروصدا کردن
make off	عجله کردن، بطور ناگهانی حرکت کردن
make out	سردرآوردن، فهمیدن، نوشتن (چک وغیره)، درست کردن

make over	واگذار کردن، انتقال دادن
make peace	صلح کردن
make a plan	طرح ریختن، نقشه ریختن
make progress	پیشرفت کردن، ترقی کردن
make a parcel	بسته درست کردن
make room (for others)	جادادن (بدیگران)، جاباز کردن
make research	تحقیق کردن، بررسی کردن
make reprisals	تلافی کردن
make sure of	مطمئن شدن
make a speech	سخنرانی کردن
make tea or coffee	چای یاقهوه درست کردن
make up	جبران کردن، جعل کردن، گریم کردن (دربازی)، فراهم کردن
make use of	استفاده کردن، بهره برداری کردن
make up one's mind	تصمیم خودرا گرفتن
make war	جنگ کردن
make a will	وصیت کردن
malign	بدگوئی کردن، تهمت زدن، افترازدن به
malinger	خود رابناخوشی زدن، تمارض کردن
maltreat	بدرفتاری کردن به، بد استعمال کردن، سوء استفاده کردن
man	بانفرات مجهزکردن (درکشتی وغیره)، رام کردن
manage	اداره کردن، ترتیب دادن، موفق بانجام کاری شدن
mandate	به قیمومیت واگذار کردن
manducate	جویدن ، خوردن
maneuver	مشق کردن، مانور دادن، تمرین کردن (درآرتش)
manicure	ناخنهای دست و پاراآرایش دادن، مانیکورکردن
manifest	آشکارکردن، فاش کردن، معلوم شدن، حاکی بودن از
manifold	چندین رونوشت (ازنامه وغیره) برداشتن
manipulate	با مهارت انجام دادن، زیرنفوذ قراردادن
mantle	پوشاندن ، پوشیدن، سرخ شدن (صورت)
manufacture	ساختن ، درست کردن، عمل آوردن، جعل کردن
manumit	ازبندگی آزاد کردن، بنده راآزاد کردن
manure	کود دادن (زمین باکود حیوان یاشیمائی)
map	نقشه (جائی) کشیدن، روی نقشه نواحی مختلف کشورراتقسیم کردن
mar	صدمه زدن، آسیب رساندن، خراب کردن، بهم زدن

maraud	بقصد غارت حمله کردن، چپاول کردن
marble	مرمر نما کردن (بارنگ زدن روی کاغذ یاصابون)
march	راه رفتن (سربازان)، گامهای منظم برداشتن
margin	حاشیه گذاشتن، حاشیه دار کردن، درحاشیه نوشتن
mark	علامت گذاردن، نشان کردن، توجه کردن، نشان دادن
mark off	جداکردن (باخط)
mark down	قیمت (چیزی را) پائین آوردن
mark up	بهای (چیزی را) بالابردن
market	خرید و فروش در بازار کردن، بازاریابی کردن
maroon	کسی را درکرانه یا جای و یرانی ول کردن، ولگردی کردن
marry	ازدواج کردن، عروسی کردن، زن گرفتن، شوهرکردن
marshal	به ترتیب نشاندن (درمهمانیهای رسمی)، نظم دادن
martyr	شهید کردن، بشهادت رساندن
marvel	درشگفت بودن، حیرت زده شدن
mask	نقاب زدن، ماسک زدن، پنهان کردن، حائل شدن
masquerade	به لباس مبدل درآمدن، تغییرقیافه دادن
mass	توده کردن (شدن)، جمع آوری کردن (سربازان)
massacre	قتل عام کردن، کشتارهمگی کردن
massage	مشت ومال دادن، ماساژ دادن، مالش دادن
master	خوب یاد گرفتن، استاد شدن، ماهرشدن، دست یافتن بر
masticate	جویدن، با دندان خرد کردن
masturbate	جلق زدن
matt (mat)	مات کردن (رنگ)، تیره کردن، درهم گیرانداختن
match	وصلت دادن (ازدواج)، جور بودن با، بهم آمدن، جورکردن
mate	مات کردن (درشطرنج)، جفتگیری کردن، وصلت کردن
materialize	مادی کردن، مجسم شدن، صورت خارجی بخود گرفتن
matriculate	دردانشکده یادانشگاه قبول شدن (کردن)
matter	اهمیت داشتن، مهم بودن (درجمله استفهامی یامنفی)
mature	بحد بلوغ یارشد رسیدن، کامل شدن، تکمیل کردن
maul	کوبیدن، خردکردن، خراب کردن، ناقص کردن، زخمی کردن
maunder	ازروی بیحالی حرکت وعمل کردن، نامفهوم حرف زدن
maximize	به آخرین درجه ممکن افزایش دادن، بحد اکثر رساندن
may	ممکن بودن (فعل معین)، امکان داشتن
maze	بیهوش کردن، گیج کردن (شدن)، حیران کردن (شدن)

mean	معنی دادن، مقصود داشتن، منظورداشتن
measure	اندازه گرفتن، سنجیدن، اندازه داشتن، تخمین زدن
mechanize	مکانیزه کردن، باوسائل مکانیکی کارکردن
meddle	دخالت بیجاکردن، فضولی کردن
mediate	میانجیگیری کردن، وساطت کردن، پادرمیان گذاردن
medicate	درمان کردن، معامله کردن، مداواکردن (بادارو)
meditate	تفکرکردن، اندیشه کردن (عبادت فرقه مخصوصی درهند)
meet	ملاقات کردن، پیوستن، مواجه شدن، بهم رسیدن
meliorate	اصلاح کردن، بهترکردن (شدن)، بهبودی دادن
melt	آب شدن، حل شدن، گداختن، تبدیل شدن، ذوب کردن
memorialize	برسم یادبود جشن گرفتن، بعنوان یادبود مراسمی انجام دادن
memorize	از برکردن، حفظ کردن، بخاطرسپردن
menace	تهدید کردن، ارعاب کردن
mend	مرمت کردن، تعمیرکردن، اصلاح کردن، بهبودی یافتن
menstruate	قاعده شدن، حیض شدن (عادت زنانه)
mention	ذکرکردن، تذکر دادن، نام بردن، اشاره کردن
merge	مستهلک شدن، فراگرفتن، شامل شدن، یکی شدن
merit	سزاواربودن، مستحق بودن، لایق (چیزی) بودن، شایسته بودن
mesh	گیرافتادن،گیرانداختن، درهم گیرکردن (دندانه های ماشین)
mess	شلوغ کاری کردن، آشفته کردن، درهم برهم کردن
message	پیام فرستاده، مخابره کردن
metallize	جوشکاری برقی کردن، فلزکاری کردن
metamorphose	دگرگون کردن، تغییرشکل دادن، تغییرماهیت دادن
metaphrase	بعبارت دیگردرآوردن، به لفظ دیگر اداکردن
mew	معومعو کردن (صدای گربه)، حبس کردن
middle	بمیان انداختن (توپ درفوتبال)، دروسط گذاردن
migrate	مهاجرت کردن، کوچ کردن
mildew	بادزدگی پیداکردن، کپک زدن
militate	ستیزه کردن، درجنگ شرکت کردن، منافی بودن
milk	شیردوشیدن، شیره کشیدن از
mill	خرد کردن (گندم)، آسیاب کردن، کنگره دارکردن (سکه پول)
mimic	ادا درآوردن، تقلید کردن، دست انداختن
mince	ریز ریز کردن، قیمه کردن (گوشت)، باظرافت صحبت کردن
mind	اهمیت دادن، مواظب بودن، درفکر (چیزی) بودن، حذرکردن

mine	زمین سوراخ کردن، نقب زدن، ازمعدن درآوردن، مین گذاردن
mingle	مخلوط کردن، قاطی کردن (شدن)، آمیختن
minify	کوچک کردن، کم اهمیت نشان دادن
minimize	به حداقل رساندن، تخمین زدن به کمترین مقدار
minister	کمک کردن، درسرمیز خدمت کردن، مثل کشیش عمل کردن
mint	سکه زدن، اختراع کردن، جعل کردن
minute	وقت دقیق (چیزی را)تعیین کردن، پیش نویس کردن
mire	درگل فرورفتن، گرفتار کردن
mirror	مثل آینه منعکس کردن (ساختن)
misapply	بطورغلط بکار بردن
misapprehend	درست نفهمیدن، سؤتفاهم شدن
misappropriate	اختلاس کردن، برای خود برداشتن، حیف ومیل کردن
misbecome	زیبنده نبودن، نیامدن به
misbehave	درست رفتارنکردن، بدرفتاری کردن
miscalculate	اشتباه حساب کردن، بدحساب کردن
miscall	بانام غلط صداکردن، دشنام دادن
miscarry	به هدف نرسیدن، موفق نشدن، سقط کردن (بچه انداختن)
misconsture	تصورغلط کردن، درست نفهمیدن
misconsture	بد تعبیرکردن، درفهمیدن مقصود (کسی) اشتباه کردن
miscount	بدشمردن، بد حساب کردن
misdate	تاریخ غلط گذاشتن در
misdeal	عمل ناصحیح انجام دادن، بدورق دادن (دربازی ورق)
misdeem	عوضی گرفتن، اشتباه کردن، عقیده غلط نسبت بچیزی داشتن
misdirect	راهنمائی غلط کردن، گمراه کردن
misdoubt	شک داشتن (درمورد شخص)، مظنون بودن
misfire	درنرفتن (گلوله تفنگ)، روشن نشدن موتور
misgovern	بد حکومت کردن، بد اداره کردن
misguide	بد راهنمائی کردن، گمراه کردن، باشتباه انداختن
mishandle	بد عمل کردن، بدرفتاری کردن
mishear	اشتباهاً یاناصحیح شنیدن
misinform	خبرنادرست دادن
misinterpret	تعبیرغلط کردن، بد تعبیروتفسیر کردن
misjudge	عقیده غلط (نسبت بچیزی) داشتن، غلط داوری کردن
mislay	(چیزی را)درجائی گذاردن (که بآسانی نتوان یافت)

mislead	گمراه کردن، باشتباه انداختن
mismanage	بد اداره کردن، بد درست کردن
misplace	درجای عوضی گذاردن، درجای عوضی بکاربردن
misprint	اشتباهی چاپ کردن، غلط چاپ کردن
misquote	غلط نقل کردن، بدنقل کردن
misread	غلط خواندن، بدتعبیرکردن
misrepresent	بدجلوه دادن، غلط توصیف کردن
miss	ازدست دادن، نرسیدن به (ترن)، اصابت نکردن (تیر بهدف)
misspend	غلط خرج کردن، بدخرج کردن، (پول) هدردادن
mistake	اشتباه کردن، خطا کردن
mistime	وقت درست تعیین نکردن، بیموقع (کاری را) انجام دادن
mistranslate	درست ترجمه نکردن، غلط ترجمه کردن
mistreat	بدرفتاری کردن، دشنام دادن
mistrust	اعتماد نکردن (بکسی)، اطمینان نکردن، مظنون بودن
misunderstand	درست نفهمیدن، سوء تفاهم (نسبت بچیزی) داشتن
misuse	بیمورد بکار بردن، بدبکاربردن، بدرفتاری کردن
mitigate	تسکین دادن، کاستن، فرونشاندن، کم کردن، معتدل کردن
mix	مخلوط کردن، آمیختن، قاطی کردن، ترکیب کردن
moan	نالیدن، ناله کردن، زاری کردن (برای)
mob	ازدحام کردن، دسته جمعی حمله کردن، شلوغ کردن
mobilize	تجهیز کردن، بسیج کردن، بحالت بسیج درآوردن
mock	مسخره کردن، استهزأ کردن ، دست انداختن
medel	قالب (چیزی را) درست کردن، شکل دادن، مدل شدن
moderate	معتدل کردن، ملایم کردن، تعدیل کردن
modify	اصلاح کردن، تغییر دادن، تعدیل کردن
modulate	تنظیم کردن، میزان کردن، ملایم کردن
moisten	ترکردن، نمدارکردن، مرطوب شدن
molest	آزار رساندن، متعرض شدن، تجاوزکردن (به زن)
mollify	آرام کردن، فرونشاندن، تسکین دادن
monitor	گوش کردن (به رادیوهای خارجی) وگزارش تهیه کردن، تحت مراقبت قراردادن
monograph	رساله درباره موضوعی نوشتن
monopolize	بخود انحصاردادن، امتیاز اختصاصی (چیزی را) گرفتن
monotone	یکنواخت آواز خواندن یاصحبت کردن
moo	ماغ کشیدن (صدای گاو)

moon	مهتاب زده شدن، بیهوده وقت گذراندن
moot	موضوعی رابرای بحث مطرح کردن
mop	(عرق یااشک) پاک کردن، شکلک درآوردن
mope	مبهوت و حیران بودن، افسرده کردن (شدن)
moralize	ازلحاظ اخلاقی تعبیرکردن، نتیجه اخلاقی گرفتن
mortgage	رهن گذاشتن، گرو گذاشتن، وثیقه قرار دادن
mortify	ریاضت کشیدن، تحقیرکردن، پست کردن
moss	باخزه پوشاندن، خزه دارشدن
mother	مادر بودن (برای)، مادری کردن، خودرامادر خواندن
motion	اشاره کردن، علامت دادن
motive	موجب شدن، سبب شدن، انگیزه باعث شدن
motorize	(سربازان را)باوسائط نقلیه مجهز کردن
mould	قالب گرفتن، بشکلی درآوردن، شکلی بخود گرفتن
moulder	پوسیده شدن، خاک شدن، پوسیدن، تحلیل رفتن
moult	پرریختن (پرندگان)
mount	بالارفتن، سوارشدن، زیادشدن، ترقی کردن (دادن)
mourn	سوگواری کردن، عزادار بودن، ماتم گرفتن
mouse	موش گرفتن، دنبال (چیزی) رفتن، جستجو کردن
mouth	فصیحانه اداکردن، سخنوری کردن، دردهن گذاشتن
move	حرکت دادن، تکان دادن، برانگیختن، پیشنهاد دادن
mow	چیدن (علف، گندم)، چمن زدن (باماشین)، شکلک درآوردن
muck	کود دادن، کثیف کردن، چرک کردن، سنبل کردن
muddle	گیج کردن، سرهم بندی کردن، خراب کردن
muffle	پوشاندن، پیچیدن، دم دهان (کسی را) گرفتن، فرونشاندن
multiply	چند برابرکردن، ضرب کردن در(دوعدد)، بارورکردن
mumble	زیرلب حرف زدن، من من کردن
mummify	مومیائی کردن، حنوط کردن وخشک کردن
mump	خاموش وعبوس بودن، گدائی کردن
munch	ملچ ملچ کردن، جویدن
murder	کشتن، قتل کردن، بقتل رساندن
mure	مسدود کردن (درب وغیره باآجروغیره)
murmur	زمزمه کردن، غرغر کردن
muse	درفکرفرورفتن، تفکرکردن، خیره شدن، درشگفت ماندن
muster	فراخواندن (سربازان برای تمرین وغیره)، جمع آوری کردن

mute	کم کردن یا خفه کردن (صدای موسیقی)
mutilate	قطع کردن (یکی ازاعضای بدن)، ناقص کردن، بریدن
mutiny	شورش کردن، طغیان کردن، یاغی شدن
mutter	من من کردن، لند لند کردن، غرغرکردن، زیرلب حرف زدن
mystify	بحیرت انداختن، دست انداختن، گیج کردن، غامض کردن
mythticize	بصورت افسانه درآوردن

N

nab	دستگیرکردن، توقیف کردن، قاپیدن
nag	گوشزد کردن، خرده گرفتن، نق زدن به، عیبجوئی کردن از
nail	میخکوب کردن، میخ زدن، موفق به دستگیری (کسی یاچیزی) شدن
name	نامیدن ، نام نهادن ، نام بردن، معرفی کردن، ذکرکردن
nap	چرت زدن، خوابدارکردن (پارچه)
narrate	نقل کردن، حکایت کردن، روایت کردن
narrow	تنگ کردن، باریک کردن، محدود کردن، منحصرکردن
nationalize	ملی کردن (صنایع وغیره)، ملی شدن
naturalize	بتابعیت کشوری درآمدن، داخل زبان کردن (کلمه ای)
nauseate	حالت تهوع دست دادن، منزجرکردن (شدن)
navigate	کشتیرانی کردن، هدایت کردن (هواپیماوغیره)
near	نزدیک شدن به
necessitate	ایجاب کردن، مستلزم بودن، مجبورکردن، ناگزیر ساختن
need	احتیاج داشتن، نیازمند بودن، لازم داشتن، محتاج بودن
needle	باسوزن دوختن، راه خودرادرجائی بازکردن
negate	خنثی کردن، نفی کردن، بدون اثرکردن، انکارکردن، منکرشدن
negative	ردکردن، وتوکردن (لایحه درآمریکا)، خنثی کردن
neglect	غفلت کردن (ورزیدن)، فروگذارکردن، اهمال کردن
negotiate	مذاکره کردن، انتقال دادن (پول)، مرتفع ساختن
neigh	شیهه کشیدن اسب، مثل اسب شیهه کشیدن
neighbour	نزدیک (کسی) زندگی کردن، همجواربودن، همسایه بودن
nerve	نیروبخشیدن، قوت قلب دادن، جسورکردن
nest	لانه ساختن (پرندگان)، آشیانه گرفتن، درتوی هم قراردادن
nestle	لانه کردن، جاگرفتن، منزل کردن، لمیدن، درآغوش گرفتن
net	باتورگرفتن (ماهی وغیره)، باتور پوشاندن، توپ به توراندا‌ختن
nettle	گزیدن (گزنه)، نیش زدن، برانگیختن، خشمگین کردن
neutralize	خنثی کردن، بی اثرکردن، بیطرف کردن (کشور)
nib	نوک زدن، سوراخ کردن، نوک قلم تعمیرکردن
nibble	گاززدن، ذره ذره خوردن، دندان زدن، عیبجوئی کردن
nick	چاک دادن، بریدن، شکاف دادن، سروقت رسیدن، جفت شدن

nick-name	نام خودمانی بکسی دادن یا گذاردن
nictate	چشمک زدن، برهم زدن پلک چشم
nidificate	آشیانه ساختن، لانه ساختن
niggle	وقت تلف کردن (برای کارهای جزئی)، وررفتن
nip	نیشگان گرفتن، فشردن
nitrate	تیزاب زدن، سنگ جهنم زدن (نیترات اسید بکار بردن)
nobble	تقلب کردن (دراسب دوانی)، رشوه دادن، دزدیدن
nod	سرخم کردن، باسر اشاره کردن، خطا کردن، متمایل شدن
noddle	سرتکان دادن
nominate	نامزد کردن (کسی برای شغلی)، کاندید کردن، معرفی کردن
nonplus	مبهوت کردن، حیران و بی حرکت کردن، بی اثر کردن
normalize	بحالت عادی درآوردن، تحت قاعده وقانونی درآوردن
nose	بوکشیدن، باحس شامه متوجه شدن، بینی را(بجائی یاچیزی) مالیدن
note	یادداشت کردن، توجه کردن، درنظر گرفتن (داشتن)
notice	ملاحظه کردن، ملتفت شدن، متوجه شدن، اخطار کردن
notify	اطلاع دادن، اخطار کردن، اعلام کردن
nourish	غذا دادن، قوت دادن، تغذیه کردن، پرورش دادن
nudge	باآرنج (بکسی) زدن وتوجه اورا(بچیزی) جلب کردن
nullify	باطل کردن، ملغی کردن، خنثی کردن، بی اثر کردن
numb	بیحس کردن، کرخ کردن
number	شمردن، حساب کردن، شماره گذاردن، محسوب داشتن، بالغ شدن بر
nuncupate	زبانی وشفاهی (وصیت) کردن
nurse	شیردادن (مادر به بچه)، تشویق کردن، پرستاری کردن
nurture	پرورش دادن، غذا دادن، تربیت کردن
nutrify	غذا دادن، تغذیه کردن
nuzzle	پوزه بزمین مالیدن، غنودن، بوکردن

O

oar	پاروزدن، باپارو راندن
obey	اطاعت کردن، فرمانبرداری کردن، حرف گوش کردن
obfuscate	مبهوت کردن، گیج کردن، خراب کردن (فکر)، تاریک کردن
object	اعتراض کردن، مخالفت کردن
objectify	وجود خارجی (بچیزی) دادن، بصورت مادی مجسم کردن
objurgate	سخت انتقاد کردن، شدیدا سرزنش کردن
obligate	ملزم کردن، متعهد کردن، گروگذاشتن، موظف کردن
oblige	مجبورکردن، ناگزیرکردن، مقید کردن، مرهون ساختن، ممنوع کردن
obliterate	پاک کردن، محوکردن، ستردن، ازبین بردن
obscure	تیره وتارکردن، پیچیده ومبهم کردن، پنهان کردن
observe	رعایت کردن، بجاآوردن، توجه کردن، مراعات کردن
obsess	آزاردادن، مایه وسوسه شدن، ذهن (کسی) رااشغال کردن
obstruct	مسدود کردن، جلوی (چیزی را) گرفتن، کارشکنی کردن
obtain	بدست آوردن، فراهم کردن، گرفتن، پیروز شدن، تحصیل نمودن
obtrude	فروکردن، انداختن، مزاحم (کسی) شدن
obviate	ازمیان برداشتن، مرتفع کردن، چاره کردن، جلوگیری کردن
occlude	مسدود کردن، بستن، جذب کردن (درشیمی)
occult	پنهان کردن، ازنظرمخفی نگهداشتن، مستورکردن
occupy	اشغال کردن، تصرف کردن، گرفتن، فراگرفتن، بکاربردن
occur	رخ دادن، روی دادن، اتفاق افتادن، واقع شدن، پیش آمدن
offend	تخلف کردن، تخطی کردن، برخوردن، رنجاندن، رنجیدن
offer	تقدیم کردن، تعارف کردن، حاضرشدن برای ، ابرازکردن
officiate	مراسمی راانجام دادن، رسماًخدمتی انجام دادن
offset	جبران کردن، مقابله کردن با(بیشتردرآمریکا استعمال میشود)
ogle	بانازوکرشمه نگاه کردن، باچشم غمزه کردن
oil	روغن زدن، چرب کردن، روغن کاری کردن، رشوه دادن
omit	حذف کردن، ازقلم انداختن، غفلت کردن، ول کردن
ooze	تراوش کردن، نَشْد کردن، رخنه کردن، فاش شدن، تمام شدن
open	بازکردن، افتتاح کردن، گشودن، بازشدن، شروع شدن
operate	بکارانداختن، گرداندن، براه انداختن، عمل جراحی کردن

opiate

opiate	با افیون بیهوش کردن، افیون زدن
oppilate	مسدود کردن، بستن (در پزشکی)
oppose	مخالفت کردن با، اعتراض کردن بر، درافتادن، ضدیت کردن
oppress	تعدی کردن، ظلم وستم کردن، جورکردن، آزار رساندن
opt	برای انتخاب اختیارداشتن، اختیارگزینش داشتن
orate	نطق کردن، خطابه خواندن، سخنرانی کردن
orb	احاطه کردن، کروی کردن (شدن)، گرد کردن (شدن)
orbit	بدور(زمین یاماه) گشتن، بدورمداری چرخ زدن
orchestrate	برای ارکسترآهنگ نوشتن، ترتیب (کاری را) دادن
ordain	مقرر داشتن، مقدر بودن، ترتیب دادن، معین کردن، گماشتن
order	دستور دادن، امرکردن، سفارش کردن، فرمان دادن
organize	تشکیل دادن، سازمان دادن، سروصورت دادن
orient or orientate	موقعیت (چیزی را)تعیین کردن
originate	ناشی شدن از، سرچشمه گرفتن، آغاز شدن (کردن)
ornament	آرایش دادن، آراستن، تزئین کردن، زینت دادن
oscillate	نوسان کردن، تاب خوردن، مردد بودن (بین دوعقیده)
osculate	تماس گرفتن(داشتن)، صفات مشترک داشتن (تاریخ طبیعی)
ossify	استخوانی شدن، تبدیل به استخوان کردن
ostracize	ازحقوق اجتماعی وسیاسی محروم کردن
oust	خلع ید کردن، محروم کردن، بیرون کردن (ازشغل یاسمتی)
out-argue	دراستدلال شکست دادن
outbalance	سنگین تر بودن از، وزن زیاد کردن
outbid	بیشتر پیشنهاد دادن (درمزایده)، روی دست (کسی) رفتن
outblush	زیاده ازحد سرخ شدن (ازخجالت)
out-brag	بیش ازحد ازخود تعریف کردن
outbrave	شجاعت بیشتری (ازدیگران) نشان دادن
out-burn	بیشترسوزاندن
outcaste	ازفرقه اخراج کردن
outclass	بالا تر ازهمه بودن (مثلا در دروغگوئی)، روی دست کسی زدن
outcry	جارزدن، داد وفریاد کردن شدید
outdare	شجاعت بیشتر ازحد نشان دادن
outdistance	سبقت گرفتن از، جلوافتادن از، پیشی جستن از
outdo	بیشترانجام دادن، شکست دادن، غلبه کردن
outface	بانگاه ازرو بردن

outfight	بهتر جنگ کردن
outflame	شعله ور شدن
outflank	از جناح خارجی (به دشمن) حمله کردن
outfly	در پرواز پیش افتادن از
outgo	پیش افتادن از، از حدی بیشتر رفتن
outgrow	بزرگتر یا بلندتر شدن، زودتر روئیدن
outlast	بیشتر از حد معین طول کشیدن، زنده ماندن
outlaw	از حقوق بی بهره کردن، محروم کردن
outlay	مایه گذاشتن، پول خرج کردن
outline	طرح (چیزی را) کشیدن، خلاصه (چیزی را) تهیه کردن
outlive	بیشتر زنده بودن، بیشتر عمر کردن از، دوران بخصوصی را گذراندن
outmarch	پیش افتادن از، عقب گذاشتن، جلو افتادن
outnumber	از حیث شماره بیشتر بودن، با تعداد زیادتر تسلط پیدا کردن
outpass	از حد و مرز مشخص گذشتن
outpour	بیرون ریختن، جاری شدن، روان شدن
outrage	جسارت کردن به، بی حرمتی کردن، تخطی کردن از (قانون)
outreach	فرا رسیدن، از چیزی پیش افتادن
outride	در سواری پیش افتادن از
outrival	در هم چشمی پیش افتادن، در رقابت جلو افتادن از
outroot	ریشه کن کردن، بکلی از بین بردن
outrun	پیش افتادن از، تجاوز کردن از، از حد معین گذشتن
outsell	بیشتر یا بهتر فروختن
outshine	بیشتر درخشیدن از
outsing	در آواز خواندن برتری داشتن
outsleep	بیش از زمان معین خوابیدن
outspend	بیش از درآمد خرج کردن
outstand	با موفقیت ایستادگی کردن، دور از خاک لنگر انداختن (کشتی)
outstay	بیش از زمان معین ماندن
outstep	از حد معین قدم برداشتن، تجاوز کردن
outstrip	پیش افتادن از، عقب گذاشتن، سبقت گرفتن از
outvote	اکثریت آرا بدست آوردن
outwalk	تندتر یا سریع تر راه رفتن
outwatch	بیشتر از حد معین بیدار ماندن
outwear	فرسوده کردن، بسر بردن، وقت گذراندن

outweigh	سنگین تر بودن، بیشترارزیدن، مهمتر بودن، بیشترنفوذ داشتن
outwit	زرنگ تر بودن، درهوش وعقل ودانش برتری داشتن
outwork	به نتیجه رسیدن، بیشتریا تندتر کار کردن
over-abound	بیش ازاندازه فراوان بودن
overact	زیاده ازحد فعال بودن، بطوراغراق آمیز بازی کردن (نمایش)
overawe	بیش ازحد ترساندن، خیلی وحشت زده کردن
overbalance	موازنه راازدست دادن، سنگین تر بودن، چر بیدن
overbear	بزمین زدن، مغلوب کردن، برتری داشتن، سرنگون کردن
overbend	بیش ازحد خم کردن
overbid	پیشنهاد بیشتردادن (درمناقصه یامزایده)
overblow	بافشاردمیدن، وزیدن شدید طوفان، دمیدن درآلت موسیقی
overboil	زیاد جوشیدن، شدیداً برانگیخته شدن
overbuild	زیاد ساختمان کردن در
overburden	زیاد بارکردن، زیاد حساب کردن، زیاد تحمیل کردن
overbuy	بیش ازحد توانائی خود خریدن
over-capitalize	سرمایه شرکتی رابیش از اندازه واقعی برآورد کردن
overcast	تیره وتاریک کردن، تاریک شدن (دراثرآمدن ابر)
overcharge	زیاد بارکردن، گران حساب کردن، زیاد حساب کردن
overcloud	سایه انداختن، تیره کردن، افسرده کردن
overcolour	زیاد آب ورنگ زدن، مبالغه کردن
overcome	پیروز شدن بر، غلبه کردن بر، رهائی یافتن، برطرف کردن
overcount	زیادترتخمین زدن، بیشتر برآورد کردن
overcrowd	زیاد ازدحام کردن، زیاد شلوغ کردن
over-develop	بیش ازحد نوردادن (درعکاسی)، خیلی توسعه دادن
overdo	بحد افراط رساندن، مبالغه کردن، زیاد پختن، زیاد خسته کردن
overdose	داروی زیاد (به بیمار) دادن
overdraw	بیش ازموجودی درحساب) جک کشیدن، مبالغه کردن
overdress	بیش ازحد آراستن، غذارازیاد پختن
overeat	زیاد خوردن، پرخوری کردن
over-estimate	بیش ازاندازه برآورد کردن(تخمین زدن)
over-expose	نورزیادترازحد دادن(درظاهرکردن فیلم عکاسی)
over-feed	پرخوراندن، پر خوردن
over-float	لبریز کردن
overflow	طغیان کردن، لبریز شدن، فراگرفتن، سرشارشدن

overfly	ازروی (چیزی)پروازکردن، بالا ترو سریعتر پروازکردن
overfreight	زیاد بارکردن
overgo	از روی (دیواریارودخانه وغیره)عبورکردن، از یادبردن
overgrow	بیش ازحد روئیدن، زیاد بزرگ شدن
overhang	روی چیزی آویزان کردن، تهدید کردن، مشرف بودن
overhear	تصادفاً شنیدن، استراق سمع کردن، غیرمستقیم شنیدن
overheat	زیاد گرم کردن، بیش ازحد حرارت دادن
over-indulge	زیاده ازحد آزاد گذاردن
over-issue	بیش ازحد معین منتشرکردن (اسکناس یااوراق بهادار)
overjoy	بیش ازحد لذت بردن، محظوظ شدن
overlabour	زیاده ازحد کارکردن، بارنج فراوان انجام دادن
overlade	زیاد پرکردن، زیاد بارکردن
overlap	رویهم قرارگرفتن، رویهم افتادن
overlay	روکش کردن، روی (چیزی را)باچیزدیگر پوشاندن، اندودن
overleap	نادیده گرفتن وگذشتن، ول کردن، صرفنظر کردن از
overload	زیاده ازحد بارکردن، زیاد پرکردن
overlook	ندیدن، ملتفت نشدن، غفلت کردن از، مشرف بودن، نظرزدن
overmaster	برتری یافتن، تسلط پیداکردن
overmatch	پیشی جستن، پیش افتادن از
overpaint	بیش ازحد رنگ زدن
overpay	بیش از(حق) مزد پرداختن
overpitch	مبالغه کردن، غلوکردن
over-please	زیاده ازحد (کسی را) خوشحال کردن
overpower	از یادبردن، غلبه کردن، بی اثرکردن، پایمال کردن
over-print	زیاد تاریک کردن (درعکاسی)، زیاد چاپ کردن
over-produce	بیش از(تقاضایا نیاز) تولید کردن
overrate	زیاده تخمین زدن (برآورد کردن)، زیاده ارزیابی کردن
over-read	زیاده ازحد خواندن
over-refine	بیش ازحد تصفیه کردن، موشکافی کردن
over-rent	خیلی زیادکرایه کردن (زمین وغیره)، اجاره زیاد گرفتن از
override	سواره گذشتن، تاخت وتازکردن، پایمال کردن
overrule	رد کردن، کنارگذاشتن، غلبه کردن بر، ملغی کردن
overrun	تهاجم کردن، فراگرفتن، تجاوز کردن، پوشاندن، هجوم کردن
oversee	نظارت کردن، بازرسی کردن، رسیدگی کردن، لغزش خوردن

over-sell	بیش از(موجودی)فروختن (ونتوان تحویل دادن)
overset	برهم زدن، وارونه کردن، واژگون کردن، سرنگون کردن
overshadow	سایه انداختن، تاریک کردن، پناه دادن، حمایت کردن
overshine	تابیدن بر، درخشیدن بر، نورانی کردن
overshoot	درتیراندازی خطا کردن، مبالغه کردن
overslaugh	گذشتن، بازداشتن، مانع شدن، پریدن، حذف کردن
oversleep	بیش اززمان معین خوابیدن، دیرازخواب بیدارشدن
overslide	لغزیدن، سرخوردن
overspend	بیش ازمقدارمعین خرج کردن، بیش ازدرآمد خرج کردن
overspread	چیزی روی (چیز دیگر) پهن کردن، پوشاندن
overstate	مبالغه کردن، غلو کردن، اغراق گفتن
overstay	بیش ازحد معین توقف کردن
overstock	بیش از حد اندوختن، زیاد ذخیره کردن
overstrain	زیاد زورآوردن به، تقلا کردن، (خود را)خسته کردن
overstretch	زیاده ازحد کشیدن
overstudy	خیلی زیاد مطالعه کردن
over-subscribe	بیش ازتعداد معین تقاضای (سهام وغیره) کردن
overtake	رسیدن به، سبقت گرفتن، جلوزدن، گیرآوردن، گرفتارشدن
overtax	مالیات سنگین وضع کردن، بیش ازحد تقاضای (چیزی را) کردن
overthrow	سرنگون کردن، برانداختن، ازبین بردن، خراب کردن
overtire	بیش ازحد خسته کردن
overtoil	زیاد تقلا کردن، خیلی زیاد کارکردن
overtop	بلندتر بودن از، برتری پیداکردن، فائق آمدن
overtopple	واژگون کردن، سرنگون کردن
overtrade	بیش ازسرمایه یااحتیاج بازارمعامله کردن
overtrain	باورزش زیاد آسیب رساندن
overtrouble	زیاده ازحد زحمت دادن
over-trust	بیش ازاندازه (بکسی یاچیزی) اطمینان کردن
overturn	واژگون کردن، برانداختن، مضمحل کردن (شدن)
overvalue	بیش ازاندازه قیمت گذاردن، خیلی زیادبرآورد کردن
overwalk	خیلی زیاد یاخیلی دورراه رفتن
overwear	خسته کردن، کهنه ومندرس کردن (لباس)
overweary	از پادرآوردن (از پادرآمدن)، خسته کردن (شدن)
overweigh	بیش ازحد سنگین بودن، زیاده ازحد وزن داشتن، وزن زیاد کردن

overwhelm	سراسر پوشاندن، پایمال کردن، بیش ازاندازه احساساتی شدن
overwork	کارزیاد (ازگرده کسی) کشیدن، ازکارزیاد خسته شدن
overwrite	روی نوشته ای(چیزی)نوشتن، خیلی زیاد نوشتن
owe	مدیون بودن، بدهکار بودن، مرهون بودن
own	مالک بودن، دارابودن، صاحب بودن، بخود نسبت دادن
oxidize	بااکسیژن ترکیب کردن (شدن)، زنگ زدن

P

pace	قدم زدن، آهسته راه رفتن، گام زدن، اندازه گرفتن (باقدم)
pacify	آرام کردن، ساکت کردن، تسکین دادن، فرونشاندن
pack	پیچیدن، بسته کردن، بهم فشردن، دسته کردن، بستن
pad	پیاده رفتن، پرکردن، گذاشتن (درچیزی)، پازدن
paddle	پارو زدن، درگل راه رفتن، دست و پازدن
paganize	کافرکردن، مشرک شدن، مانند کافرعمل کردن
page	شماره صفحه گذاردن، صفحه بندی کردن، کسی راصدا کردن
paginate	شماره صفحه گذاردن
pain	رنج دادن، زحمت دادن، درد کشیدن
paint	رنگ کردن، نقاشی کردن، بزک کردن
pair	جفت کردن (شدن)، جورکردن (شدن) وصلت دادن
palaver	وراجی کردن، بیهوده حرف زدن
pale	رنگ پریده شدن، رنگ باختن، تیره کردن
pall	بی مزه حرف زدن، بیمزگی کردن
palliate	موقتاً آرام کردن، تسکین دادن، پنهان کردن، میانه روی کردن
palm	دست زدن به، دست دادن به، رشوه دادن، دردست قایم کردن
palpate	بادست امتحان کردن، لمس کردن
paipitate	تپیدن (قلب)، تند زدن (قلب)، به تپش درآوردن
palsy	فلج کردن، فلج شدن
palter	دو پهلو حرف زدن، زبان بازی کردن، چانه زدن، کلاه برداری کردن
pamper	زیاد خوراندن، متنعم کردن، ناز پرورده کردن
pane	شیشه انداختن (به پنجره)
panegyrize	ستایش کردن، مدح گفتن، ستودن
panel	تخته کوبی کردن (روی دیوار)
pant	نفس نفس زدن، تپیدن، آرزو کردن
paper	کاغذ (بدیوار)چسباندن، باکاغذ پوشاندن
parachute	باچترنجات پائین آمدن
parade	سان دیدن، رژه رفتن، نمایش دادن (برای خود نمائی)
paragraph	بند بند کردن (درنوشته)، فاصله دادن
parallel	برابرکردن، مقایسه کردن، برابری کردن با، موازی بودن

paralyse (ze)	فلج کردن، ازکارانداختن، بیحس کردن
paraphrase	کلمه ای رامعنی کردن، شرح وبسط دادن
parboil	کمی جوشاندن، زیاد گرم کردن
parcel	بسته بسته کردن، بچند تیکه تقسیم کردن
parch	بریان کردن، نیمه سوز کردن، خشک کردن (دراثرحرارت)
pardon	بخشیدن، آمرزیدن، عفو کردن
pare	تراشیدن، چیدن، پوست کندن، بریدن
parenthesize	در پرانتز گذاردن (.....)
parget	سفید کاری کردن، گچ مالیدن (بدیوار)، گچ کاری کردن
park	توقف کردن (اتومبیل درجائی)، پارک کردن، محصورکردن
parley	زبان خارجی صحبت کردن، گفتگو کردن (بادشمن)
parole	آزاد کردن (زندانی بقید قول شرف)، باقید التزام رها کردن
parquet	باچوب (کف اطاق را)فرش کردن
parrot	طوطی وارحرف زدن، طوطی واریاد دادن
parry	دفع کردن (حمله حریف)، طفره رفتن از، ازخود دورکردن
part	جدا کردن (شدن)، ازهم جدا کردن (شدن)
partake	سهیم شدن، شرکت کردن، شریک شدن
participate	شرکت کردن، شریک شدن در
particularize	بتفصیل شرح دادن، جداگانه ذکرکردن
partition	تفکیک کردن، جدا کردن، افراز کردن
partner	شریک کردن
pass	گذشتن، عبورکردن، تصویب کردن، قبول شدن
pass away	درگذشتن، مردن
pass beyond	ازحدود (چیزی) تجاوز کردن، ازحد معین گذشتن
pass by	از پهلوی (کسی) گذشتن، ندیده گرفتن، رعایت نکردن
pass in	تسلیم کردن یارد کردن (مثلا چک به بانک)
pass off	برگذارشدن، ازبین رفتن، گذشتن، کسی راگول زدن
pass on	دست بدست دادن، رد کردن (مثلا نمکدان درسرمیز)
pass out	بیهوش شدن، مردن
pass over	عبورکردن (ازروی رودخانه وغیره)، تمام شدن (وقت)، چشم پوشیدن از
pass through	تجربه کردن، عبورکردن از، رخنه کردن
paste	چسباندن، چسب زدن به
pasture	چراندن، چریدن، چرا کردن در
pat	آهسته دست زدن (به پشت کسی)، نوازش کردن

patch	وصله کردن، پینه کردن، تعمیرکردن، سرهم بندی کردن
patent	حق استفاده (ازاختراعی را) به ثبت رساندن، امتیازدادن به
patrol	گشت زدن، پاسبانی کردن، پاسداری کردن
patronize	حمایت کردن، تشویق کردن، مشتری شدن، لطف داشتن (بکسی)
patter	تند تند حرف زدن، ورد وار خواندن، صداکردن (باران)
pattern	سرمشق قراردادن، بطورنمونه ساختن، همتابودن
pause	مکث کردن، توقف کوتاه کردن، تأمل کردن
pave	فرش کردن (پیاده رو یاخیابان را)باسنگ وغیره ، سنگ فرش کردن
paw	پنجه زدن به ، باپنجه خراشیدن، پابزمین زدن (اسب)
pawn	گرو گذاشتن، وثیقه دادن، رهن گذاشتن
pay	پرداختن، مزد دادن به، جبران کردن، بجا آوردن، پول دادن
peacock	خرامیدن، خود نمائی کردن
peak	تحلیل رفتن، لاغرشدن، بالانگاه داشتن، بلند کردن
peal	بلند صداکردن، غریدن، صدای مهیب درآوردن، طنین انداختن
pearl	بامروارید آراستن، صدف وارکردن، مروارید نماشدن
peck	نوک زدن، بانوک سوراخ کردن، دندان زدن
peculate	اختلاس کردن، دزدیدن (پول)
pedal	پازدن (دوچرخه)، رکاب زدن
peddle	دوره گردی کردن، طوافی کردن
pedicure	تمیز کردن (انگشت پا)، درآوردن میخچه پا
pee	ادرارکردن، شاشیدن، شاش کردن
peek	نگاه کردن (ازسوراخ یادرزیاشکافی)
peel	پوست انداختن، پوست کندن (پرتقال، سیب زمینی یادرخت)
peep	باچشم نیمه بازنگاه کردن، جیک جیک کردن، ازسوراخ نگاه کردن
peer	برابری کردن با، بدقت نگریستن، سردرآوردن
peg	میخ زدن، میخکوب کردن، ثابت نگاه داشتن (بهای ارز)
pen	درآغل کردن ، نامه نوشتن، محصورکردن
penalize	جریمه کردن، تنبیه کردن، تاوان دادن
pencil	بامداد علامت گذاردن، بامداد نوشتن
pendulate	تاب خوردن، مترددبودن (بی تصمیم بودن)
penetrate	رخنه کردن، راه یافتن، نفوذ کردن، سرایت کردن
pension	در پانسیون زندگی کردن، پانسیون شدن، حقوق بازنشستگی دادن به
people	مسکونی کردن (جائی راباانسان یاحیوان)، ساکن شدن
pepper	فلفل پاشیدن، فلفل زدن به، پرکردن، باضربات پی در پی زدن

perambulate	پیمودن، گردش کردن، سفر کردن، بازدید کردن (ازمنطقه ای)
perceive	درک کردن، دریافتن، احساس کردن، ملتفت شدن
perch	نشستن یا قرار گرفتن (پرنده در لانه)، واقع شدن
percolate	از فیلتر رد کردن (قهوه)، صاف شدن
peregrinate	سفر کردن، در کشور بیگانه اقامت کردن
perfect	تکمیل کردن، کامل کردن، بهتر کردن، کسی را در فنی ماهر کردن
perforate	منگنه کردن، سوراخ کردن، سفتن
perform	انجام دادن، اجرا کردن، بجا آوردن، عمل کردن
perfume	عطر زدن، معطر کردن، خوشبو کردن
ferfuse	پاشیدن، ریختن، خیس کردن
peril	بخطر انداختن، در معرض خطر نهادن
perish	هلاک شدن، نابود کردن، مردن، تلف شدن
perk	سر بالا گرفتن، سینه جلو دادن، بالا نگاه داشتن
permeate	نفوذ کردن در، سرایت کردن، نشت کردن
permit	اجازه دادن به، مجاز کردن، گذاشتن، روا دانستن
permute	پس و پیش کردن، قلب کردن، تغییر دادن
perorate	طولانی صحبت کردن، نتیجه گرفتن از سخنرانی
perpetrate	مرتکب (جرم یا جنایتی) شدن، گناه کردن
perpetuate	جاودانی ساختن، همیشگی کردن، دائمی کردن
perplex	سردرگم کردن، گیج کردن، بهت زده کردن
persecute	آزار کردن، زجر دادن، عاجز کردن
persevere	استقامت کردن (داشتن)، پشتکار داشتن
persist	پافشاری کردن، اصرار کردن، ایستادگی کردن
personate	نقش کسی را در نمایش بازی کردن، تقلید کردن از
personify	شخصیت دادن به، مجسم کردن، نقش کسی را بازی کردن
perspire	عرق کردن، عرق ریختن، دفع کردن
persuade	ترغیب کردن، بر آن داشتن، وادار کردن
pertain	وابسته بودن، مربوط بودن، ربط داشتن
perturb	آشفته کردن، پریشان کردن، مضطرب کردن، مختل کردن
peruse	بادقت خواندن، مطالعه دقیق کردن
pervade	سرایت کردن در، پخش کردن
pervert	منحرف کردن، گمراه کردن، از راه بدر کردن
pester	اذیت کردن، آزار دادن، بستوه آوردن، آزردن
petition	عرضحال دادن، داد خواهی کردن، درخواست کردن

petrify	تبدیل به سنگ کردن، متحجرکردن (شدن)
philander	زن بازی کردن، لاس زدن، عشقبازی کردن
philanthropize	خیرخواهی برای نوع بشرکردن
phonate	صدادرآوردن، بصدادرآمدن
phone	تلفن کردن، تلفن زدن
photograph	عکس برداشتن از، عکس انداختن
phrase	بعبارت درآوردن، کلمه بندی کردن
pick	چیدن، کندن، برچیدن، برداشتن، نوک زدن، انتخاب کردن
picket	باپرچین محاصره کردن، جلوی کارگران غیراعتصابی راگرفتن
picture	مجسم کردن، باعکس نشان دادن، تصورکردن
piddle	جیش کردن (بزبان بچه)
piece	وصله کردن، سرهم دادن، یک تیکه کردن
pierce	سوراخ کردن، رخنه کردن در، راه یافتن، درک کردن
piffle	حرف بیهوده زدن، کاربیهوده کردن
pile	روی هم انباشتن، توده کردن، کومه کردن
pillage	غارت کردن، تاراج کردن، بغارت بردن
pilot	خلبانی کردن، راهنمائی کردن
pin	سنجاق زدن، وصل کردن، ملزم کردن
pinch	نیشگون گرفتن، قاپیدن، کش رفتن
pine	لاغرشدن (ازغم وغصه)، آرزو داشتن، اشتیاق داشتن
pink	سوراخ کردن، تزیین کردن، چشمک زدن
pioneer	پیشقدم شدن، آماده کردن، صاف کردن (جاده)
pipe	نی زدن، لوله کشی کردن، سوت زدن
pique	خشمگین کردن، آزردن، تحریک کردن (حس حسادت)
pirate	غارت کردن، دزدیدن، کتاب کسی رابی اجازه چاپ کردن
piss	شاش کردن، ادرار کردن
pit	درگودال انداختن، بجنگ انداختن (دوخروس)، گود افتادن
pitch	بر پاکردن (چادر)، سنگ فرش کردن، پرتاب کردن (توپ)
pity	رحم کردن، دلسوزی کردن، تأسف خوردن (برای کسی)
placard	آگهی چسباندن (روی دیواروغیره)، شعارحمل کردن
placate	تسکین دادن، آرام کردن، فرونشاندن (خشم)
place	گذاشتن، گماشتن، بجاآوردن (کسی را)، منصوب کردن، نهادن
plague	آزاررساندن، عذاب دادن، اذیت کردن، ناراحت کردن
plan	نقشه کشیدن، طرح ریختن، طرح ریزی کردن، درصدد بودن

plane	رنده کردن، با(رنده) صاف کردن
planish	صیقلی کردن، صاف کردن (فلز با چکش)، پرداخت کردن
plank	با تخته فرش کردن، با چوب فرش کردن، نقد پرداختن (درامریکا)
plant	کاشتن، کشت کردن، کارگذاشتن، غرس کردن، بر پا کردن
plash	ترشح کردن، باب زدن، باشاخه های درخت حصار درست کردن
plaster	سفید کردن (دیوار با گچ)، باند چسباندن (روی زخم)
plate	روکش فلزی کردن، آب دادن (فلز)، کلیشه کردن (در چاپ)
platform	در سکو یا جای بلند قرار دادن، سخنرانی کردن (روی سکو)
play	بازی کردن، نواختن (آلت موسیقی)، رل بازی کردن
plead	عرضحال دادن، دادخواهی کردن، محاجه کردن، دفاع کردن
please	خوشحال کردن، خوشنود کردن، راضی کردن، خوش آمدن
pleat	چین دادن (دامن زن)، پلیسه کردن
pledge	گروگذاشتن، رهن گذاشتن، بسلامتی (کسی) نوشیدن، تعهد کردن
plod	بسختی راه رفتن، بازحمت قدم برداشتن، بزحمت طی کردن
plot	نقشه کشیدن، توطئه کردن، نقشه (خیانت) چیدن
plough	شخم زدن، شیار کردن، چین انداختن (به ابرو)
pluck	پر کندن، موکندن، چیدن (گل)، کشیدن (سیم ویلن)
plug	توپی گذاشتن (در سوراخ)، دوشاخه در پریز گذاردن
plume	باپر آراستن، آرایش دادن
plump	چاق کردن، فربه کردن (شدن)، تلپی افتادن
plunder	غارت کردن، چپاول کردن، تاراج کردن
plunge	فروکردن، غوطه ور شدن، فرو بردن، در زمین فرو کردن
ply	جدی بکار بردن، بستوه آوردن، کسی را سئوال پیچ کردن
poach	آب پز کردن (تخم مرغ)، فرو بردن، تجاوز کردن به، تعدی کردن
pocket	درجیب گذاردن، بجیب زدن، زیرسیبیلی رد کردن، پنهان کردن
poetize	شعر گفتن (ساختن)، بشعر درآوردن
point	تیز کردن، نوک دار کردن، تذکر دادن، نشانه گرفتن
poise	بحالت موازنه درآوردن، بیحرکت ساختن، بیحرکت ماندن
poison	مسموم کردن، زهرآلود کردن، مشوب کردن (فکر)
poke	سیخ زدن، هل دادن، سقلمه زدن، کنجکاوی کردن
police	کنترل کردن، نظارت کردن، نظم وآرامش را (باپلیس) حفظ کردن
polish	جلا دادن، صیقلی کردن، واکس زدن، پرداخت کردن
politicize	سیاستمداری کردن، جنبه سیاسی دادن به
poll	سرشاخه زدن، رأی گرفتن، رأی دادن، رأی انداختن

pollute	آلوده کردن (هوا)، ملوث کردن، ناپاک کردن
ponder	تفکرکردن، سنجیدن، اندیشیدن
poodle	موهای (سگ را) چیدن وتراشیدن
pop	صداکردن (چوب پنبه)، درکردن (گلوله)، باصداترکیدن
popularize	مورد پسند عامه کردن، مشهورکردن، عوام فهم کردن
populate	آباد کردن، دارای جمعیت کردن، مسکون کردن
pore	تفکرکردن، درفکرفرو رفتن، بمطالعه دقیق پرداختن
portend	از پیش خبردادن، پیشگوئی کردن، اخطارکردن
portion	تقسیم کردن، سهیم کردن، سهم دادن از
portray	تصو یرکشیدن، خوب توصیف کردن، مجسم کردن
pose	مطرح کردن، اقامه کردن، وانمود کردن، قیافه گرفتن، عاجز کردن
position	قراردادن، قرارگرفتن، جادادن، جائی راتعیین کردن
possess	مالک بودن، دارابودن، درتصرف داشتن
post	پست کردن (نامه)، آ گهی کردن، بدفترکل وارد کردن (حسابداری)
postpone	عقب انداختن، بتأخیرانداختن، بتعویق انداختن
postulate	لازم دانستن، قیاس منطقی کردن، مسلم فرض کردن
posture	درحالت و یژه ای قراردادن (گرفتن)
pot	درگلدان کاشتن، دردیگ پختن
potentiate	نیرومند ساختن، مقتدرکردن، امکان پذیرساختن
pother	مضطرب کردن (شدن)، نگران کردن (شدن)، برآشفتن
potter	مداخله کردن، بیهوده وقت تلف کردن، پرسه زدن
pouch	درجیب گذاردن، بلعیدن، مانند جیب یا کیسه آو یزان شدن
pounce	ناگهان حمله کردن وگرفتن (پرنده ای را)، گردپاشیدن
pound	کو بیدن، سائیدن، خرد کردن، مشت زدن، ضربه زدن
pour	ریختن، پاشیدن، خالی شدن، هجوم کردن
powder	پودرزدن، گردپاشیدن، پودرشدن، خاک شدن
practise	تمرین کردن، مشق کردن، عمل کردن، اجراکردن
pragmatize	واقعی نشان دادن، بااستدلال عقلی تفسیرکردن
praise	ستایش کردن، تحسین کردن، تمجید کردن، تعریف کردن
prance	جفتک انداختن (اسب)، متکبرانه راه رفتن
prank	آرایش دادن (بصورت زرین)، خودنمائی کردن
prate	پچ پچ کردن، یاوه گوئی کردن، وراجی کردن
prattle	بچگانه حرف زدن، ور زدن
pray	دعاکردن، نمازخواندن، استدعاکردن، خواستارشدن

preach	وعظ کردن، موعظه کردن، سخنرانی مذهبی کردن
precede	جلوتر (ازدیگران) رفتن، مقدم بودن (داشتن)، پیش آمدن
precipitate	پرتاب کردن، شتاباندن، تسریع کردن، زودتر فراهم کردن
preclude	رفع کردن، دفع کردن، احترازکردن از، مانع جلوی راه انداختن
preconceive	قبلاً تصور کردن، قبلا عقیده پیدا کردن
preconize	رسماً اعلام کردن، بعموم معرفی کردن
predate	پیش از تاریخ حقیقی تاریخ گذاشتن (سند یا واقعه)
predestinate	مقدر کردن، سرنوشت و قسمت کسی را قبلا تعیین کردن
predetermine	از پیش معین کردن، قبلا مقدرکردن، قبلا تصمیم گرفتن
predicate	استناد کردن، اطلاق کردن، نسبت دادن، خبر دادن
predict	پیشگوئی کردن، پیشبینی کردن
predispose	قبلا آماده کردن، مستعد کردن
predominate	مسلط بودن بر، غلبه کردن به، تفوق جستن، استیلا یافتن
preempt	باحق شفعه خریدن، برای خود تأمین کردن (درآمریکا)
pre-engage	تعهد قبلی کردن، از پیش تعهد کردن
prefabricate	قطعات ساختمان را قبلاً ساختن (قبل ازکارگذاردن)
preface	مقدمه (برای کتابی) نوشتن، پیشگفتار نوشتن
prefer	ترجیح دادن، برتری دادن، بهتر دانستن، برگزیدن
prefigure	از پیش نشان دادن، قبلاً مجسم کردن (نمایاندن)
prefix	مطلبی (اول کتاب) نوشتن، پیشوند گذاردن (درجلوی کلمه ای)
prejudge	پیش داوری کردن، تصدیق بلا تصورکردن، بدون رسیدگی قضاوت کردن
prejudice	لطمه زدن به (حق کسی)، تحت نفوذ درآوردن
prelect	سخنرانی کردن (معلم درکلاس یا استاد در دانشگاه)
prelude	از پیش حاکی بودن، از پیش خبر دادن، مقدمه برای (چیزی) بودن
premeditate	از پیش فکر چیزی را کردن، قبلاً درمورد چیزی فکر کردن
preoccupy	از پیش اشغال کردن، گرفتار شدن، مجذوب یا جلب کردن (فکر)
prepare	آماده کردن، حاضرکردن (شدن)، تدارک دیدن
prepay	قبلاً پرداختن (مثلاً پول تمبر پست یک نامه)
preponderate	سنگین تر بودن، فضیلت داشتن، برتری داشتن
prepossess	تحت نفوذ درآوردن، تحت تأثیر عقیده ای قراردادن
presage	نشانه (چیزی) بودن، حاکی بودن از، گواهی دادن بر
prescind	جدا کردن، مجزا کردن، کنار گذاشتن
prescribe	دستور دادن، مقرر داشتن، نسخه نوشتن، تجویز کردن
present	معرفی کردن، اهداء کردن، ارائه دادن، پیشکش کردن

preserve	حفظ کردن، نگهداری کردن، مربا کردن، نگهداشتن
preside	ریاست جلسه رابعهده گرفتن، سر پرستی کردن، ریاست کردن
press	فشاردادن، فشردن، اصرارکردن، مجبورکردن، ناگزیرکردن
presume	فرض کردن، استنباط کردن، مسلم گرفتن، احتمال کلی دادن
presuppose	در برداشتن، متضمن بودن، مستلزم بودن، از پیش فرض کردن
pretend	تظاهرکردن، وانمود کردن، بهانه کردن، دعوی کردن
pretermit	حذف کردن، ازگفتن (چیزی)خود داری کردن، اعتنانکردن
pretext	بهانه قراردادن، عذرقرار دادن
prettify	آراستن، قشنگ کردن، قشنگ نما کردن
prevail	غالب آمدن، مستولی شدن، متداول بودن، شایع شدن
prevaricate	دو پهلو حرف زدن، زبان بازی کردن
prevent	ممانعت کردن، جلوگیری کردن، مانع شدن، بازداشتن
preview	قبلا دیدن (فیلم سینماراقبل ازاینکه برای عموم نشان داده شود)
previse	پیش بینی کردن، قبلا اطلاع دادن
prey	غارت کردن، شکارکردن (حیوان)
price	قیمت گذاشتن، نرخ تعیین کردن، برآورد کردن
prick	کمی سوراخ کردن، آزاردادن به، سوزن سوزنی شدن
prim	قیافه گرفتن، خودرا گرفتن، قیافه جدی بخود دادن
prime	باروت ریختن (درتفنگ)، مجهزکردن، رنگ اول رازدن
prink	خودآراستن، خود راشیک کردن، راست کردن (پرپرندگان)
print	چاپ کردن، طبع کردن، منتشرکردن، چاپ کردن (عکس)
privilege	امتیاز دادن به، اعطاکردن، بخشیدن، معاف کردن
prize	ارزش بسیارقائل شدن، مغتنم شمردن، به غنیمت بردن (کشتی)
probe	نیشترزدن، میل زدن، بررسی دقیق کردن، آزمایش کردن
proceed	پیش رفتن، رهسپارشدن، مبادرت کردن، ادامه دادن، حرکت کردن
proclaim	اعلام کردن، علناً اظهارداشتن، بطوررسمی اطلاع دادن
procrastinate	مسامحه کردن، امروز وفردا کردن، بتعویق انداختن
procure	بدست آوردن، تحصیل کردن
prod	سیخ زدن، برانگیختن، تهیج کردن، تحریک کردن
prodigalize	ولخرجی کردن، پول تلف کردن، اسراف کردن در
produce	تهیه کردن، تولید کردن، درست کردن، فراهم کردن، ارائه دادن
profane	بی احترامی کردن به، بیحرمتی کردن (به چیزهای مقدس)، نقض کردن
profess	ادعا کردن، آشکاراعلام کردن، پیشه خود قراردادن
profit	سود بردن، فایده بردن، استفاده کردن، منفعت کردن

profiteer	سود گزاف وغیرعادی بردن (درمورد پیمانکارارن و بازرگانان)
prognosticate	پیشگوئی کردن (وقایع)، پیش بینی کردن، از پیش خبردادن
programme	برنامه درست کردن، برنامه ترتیب دادن
progress	پیشرفت کردن، ترقی کردن، جلورفتن
prohibit	منع کردن، جلوگیری کردن، قدغن کردن، بازداشتن
project	طرح ریختن، پرتاب کردن، انداختن، تصویرکردن، افکندن
proliferate	نموکردن، زیاد شدن، زود زادوولد کردن، پربارشدن
prolong	طولانی کردن، کش دادن، درازترکردن، تمدید کردن
promenade	گردش کردن، گردش دادن، تفریح کردن، تفرج کردن
promise	قول دادن، وعده دادن، وعده کردن، خبردادن
promote	بالابردن، رتبه بالا تردادن، ترقی دادن، ترفیع دادن، ترویج کردن
prompt	وادارکردن، برآن داشتن، برانگیختن
promulgate	اعلام کردن، انتشاردادن، منتشرکردن، ترویج کردن
pronounce	تلفظ کردن، اداکردن، صادرکردن، قلمداد کردن، اعلام کردن
prop	نگهداشتن، شمع زدن، حائل کردن، پشتیبانی کردن
propagate	تکثیرکردن (بوسیله تولید مثل)، انتقال دادن (به نسل بعد)
propel	بجلوراندن، جلوبردن، حرکت دادن
prophesy	پیشگوئی کردن، از پیش خبردادن
propitiate	خشم رافرونشاندن، تسکین دادن، آرام کردن
proportion	متناسب کردن، مطابق کردن، متقارن کردن
propose	پیشنهاد کردن، پیشنهاد ازدواج کردن، طرح ریختن
propound	پیشنهاد کردن، ارائه دادن، مطرح کردن
prorogue	طولانی کردن، بتعویق انداختن، تعطیل کردن
proscribe	تبعید کردن، دورکردن، منسوخ کردن، بد دانستن
prosecute	تعقیب قانونی کردن، پی گیری کردن، دنبال کردن
prospect	معدن کشف کردن، پی گیری کردن، جستجوکردن
prosper	کامیاب شدن، موفق شدن، کامیاب کردن، خوشبخت شدن
prostrate	روی زمین خواباندن، دمرخواباندن، فرمانبردارکردن
protect	حمایت کردن، نگهداری کردن، حفظ کردن، محافظت کردن
protest	اعتراض کردن، واخواست کردن (برات)
protract	طولانی کردن، تمدید کردن (مثلا مدت اقامت)، کش دادن
protrude	بیرون انداختن، جلوبردن، بیرون آمدن
prove	ثابت کردن، سنجیدن، محقق کردن، نمونه گرفتن از
provide	آماده کردن، تهیه دیدن، تدارک کردن، فراهم کردن

provoke	برانگیختن، تحریک کردن، رنجاندن، خشمگین کردن
prowl	دنبال شکار رفتن، پرسه زدن، گشت زدن در
prune	سرشاخه زدن، هرس کردن، آراستن، زواید (کتاب) را حذف کردن
pry	بادقت نگاه کردن، کاوش کردن، فضولانه (درباره کسی) پرسش کردن
publish	چاپ کردن، منتشر کردن، اعلام کردن، طبع و نشر کردن
pucker	چین خوردن، چوروک شدن، درهم کشیدن، چوروک کردن
puddle	گل آلود کردن، کثافتکاری کردن، در گل غلطیدن
puff	فوت کردن، پف کردن، دمیدن، با آگهی اغراق آمیز (از چیزی) ستودن
puke	قی کردن، استفراغ کردن، بالا آوردن، برگرداندن
pull	کشیدن، کندن، چیدن، زدن (پارو)، جمع و جور کردن (خود را)
pull about	اینطرف و آنطرف کشیدن، خشن رفتار کردن
pull down	خراب کردن (ساختمان)، ارزان شدن، سرنگون کردن (حکومتی باز ور)
pull in	وارد ایستگاه شدن (ترن)، دهنه به اسب گذاردن
pull off	بردن (درمسابقه ورزش)، موفق شدن
pull out	ترن (از ایستگاه) خارج شدن، خارج شدن (از مسابقه یا چیز دیگر)
pull through	کسی را (از بیماری، خطر، وضع وخیم وغیره) رهائی دادن
pull together	باهم کاری کردن، حواس (خود را) جمع کردن
pull up	متوقف کردن (اتومبیل)، خراب کردن، محکم کشیدن (دهنه اسب)
pulpiteer	وعظ کردن، بالای منبر رفتن
pulsate	به تپش در آوردن، تکاندن، تپیدن (قلب)، تکان دادن
pulverize	نرم کردن (شدن)، پودر کردن، خرد کردن، خراب کردن
pummel	با مشت کوبیدن، مشت زدن
pump	با تلمبه در آوردن، تلمبه زدن، از (کسی مطلبی) در آوردن
punch	بامشت زدن، سوراخ کردن، منگنه کردن
punctuate	نقطه گذاری کردن (درجمله)، حرف کسی را قطع کردن
puncture	پنچر کردن (شدن)، سوراخ کردن (لاستیک دوچرخه وغیره)
punish	تنبیه کردن، مجازات کردن، کیفر دادن، ضربت سخت وارد آوردن
purchase	خریدن، خریداری کردن، بدست آوردن (پیروزی بازحمت زیاد)
purge	پاک کردن، تطهیر کردن، خالی کردن، تبرئه کردن، روسفید کردن
purify	تصفیه کردن، پاک کردن، از عناصر خارجی پاک کردن، پالودن
purport	مفهوم شدن، معنی دادن، بنظر آمدن، فهماندن
purpose	درنظر داشتن، قصد داشتن، تصمیم داشتن، عزم داشتن
pursue	تعقیب کردن، دنبال کردن، از پی (کسی یا چیزی) رفتن
purvey	خواروبار تهیه کردن (بعنوان شغل)

push	هل دادن، زور زدن، جلو بردن، تعقیب کردن، فشار آوردن
put	گذاردن، مطرح کردن، افکندن، ترجمه کردن، واگذار کردن
put about	جهت کشتی را تغییر دادن، زحمت دادن
put across	موفق به انجام کاری شدن
put away	کنار گذاشتن (پول برای آتیه)، مصرف کردن (خوراک)، زندانی کردن
put back	عقب انداختن، عقب بردن (عقربه ساعت)، بحالت اول برگرداندن
put by	کنار گذاشتن، رد کردن، از سر خود وا کردن، اندوختن (پول)
put down	نوشتن، پایمال کردن، کنار گذاشتن، ساکت کردن، متوقف ساختن
put forth	بکار بردن، در جریان گذاشتن، غنچه کردن، نمایش دادن
put forward	جلو انداختن، ترقی دادن، اظهار کردن، مطرح کردن
put in	منصوب کردن، ارائه دادن، نقل قول کردن، درج کردن
put off	به تعویق انداختن، از سر خود رفع کردن، باز داشتن، کندن (لباس)
put on	پوشیدن، بکار انداختن، تحمیل کردن، افزودن (قیمتها)، بخود بستن
put out	خاموش کردن، از جای خود بیرون آمدن، خشمگین کردن، پول قرض دادن
put through	کاری را انجام دادن، در مذاکره تلفنی کسی را بکسی دیگر وصل کردن
put together	بهم پیوستن، باهم مشورت کردن
put up	بمعرض نمایش گذاردن، بالا بردن (قیمتها)، بر پا کردن (چادر)
putrefy	گندیدن، متعفن شدن، پوسیدن، فاسد شدن (کردن)
puzzle	گیج کردن، آشفته کردن، متحیر کردن (شدن)

Q

quack	صدای اردک درآوردن، احمقانه صحبت کردن
quadruple	چهار برابر کردن (شدن)
quail	شانه خالی کردن، ازمیدان دررفتن
quake	لرزیدن، تکان خوردن
qualify	توصیف کردن، شایسته بودن، معتدل کردن، مناسب بودن
quarantine	درقرنطینه نگاهداشتن
quarrel	دعوی کردن، نزاع کردن، جنگیدن، عیب جوئی کردن
quarry	سنگ معدن استخراج کردن، باتلاش اطلاعات بدست آوردن
quarter	چهارتیکه کردن، جادادن (سربازان) درجائی
quash	باطل کردن، لغوکردن
quaver	تحریردرآوازدادن، لرزاندن (صدادرآواز)
quell	فرونشاندن، دفع کردن، سرکوب کردن (درزبان شعر)
quench	خاموش کردن، رفع تشنگی کردن
query	پرسیدن، جویاشدن، دقیق بودن (چیزی را) سئوال کردن
quest	پی چیزی گشتن (سگهابدنبال شکار)
question	بازپرسی کردن، جویاشدن از، تحقیق کردن
queue	پشت سرهم ایستادن، ازپشت سرآویزان کردن (مو)
quicken	تند کردن، روح بخشیدن، جان دادن، تند شدن
quiet	آرام کردن، ساکت کردن (شدن)
quit	واگذاردن، ترک کردن، ول کردن، رها کردن
quiver	تکان خوردن (برگ درخت، نورچراغ)، لرزیدن
quote	نقل قول کردن، نقل کردن از (کتاب وغیره)، اقتباس کردن

R

race	مسابقه گذاشتن با، باشتاب گذراندن (قانون ازمجلس)
rack	شکنجه دادن، سخت تکان دادن، عذاب دادن
racket	خوش گذرانی کردن، هیاهوکردن، سروصدا کردن
radiate	پرتوافکندن، تابیدن، درخشیدن، متشعشع ساختن
radio	بارادیومخابره کردن، بارادیوپیام فرستادن
raft	باقایق چوبی حمل کردن یارفت وآمد کردن
rage	خشمگین شدن، ازجادررفتن، غضب کردن، شدت داشتن
raid	حمله کردن، تاخت وتازکردن
rain	باریدن، باران آمدن، روان شدن، جاری شدن
raise	بلند کردن، بالابردن، پروراندن، بعمل آوردن، مطرح کردن
rally	دوباره دورهم جمع کردن، نیروی تازه دادن
ram	کوبیدن (زمین)، فروبردن، سنبه زدن، چپاندن
ramble	گردش کردن، پرت گفتن، پرت نوشتن
ramify	شاخه شاخه شدن، منشعب شدن، شاخه بستن
rampage	دادوبیداد کردن، وحشیگری کردن، خشونت بخرج دادن
range	درصف آوردن، ردیف کردن، صف آرائی کردن، قرارگرفتن
rank	منظم کردن (سربازان)، طبقه بندی کردن، قرارداشتن
rankle	چرک جمع شدن (زیرزخم)، جان گدازبودن
ransack	خوب جستجوکردن، گشتن (جیب لباس وغیره)، غارت کردن
rant	یاوه سرائی کردن، باسروصداموعظه کردن، رجز خوانی کردن
rape	هتک ناموس کردن، بازورزناکردن
rarefy	رقیق ترکردن (غلظت هوا)، لطیف کردن، تهذیب کردن
rasp	سوهان زدن، آزردن، ناراحت کردن (گوش)
rate	نرخ بستن بر، برآورد کردن، قیمت گذاشتن بر، بشمارآوردن
ratify	تصویب کردن، بتصویب رساندن (لایحه دولت درمجلس)
ration	جیره بنی کردن، جیره دادن به
rationalize	بااستدلال عقلی تفسیرکردن، منطقی کردن
rattle	تغ تغ کردن، جغ جغ کردن
ravage	غارت کردن، تاخت وتازکردن، ویران کردن
rave	هذیان گفتن، غریدن (صدای باد)، ازجادررفتن

ravel	گرفتارکردن، گیرانداختن، ازهم جداکردن (الیاف)
raven	غارت کردن، حرص زدن، در پی غارت یاشکار رفتن
ravish	شیفتن، مجذوب کردن، به عفت وناموس تجاوز کردن
ray	تابیدن، پرتوافکندن، تشعشع داشتن
reach	رسیدن به، درازکردن، شامل شدن، تقلا کردن، متأثرساختن
react	واکنش نشان دادن، عکس العمل نشان دادن، تحت تأثیر قرارگرفتن
reactivate	دوباره فعال کردن
read	خواندن، تحصیل کردن، تعبیر کردن، شور کردن در
realize	تصدیق کردن، دریافتن، درک کردن، صورت واقعی نشان دادن
reap	دروکردن (گندم وغیره)، برداشتن (محصول)
rear	بلند کردن، بالاآوردن، بر پاکردن، راست کردن (شدن)
reason	استدلال کردن، عقل بکار بردن، دلیل و برهان آوردن
rebel	شورش کردن، طغیان کردن، شوریدن
rebound	بجای خود برگشتن، حالت ارتجاعی داشتن، منعکس شدن
rebuff	رد کردن، نپذیرفتن، پس زدن
rebuke	سرزنش کردن، ملامت کردن، نکوهش کردن، رسماً توبیخ کردن
rebut	برگرداندن، رد کردن، تکذیب کردن، جلوگیری کردن از
recall	بخاطرآوردن، یادآوری کردن، فراخواندن، لغوکردن، پس گرفتن
recant	پس گرفتن (اظهارنظریاحرفی)، دست ازعقیده خود کشیدن
recapitulate	رئوس مطالبی راتکرارکردن، صفاتی درچند نسل تکرارشدن
recede	کنارکشیدن، خودداری کردن، پس رفتن، عقب کشیدن
receive	دریافت کردن، پذیرفتن، فراگرفتن، تحمل کردن، درک کردن
reciprocate	تلافی کردن، ازدوسوحرکت کردن (درمکانیک)
recite	از برخواندن، ازحفظ خواندن، برشمردن، ذکرکردن
reckon	شمردن، بحساب آوردن، محسوب داشتن، حساب کردن
reclaim	اصلاح کردن، احیاء کردن، اهلی کردن، رهاکردن
recline	خم کردن (شدن)، تکیه کردن، سرازیرکردن
recognize	شناختن، بجاآوردن، برسمیت شناختن، منظورداشتن
recoil	بجای خود برگشتن، پس زدن، پس نشستن، منعکس شدن
recollect	بخاطرآوردن، یادآوردن، یاد آمدن
recommend	سفارش کردن، توصیه کردن، معرفی کردن، شایسته دانستن
recompense	پاداش دادن، عوض دادن، جبران کردن
reconcile	آشتی دادن، صلح دادن، وفق دادن، التیام دادن
recondition	دوباره درست کردن، سروصورت دادن، نوکاری کردن

record	یادداشت کردن، ثبت کردن، ضبط کردن (صدا)، نگاشتن
recount	دوباره شمردن، برشمردن، نقل کردن، یکایک گفتن
recoup	کسرکردن، جبران کردن، تاوان دادن
recover	بهبودی یافتن، پس گرفتن، جبران کردن، دوباره بدست آوردن
recreate	تفریح کردن، سرگرم کردن (خودراباچیزی)، دوباره بوجود آوردن
recriminate	اتهام متقابل وارد آوردن
recrudesce	عودت پیداکردن (بیماری وغیره)
recruit	استخدام کردن، بهبودی بدست آوردن، نیروی تازه گرفتن
rectify	اصلاح کردن، درست کردن، رفع کردن (اشتباه)
recuperate	بهبودی بدست آوردن، بهبودی یافتن
recur	بازگشتن (به موضوعی)، دوباره بفکررسیدن، پیش آمدن (مسئله ای)
recurve	برگرداندن، برگشتن (خم شدن)
redeem	بازخرید کردن، وفاکردن (بقول)، نجات دادن
redouble	دوچندان کردن (شدن)، زیاد ترکردن (شدن)
redound	منجرشدن، به نتیجه رسیدن
redress	دوباره اصلاح کردن، چاره کردن
reduce	کسرکردن، کم کردن، بحالت اول برگرداندن، پائین آوردن
re-edify	دوباره ساختن (خانه وغیره)
reek	دود بلند شدن (ازآتش سوزی درخانه)، بوی بد دادن
reel	گیج خوردن (سر)، تلوتلو خوردن
refer	مراجعه کردن، عطف کردن، اشاره کردن، ارجاع کردن
refine	تصفیه کردن (نفت)، پاک کردن، آراستن (رفتار)
reflect	منعکس کردن (شدن)، باعث شدن، اندیشه کردن
reform	اصلاح کردن (اراضی وغیره) ، تهذیب اخلاق کردن
refrain	خودداری کردن، منع کردن (شدن)
refresh	تازه کردن (شدن)، نیروی تازه دادن (گرفتن)
refrigerate	خنک کردن، سردکردن
refund	بازپرداخت (پول)، برگرداندن، پس دادن
refuse	ردکردن، نپذیرفتن، قبول نکردن، امتناع کردن
refute	تکذیب کردن، ردکردن
regain	دوباره بدست آوردن (سلامتی)، دوباره (بجائی)رسیدن
regale	لذت دادن، لذت بردن، محظوظ شدن
regard	ملاحظه کردن، توجه کردن، رعایت کردن، دانستن
regenerate	نیروی تازه دادن (گرفتن)، دوباره بوجود آوردن

register	ثبت کردن، سفارشی کردن (نامه)، ضبط کردن (صدا)
regorge	قی کردن، بالاآوردن
regress	بقهقرارفتن، بعقب برگشتن (درستاره شناسی)
regret	تأسف خوردن، متأسف شدن، افسوس خوردن، پشیمان شدن
regulate	میزان کردن، درست کردن، تعدیل کردن
rehearse	تمرین کردن (قبل ازاجرای نمایش)، مشق کردن
reign	سلطنت کردن، حکم فرمابودن
reimburse	پرداختن (پول بکسیکه خرجی کرده)، هزینه کسی راپرداختن
reinforce	تقویت کردن، نیروی تازه فرستادن
reinstate	دوباره برقرارکردن، ازنو (بکسی)سلامتی دادن
reiterate	چندین بارتکرارکردن
reject	ردکردن، نپذیرفتن، قی کردن
rejoice	شادی کردن، ذوق کردن، باعث شادی (کسی) شدن
rejoin	پاسخ به اتهامات (درداد گاه) دادن، دوباره ملحق شدن
rejuvenate	دوباره جوان کردن (شدن)
rejuvenesce	زندگی تازه یافتن (دادن)
relapse	بحالت اول برگشتن (درمورد بیماریامتهم)
relate	نقل کردن، مربوط کردن، ربط داشتن، راجع (بچیزی) بودن
relax	سست کردن، لینت دادن، راحت کردن، شل دادن
relay	تقویت کردن (پخش امواج رادیوازجائی بجای دیگر)
release	آزاد کردن، رهاکردن، خارج کردن (ازگمرک)، مرخص کردن
relegate	تبعید کردن، بجای بدفرستادن، ارجاع کردن، محول کردن
relent	رحم بدل آوردن، نرم شدن
relieve	آسوده کردن، راحت کردن، تسکین دادن، رهاکردن
relinquish	رهاکردن (عادت ، امید، مالکیت وغیره) چشم پوشیدن از
relish	خوش مزه کردن، مزه دادن، ازچیزی لذت بردن
rely	اعتماد کردن، اطمینان داشتن، تکیه کردن به
remain	ماندن، اقامت کردن، باقی ماندن
remand	برگرداندن، پس فرستادن (زندانی به بازداشتگاه تارسیدگی بعدی)
remark	توجه کردن، ملاحظه کردن، اظهارنظرکردن
remedy	درمان کردن، چاره کردن، اصلاح کردن
remember	یادآمدن، یادداشتن، بخاطرداشتن، سلام رساندن
remind	یادآوری کردن، بیادآوردن، متذکرشدن
remise	واگذارکردن، انتقال دادن (درحقوق)

remit	بخشیدن (گناه)، معاف کردن، ارجاع کردن، حواله کردن (پول وغیره)
remonstrate	تعرض کردن (بکارکسی)، سرزنش کردن
remount	دوباره سوارشدن (اسب)، دوباره بالارفتن (ازکوه وتپه)
remove	برطرف کردن، رفع کردن، ازجابرداشتن، برکنارکردن، جابجاشدن
remunerate	پاداش دادن، جبران کردن، تلافی کردن
rend	پاره کردن، چاک دادن، جداکردن، کندن
render	انجام دادن، پس دادن، اطاعت کردن، ذوب کردن، نمایش دادن
renew	تجدید کردن، نوکردن، احیاکردن، تازه شدن
renounce	صرفنظرکردن، ترک کردن، دیگرقبول نداشتن، چشم پوشیدن
renovate	مرمت کردن، تعمیرکردن، نوکردن
rent	کرایه کردن، اجاره کردن (دادن)،کرایه (برمستأجر) تحمیل کردن
repair	تعمیرکردن، درست کردن، جبران کردن
repatriate	برگرداندن (به میهن خود)، بازگشتن (به میهن خود)
repay	پس دادن، باز پرداخت کردن، تلافی کردن، پاداش دادن
repeal	لغو کردن (قانون یا مقررات)، ملغی کردن
repeat	تکرارکردن، دوباره گفتن، دوباره ظاهرشدن، ازسرگرفتن
repel	نپذیرفتن، دفع کردن، جلوگیری کردن از
repent	پشیمان شدن، توبه کردن، افسوس خوردن
repine	ناراضی بودن (ازچیزی)، مکدر بودن
replace	جای (کسی یاچیزی را) گرفتن، عوض کردن
replenish	دوباره پرکردن، ذخیره تازه دادن به
report	گزارش کردن (دادن)، خبردادن، انتشاردادن
repose	استراحت کردن، آرام گرفتن، درازکشیدن، خوابیدن
reprehend	عیب جوئی کردن، سرزنش کردن، عیب گرفتن
represent	نشان دادن، نماینده (کسی) بودن، نمایش دادن، بیان کردن
repress	سرکوب کردن، جلوگیری کردن از، فرونشاندن، خواباندن
reprieve	حکم اعدام کسی رابتعویق انداختن، آسوده کردن
reproach	سرزنش کردن (برای خطاوتقصیر)، نگاه اعتراض آمیز کردن
reprobate	مذمت کردن، مردود دانستن، ازرستگاری محروم کردن
reproduce	دوباره عمل آوردن، تکثیرکردن، دوباره چاپ کردن
repudiate	ردکردن، تکذیب کردن، منکرشدن، نپذیرفتن
repluse	دفع کردن (حمله دشمن)، ردکردن (تقاضا)
require	لازم داشتن، ایجاب کردن، مقررداشتن، خواستن
requisition	تقاضاکردن (وسائل ولوازم برای مقاصد جنگی) ازشهری وغیره

requite	تلافی کردن، جبران کردن، پاداش دادن
rescind	لغوکردن، باطل کردن، فسخ کردن
rescue	نجات دادن، بزور(کسی را)اززندان آزاد کردن، ملکی را آزاد کردن
research	تحقیق کردن، پژوهش کردن، جستجو کردن
resemble	شباهت داشتن، شبیه بودن
resent	رنجیدن از(بی احترامی وغیره)، متغیرشدن از، خشمگین شدن از
reserve	ذخیره کردن، اندوختن، نگهداشتن (جا)، برای خود محفوظ داشتن (حق)
reside	اقامت کردن، ساکن بودن، مقیم بودن
resign	استعفادادن، کناره گیری کردن، واگذارکردن، مستعفی شدن
resist	ایستادگی کردن، مقاومت کردن، مخالفت کردن
resolve	تجزیه کردن، مجزاکردن، تصمیم گرفتن، توضیح دادن
resorb	دوباره جذب کردن
resort	متشبث شدن، تشبث کردن، متوسل شدن
resound	منعکس شدن (صدا)، پیچیدن (شهرت، حادثه) باصدای بلند تکرارکردن
respect	احترام گذاردن، محترم شمردن، رعایت کردن
respire	تنفس کردن، نفس کشیدن، دم زدن، امید تازه پیداکردن
respound	پاسخ دادن، جواب دادن، مطابق بودن
rest	استراحت کردن، آرام گرفتن، متکی بودن به، راحت کردن
reestore	برگرداندن، پس دادن، دوباره برقرارکردن، به جایاوضع اولیه برگرداندن
restrain	فرونشاندن (خشم)، مانع شدن، جلوی (چیزی را) گرفتن
restrict	محدود کردن، منحصرکردن، درمضیقه گذاردن
result	نتیجه گرفتن، ناشی شدن، منتج شدن
resume	دوباره بدست آوردن، ازسرآغازشدن، خلاصه کردن
resuscitate	زنده کردن، احیاء کردن، بهوش آوردن (آمدن)
retail	خرده فروشی کردن، نقل کردن، بازگوکردن
retain	درجائی نگهداشتن، ازدست ندادن، فراموش نکردن
retaliate	تلافی کردن (فحش وناسزا)، معامله بمثل کردن
retard	کندکردن، بتأخیرانداختن، آهسته کردن
retire	عقب کشیدن (سربازان درجنگ)، بازنشسته کردن (شدن)
retort	برگرداندن، پس دادن، تلافی کردن، ردکردن
retrace	به مبدأ رسیدن، ردپای (کسی را) گرفتن، بیادآوردن
retract	توکشیدن، توبردن، پس گرفتن، ملغی کردن
retreat	عقب نشینی کردن، عقب نشستن، برگرداندن
retrench	کاستن، کم کردن، مختصرکردن، خط دفاعی ایجاد کردن

retrieve	دوباره بدست آوردن (آزادی)، بخاطرآوردن، بهبود دادن
retroact	عطف بماسبق کردن، عمل معکوس کردن، واکنش داشتن
retrogress	پس رفتن، بدترشدن
return	برگشتن، مراجعت کردن، برگرداندن، تلافی کردن، پس دادن
reveal	آشکارکردن، فاش کردن، پرده ازروی چیزی برداشتن
revenge	انتقام (ازکسی) کشیدن، تلافی کردن، انتقام گرفتن
reverberate	طنین انداختن، منعکس کردن (صدا)، ولوله انداختن
reverse	وارونه کردن، عقب زدن (اتومبیل)، باطل کردن، برگرداندن
revert	رجوع کردن (به موضوعی)، برگرداندن (چشم به عقب)
review	مرورکردن، تجدید نظرکردن، انتقاد نوشتن (کتاب وغیره)
revile	فحش دادن، ناسزاگفتن
revise	اصلاح کردن، تجدید نظرکردن، دوباره چاپ کردن
revive	زنده کردن (شدن)، نیروی تازه دادن
revoke	لغو کردن، پس گرفتن، باطل کردن (شدن)
revolt	شورش کردن، شوریدن، یاغی شدن، منقلب کردن (شدن)
revolve	دورزدن (زمین)، گردش کردن، غورکردن، اندیشیدن
reward	پاداش دادن، تلافی کردن، اجردادن، کیفردادن (به جرم)
riddle	معماگفتن، سرند کردن، غربال کردن، رسیدگی کردن
ride	سوار شدن، مسلط شدن، سواره پیمودن، مستولی شدن
rifle	ربودن، لخت کردن، تیراندازی کردن (باتفنگ)
rig	احتکارکردن (افزایش یاکاستن مصنوعی بهای کالادربازار)
ring	زنگ زدن، منعکس کردن (صدا)، بازنگ صداکردن
rinse	آب کشیدن (شستن)، آب را(دردهان گرداندن و بیرون ریختن)
rip	دریدن، شکافتن، پاره پاره کردن، ترکاندن (کوه)
rise	برخاستن، پاشدن، بالاآمدن، ترقی کردن (قیمتها)، بلند شدن
risk	بخطرانداختن، بابیم خطراقدام کردن
roam	پرسه زدن، سیرکردن، گردش کردن (دردریاودشت)
roar	غرش کردن (شیر)، داد زدن، بلند حرف زدن
roast	سرخ کردن، کباب کردن، بریان کردن (شدن)
rob	غارت کردن، بزورگرفتن (دارائی کسی را)، دزدیدن
rock	تکان دادن، جنباندن، جنبیدن، پس و پیش حرکت دادن
roll	غلتاندن، غلتیدن، غل دادن، باغلتک صاف کردن، لوله کردن
rollick	خوشی کردن، جست وخیزکردن (ازخوشی)
root	ریشه دارکردن، کارگذاشتن (چیزی رادرجائی)، ریشه گرفتن

rot	فاسد شدن (کردن)، ضایع کردن، سربسرگذاشتن، پوشیدن
rotate	برمحورخود چرخیدن، حرکت وضعی کردن، چرخاندن
round	گرد کردن (چشم)، دورچیزی رفتن، تکمیل کردن
rouse	ازخواب بیدارکردن، برانگیختن (احساسات)، خشمگین کردن
rove	پرسه زدن، بی مقصد گردش کردن، سرگردان بودن، گشتن
row	پاروزدن، قایق رانی کردن (باپارو)
rub	مالیدن، سائیدن، پاک کردن
rue	پشیمان شدن، افسوس خوردن (ازانجام کاری)
ruffle	برهم زدن، آشفتن، ژولیده کردن، متلاطم شدن (دریا)
ruin	ویران کردن، خراب کردن، برهم زدن، ازراه بدرکردن (دختری را)
rule	حکومت کردن، اداره کردن (دولت)، فرمانفرمائی کردن
rule out	رد کردن، غیرقابل قبول دانستن
rumble	غرش کردن (صدای رعد وبرق)، غاروغور کردن
ruminate	نشخوارکردن، اندیشه کردن، تفکرکردن
rummage	زیروروکردن، خوب گشتن، جستجو کردن
run	دویدن، روان شدن، کارکردن (ساعت)، معتبربودن (قرارداد)
run about	این سووآن سودویدن (مثل بچه ها)، سرگردان بودن
run away	فرارکردن، گریختن، دررفتن
run across (against)	باچیزی تصادف کردن، بچیزی برخوردن
run after	دنبال کردن، تعقیب کردن
run at	حمله کردن بر، هجوم بردن
run in	گرفتارشدن (قرض، مشکلات)، دستگیروبزندان بردن، سرزدن (بکسی)
run into	گرفتارشدن، دچارشدن،برخورد کردن
run on	صحبت درباره مطلبی کردن، دنبال هم انداختن (فصول کتاب را)
run over	سررفتن، مرورکردن، دوره کردن، زیرگرفتن (اتومبیل)
run through	کنجکاوانه وارسی کردن، پول بباددادن (درملک خود)، سوراخ کردن
run to	بالغ شدن بر(پول)، پول کافی برای انجام تعهدی داشتن
run upon	متوجه (چیزی)شدن، برخوردن (بکسی تصادفاً)
run down	ازکارافتادن (ساعت دیواری)، ضعیف شدن (ازشدت کار)
run off	گریختن، دررفتن، فرارکردن، منحرف شدن (ازموضوع)
run out	بپایان رسیدن، ته کشیدن، تمام شدن
run up	بالارفتن (قیمتها)، جمع کردن، بالابردن (دیوار)
rupture	قطع کردن (روابط)، شکستن، گسیختن
rush	حمله کردن، هجوم آوردن، زورآوردن، باشتاب گذاردن، باحمله تصرف کردن

rust	زنگ زدن (تیره شدن فلز)، ازکارافتادن
rusticate	زندگی روستائی کردن
rustle	خش وخش کردن (صدای برگ خشک)

S

sack	اخراج کردن (ازخدمت)، غارت کردن (شهری)، درکیسه ریختن وربودن
sacrifice	قربانی کردن (کشتن گاو وگوسفند)، فدا کردن، وقف کردن
saddle	زین کردن (اسب)، کاری رابعهده کسی محول کردن
safeguard	حفظ کردن (منافع وغیره)
sag	فرونشستن (دراثرسنگینی یافشار)، پائین آمدن، شکم دادن، تنزل کردن
sail	با کشتی سفر کردن، پرواز کردن (پرندگان)
salt	نمک زدن (به گوشت)، نمک پاشیدن (روی یخ که آب شود)
salute	تهنیت گفتن، سلام کردن، سلام نظامی دادن
salve	مرهم گذاردن (روی زخم)، آسوده کردن (وجدان)، حمایت کردن
sample	نمونه گرفتن، نمونه دادن، امتحان کردن (جنس چیزی را)
sanction	تصویب کردن (قانون)، تجویز کردن، تحریم کردن
sand	ماسه یاشن ریختن، باماسه یاشن پوشاندن
sate	سیرکردن، افراط کردن
satirize	هجو کردن، مسخره کردن
satisfy	راضی کردن، خوشنود کردن، سیرکردن، قانع کردن
saturate	اشباع کردن، آغشتن، جذب کردن ، خیس کردن
saunter	ولگردی کردن، ول گشتن
save	نجات دادن، رهائی دادن، پس اندازکردن، صرفه جوئی کردن
saw	اره کردن، اره شدن، اره بکاربردن
say	گفتن، اظهارداشتن، فرمودن
scale	وزن داشتن، ابعاد چیزی راتعیین کردن، پوست کندن (انداختن)
scamp	سرهم بندی کردن، سرسری کاری راانجام دادن
scan	معاینه کردن، بدقت نگاه کردن
scare	ترساندن، فراردادن (پرندگان درکشت زار)
scatter	پخش کردن (تخم، شن ریزه)، پاشیدن، پراکنده کردن
scent	بوکردن، بابوتشخیص دادن، معطرکردن
scheme	طرح ریختن، توطئه چیدن، نقشه طرح کردن (محرمانه)
scissor	قیچی کردن، باقیچی بریدن
scold	سخت سرزنش کردن، اوقات تلخی کردن، سخت ایراد گرفتن
scorch	بطورسطحی سوزاندن (سوختن)

score	خط زدن، سطحی بریدن، بحساب آوردن، نگهداشتن حساب (دربازی)
scorn	تحقیرکردن، خوار شمردن، اهانت کردن، عارداشتن
scout	خبرگرفتن، جاسوسی کردن، پیشاهنگی کردن، اطلاعات کسب کردن
scowl	اخم کردن، ترشروئی کردن، قیافه عبوس گرفتن
scrabble	سرسری چیزی نوشتن، خط خط کردن، تقلا کردن
scrap	قراضه کردن، کنارانداختن (اتومبیل کهنه وغیره)
scrape	تراشیدن، زدودن، خراشیدن، سائیدن
scratch	پنجه انداختن، خراش دادن، خراشیدن، باناخن کندن، پنجول زدن
scream	فریاد زدن، جیغ کشیدن، داد زدن
screw	پیچ دادن، باپیچ وصل کردن، پیچیدن، فشارآوردن
scribble	باعجله نوشتن، بدنوشتن
scrub	باجاروشستن و پاک کردن، سابیدن (کف زمین یاظرف)
scrutinize	موشکافی کردن، بادقت زیادچیزی رارسیدگی کردن
scuffle	دست به یقه شدن، نزاع کردن
seal	مهرکردن، صحه گذاردن، مهرزدن
seam	درز گرفتن، درز دادن
sear	سوزاندن، خشک کردن (برگ وگل)، پژمرده شدن
search	جستجوکردن، دنبال (چیزی) گشتن
season	چاشنی (بغذا)زدن، ادویه زدن
seat	جادادن، نشاندن، قراردادن، بنمایندگی (مجلس) انتخاب کردن
seclude	مجزاکردن، جداکردن، منزوی شدن (ازجامعه)
second	تأیید کردن، پشتیبانی کردن
secure	بدست آوردن، حفظ کردن، محکم کردن، تأمین کردن
seduce	اغواکردن، ازراه بدربردن، گمراه کردن
see	دیدن، ملاحظه کردن، مشاهده کردن، نگاه کردن، ملتفت شدن
see through	گول نخوردن، خوب تشخیص دادن، به پایان رساندن
see someone off	بدرقه کسی رفتن، ازکسی مشایعت کردن
see after	مواظب بودن، مواظبت کردن
see into	تحقیق کردن، رسیدگی کردن
see about	بکاری رسیدگی کردن (باقصد طفره رفتن)
seek	جویاشدن، جستجو کردن، درصدد برآمدن، خواستارشدن
seem	بنظررسیدن، بنظرآمدن
seep	تراوش کردن، نشد (نشت) کردن، نفوذ کردن
seethe	جوشیدن، جوشاندن، آشفته وبرانگیخته شدن

segregate	تفکیک کردن، جدا کردن (طبقات مردم)،مجزا کردن (درشیمی)
seize	ضبط کردن، توقیف کردن، گرفتن، بتصرف درآوردن
select	انتخاب کردن، برگزیدن
sell	فروختن، بفروش رساندن، فروش کردن
send	فرستادن، ارسال کردن، اعزام داشتن، روانه کردن
send word	خبردادن، پیغام دادن، اطلاع دادن
send down	اخراج کردن (کسی را از دانشگاه)
send for a person	دنبال کسی فرستادن
sense	حس کردن، احساس کردن، بوبردن
sentence	محکوم کردن (دردادگاه)
separate	جداکردن، تفکیک کردن، سوا کردن، مجزا کردن
sequester	توقیف کردن، ضبط کردن، منزوی شدن، چشم پوشی کردن (از دارائی شوهر)
serve	خدمت کردن، رفع کردن، برآوردن، گذاردن، بدرد (چیزی) خوردن
serve at table	سرمیز (غذا پیشخدمت) خدمت کردن
serve in army	در آرتش خدمت کردن
serve a purpose	بدرد خوردن، بکار آمدن، مقصود را انجام دادن
serve notice (on a person)	بکسی اخطار کردن
serve out	تلافی بسرکسی درآوردن، انتقام گرفتن
service (car etc.)	اتومبیل را سرویس کردن (بازرسی وروغن عوض کردن)
set	گذاردن، قرار دادن، چیدن، گماشتن، جاانداختن، میزان کردن
set foot	قدم گذاردن (درجائی برای اولین بار)
set apart	جداکردن، تفکیک کردن
set aside	کنار گذاشتن، رزرو کردن، رد کردن، باطل کردن
set in motion	راه انداختن، بکار انداختن
set a trap	دام نهادن، تله گذاردن
set clock or watch	ساعت را میزان کردن (درست کردن)
set sail	سفر دریا را آغاز کردن
set table	میز (ناهارخوری) را چیدن
set leg, bone	ساق پا یا استخوان را جا انداختن
set one at ease	خاطر کسی را آسوده کردن، راحت کردن
set free	آزاد کردن، رهائی بخشیدن
set on fire	آتش روشن کردن
set oneself to do	تصمیم به انجام کاری گرفتن
set paper	سئوالات امتحان تهیه کردن

set about	آغازکردن، اقدام بکاری کردن
set back	پس زدن، عقب کشیدن
set down	روی کاغذ آوردن، نوشتن، یادداشت کردن
set in	سرزدن، منجرشدن، برقرارشدن، ازسرگرفتن (باران)
set off	عازم شدن، رهسپارشدن، روانه شدن
set on	وادار به حمله کردن (سگ وغیره)، تاختن، پیش رفتن (درحمله)
set out	آرایش دادن، نشان دادن، اعلام کردن، رهسپارشدن
set up	بر پا کردن، نصب کردن (آ گهی)، دایرکردن، واداشتن، برانگیختن
settle	مستقرشدن، مقیم کردن، تعیین کردن، مرتب کردن، رفع کردن، فیصله
settle up (accounts)	حساب تصفیه کردن
sever	جدا کردن، تیره کردن (روابط)، منفصل کردن، فسخ کردن
sew	دوزندگی کردن، دوختن، خیاطی کردن
shade	سایه انداختن، تیره کردن، جلوگیری کردن (ازروشنائی)، پوشاندن
shadow	سایه افکندن، رد پای (کسی را) گرفتن، تاریک کردن، سایه زدن
shake	تکان دادن، تکان خوردن، لرزاندن، متزلزل ساختن
shake hands	دست دادن (هنگام معرفی یا ملاقات)
shake the house	خانه تکانی کردن
shake with fear	ازترس لرزیدن
shake down	تکان دادن (درخت میوه که میوه رسیده بیفتد)
shake off the dust	گردگیری کردن، گردگرفتن (ازجائی یاچیزی)
sham	وانمود کردن، تظاهرکردن (به بیماری وغیره)
shamble	پابزمین کشیدن، تلوتلو خوردن
shame	شرمنده کردن، خجالت دادن، شرم داشتن
shampoo	شامپوزدن (موی سر)
shape	درست کردن، ساختن، طرح کردن، بشکلی درآوردن، سرشتن
share	سهم بردن، تقسیم کردن، سهم دادن، سهم داشتن
sharpen	تیزکردن، تقلب کردن (دربازی کارت)
shatter	داغان کردن، بکلی خرد کردن، بهم زدن، منهدم کردن
shave	ریش تراشیدن، تراشیدن (چوب وغیره)، اصلاح کردن
shear	چیدن (مو، پشم گوسفند)، قیچی کردن، لخت کردن
shed	ریختن (خون)، انداختن (پوست)، افشاندن، افکندن (نور)
shell	پوست کندن، بمباران کردن، ورقه ورقه شدن (فلز)، ورآمدن
shelter	پناه دادن، حمایت کردن، پناه بردن، محفوظ داشتن
shelve	درقفسه گذاردن، قفسه بندی کردن، کنارگذاشتن (طرحی را)

shield	سپرشدن (برای چیزی)، حمایت کردن، حفظ کردن
shift	جابجا کردن، عوض کردن، تغییر دادن، گریز زدن
shine	درخشیدن، تابیدن، برق زدن، واکس زدن (کفش وغیره)
ship	حمل کردن (باکشتی)، درکشتی گذاردن، سوارکشتی شدن
shirk	اززیر کار و مسئولیت دررفتن
shiver	لرزیدن، (ازسرما)، خرد خرد کردن (الوار)
shock	تکان خوردن (ازوحشت، خبرناگهانی بد)، بیزارکردن، تکان دادن
shoe	نعل زدن (اسب والاغ)
shoot	تیراندازی کردن، تیرزدن، غنچه کردن، جوانه زدن، فیلمبرداری کردن
shorten	کوتاه کردن، مختصرکردن (شدن)
shout	فریاد کردن (زدن)، بلند صحبت کردن
shove	هل دادن، تنه زدن
shovel	بیل زدن، پاروکردن (برف)
show	نشان دادن، فهماندن، نمایان بودن، راهنمائی کردن
show off	خودنمائی کردن
show up	ظاهرشدن، رسواشدن، حاضرشدن
shrink	آب رفتن (کوچک شدن پارچه)، شوررفتن
shrug	شانه بالا انداختن، بیعلاقگی (بیتفاوتی) نشان دادن
shuffle	بُرزدن (ورق بازی)، بهم آمیختن، این سو وآن سوحرکت کردن (دادن)
shun	دوری کردن، پرهیز کردن
shut	بستن، بسته شدن
shut in	تونگاه داشتن، حبس کردن، ازخروج (کسی) جلوگیری کردن
shut down	تعطیل شدن (کارخانه وغیره)
shut off	شیر(آب یاگاز)رابستن، جلوی (چیزی) راگرفتن
shut out	پشت درنگهداشتن، دررا بروی (کسی) بستن
shut up	بستن (مغازه)، درو پنجره خانه رابستن، ساکت شدن
shy	رم کردن اسب ، سنگ پراندن
sicken	بیمارشدن، حالِ تهوع پیدا کردن، بیزارشدن
side	طرفداری کردن، دریکطرف قرارگرفتن (قراردادن)، منظم ومرتب کردن
siege	محاصره کردن
sift	الک کردن، بیختن، بدقت وارسی کردن
sigh	آه کشیدن، افسوس خوردن
sight	دید زدن، نشان کردن، دیدن (ستارگان) باتلسکوب
sign	امضأ کردن، اشاره (بکسی) کردن، امضاگرفتن (ازکسی برای استخدام)

signal	باعلامت اطلاع دادن (به کشتی وغیره)، باعلامت اخطارکردن
signify	دلالت کردن بر، حاکی بودن از، معنی دادن، اعلام داشتن
silence	ساکت کردن (بزور و منطق بهتر)، آرام کردن، خواباندن
simmer	نزدیک بجوش آمدن، کم کم جوشیدن، کم کم عصبانی شدن
simplify	ساده کردن، آسان ترکردن، مختصرکردن
simulate	وانمود کردن، تقلب کردن، تقلید کردن، بخود بستن
sing	آواز خواندن، سرود خواندن، سرائیدن
single	انتخاب کردن، برگزیدن، یکی کردن، ازدیگران جدا کردن
sink	غرق شدن (کردن)، فرورفتن، غروب کردن، نشست کردن، فروکش کردن
sip	ذره ذره آشامیدن، قاشق قاشق خوردن
sit	نشستن ، قرارگرفتن، جلسه کردن، نشست کردن، نشاندن
sit for an examination	امتحان دادن، درامتحان شرکت کردن
sit on	درباره موضوعی جلسه کردن، درجلسات هیئت داوری شرکت کردن
sit out	درهوای آزاد نشستن، شرکت نکردن (درچیزی)
sit up	راست نشستن، بیدارنشستن ودیرخوابیدن
sizzle	جلزولز کردن (صدای سرخ کردن گوشت وغیره روی آتش)
skate	اسکیت بازی کردن، روی یخ سرخوردن
sketch	طرح (چیزی را) کشیدن، طرح اولیه (تابلونقاشی وغیره را) ریختن
ski	روی برف اسکی کردن
skid	ترمز کردن، ازسرخوردن جلوگیری کردن، جلو وعقب سرخوردن
skim	کف گرفتن از، سرشیرگرفتن، سرسری خواندن، نگاه سطحی کردن (بروزنامه)
skin	پوست کندن، پوست انداختن (زخم)، لخت کردن، گوش بریدن
skip	جست وخیز کردن، پریدن، حذف کردن، پراندن، بالاو پائین پریدن
skirmish	زدوخورد کردن، کشمکش کردن، جنگیدن (بین گروههای کوچک)
skulk	آهسته پنهان شدن، اززیرکار دررفتن
slack	سست بودن (درکاری)، کساد شدن، شل کردن، سستی کردن، فرونشاندن
slam	دریا پنجره را محکم بستن، با صدا بسته شدن
slander	بدگوئی کردن، افترازدن، بدنام کردن
slang	زبان عامیانه صحبت کردن، تقلب کردن، بد گفتن، حرف بد زدن
slap	سیلی زدن، دودست رابهم زدن، دررامحکم بستن، صدا کردن امواج دریا
slash	زخمی کردن، چاک دادن (به لباس خانمها)، شلاق زدن
slate	باتخته سنگ پوشاندن، سرزنش کردن، انتقاد شدید کردن (ازکتابی)
slaughter	قتل عام کردن، ذبح کردن، کشتارکردن
slay	کشتن، بقتل رساندن (درادبیات بکاربرده میشود)

sleep	خوابیدن، خواب رفتن، خفتن
slide	سرخوردن، لیز خوردن، سریدن، آهسته رفتن
slight	بی اعتنائی کردن به، نادیده گرفتن، بی احترامی کردن
slim	لاغرکردن (بارژیم و ورزش)
sling	انداختن، پرتاب کردن، پراندن (قلاب سنگ)
slip	لغزیدن، سرخوردن، سهوکردن، ازدست (کسی) فرارکردن، آهسته گذشتن
slit	پاره کردن، چاک دادن، بریدن (آهن)بقطعات، تقسیم کردن، جداکردن
slope	سرازیرشدن، شیب دادن، شیب پیداکردن، کج کردن
slow	کند کردن، بتأخیر انداختن، سرعت (موتور)را کم کردن
slump	پائین آمدن (افتادن)، سقوط کردن (ارزش سهام)
slur	آلوده کردن، ملوث کردن، نادیده گرفتن، کاری رابا عجله و بدون دقت انجام دادن
smart	تیرکشیدن (زخم)، احساس درد شدید کردن
smash	درهم شکستن، خرد کردن، تارومارکردن، ورشکست شدن
smear	روغن مالی کردن، آلودن، بدنام کردن، اندودن، لعاب دادن (سفال)
smell	بوکردن، بودادن، بوئیدن، بوکشیدن، بوی بد دادن
smelt	گداختن، ذوب کردن (سنگ آهن وغیره)
smile	تبسم کردن، لبخند زدن
smoke	سیگارکشیدن، دود کردن، دود بیرون دادن، دودی کردن (ماهی)
smooth	هموارکردن، صاف کردن، اشکال رفع کردن، مانع برطرف کردن
smother	خفه کردن (بادود)، پنهان کردن، خفه کردن آتش، خفه شدن
smoulder	بی شعله سوختن، سوختن و دود کردن
smuggle	قاچاق کردن (کالا وغیره)، قاچاقی وارد یاخارج کردن
snap	گازگرفتن، درشتی کردن (بکسی)، قاپیدن، بشکن زدن، گسستن
snare	بدام انداختن، باتله گرفتن (شکار)، گرفتارکردن
snatch	قاپیدن، گرفتن، ازفرصت استفاده کردن، ربودن
sneer	مسخره کردن، استهزأ کردن، ریشخند زدن
sneeze	عطسه کردن، ناچیز شمردن (درجمله منفی)
sniff	هوارا باصدا به بینی کشیدن، فین کردن، بوکردن
snip	چیدن، باقیچی چیدن، قیچی کردن
snooze	چرت زدن
snore	خرخرکردن، خرناس کشیدن
snow	برف آمدن، برف باریدن
snuffle	تودماغی حرف زدن، باصدا بوکشیدن
soak	خیس شدن، تراوش کردن، خیس کردن، خیساندن، درآب فروبردن

soap	صابون زدن
soar	بالاپرواز کردن (پرندگان)، بلند پروازی کردن، اوج گرفتن
sob	باسکسکه گریه کردن، هق هق کردن
sober	ازحالت مستی درآوردن (درآمدن)، بهوش آوردن، بحالت عادی درآوردن
socialize	بامردم مخلوط شدن، مرام سوسیالیستی راتوسعه دادن
soften	ملایم کردن، نرم کردن، آرام کردن، ملایم ترشدن، نرم شدن (جسماً)
soil	آلوده کردن، چرک کردن، لکه دارکردن (کسی را)، کثیف شدن
solemnize	باتشریفات مراسم احترام بجاآوردن، باتشریفات (مراسم ازدواج) انجام دادن
solicit	التماس کردن، وادار به عمل غیرقانونی کردن، فریب دادن (زن)
solve	حل کردن (مسئله ای)، جواب مسئله ای رادادن (درحساب)، پایان دادن
soothe	تسکین دادن، آرام کردن، کاستن، کم کردن (درد، شوروهیجان وغیره)
sophisticate	مغلطه کردن، سفسطه کردن، ازراه بدرکردن، تحریف کردن (نوشته ای)
sorrow	غصه خوردن، غمگین شدن، برای چیزی یا کسی تأسف خوردن
sort	جورکردن، طبقه بندی کردن، ازهم جداکردن، مناسب بودن
sound	بنظررسیدن، بگوش رسیدن (آمدن)، بصدادرآوردن، ژرف سنجی کردن
sour	ترش شدن، مزه ترشی دادن، ترش کردن، ترشرو (کج خلق) کردن
sow	کاشتن، کشت کردن، افشاندن، تخم کاشتن، تخم پاشیدن
space	فاصله دادن (بین حروف وخطوط)، جداکردن (کلمات وخطوط ازهم)
spade	بیل زدن، بابیل (زمین) کندن
span	وجب کردن (اندازه جائی را)، پل زدن (روی رودخانه)
spank	بادست به کفل زدن (مخصوصابه بچه برای تنبیه)، چهارنعل رفتن (اسب)
spare	مضایقه کردن، دریغ داشتن، ذخیره نگاهداشتن، چشم پوشیدن از
spark	جرقه زدن، برق زدن، خودنمائی کردن
spatter	پخش کردن، پاشیدن، ترشح کردن
speak	صحبت کردن، حرف زدن، سخن گفتن، گفتگوکردن، نطق کردن
speak for	ازطرف کسی صحبت کردن، درخواست کردن
speak of	اشاره کردن بچیزی (درسخنرانی یانوشته ای)
speak up (out)	بلندترصحبت کردن، بی پرده سخن گفتن، آزادانه حرف زدن
spear	جوانه زدن، سوراخ کردن، بانیزه سوراخ کردن
specialize	تخصص پیداکردن، متخصص شدن، دررشته ویژه ای کارکردن
specify	مشخص کردن، تعیین کردن، معلوم کردن، تصریح کردن
speculate	تفکرکردن، اندیشیدن، سفته بازی کردن، معاملات بازرگانی کردن
speed	باسرعت وعجله فرستادن، شتاب کردن، کامیاب شدن، باسرعت راندن
spell	هجی کردن، املأ کردن، درست نوشتن، متضمن بودن

spend	خرج کردن، گذراندن (وقت)، صرف کردن، مصرف شدن
spike	میخ کوب کردن، بامیخ سوراخ کردن
spill	ریختن (مایع ازجائی)، پرت کردن (ازاسب یاماشین)
spin	ریستن، تنیدن، ریسیدن، بافتن
spit	تف کردن، سوراخ کردن، میخکوب کردن
spite	آزردن، جریحه دارکردن، آسیب رساندن، کینه ورزیدن
splash	ترشح کردن، پراندن (آب ، گل وغیره)، پاشیدن
split	ازهم جدا کردن، شکافتن، شکاف دادن، شکستن، دونیم کردن
spoil	ضایع کردن، خراب کردن، لوس کردن، فاسد شدن (میوه، ماهی وغیره)
sponsor	مسئولیت قبول کردن، ضمانت کردن، بانی (چیزی)شدن
spoon up (out)	باقاشق برداشتن
spot	لکه دارکردن، شناختن، تشخیص دادن، تعیین کردن (موقعیت دشمن)
spout	جهیدن ، پریدن (خون اززخم)، فوران کردن
sprain	پیچ خوردن (مچ پاوغیره)
spray	پاشیدن (دارو روی درخت وغیره)، افشاندن (مایع ضد بووغیره)
spread	پهن کردن، گستردن، مالیدن (کره روی نان)، پهن شدن
spring	جستن، پریدن، دررفتن (فنر)، ناشی شدن از، جهیدن
sprinkle	پاشیدن (مایع، خاکستروغیره)
sprout	جوانه زدن، سبزشدن (رشد کردن)
spy	جاسوسی کردن، پائیدن، کشف کردن (ازطریق جاسوسی)
squabble	نزاع کردن، دادوبیداد کردن، ستیزه کردن
square	جورکردن، پرداختن، واریزکردن (حساب)، رشوه دادن، وفق دادن
squash	خرد کردن، له کردن، کوبیدن، آرام وساکت کردن، بافشارخودراجادادن
squeeze	فشردن (لیمو)، فشاردادن. چلاندن، بزورجادادن، فشارآوردن بر
stab	ضربه زدن (بکسی باچاقو یاخنجر)، جریحه دارکردن
stabilize	استوارکردن، تثبیت کردن، بحالت موازنه درآوردن، پابرجا کردن
stage	نمایش روی صحنه آوردن
stagger	تلوتلو خوردن، مردد بودن، تردید داشتن، بتناوب کارکردن
stagnate	راکد ماندن (شدن)، ازحرکت ایستادن، کسادشدن
stain	لکه دارکردن، آلوده کردن، لک انداختن، بدنام کردن، رنگ زدن (چوب)
stake	بچوب یابمیخ بستن، میخ کوبیدن (مساحتی را)، بخطرانداختن (پول وغیره)
stammer	لکنت زبان داشتن، بالکنت حرف زدن
stamp	مهرزدن، تمبرچسباندن، پابزمین زدن، منگنه کردن
stampede	رمیدن، گریختن، رم کردن، فرارکردن

stanch, staunch	جلوی (خونریزی را) گرفتن، بند آوردن
stand	ایستادن، توقف کردن، قرارگرفتن، تحمل کردن، عهده دار شدن
stand by	گوش بزنگ بودن، طرف کسی را گرفتن
stand for	داوطلب بودن، تحمل کردن
stand off	دور شدن، فاصله گرفتن
stand on	اصرار کردن، چیزی را دقیقاً مراعات کردن
stand out	ایستادگی کردن (درمقابل مخالفت)، شرکت نکردن (درمسابقه)
stand to	وفا کردن، انجام دادن، عقیده داشتن
stand up	ایستادن، برخاستن، بلند شدن، پاشدن
stand up for	پشتیبانی کردن، طرفداری کردن
standardize	طبق نمونه درآوردن
star	بعنوان ستاره سینما درفیلم ظاهر شدن
starch	آهار زدن
stare	خیره شدن، خیره نگاه کردن (ازتعجب، تحسین، یا وحشت)
start	شروع کردن، حرکت کردن، عازم شدن، ازجا پریدن، دست بکاری شدن
startle	ازجا پراندن، تکان دادن (دراثرخبرناگهانی)، ازجا پریدن
starve	گرسنگی کشیدن، ازگرسنگی مردن، شدیداً گرسنه بودن
state	اظهار داشتن، ذکر کردن، بیان کردن، تعیین کردن، شرح دادن
station	جا دادن، مستقر کردن، در پست معینی گذاردن
stay	ماندن، توقف کردن، مکث کردن، تاب آوردن، بتأخیر انداختن
steal	دزدیدن، دزدی کردن، بسرقت بردن، سرقت کردن
steam	بابخار پختن، بخار بیرون دادن، بخار کردن، عرق کردن
steep	خیس کردن، آغشتن
steer	هدایت کردن (کشتی)، راهنمائی کردن، راندن
stem	بند آوردن، سد کردن، جلوگیری کردن از
stencil	الگو برداشتن، استنسیل کردن
step	گام برداشتن، قدم زدن
step in	وارد (خانه) شدن، دخالت کردن
step out	بیرون رفتن (ازخانه وغیره)، گامهای بلند برداشتن
step up	بالا بردن (قوه برق توسط ترنسفرماتور)، بالا رفتن
sterlize	نازا کردن، سترون کردن، عقیم کردن
stew	باحرارت کم پختن، آهسته جوشاندن
stick	چسباندن، چسبیدن، گیر کردن، الصاق کردن
stick up	ایستادگی کردن، برجستگی داشتن، سر برافراشتن، وا داشتن

stick out	بیرون آوردن (سراز پنجره)، جلو دادن (شکم یا سینه)، پیش آمدن
stiffen	سفت کردن، شق کردن
stigmatize	لکه دار کردن، بی آبرو کردن
stimulate	تحریک کردن، تهییج کردن، برانگیختن
sting	نیش زدن، گزیدن، سوزاندن، درد کردن (دست، دندان)
stink	بوی بد دادن، متعفن بودن
stint	محدود کردن، خساست بخرج دادن، مضایقه کردن، کم دادن
stipple	حکاکی کردن، منقوش کردن، کنده کاری کردن
stipulate	قید کردن، شرط کردن، تصریح کردن
stir	بهم زدن (شکر در چای وغیره)، تکان دادن، برافروختن
stitch	بخیه زدن، دوختن، وصله کردن
stock	نگاه داشتن (کالا در انبار)، قنداق به تفنگ گذاشتن، ذخیره کردن
stoop	سرفرود آوردن، خم شدن، تن دردادن، تمکین کردن
stop	توقف کردن، ایست کردن، ازکار انداختن، قطع کردن، مکث کردن، موقوف شدن
stop a leak	جلوی چکه کردن را گرفتن
stop the blood	خون بند آوردن
stop a tooth	دندان پر کردن
stop someone's wages	مزد کسی را بریدن (قطع کردن)
stop the hole	سوراخ پر کردن، سوراخ گرفتن
stop payment of a cheque	جلوی پرداخت چک را گرفتن
store	انبار کردن، ذخیره کردن، درجائی نگهداشتن
storm	طوفانی شدن، سخت باریدن، خشمگین شدن، باحمله گرفتن
stow	تنگ هم چیدن، خوب جا دادن
straggle	از هم جدا شدن، متفرق شدن، هرزه روئیدن (علف)، اینطرف و آنطرف رفتن
strain	محکم کشیدن، درآغوش گرفتن، زیاد خسته کردن، کوشش زیاد کردن
strangle	خفه کردن، کشتن
stray	سرگردان بودن، منحرف شدن، راه خود را گم کردن
stream	روان شدن، جاری شدن، باوزش بادتکان خوردن (موی سر)
strengthen	تقویت کردن (شدن)، نیرو بخشیدن، قوی ترکردن
stress	تأکید کردن، خسته کردن فکر، باتکیه روی حرفی ادا کردن
stretch	کشیدن (طناب)، تمدد اعصاب کردن، امتداد دادن، دراز شدن
strew	پاشیدن (گل، شن) روی چیزی، ریختن، افشاندن
stride	شلنگ برداشتن، شلنگ زدن
strike	زدن، ضرب کردن (سکه)، بخاطر رسیدن، اثر کردن در، تصادم کردن با

strike a match	کبریت زدن
strike a balance	بحالت موازنه درآوردن
strike in	واردبحث وگفتگو شدن واظهارنظر کردن
strike down	باضربه بزمین زدن
strike off	قلم زدن، خط زدن
string	سیم انداختن(ویولن)، نخ کردن (تسبیح)، کشیدن (سیم)
strip	لخت کردن (عریان کردن)، خالی کردن (خانه)، غارت کردن
strive	کوشیدن، جدوجهد کردن، کشمکش کردن، کوشش کردن
stroke	دست روی (سرکسی) کشیدن، نوازش کردن
stroll	قدم زدن، گردش کردن
struggle	تقلا کردن، کوشش کردن، کشمکش کردن، تلاش کردن
stub	ازریشه کندن، ازبیخ کندن
study	مطالعه کردن، تحصیل کردن، درس خواندن
stuff	پرکردن، تپاندن
stumble	لغزیدن، لغزش خوردن، سکندری خوردن
stun	کرکردن، گیج کردن، بیحس کردن
stupefy	بیهوش کردن، خرف کردن، کودن کردن، مبهوت کردن
stutter	لکنت زبان داشتن، بالکنت حرف زدن
subdue	مطیع کردن، غلبه کردن بر، مغلوب ساختن، رام کردن
subject	تحت کنترل درآوردن (ملتی را)، تابع (خود) کردن، موکول کردن
subjugate	مقهورساختن، مطیع کردن، تحت انقیاد درآوردن
submerge	درآب فروبردن، زیرآب کردن، زیرآب رفتن، غوطه ورشدن
submit	تسلیم کردن، تسلیم شدن، تقدیم کردن، ارائه دادن
subordiante	اهمیت کمترقائل شدن، دردرجه پائین ترقرار دادن
suborn	به رشوه گری واداشتن، تحریک به عمل غیرقانونی کردن
subscribe	آبونه شدن، اشراک داشتن، زیرسندی راامضا کردن
subserve	بدرد (چیزی) خوردن، فایده داشتن برای چیزی
subside	نشست کردن، فرونشستن، فروکش کردن، ایستادن
subsidize	کمک مالی دادن (ازطرف دولت به سازمانهای مختلف)
substantiate	اثبات کردن، بامدرک نشان دادن وثابت کردن
substitute	جابجا کردن، عوض کردن، جانشین کردن
subtract	تفریق کردن، کم کردن، کاستن
subvert	سرنگون کردن، واژگون کردن، منهدم کردن
succeed	موفق شدن، کامیاب شدن، بدنبال آمدن، جانشین شدن، وارث شدن

succour	بکمک (کسی درسختی) رسیدن، دستگیری کردن (ازکسی)
succumb	تسلیم شدن، مغلوب شدن، مقاومت نکردن
suck	مکیدن، مک زدن، شیره کسی راکشیدن، کشیدن(جذب کردن)
suckle	شیردادن (به بچه از پستان)
sue	تعقیب کردن (کسی درداد گاه)، عرضحال دادن، عارض شدن
suffer	رنج بردن، سختی کشیدن، تن دردادن، تحمل کردن، بردن، کشیدن
suffice	کافی بودن، کفایت کردن، بسنده بودن
suffocate	خفه کردن (کشتن)، راه نفس (کسی را) گرفتن، احساس خفگی کردن
suggest	پیشنهاد کردن، عقیده داشتن، اظهارکردن، اشاره کردن بر، تلقین کردن
suit	مناسب بودن، شایسته بودن، وفق دادن، سازگار بودن، برازیدن
sum up	جمع زدن، خلاصه کردن، جمع کردن (مدارک)
summarize	خلاصه کردن، مختصرکردن
summon	احضارکردن، فراخواندن
supercool	زیاده ازحد خنک کردن
superheat	زیاده ازحد گرم کردن
superimpose	چیزی راروی چیز دیگرقراردادن (درعکاسی وزمین شناسی)
superintend	ریاست کردن بر، نظارت کردن بر، اداره کردن
superscribe	روی چیزی نوشتن، نام ونشانی (روی پاکت) نوشتن
supersede	جایگزین چیز دیگرکردن، کنارگذاشتن
supervene	بطورنا گهانی اتفاق افتادن، نا گهان تغییر وضع دادن
supervise	نظارت کردن، سرکشی کردن، رسیدگی کردن، مباشرت کردن
supplicate	التماس کردن، تقاضای عاجزانه کردن، استدعاکردن
supply	تهیه کردن، تدارک دیدن، رساندن، (جای چیزی را)پرکردن
support	حمایت کردن، پشتیبانی کردن، نگهداری کردن از، تحمل کردن
suppose	فرض کردن، خیال کردن، گمان کردن، تصورکردن
suppress	خواباندن (شورش)، فرونشاندن، منکوب کردن، پایمال کردن، توقیف کردن
surcharge	زیاد حساب کردن، زیادبارکردن، تحمیل کردن
surfeit	پرخوردن، زیاده ازحد خوراندن، بیزارشدن
surmise	تصورکردن، گمان کردن، حدس زدن، متهم کردن
surmount	بالا قرارگرفتن، غالب آمدن، بالا رفتن، برطرف کردن
surpass	پیش افتادن از، برتری داشتن، تفوق جستن بر
surprise	متحیرکردن، متعجب ساختن، غافلگیرکردن، بی خبروارد شدن
surrender	تسلیم شدن، واگذارکردن، رهاکردن، سپردن (کفیل درداد گاه)
surround	احاطه کردن، محاصره کردن، دوره کردن

survey	بازدید وارزیابی کردن (خانه وغیره)، مساحی کردن، ممیزی کردن
survive	زنده ماندن (پس ازمرگ دیگری)، باقی بودن، بزندگی ادامه دادن
suspect	مشکوک شدن، بدگمان شدن، تردید داشتن، بوبردن
suspend	معلق کردن، مسکوت گذاردن، آویزان کردن (شدن)، متوقف کردن
sustain	متحمل شدن (خسارت وغیره)، تحمل کردن، پشتیبانی کردن از
swallow	بلعیدن، قورت دادن، فرو بردن
sway	درنوسان بودن، تاب خوردن، این سوآن سوجنبیدن
swear	قسم خوردن، سوگند خوردن، فحش دادن، ناسزاگفتن، سوگند دادن
sweat	عرق ریختن، زحمت کشیدن، بعرق انداختن، عرق کردن
sweep	جاروب کردن، روبیدن، خراب کردن، برطرف کردن، ازبین بردن
sweeten	شیرین کردن (شدن)، خوش بوکردن
swell	ورم کردن، بادکردن، متورم شدن، بزرگ شدن
swim	شناکردن، شناور بودن (شدن)
swindle	تقلب کردن، فریب دادن، گول زدن، گوش (کسی) رابریدن
swing	تاب خوردن، تاب دادن، چرخیدن، دورزدن، چرخاندن
switch	چرخاندن، ازخط بخط دیگرانداختن (راه آهن)، برگرداندن
switch on	روشن کردن (چراغ)، بجریان انداختن (برق)
switch off	خاموش کردن (چراغ)، قطع کردن (برق)
swivel	روی محورچرخاندن(گرداندن)، روی محورچرخیدن(گردیدن)
symbolize	حاکی بودن از، نشانه (چیزی) بودن
sympathize	همدردی کردن، شریک بودن درغم وغصه کسی، جانبداری کردن
synchronize	ازحیث زمان باهم تطبیق کردن یادادن (صداونور)
systematize	طبق اصول معینی درآوردن، دارای روش وقاعده ای کردن

T

table (a proposal in Parliament)	(درانگلستان) بمعنای مطرح کردن طرحی درمجلس است
tabulate	جدول بندی کردن، فهرست کردن
tackle	زین کردن (اسب)، گلاویزشدن، مبارزه وغلبه کردن (برحریف)
tail	چیزی رابه چیزی وصل کردن، دنبال کردن، چسباندن
taint	رنگ کردن، لکه دارکردن (شدن)، فاسد کردن (شدن)، ملوث کردن
take	گرفتن، برداشتن، خوردن، حمل کردن، تصورکردن، بردن
take the offer	پیشنهاد راقبول کردن
take care	مواظب بودن، توجه کردن، مواظبت کردن
take place	اتفاق افتادن، روی دادن، بوقوع پیوستن
take after	شباهت داشتن (به پدریاشخص دیگر) درخصوصیات اخلاقی
take back	مسترد داشتن، پس گرفتن
take down	یادداشت کردن، پائین آوردن، فروبردن (غذا)، انداختن (درخت)
take in	قبول کردن، پذیرفتن، پول دریافت کردن، آبونه شدن، گول زدن
take off	برداشتن (کلاه ازسر)، بلند شدن (هواپیما)، ادای (کسی)رادرآوردن
take on	تعهد کردن، هایهوکردن، بکارگماشتن، قبول خدمت کردن
take out	خارج کردن (ازجائی)، پاک کردن (لکه)، بردن
take over	کاری راازکسی تحویل گرفتن
take to	بکاری پرداختن، عادت بکاری کردن
take up	برداشتن، اشغال کردن (وقت)، جذب کردن، دردست گرفتن
talk	حرف زدن، صحبت کردن، گفتگوکردن، سخن گفتن، مذاکره کردن
talk away	(وقت)راباحرف زدن گذراندن
talk down	ساکت کردن (کسی باصدای بلند)، ازروبردن
talk out	(لایحه یاپیشنهادی رادرمجلس)بامذاکره زیاد بتعویق انداختن
talk over	مورد بحث وگفتگوطولانی قراردادن
tally	مطابقت داشتن، تطبیق کردن
tame	رام کردن، اهلی کردن، مطیع کردن، ملایم کردن
tamper	دخالت کردن، تحریف کردن (سند وصیت وغیره)
tan	دباغی کردن، قهوه ای رنگ کردن
tangle	پیچیدن (نخ یاموی سر)، گرفتارشدن، گیرافتادن
tap	آهسته (بچیزی)زدن، سوراخ کردن (بشکه)

tape	با نوار یا قیطان بستن، ته دوزی کردن (در صحافی کتاب)
tarnish	ازجلا انداختن (افتادن)، تیره کردن (شدن)، کدرکردن
taste	چشیدن، مزه کردن، لب زدن
tattoo	خال کوبیدن، خال کوبی کردن
taunt	سرزنش کردن، ملامت کردن، شماتت کردن
tax	مالیات وضع کردن، رسیدگی کردن، ونظردادن (درامرحقوقی)
taxi	حرکت کردن هواپیماروی زمین (قبل وبعد از پرواز) ، با تاکسی رفتن
teach	تدریس کردن، درس دادن، تعلیم دادن، آموختن
tear	پاره کردن، دریدن، کندن
tease	سربسرگذاشتن، اذیت کردن، دست انداختن
telegraph	تلگراف فرستادن، مخابره کردن
telemeter	اندازه گرفتن مسافت ازراه دور(بوسیله دستگاه مخصوص)
telephone	تلفن کردن، تلفن زدن
tell	گفتن، نقل کردن، تعریف کردن، تشخیص دادن، دانستن
temper	آب دادن (فلز)، معتدل کردن، ملایم کردن، کوک کردن (پیانو)
temporize	مطابق مقتضیات وقت عمل کردن، وقت گذراندن
tempt	دچاروسوسه کردن، اغواکردن، فریفتن
tend	گرایش داشتن، مواظبت کردن، پرستاری کردن، وسیله (چیزی را)فراهم نمودن
tender	پیشنهاد (مناقصه)دادن، دادن (استعفا)
tent	چادرزدن، خیمه زدن، باخیمه یاچادر پوشاندن
terminate	بپایان رساندن، خاتمه دادن (یافتن)، فسخ کردن
terrify	ترساندن، وحشت زده کردن
test	آزمایش کردن، آزمودن، امتحان کردن، محک زدن
testify	شهادت دادن، گواهی دادن، دلالت کردن بر
thank	تشکرکردن، ممنون بودن، سپاسگزاری کردن
thatch	کاهگل کردن، کاه پوش کردن
thaw	آب شدن (برف وغیره)، گرم شدن (هوا)، آب کردن
thicken	ضخیم کردن (شدن)، کلفت کردن، سفت ترکردن (شدن)
thin	نازک کردن (شدن)، کم کردن، رقیق کردن (شدن)
think	فکرکردن، اندیشه کردن، خیال کردن، فرض کردن، گمان کردن
think little of	ناچیزشمردن
thread	نخ کردن (سوزن)، بسختی (ازلابلای جمعیت) بیرون آمدن
threaten	تهدید کردن، ترساندن، خبردادن از
thrill	بهیجان درآوردن، بلرزه درآوردن، به تپش افتادن

thrive	پیشرفت کردن، رونق یافتن، رشد سریع کردن (حیوان یا نبات)
throb	تپیدن (قلب)، بهیجان آمدن، لرزیدن، زق زق کردن
throw	انداختن، پرت کردن، افکندن
throw away	دورانداختن، رد کردن
throw back	برگشتن به خصوصیات نیاکان، بتأخیرانداختن، بعقب برگشتن
throw off	ازسرخود دورکردن، دست کشیدن از
throw out	بیرون انداختن، رد کردن (لایحه درمجلس)، ازموضوع پرت کردن
throw over	ترک کردن، دست کشیدن از
throw up	بالاکشیدن (پنجره)، کناره گیری کردن، قی کردن
thrust	فروکردن، چپاندن، فروبردن، رخنه کردن در، مداخله کردن
tick	علامت گذاردن، تیک کردن، تیک تیک کردن (ساعت)
tickle	غلغلک دادن، بادست گرفتن (ماهی)
tie	بستن، گره زدن، ملزم کردن، بهم پیوستن
tighten	سفت کردن، محکم کردن، تنگ کردن
time	وقت قراردادن برای، وقت گرفتن، وقت (چیزی را)تعیین کردن
tingle	صداکردن (داخل گوش)، طنین انداختن
tip	انعام دادن، کج کردن، خم کردن، سرازیرکردن، واژگون کردن
tipple	دائم الخمر بودن، میگساری کردن، همیشه مشروب خوردن
tire	خسته کردن (شدن)، از پادرآوردن
toil	زحمت کشیدن، رنج بردن
tolerate	تحمل کردن، تاب آوردن، جایزشمردن، رواداشتن
toll	زنگ کلیسابه صدادرآمدن (درآوردن)، باناقوس خبردادن
top	سرشاخه زدن، هرس کردن، بالای تپه رسیدن، بالا تر بودن از
topple	خراب شدن (دیوار)، برگشتن، واژگون کردن (شدن)
topsyturvy	وارونه کردن، واژگون کردن، درهم برهم کردن
torment	عذاب دادن، زجردادن، بستوه درآوردن
torture	شکنجه دادن، عذاب دادن، زجردادن
toss	بالاانداختن (توپ وغیره)، این سووآن سوانداختن
total	جمع زدن، جمعاً بالغ شدن بر
totter	تلوتلو خوردن، متزلزل بودن، درشرف افتادن بودن
touch	لمس کردن، دست زدن، رسیدن به، اشاره کردن
tour	سفرکردن، مسافرت کردن، گردش کردن، سیاحت کردن
tousle	برهم زدن، پریشان کردن (موی سر)
tow	دنبال خود کشیدن (یک کشتی کشتی دیگررایا یک اتومبیل اتومبیل دیگررا)

trace	طرح کردن (برنامه)، تعقیب کردن، حدود (چیزی را)معین کردن
track	رد (پای کسی را)گرفتن، دنبال کردن، باطناب کشیدن (قایق)
trade	داد وستد کردن، تجارت کردن، کسب کردن
traduce	بدنام کردن، تهمت زدن، افترازدن، رسواکردن
traffic	معامله کردن، تجارت کردن، خرید وفروش کردن
trail	بدنبال کشیدن، روی زمین کشیدن، آویزان بودن، شل راه رفتن
train	تربیت کردن، آموزش دادن، مشق دادن، تعلیم دادن، نشانه رفتن
tramp	پیاده راه رفتن، (مسافتی را)پیاده رفتن
trample	پایمال کردن، لگد مال کردن، زیر پاله کردن
transact	معامله کردن، تجارت کردن، دادوستد کردن
transcend	برتری داشتن، مافوق (چیزی)بودن، سبقت جستن
transcribe	رونوشت برداشتن از، ضبط کردن (برنامه رادیو برای پخش)
transfer	منتقل کردن، انتقال دادن، واگذارکردن، حواله کردن (پول)
transform	تغییرشکل دادن، تغییراخلاق دادن
transfuse	خون تزریق کردن (ازکسی به کس دیگر)
transgress	سرپیچی کردن، تخلف کردن (ازقانون)، نقض کردن (قانون)
translate	ترجمه کردن، معنی کردن، حمل بر(چیزی) کردن
transliterate	تلفظ کلمه ای رااز یک زبان باحروف زبان دیگرنشان دادن
transmit	منتقل کردن، انتقال دادن (لقب)، سرایت کردن
transmute	تغییرشکل دادن، قلب ماهیت کردن
transpire	خارج شدن (عرق ازبدن)، بخار پس دادن، فاش شدن (سر)
transplant	عضو بدن کسی رابه بدن کس دیگرمنتقل کردن، نشاکردن
transport	حمل کردن، بردن، انتقال دادن، ازخود بیخود شدن
transpose	جابجاکردن، پس و پیش کردن (کلمه یاحرف)
trap	بدام انداختن، درتله انداختن
travel	سفرکردن، مسافرت کردن، سیرکردن، حرکت کردن، طی کردن
traverse	پیمودن، عبورکردن، تکذیب کردن (دردعوا)، خوب بررسی کردن
tread	پا گذاشتن (روی چمن)، فشردن (انگور)، با پا له کردن
treasure	اندوختن، ذخیره کردن، بخاطرسپردن (حرف یاقیافه کسی را)
treat	رفتارکردن، معامله کردن، کسی رامهمان کردن، مذاکره کردن
treble	سه برابر کردن (شدن)
tremble	لرزیدن (ازشدت ترس، عصبانیت وغیره)، تکان خوردن (برگهای درخت)
trench	سنگرکندن، سنگربندی کردن، تجاوز کردن (بحقوق کسی)
trend	تمایل داشتن، منتهی شدن، منجرشدن به، متوجه بودن

trespass	تجاوز کردن(به زمین، حقوق کسی)، تخطی کردن، تخلف کردن
trifle	بازیچه قراردادن، سرسری گرفتن، وقت تلف کردن
trim	آراستن، مرتب ومنظم کردن (موی سروغیره)، درست کردن
trip	سبک راه رفتن، پشت پازدن، اشتباه کردن، لغزش خوردن
triplicate	سه برابرکردن، درسه نسخه تهیه کردن
trisect	به سه قسمت مساوی تقسیم کردن
triumph	جشن پیروزی گرفتن، شادی کردن، غالب آمدن
troll	چرخاندن (توپ)، چرخیدن، ازشادی آوازخواندن، ماهی گرفتن
troop	گردآمدن، باهم آمدن، رژه رفتن، باعده حرکت کردن
trot	یورتمه رفتن، باگامهای معمولی دویدن
trouble	زحمت دادن، مزاحم شدن، ناراحت کردن، مبتلاشدن، دچارکردن
truck	مبادله کردن، عوض کردن، معامله کردن
truckle	چاپلوسی کردن، نوکری کردن
trumpet	بانواختن شیپور(آغازمراسمی را)اعلام کردن، شیپور زدن
trust	اعتماد کردن، اطمینان داشتن، سپردن، توکل داشتن (به خدا)
try	سعی کردن، کوشش کردن، محاکمه کردن، مبادرت کردن به، آزمودن
tuck	بالازدن (آستین)، توگذاشتن (پارچه)، چین دادن
tug	بزورکشیدن، بزحمت کشیدن، تقلا کردن
tumble	پرت شدن، ناگهان افتادن، لغزیدن، غلتیدن
tune	کوک کردن (آلت موسیقی)، وفق دادن، سازگارکردن
turn	گرداندن، گشتن، تبدیل کردن، چرخ خوردن، وارونه کردن
turn about	جهت عوض کردن (نظامی)
turn against	با(کسی)بدشدن، دشمن شدن
turn down	رد کردن (پیشنهاد)، شعله (چراغ نفتی را)پائین کشیدن
turn in	توگذاشتن (خیاطی)، تاکردن
turn off	بستن (شیرآب یاگاز)، خاموش کردن (چراغ)
turn on	روشن کردن (چراغ)، بازکردن(شیرآب وغیره)
turn out	بیرون آوردن، تولید کردن (محصولات صنعتی)، شرکت کردن (آمدن)
turn over	واگذارکردن، محول کردن، ورق زدن، درآمد داشتن
turn round	چرخیدن، دورزدن، گشتن، رو به تازه اتخاذ کردن
turn to	دست بکارشدن، مبادرت بکاری کردن
turn up	آمدن، حاضرشدن، رخ دادن، حال (کسی را)بهم زدن
tutor	درس (خصوصی) دادن، تدریس کردن
tweak	نیشگون گرفتن و پیچ دادن

twiddle	(شست خود را) از بیکاری گرداندن، بیهوده (وقت) تلف کردن
twig	ملتفت شدن، فهمیدن، توجه کردن
twin	جفت کردن (شدن)، جور کردن (شدن)
twinkle	چشمک زدن (ستارگان، چراغ)، برق زدن، برهم زدن (چشم)
twirl	چرخاندن، چرخیدن، گرداندن
twist	پیچیدن، پیچ خوردن، بهم تاب دادن (خوردن)
twit	ملامت کردن، سرزنش کردن، سربسرگذاشتن
type	ماشین کردن (با ماشین تحریر نوشتن)

U

unarm	خلع سلاح کردن، بی اسلحه کردن
unbend	ازحالت کجی درآوردن، راست کردن، راحتی فکروخیال پیداکردن
unbind	(ازقید)رها کردن، شل کردن، آزاد کردن
unbosom	(رازخودرا)فاش کردن، اسراردل راگفتن
unbrace	رها کردن، شل کردن، آرام شدن
unburden	بارازدوش برداشتن، سبکبارکردن، اعتراف ودرد دل کردن
unbutton	دگمه های کت رابازکردن
unclothe	عریان کردن (کسی)، لخت کردن(درخت باریختن برگهایش)
undeceive	ازاشتباه بیرون درآوردن، ازفریب وتزویزآگاه کردن
underact	درست انجام ندادن، درنمایش (نقش خود را)ناقص انجام دادن
underbid	(درمناقصه) کمترپیشنهاد دادن
undercharge	کمترحساب کردن، کم مطالبه کردن از
underdo	باندازه کافی (چیزی را)نپختن، ازکارکم گذاشتن
under-estimate	کم برآوردکردن، کم قیمت گذاشتن، دست کم گرفتن
undergo	تحمل کردن، رنج کشیدن
underlet	کمتراز(ارزش واقعی)اجاره دادن
underline	زیر(کلمه ای یانوشته ای)خط کشیدن، تأکید کردن
undermine	اززیرخراب کردن، نقب زدن، پنهانی برعلیه (کسی)اقدام کردن
underrate	خیلی کم برآورد کردن (مربوط به مالیات)، کمترقیمت گذاشتن
undersell	ارزان ترفروختن (ازکسی دیگر)، روی دست کسی رفتن
understand	فهمیدن، درک کردن، ملتفت شدن، دریافتن، حالی شدن
undertake	تعهد کردن، بعهده گرفتن، عهده دارشدن، قول دادن
undervalue	خیلی کم قیمت گذاشتن، کم برآورد کردن
underwrite	زیر(نوشته ای یاچیزی)نوشتن، سند (بیمه) بکسی دادن
undo	باز کردن (در، دگمه)، بی اثر کردن، خراب کردن
undress	لباس (خودرا) کندن، (کسی را)لخت کردن، لباس درآوردن
unearth	اززیرخاک بیرون آوردن (درآوردن)، آفتابی کردن، حفاری کردن
unfold	(چیزتاشده ای را)صاف کردن (بازکردن)، فاش کردن، علنی کردن
uniform	یک نواخت کردن، متحدالشکل کردن، یکسان کردن
unify	یکی کردن (شدن)، متحد کردن

unite	متحد کردن، بهم پیوستن، یکی کردن، پیوند (زناشوئی) کردن
unlink	ازهم جداکردن، جداکردن، سواکردن
unload	(بار)خالی کردن، رهاکردن، تخلیه کردن
unmake	ازخاصیت انداختن، خراب کردن
unman	فاقد مردانگی کردن، ازمردانگی انداختن
unmask	نقاب (ازروی کسی) برداشتن، نمایان ساختن، بروزدادن
unnaturalize	غیرطبیعی یامصنوعی کردن، طبیعت (چیزی را)تغییردادن
unnerve	تضعیف کردن، دلسرد کردن
unpack	بازکردن (بسته یاچمدان)
unravel	ازهم بازکردن، ازگیردرآوردن، ریش ریش کردن (پارچه)
unroot	ازریشه کندن (درآوردن)، ریشه کن کردن
unscrew	بازکردن پیچ، شل کردن پیچ
unseat	ازجاه ومقام انداختن، خلع کردن، ازنمایندگی (مجلس) محروم کردن
unsettle	ناراحت کردن، برهم زدن، ازجای معین (بزور)بیرون کردن
unship	ازکشتی بیرون آوردن، پیاده کردن (ازکشتی)، جداشدن
untie	بازکردن (گره، نخ وغیره)، گشودن، (مشکلی را)حل کردن
untwist	تاب (چیزی را)بازکردن
unveil	پرده (ازروی مجسمه وغیره)برداشتن، حجاب برداشتن
unwind	بازکردن (پیچ نخ، نواروغیره)
unyoke	اززیریوغ آزاد کردن، رهاکردن
upbraid	عیب گرفتن، سرزنش کردن
upheave	بالاآوردن، بلند کردن
uphold	حمایت کردن از، (دریک سطح) قراردادن، تأیید کردن
upraise	بلند کردن، بالابردن
uprise	(ازجا)برخاستن، بلند شدن، بالاآمدن (خورشید)
uproot	ازریشه کندن، ریشه کن کردن، نابود کردن
upset	ناراحت کردن، واژگون کردن، آشفتن، مضطرب کردن
urbanize	بحالت شهردرآوردن
urge	اصرارورزیدن، وادارکردن، برانگیختن، تسریع کردن
urinate	ادرار کردن، شاشیدن
use	بکار بردن، استعمال کردن، مصرف کردن، استفاده کردن از
use up	بپایان رسیدن (ذخیره)، خسته کردن
usher	راهنمائی کردن (درمجالس، سینماوغیره)، خبردادن
usurp	غصب کردن (سرزمین)، بزورگرفتن

utilize	مورد استفاده قراردادن، استفاده کردن از، بمصرف رساندن
utter	ادا کردن (کلمه ای)، بزبان آوردن

V

vacate	تخلیه کردن (خانه)، کناره گیری کردن از، باطل کردن، لغوکردن
vaccinate	آبله کوبیدن، تلقیح کردن، واکسن زدن
vacillate	تلوتلو خوردن، مردد بودن، جنبیدن
vail	تواضع کردن، فروتنی کردن، برداشتن (کلاه ازسر بعنوان احترام)
validate	معتبرساختن، قانونی کردن
value	ارزیابی کردن، قیمت گذاردن، اهمیت دادن
vanish	ناپدید شدن، محوشدن، بصفر رسیدن، غیب شدن
vanquish	غلبه کردن، پیروز شدن، شکست دادن
vaporize	تبخیرکردن، بخارشدن، تبدیل به بخارکردن
vapour	بخار پس دادن، یاوه سرائی کردن، بیهوده سخن گفتن
variegate	متنوع کردن، رنگارنگ کردن
varnish	جلا دادن، لعاب دادن، لاک الکل زدن، صیقلی کردن
vary	تغییردادن (روش، وضع)، عوض کردن، تنوع دادن، فرق داشتن
vault	جستن، پریدن (ازروی اسب)، طاق زدن
veer	شل کردن (طناب)، سست کردن، عوض شدن (جهت باد)
vegetate	روئیدن (نباتات)، یکنواخت زندگی کردن
veil	حجاب زدن، پوشاندن (صورت)، رو گرفتن
vend	فروختن (خانه)، طوافی کردن
veneer	روکش کردن (چوب، مبل)، جلا دادن (ظرف سفالی)، تظاهر کردن
venerate	احترام گذاردن، محترم شمردن، تکریم کردن
ventilate	تهویه کردن (هوادراطاق وغیره)، درمعرض افکار عمومی گذاردن
venture	جرأت کردن، بمخاطره انداختن، باجسارت اظهار (نظر) کردن
verge	متمایل شدن، نزدیک شدن، درکنارواقع شدن، پا(بسن) گذاشتن
verify	رسیدگی کردن، درستی ونادرستی (چیزی را) معلوم کردن، ثابت کردن
versify	(نثر) رابنظم درآوردن، شعر ساختن
vest	اعطاء کردن (قدرت بکسی)، واگذار کردن (ملکی بکسی)، سپردن
veto	رد کردن (طرح، پیشنهاد یالایحه ای)
vex	رنجاندن، آزردن، متغیرکردن، خشمگین کردن
vibrate	ارتعاش داشتن، لرزیدن، نوسان داشتن، تکان خوردن، لرزاندن
victimize	دستخوش فریب یاتعدی قرار دادن، قربانی کردن

vie	رقابت کردن، هم چشمی کردن
view	دیدن، بازدید کردن، نگریستن
vilify	بدنام کردن، تهمت زدن، بدگوئی کردن از، بهتان زدن به
vindicate	حمایت کردن از، توجیه کردن، بثبوت رساندن، دفاع کردن از
violate	نقض کردن (قانون، مقررات)، تجاوزکردن، تخلف کردن از
visit	دیدن کردن، ملاقات کردن، بازدید کردن، دیدارکردن
visualize	در پیش چشم نمودارکردن، متصورساختن
vitalize	حیات بخشیدن، زنده کردن، روح دادن، زندگی بخشیدن
vitiate	کثیف کردن (خون، هوا)، فاسد کردن، باطل کردن، خراب کردن
vitrify	تبدیل به شیشه کردن، بصورت شیشه درآوردن
vivify	احیأ کردن، روح بخشیدن، زنده کردن
vocalize	با(صداکلمه ای را) اداکردن یاتلفظ کردن
vociferate	باصدای بلند اداکردن، داد زدن
voice	اداکردن، اظهارکردن، بیان کردن (نظرات دیگران)
void	باطل کردن، پوچ کردن، ازدرجه اعتبارساقط کردن
volatilize	تبخیرکردن (شدن)، باعث تبخیرشدن
volley	شلیک کردن، برگرداندن (توپ) هنگامیکه درهوا است(درتنیس)
volunteer	داوطلب شدن، داوطلبانه تعهد کردن
vomit	قی کردن، استفراغ کردن، برگرداندن
vote	رأی دادن، نظر(عموم را)اعلام کردن، برله یاعلیه رأی دادن
vouch	تأیید کردن، ضمانت دادن، اطمینان دادن
vow	نذرکردن، قول دادن، عهد کردن
voyage	سفرکردن (ازطریق دریا)
vulgarize	مبتذل کردن، پست کردن

W

wad	لائی گذاشتن (درمیان پارچه لباس وغیره)، فشردن لائی
waddle	اردک وار راه رفتن، کج وسنگین راه رفتن
wade	بآب زدن، راه رفتن (ازوسط آب یا گل یاشن)، بزور(کاری) انجام دادن
wag	تکان دادن (خوردن)، جنبیدن (چانه، آرواره، زبان)
wage	آغاز(بکاری) کردن، دست بکاری زدن (جنگ کردن)
wait	منتظرشدن، صبرکردن، انتظارکشیدن، معطل شدن
waive	چشم پوشیدن از، صرف نظر کردن از(حق، ادعاوغیره)
wake	بیدارکردن (شدن)، برهم زدن(سکوت)، سروصدا کردن
waken	بیدارکردن، بیدارشدن، بیدارماندن
walk	قدم زدن، راه رفتن، گام برداشتن، پیاده رفتن، گردش کردن
walk in	داخل (جائی)شدن
walk off with (something)	ربودن، دزدیدن وفرارکردن
wallow	غلطیدن (دروسط آب، گل، شن)
wander	سرگردان بودن، آواره بودن، بی ربط حرف زدن یافکرکردن
wane	باریک شدن (ماه)، کاسته شدن، نقصان یافتن، کم شدن
want	خواستن، احتیاج داشتن، نیازداشتن، میل داشتن
ward	حفظ کردن، نگهداری کردن
warm	گرم کردن (شدن)
warn	اخطارکردن، هشداردادن، آگاه کردن (ازخطر)
warp	تاب دادن، تاب خوردن، برگرداندن، منحرف کردن
warrant	ضمانت کردن، اطمینان دادن
wash	شستن، شستشودادن، پاک کردن
waste	تلف کردن (پول، وقت، خوراک)، هدررفتن (آب)، هرزرفتن، خراب کردن
watch	تماشا کردن، مراقب بودن، مواظب بودن، منتظر(فرصت)بودن
watch one's time	منتظرموقع مناسب بودن، گوش بزنگ بودن
water	آب دادن (گل وگیاه)، آبپاشی کردن، سهام شرکتی رااضافه کردن
wave	باهتزازدرآمدن (بیرق)، موج زدن، جنباندن، دست تکان دادن
waver	تزلزل پیدا کردن، دودل بودن، مردد بودن، تردید داشتن
wax	موم مالیدن به، موم اندودن
weaken	تضعیف کردن، ضعیف شدن، سست کردن (شدن)

wean	ازشیرمادرگرفتن، از پستان گرفتن، وادار به ترک (عادتی) کردن
wear	پوشیدن، سرگذاشتن (کلاه)، دست کردن (دستکش)، پا کردن (جوراب)
wear away or down	سائیدن، سائیده شدن، فرونشاندن
wear off	پاک شدن (رنگ)زسائیده شدن
wear glasses	عینک زدن، عینک داشتن
wear out	از پوشیدن زیاد کهنه شدن، زیادخسته شدن
weary	خسته شدن (ازیکنواختی)، کسل کردن (شدن)
weave	بافتن، بافندگی کردن، (توطئه) چیدن، پس و پیش حرکت کردن
wed	عروسی کردن، توأم کردن، جفت کردن
weed	(زمین را)ازعلف هرزه پاک کردن، علف هرزه چیدن، اخراج کردن
weep	گریستن، اشک ریختن، گریه کردن
weigh	وزن کردن، سنجیدن، کشیدن
weigh one's words	سخنان خودراسنجیدن، سنجیده سخن گفتن
weigh anchor	لنگرانداختن
weight	باوزنه نگهداشتن، سنگین کردن، ازحرکت بازداشتن
welcome	خوش آمد گفتن، استقبال کردن، بخوشی پذیرفتن
weld	جوشکاری کردن، لحیم کردن، جوش دادن، متصل کردن
welter	آغشتن (درخون)، غلطیدن
wet	ترکردن، نمناک کردن، مرطوب ساختن
whack	محکم زدن (باچوب)، ضربت محکم زدن
whale	نهنگ صید کردن
wheedle	ریشخند کردن، چاپلوسی کردن، حقه زدن، فریب دادن
wheel	چرخ خوردن، چرخ زدن، دورزدن، چرخاندن
wheeze	باصدانفس کشیدن، خس خس کردن
whet	تیزکردن (یابامالش یاباسنگ) تهیج کردن، برانگیختن (اشتها)
whiff	دمیدن، فوت کردن
whiffle	آهسته وزیدن (باد)، بهرسوراندن، مثل بادسبک صداکردن
while away	(وقت)را به بیکاری گذارندن
whimper	نالیدن، ناله کردن
whine	زوزه کشیدن (سگ)، باناله حرف زدن
whip	شلاق زدن، ناگهان تکان دادن، بانخ پیچیدن
whirl	چرخاندن، چرخ دادن، چرخ زدن، گیج خوردن
whisk	(گرد) گرفتن، تخم مرغ زدن، پراندن (مگس)
whisper	نجواکردن، درگوشی حرف زدن، خصوصی صحبت کردن

whistle	سوت کشیدن، سوت زدن، باسوت صداکردن (سگ گله را)
whiten	سفید کردن، سفید شدن
whittle	تراشیدن (چوب باچاقو)، باچاقوتراشیدن
widen	پهن کردن، گشاد کردن، عریض کردن (شدن)
wilt	پژمرده شدن (گل وگیاه)، ضعیف شدن
win	بردن (مسابقه)، پیروز شدن (درجنگ)، موفق شدن، اغواکردن (وادارکردن)
wince	درد کشیدن (جسماً یا روحاً)، ازدرد بخود پیچیدن
wind	پیچاندن، پیچیدن، پیچ وخم خوردن، کوک کردن
wind up clock	ساعت کوک کردن
wind up company	به امورشرکتی رسیدگی کردن وآن رامنحل کردن
wink	چشمک زدن، باچشم اشاره کردن، نادیده گرفتن
winnow	باد دادن (گندم)، پاک کردن، سواکردن
wipe	پاک کردن (دست وصورت، میزوغیره باپارچه)
wipe out	نابود کردن، محوکردن
wire	سیم کشی کردن (سیم برق درخانه)، مخابره کردن، تلگراف کردن
wish	خواستن، مایل بودن، آرزوداشتن، خواستار بودن، طلب کردن
witch	سحرکردن، افسون کردن، مسحورکردن، مجذوب کردن، فریفتن
withdraw	پس زدن (پرده)، عقب کشیدن، کناره گیری کردن، پس گرفتن، ترک کردن
wither	پژمرده شدن، خشک کردن (شدن)، نیروازدست دادن
withhold	بازداشتن، مانع (کاری)شدن، دریغ داشتن، اقدام نکردن
withstand	ایستادگی کردن، مقاومت کردن، استقامت ورزیدن، مخالفت کردن
witness	گواهی دادن، شهادت دادن، گواه بودن، شاهد بودن
wobble	تلوتلو خوردن، جنبیدن، مردد بودن، یله رفتن
womanize	هرزگی کردن، مخنث بودن، خانم بازی کردن
wonder	تعجب کردن، درشگفت بودن، حیرت کردن، متحیرماندن
woo	اظهارعشق کردن، خواستگاری کردن، طالب (جاه ومقام)بودن
work	کارکردن، مؤثر بودن، بکارانداختن، کارکردن (ماشین)، عملی شدن
work in	جادادن، جاپیداکردن
work off	خالی کردن(خشم خودبردیگران)، چاپ کردن، آب کردن (کالا)
work out	حساب کردن، درآوردن (حساب)، ازکارزیادخسته کردن، بزحمت انجام دادن
work up	کم کم درست کردن، برانگیختن، ترکیب کردن، بمرحله استفاده رساندن
worm	(باخودشیرینی خود رانزد کسی)جادادن، کرم وار راه خودرابازکردن
worry	نگران بودن، بستوه درآوردن، زیادراجع به چیزی فکرکردن
worsen	بدترکردن، بدترشدن

worship	پرستش کردن، عبادت کردن، پرستیدن
wound	زخمی کردن، زخم زدن، جریحه دارکردن، مجروح کردن
wrangle	دادوبیداد کردن، مشاجره کردن، نزاع کردن
wrap	پیچیدن، قنداق کردن (بچه)، پوشاندن
wreak	انتقام گرفتن، ضربه (بکسی)وارد آوردن، کینه جوئی کردن
wreathe	حلقه (گل)درست کردن، (دود)بشکل حلقه درآمدن
wreck	شکستن (کشتی)، خراب کردن، خسارت وارد کردن
wrest	بزور گرفتن، بد تعبیر کردن
wrestle	کشتی گرفتن، گلاویزشدن، دست بگریبان شدن
wriggle	(مثل کرم)لولیدن، طفره رفتن، جنبیدن
wring	فشاردادن، فشردن و پیچ دادن، منحرف کردن
wrinkle	چین دادن، چروک کردن، چین خوردن، چین (به ابرو) انداختن
write	نوشتن (نامه وغیره)
write off	باطل کردن، قلم زدن
write out	بتفصیل نوشتن، کامل نوشتن، از زیاد نوشتن خود را خسته کردن
write up	(شرح واقعه ای را)بتفصیل نوشتن، (مطلبی راهرروز) وارد دفترکردن
writhe	بخود پیچیدن (ازدرد)، سخت آزرده شدن (رنجیدن)

Y

yammer	شیون وزاری کردن، غرزدن
yap	زوزه کشیدن (سگ)، چرت و پرت گفتن
yaw	(کشتی)ازمسیرخود خارج شدن
yawn	خمیازه کشیدن، دهن دره کردن
yean	بره یابزغاله زائیدن
yearn	آرزو داشتن (استراحت)، اشتیاق داشتن
yell	فریاد زدن (کشیدن)، نعره زدن (ازدرد، خنده، خوشحالی)
yellow	زرد شدن (کاغذ ازفرط فرسودگی)
yelp	واغ واغ کردن (سگ)، زوزه کشیدن(سگ ازدرد)
yield	بار آوردن (محصول)، بهره دادن (سرمایه)، تسلیم شدن، تن در دادن
yoke	درزیریوغ درآوردن، پیوند دادن، متصل کردن، جفت کردن

Z

zig-zag	بطورجناغی رفتن، یله رفتن، کج ومعوج رفتن
zone	احاطه کردن، منطقه ای کردن
zoom	هواپیمارابا‌سرعت زیاد وزاو یه تند بالاراندن، فاصله عدسی (دوربین عکاسی)جلووعقب بردن

یکی کردن	unite; unify	یک واحد کردن، متحد کردن
یَله دادن	lean (v.i.) ; incline one's body against something	بجائی تکیه دادن، تکیه کردن
یُمْن داشتن	be auspicious, of good omen, prosperous	میمنت داشتن، تبرک داشتن
یَواش کردن	slow down (speed); lower (one's voice)	سرعت کم کردن، صدا پائین آوردن
یورتمه رفتن	trot (of horses)	نوعی راه رفتن اسب
یورش کردن	make an attack; raid; attack	تاخت وتاز کردن، حمله وهجوم کردن
ییلاق رفتن	go to the countryside; spend summer at a place	ایام تابستان رادرجای خنک گذراندن

ی

یاد آمدن	**recall; come to mind; remember**	بخاطر آمدن، به ذهن آمدن
	I do not remember his name.	اسمش یادم نمیاید. (بخاطرم نمیاید)
یاد انداختن	**remind**	بخاطر کسی آوردن، یاد آوری کردن
	It reminds me of my school days.	مرابه یاد روزهای مدرسه میاندازد.
یاد بودن	**remember; recall; recollect.**	بخاطر داشتن
	I remember when I was a child.	یادم هست وقتی بچه بودم.
یاد دادن	**teach; instruct**	تعلیم دادن، آموختن
	He taught me how to swim.	بمن یاد داد چطور شنا کنم.
یاد کردن	**remember; commemorate**	کسی رابخاطر گذراندن
	What happened that you remembered us.	چه شد که یاد ما کردی؟
یاد گرفتن	**learn**	بلد شدن، آموزش یافتن
یادداشت کردن	**take note of; note; write down**	برای یاد آوری روی کاغذ نوشتن
یاری کردن	**assist; help**	کومک کردن، مساعدت کردن، همراهی کردن
یأس داشتن	**despair; lose hope**	مأیوس بودن، ناامید بودن
یاغی شدن	**rebel; become out an outlaw**	سرکش شدن، متمرد شدن، یاغیگری کردن
یافت شدن	**be found, obtained; be available**	پیدا شدن، وجود داشتن، موجود بودن
یافتن	**syn. of** مترادف: پیدا کردن	
یاوَری کردن	**syn. of** مترادف: همراهی کردن، کمک کردن	
یاوِه گفتن	**talk vainly, foolishly, idly**	بیهوده حرف زدن، یاوه سرائی کردن
یَخ بازی کردن	**ice skate**	روی محلی که یخ زده بازی کردن
یَخ بستن (زدن)	**freeze (v.i.)**	بسته شدن آب، منجمد شدن آب
	The swimming pool was frozen.	استخر شنایخ بسته بود. (زده بود)
یَخ کردن	**feel very cold; freeze; get cold (food)**	سرد شدن (خوراکی)، احساس سرما کردن
	I am freezing.	یخ کردم. (خیلی سردم هست)
یَدَک کشیدن	**tow; pull (boat, car, etc.)**	ماشین یاقایق راباوسیله دیگر کشیدن
یَراق کردن (زدن)	**harness; trim (animals) with galloons**	روی اسب یاحیوان دیگرزین و برگ گذاشتن
یقین داشتن	**be certain, sure (of something)**	مطمئن بودن، حتم داشتن
یقین کردن	**make certain, sure**	مطمئن کردن، اطمینان دادن
یِک و دو کردن	**argue (with someone); dispute; wrangle**	بحث وجدل کردن، مجادله کردن
یِکدستی زدن	**test, sound out a person with false statements**	کسی راآزمایش کردن، فریب دادن
یِک زبان شدن	**be unanimous**	یک صدا شدن، باهم یگانه شدن
یِکسان کردن	**make equal; level; equalize**	مساوی کردن، صاف کردن (زمین)
یِک کاسه کردن	**consolidate**	یکجاجمع کردن، یکی کردن، رو یهم ریختن
یِکّه خوردن	**be taken aback (with wonder, disappointment)**	ناگهان به امری آگاه شدن

موزون ساختن، یکنواخت کردن	coordinate; harmonize; concert	هَم آهنگ کردن
هم عهد شدن	confederate; come into alliance	هم پیمان شدن
کوشش کردن، جدیت کردن	make efforts; endeavour; strive; aspire	هِمّت کردن
رقابت کردن (باهم)	vie with; compete with one another	هَم چشمی کردن
درهزینه ومصرف شریک شدن	share expenses	هَم خرج شدن
هم فکر شدن، باهم موافقت کردن	agree with each other; conspire	هَم داستان شدن
شریک غم وغصه کسی شدن، هم درد شدن	sympathize; share feeling with person	هَم دردی کردن
متحد شدن، یکی شدن	join hands; collaborate; conspire	هَم دست شدن
همفکرشدن، هم دم شدن	have same opinion; become unanimous	هَم دل شدن
کمک کردن، بدرقه کردن، یاری کردن	go along with; accompany; help; escort	هَمراهی کردن
باهم سفرکردن	travel together	هَمسفر شدن
هم زبان وهمدم شدن	join in conversation	هَم صحبت شدن
مترادف هم داستان شدن	syn. of	هَم صدا شدن
باهم کارکردن، همدستی کردن	co-operate; collaborate; work jointly	هَمکاری کردن (با)
معاشرت کردن، همدم بودن	keep company with; befriend; associate	هَم نشینی کردن
صاف کردن، هم سطح کردن	level; make smooth; flatten	هَموار کردن
سروصداکردن، جاروجنجال کردن	make a noise; uproar	هَمهمه کردن
شاهکارکردن، کارفوق العاده انجام دادن	perform an outstanding task, a masterpiece	هُنرکردن
شایعه پخش کردن	spread (false) rumours	هواانداختن
مسخره کردن، ریشخند زدن، شلوغ کردن	boo; jeer; ridicule	هُو کردن
هوای تازه تنفس کردن	have some fresh air; take the air	هَوا خوردن
داخل چیزی هواکردن	supply with air; air	هَوا دادن (م)
بالا بردن (درفش)، درهوا پراندن (بادبادک)	fly (kite etc.) (v.t.)	هَوا کردن (م)
فریاد کمک کردن، مدد طلبیدن	cry for help; yell	هَوار کشیدن
هورا داد زدن، هلهله کردن	shout, cry out hurrah	هوُرا کشیدن
آرزو داشتن، میل کردن	desire eagerly; have a liking for	هَوس کردن
ترسیدن، خود راباختن	be shocked, startled	هَول کردن
ظاهر شدن، آشکار شدن، پدیدار شدن	appear; become apparent, obvious	هُو یدا شدن
داد وفریاد کردن، جاروجنجال کردن	raise a tumult, uproar; brawl	هَیاهو کردن

وَقت غنیمت شمردن	**take (seize) the opportunity**	ازفرصت استفاده کردن
وَقع گذاردن	**heed; esteem; take notice of**	محترم شمردن، قدرومنزلت کسی دانستن
وَقف کردن	**endow; dedicate; bequeath**	دارائی خود رابرای مصارف نیکوکاری گذاردن
	He dedicated (devoted) his life for the poor.	تمام عمرش رابرای بینوایان وقف کرد.
وَقفه حاصل شدن	**come to a standstill, pause**	بحال ایست درآمدن، تعطیل شدن
وُقوع یافتن	**take place; happen; occur**	اتفاق افتادن، واقع شدن، رخ دادن
وُقوف داشتن (به)	**be informed, aware of**	آگاه بودن، اطلاع داشتن، واقف بودن
وِکالت دادن (بکسی)	**give (someone) power of attorney**	ازخود بکسی نمایندگی واختیاردادن
وِکالت کردن	**practise law; act as a lawyer**	شغل وکالت داشتن
	He practises law in Tehran.	اودرتهران وکالت میکند.
وَکیل کردن	**appoint (person) as one's lawyer, agent**	کسی رااازطرف خود نماینده تعیین کردن
وِل کردن	**let go; let out; unleash; set free**	رهاکردن، آزاد ساختن
	He dropped his work and went.	کارش راول کرد ورفت.
	You are not allowed to unleash the dog.	شمااجازه ندارید سگ راول کنید .
	Why did he let go the rope?	چرا اوطناب راول کرد؟
وِل گشتن	**loaf about; loiter; rove**	بیهوده وبی هدف این طرف وآنطرف رفتن
وَلع داشتن	**be greedy, avaricious**	حرص داشتن، آزمند بودن
وِلو کردن	**spread out; scatter; stretch out**	پخش کردن، پراکنده کردن
وَلوله کردن	**raise a tumult; uproar**	جاروجنجال کردن، هیاهو کردن
وَهم کردن	**fear; apprehend; conceive a false idea**	ترسیدن، تصورباطل کردن
ویران کردن	**ruin; destroy; lay waste; demolish**	خراب کردن، ازبین بردن
	The earthquake laid waste the whole town.	زلزله تمام شهرراویران کرد.

ه

هاج و واج ماندن	**be flabbergasted, stupefied**	مات ومبهوت شدن، گیج شدن
های وهو کردن	**set up a hulabaloo**	غوغا وآشوب کردن
هَتّاکی کردن	**asperse; curse; swear; revile**	ناسزا گفتن، پرده دری کردن
هَتک ناموس کردن	**rape; violate (woman)**	پرده عفت وعصمت زنی پاره کردن
هَجو کردن (گفتن)	**lampoon; libel; satirize**	مورد طنز قرار دادن، مسخره کردن
هُجوم کردن	**make an attack; swarm; crowd; throng**	حمله ناگهانی کردن، شلوغ کردن
	People crowded into the cinema hall.	مردم به سالن سینما هجوم کردند.
هِدایت کردن	**guide; lead; show the right way; direct**	راهنمائی کردن، رهبری کردن
هَدَر کردن (دادن)	**waste; squander; dissipate**	دور ریختن، تباه کردن، حیف ومیل کردن
هَدَر رفتن	**come to nothing; lose (something) in vain**	بی نتیجه شدن، از بین رفتن، هدر شدن
	All our efforts came to nothing.	تمام فعالیت مابهدر رفت.
	He lost his life in vain.	خونش به هدر رفت.
هَدَف قرار دادن	**aim; point (gun etc.) at; take aim**	نشانه رفتن، قراول رفتن
	The hunter aimed his gun at the lion.	شکارچی تفنگ خود رابطرف شیرهدف قرارداد.
هِدیه کردن	**offer; make a present of**	پیشکش کردن، تحفه دادن، هدیه دادن
هَذیان گفتن	**hallucinate; rave; talk in delirium**	چرند حرف زدن، پرت و یاوه گفتن
هَراسان شدن (ل)	**be alarmed; fear; be afraid**	ترسیدن، بیمناک شدن
هَراسان کردن (م)	**frighten; alarm**	مضطرب کردن، بوحشت انداختن
هَراساندن	**syn. of** مترادف ترساندن، هراسان کردن	
هَراسیدن	**syn. of** مترادف ترسیدن	
هَرز رفتن	**syn. of** مترادف هدر رفتن	
	A great amount of water went to waste.	مقداری زیاد آب هرز رفت. (هدر رفت)
هَرزگی کردن	**debauch; commit debauchery**	کارزشت کردن، سخن یاوه گفتن
هَزینه داشتن	**involve expense**	خرج داشتن
هُشدار دادن	**warn; alarm; caution**	آگاه کردن، تذکر دادن، اخطار کردن
هَضم کردن	**digest (food); endure (insult etc.)**	تحلیل بردن غذا، تحمیل کردن
	He cannot endure these insults.	اونمیتواند این بی احترامی راهضم کند.
هُل دادن	**push; jostle**	زور دادن، بکسی یاچیزی فشار دادن
هَلاک شدن (ل)	**die; perish; be killed**	مردن، کشته شدن، از بین رفتن
هَلاک کردن (م)	**kill; destroy; cause to perish**	کشتن، باعث نابودی شدن
هِلهِله کردن	**cry for joy; cheer; applaud**	ازشادی هیاهو کردن
هَمانند کردن	**make (things) alike, similar**	مثل هم کردن، شبیه بهم کردن
هَم آواز شدن	**sing together; become unanimous; agree**	هم صدا شدن، باهم یگانه شدن
	In this respect all of them agreed.	دراین مورد همه هم آواز شدند.

وَزن کردن	**weigh (t)**	وزن چیزی رااندازه گرفتن
وَزیدن	**blow (of wind, breeze)**	آمدن (باد، نسیم)
وِساطت کردن (بین دونفر)	**mediate; intervene; intercede**	واسطه شدن، پادرمیان گذاشتن
وُسعت دادن (م)	**widen; enlarge; expand**	وسیع کردن، گشاد کردن، پهن کردن
وُسعت یافتن (ل)	**be enlarged; grow in size**	وسیع شدن، گشاد شدن
وَسواس داشتن	**be obsessive, fastidious, fussy**	تردید داشتن، دودل بودن
وَسوسه کردن	**tempt (to do something evil); allure**	خیالات شیطانی داشتن
وَسیع کردن	**syn. of** مترادف وسعت دادن	
وَسیله شدن	**cause; result; act as an intermediary**	باعث شدن، موجب شدن، واسطه شدن
وَصف کردن	**describe; express; narrate; relate**	شرح دادن، تعریف کردن
	How can you describe the beauty of the sunrise?	چطور میتوانی زیبائی طلوع آفتاب راوصف کنی.
وَصل کردن	**join; unite; fasten; link; tie**	متصل کردن، چسباندن
وَصلت دادن	**be possible**	ممکن شدن
وَصلت کردن (باکسی)	**marry; get married**	ازدواج کردن، عروسی کردن
وَصله کردن	**patch up; repair with patches**	پینه کردن، تیکه پارچه دوختن، وصله زدن
وُصول کردن	**collect; receive**	دریافت کردن (داشتن)
وَصیت کردن	**make a will**	سپردن امور خود پس ازمرگ بکسی
وَضع کردن	**enact (law); levy (tax)**	گذراندن (قانون ازمجلس)، برقرارکردن(مالیات)
وَضع حمل کردن	**syn. of** مترادف زائیدن	
وُضو گرفتن	**perform one's ablutions before prayer**	قبل ازنماز دست و پاوصورت راشستن
وَعده دادن	**promise; make a promise**	قول دادن، قرارگذاشتن، وعده کردن
وَعده ملاقات گذاشتن	**make an appointment**	قول وقرار باکسی گذاشتن
وَعظ کردن	**preach; give a sermon**	موعظه کردن، سخنرانی مذهبی کردن
وَفا کردن	**fulfil; keep (promise)**	انجام دادن، به وعده عمل کردن
	My friend did not keep his promise.	دوستم بقول خود وفانکرد.
وَفات کردن	**die; pass away; decease**	مردن، فوت کردن، درگذشتن
وَفادار ماندن	**remain faithful, loyal**	خوش قول بودن
وِفق دادن (با)	**adapt; co-ordinate; reconcile; agree with**	تطبیق کردن، مطابق بودن
	The two statements do not reconcile with each other.	دو بیانیه باهم وفق نمیدهد.
وُفور داشتن	**be abundant, plentiful**	فراوان بودن، زیاد بودن
وِقاحت کردن	**act in a shameless way; be impudent**	بی شرمی کردن، هرزه دهان بودن
وَقت صرف کردن	**spend time**	وقت گذراندن
وَقت کردن	**find time**	فرصت پیدا کردن
	If I find time, I shall do it.	اگر وقت کردم آن کار را خواهم کرد.
وَقت گرفتن	**get an appointment; take up time**	ازکسی وقت ملاقات گرفتن، وقت صرف شدن
	This job takes up all my time.	این کار تمام وقت مرامیگیرد
	You should get an appointment with doctor.	شمابايد ازدکتر وقت بگیرید.
وَقت تلف کردن	**waste time**	وقت بیهوده صرف کردن
وَقت گذراندن	**pass one's time**	زمان گذاراندن

واضح کردن	**clarify; explain; elucidate; make clear**	معلوم کردن، روشن کردن
واقع شدن	**occur; happen; be located**	اتفاق افتادن، قرار گرفتن
واقف بودن (ازچیزی)	**be aware, cognizant**	اطلاع داشتن، مطلع بودن
واقف شدن	**realize; be informed; become aware**	اطلاع پیدا کردن
واکس زدن	**polish, shine (shoes)**	واکس روی کفش وغیره مالیدن
واکسن زدن	**vaccinate; inoculate with vaccine**	تزریق کردن
واگذار کردن	**leave; delegate; turn over; hand over**	واگذاردن، دادن، منتقل کردن
وام دادن	**lend; give a loan**	قرض دادن
وام گرفتن	**borrow; take a loan**	قرض گرفتن
واماندن	**be tired out; lag; fall behind**	خسته شدن، عقب ماندن، بی تاب شدن
وانَمود کردن	**feign; pretend; act like; simulate**	تظاهر کردن، برخلاف واقع نشان دادن
واهِمه داشتن	**fear; be afraid of**	ترس داشتن، بیم داشتن
وَثیقه سپردن	**give a security (for payment of debt)**	تضمین دادن، گروئی دادن
وَجب کردن	**span (width of something); measure**	باانگشتان دست اندازه گرفتن
وَجد کردن	**be in ecstasy, rapture; rejoice**	شادی کردن
وُجود داشتن	**exist; be**	موجود بودن، بودن
وَحشت کردن	**be terrified, frightened**	ترسیدن، وحشت داشتن
وَخیم شدن	**become critical, perilous, grave**	خطرناک شدن، ناگوار ودشوار شدن
وِداع کردن (از)	**bid farewell, say good bye**	خداحافظی کردن، تودیع کردن
وَدیعه گذاردن	**deposit (something with bank, etc.)**	سپرده گذاردن، امانت سپردن
وَرآمدن	**rise; swell; come off**	بالا آمدن (خمیر)
	The dough did not rise well.	خمیر خوب ورنیامد.
	The wall paper came off.	کاغذ دیواری ورآمد.
وِرد خواندن	**recite an incantation; say one's beads**	دعای مخصوص خواندن
وَررفتن (به)	**tamper with; meddle with; play**	دست کاری کردن
	He tampered with the radio and ruined it.	او به رادیو وررفت وخرابش کرد.
وِر زدن	**chatter; gabble**	پرحرفی کردن، سخن بیهوده گفتن
وَرزش کردن	**exercise; train oneself**	تمرین کردن
وَرزیدن	**train; exercise; acquire a habit**	تمرین کردن، آزمودن
	To make love	عشق ورزیدن (عشقبازی کردن).
	To cherish enmity	عداوت ورزیدن (دشمنی کردن)
وَرزیده شدن	**be experienced, trained, industrious**	باتجربه شدن، نیرومند شدن
وَرشکست شدن	**go bankrupt**	درداد وستد واماندن، زیان دیدن
وَرق زدن	**turn over the pages (of a book etc.)**	برگ کتاب برگرداندن
وَرق بازی کردن	**play cards**	بابرگهای بازی قمار بازی کردن
وَرق دادن	**deal the cards**	دربازی قمار به بازیکنان ورق دادن
وَرقه وَرقه کردن	**laminate; split into layers or leaves**	نازک بریدن، برگ برگ کردن
وَرم کردن	**swell; inflame; dilate**	باد کردن، آماس کردن
	Her eyes were dilated.	چشمانش ورم کرده بود.

و

وابستگی داشتن (به)	**be attached, affiliated, connected**	وابسته بودن، مربوط بودن بچیزی یاجائی
واپس ماندن	**remain behind**	عقب ماندن
واجد بودن	**possess; have**	دارا بودن، داشتن
	My friend does not possess all the qualifications.	دوستم واجد تمام شرایط نیست.
واخواست کردن	**dishonour (bill), refuse to pay (bill)**	نکول کردن، از پرداخت برات خود داری کردن
واخوردن	**be startled, shocked, rejected, strained**	یکه خوردن، سرخوردن، پس زدن
وادادن	**leave; abandon; relax**	شل کردن، رها کردن، واگذاردن
وادار کردن	**persuade; oblige; urge; compel**	مجبور کردن، واداشتن، تحریک کردن
	He persuaded my friend to accept the job.	اودوست مراوادار کرد که شغل راقبول کند.
واداشتن	**appoint; assign; prevent; persuade**	بکاری گماشتن، بازداشتن (مانع شدن)
	He prevented my friend from going.	اودوستم را ازرفتن واداشت.
وارث شدن	**inherit; succeed as heir**	ارث بردن
وارد بودن	**be in the picture, acquainted with, valid**	درجریان بودن، بجا بودن
	Your objection is not valid.	ایراد شما وارد نیست.
	Are you acquainted with this subject?	آیا شمادراین مورد وارد هستید؟
	He knows his job very well.	او درکارش خیلی وارد است.
وارد شدن	**enter; arrive; come in**	رسیدن، داخل شدن
وارد کردن	**import; enter (into books); inflict (loss)**	کالا وارد کشورکردن، دردفترحساب وارد کردن
	Enter this item into the book.	این قلم رادردفتر وارد کنید.
	The merchant imports goods.	بازرگان کالا وارد میکند.
وارسی کردن	**investigate; verify; look into; search**	بازرسی کردن، جستجو کردن
وارفتن	**become mushy, loose (of food); be slackened**	شل شدن، ازهم دررفتن، سست شدن
وارو زدن	**do a somersault**	پشتک زدن، معلق زدن
وارونه کردن	**reverse; invert; turn upside down**	پشت و روکردن، واروکردن
وارونه شدن	**be overturned, capsized, inverted**	واژگون شدن، برگشتن (قایق)
	The boat was capsized in the storm.	قایق در طوفان وارونه شد.
واریز کردن	**settle up(accounts); liquidate balance**	تصفیه کردن (حساب)
وازدن	**reject; refuse; repel**	پس زدن، رد کردن، نپذیرفتن
واژگون کردن	**overturn; overthrow**	برانداختن، سرنگون کردن
	They overthrew the kingdom.	سلطنت را واژگون کردند.
واسطه شدن	**act as an intermediary; mediate; intervene**	میانجی شدن، دلال شدن
واشدن (ل)	**open (v.i.)**	باز شدن
واکردن (م)	**open (v.t.)**	بازکردن
واصل شدن	**arrive; reach; be received**	دریافت شدن، رسیدن (نامه غیره)

بکلی از بین بردن، برانداختن	exterminate; annihilate; root out	نیست ونابود کردن
گزیدن، کنایه زدن، طعنه زدن	sting; prick; make sarcastic remarks	نیش زدن
زنبور اورا نیش زد.	The bee stung him.	
او بمن نیش زد. (توهین کرد)	He stung me with his insults.	
زخم شکافتن، زخم سوراخ کردن	lance; cut open with lancet	نیشتر زدن
پوز خند زدن، خنده نیش دار کردن	grin; express contempt by grinning	نیشخند زدن
وشگون گرفتن، نشگون گرفتن	pinch	نیشگان گرفتن
خوبی کردن، احسان کردن	do goodness; act benevolently	نیکی کردن
رنگ نیلی (آبی) زدن	blue; dye with blue	نیل زدن
تخم مرغ را با روغن سرخ کردن	fry an egg	نیمرو کردن
پرچم (بیرق) رانصف بالا بردن	fly (flag) at half-mast	نیمه افراشتن
کار را ناتمام گذاشتن	leave (work) unfinished, half done	نیمه کاره گذاشتن

نَمک زدن (به)	salt (food)	هنگام پختن غذا نمک پاشیدن
نَمک پاشیدن (روی)	sprinkle with salt	نمک ریختن
نَم نَم باریدن	drizzle	ذره ذره باران آمدن
نُمو کردن	grow; develop (v.i.); flourish	روئیدن، رشد کردن
نِمودار شدن	appear; become visible	ظاهرشدن، آشکارشدن
نَمودن	syn. of مترادف کردن	(فعل معین)
نِمونه شدن	serve as an example	سرمشق شدن
نَنگ داشتن	disdain; scorn; hold in contempt	عیب دانستن، زشت وعار دانستن
	He disdains to talk to me.	اوننگ دارد که بامن صحبت کند.
نو کردن	change for a new one	چیز کهنه راباچیز نوتبدیل کردن
نَواختن	play (on a musical instrument)	ساززدن، موسیقی زدن
نَوازش کردن	caress; fondle; blandish; soothe	دلجوئی کردن از، درآغوش گرفتن
نوبر کردن	eat the first fruits	میوه که تازه ببازارآمده چشیدن
نوحه خواندن	recite mourning songs; lament	سرود عزا (سوگواری) خواندن
نوُر دادن	emit light; give out light; expose	روشنائی دادن، درعکسبرداری نور دادن
نوُر کم کردن	make dim (light); becloud	روشنائی راکم کردن
	Please dim the light in this room.	خواهش میکنم نوراین اطاق راکم کنید
نوسازی کردن	renovate; restore to a good condition	جائی راتعمیر کردن یاازنوساختن
نوُش جان کردن	eat or drink (heartily)	گوارای وجود شدن، خوردن
نوُشاندن (م)	cause (give, make) to drink	آشامیدنی بخورد کسی دادن، نوشانیدن
نِوشتن	write; jot down; put down; compose	نگاشتن، تحریرکردن، روی کاغذ آوردن
نوُشیدن (ل)	drink	آشامیدن، نوش کردن، خوردن (آب وچای)
نوک زدن	peck; strike with the peak	منقارزدن پرندگان
نومید شدن (ل)	despair; lose hope; become hopeless	مأیوس شدن، ناامید شدن
نومید کردن (م)	disappoint; make desperate	کسی رامأیوس کردن، ناامید کردن
نَوید دادن	bring, give good news	خبرخوش دادن یاآوردن
نِویسندگی کردن	serve (or live) as a writer	شغل کتاب یامقاله نویسی داشتن
نَهادن	syn. of مترادف گذاردن ـ گذاشتن	(فعل معین)
نَهان کردن	hide; conceal; keep secret	پنهان کردن، مخفی کردن
نَهی کردن	forbid; prohibit; ban; stop	بازداشتن، منع کردن، قدغن کردن
نَهیب دادن	intimidate; browbeat	ترساندن، عتاب کردن
نِی زدن	play on pipe, flute	فلوت نواختن
نیابت کردن	act as a deputy (on behalf of someone)	جانشین شدن
نیاز داشتن (به)	need; be in need of; require	احتیاج داشتن، لازم داشتن
نیّت کردن	make a wish; entend	قصد کردن، آرزو کردن
نیرنگ زدن	play a trick; deceive; cheat; use trickery	حقه زدن، گول زدن
نیرومند کردن	strengthen; fortify; empower; invigorate	قوی کردن، تقویت کردن
نیزه انداختن	throw a javelin, dart, light spear	نیزه پرتاب کردن
نیزه بازی کردن	joust; duel with lance	دواسب سوارباهم نیزه بازی کردن

نَقش برزمین شدن	**fall down flat (at full length)**	بیهوش بزمین افتادن
نَقشه برداری کردن (از)	**make topography, cartography**	جزئیات زمین یاشهری راروی نقشه آوردن
نَقشه کشیدن	**draw a map; work out; scheme (intrigue)**	نقشه جائی راروی کاغذ آوردن، توطئه چیدن
	The prisoners worked out a plan of escape.	اسرا نقشه برای فرار کشیدند.
	The opposition is scheming all the time.	مخالفین دائما نقشه میکشند.
نَقص داشتن	**be defective, faulty; be blemished**	عیب داشتن، ناقص بودن
	His work was perfect (without defect)	کاراونقص نداشت (عالی بود).
نُقصان یافتن	**be diminished, decreased, reduced**	کاهش پیداکردن، کم شدن
نَقض کردن	**violate; infringe; contravene**	شکستن (قرارداد)، تخطی کردن از(قانون)
نُقطه گذاردن	**dot; make with dots; point**	روی حروف وآخر جمله نقطه گذاردن
نَقل کردن	**transport; narrate; give an account of**	حمل کردن، حکایت کردن،روایت کردن
نَقل مکان کردن	**move; change one's abode**	منزل خود راعوض کردن
نَقل قول کردن (ازکسی)	**quote; cite**	نوشته یاگفته کسی رابازگوکردن
نُکول کردن	**dishonour (cheque, bill); retract**	رد کردن (برات یاحواله)، پس گرفتن (قول)
نِکوهش کردن	**blame; reproach; find fault with**	سرزنش کردن، عیبجوئی کردن ، نکوهیدن
نِگاشتن	**write; draw; paint**	نوشتن، نقش کردن، رسم کردن
نِگاه داشتن (نگهداشتن)	**hold; keep; support; prevent**	دردست داشتن، بازداشتن، حفظ کردن
	Hold your head up.	سرت رابالا نگاه دار.
	They kept him in prison for some time.	اورابرای مدتی درزندان نگهداشتند.
	The wall cannot support the weight.	دیوارنمیتواند سنگینی رانگهدارد.
نِگهداری کردن (از)	**take care of; keep; protect; support**	مواظبت کردن، حمایت کردن
	At present I am supporting a large family.	درحال حاضر ازیک خانواده بزرگی نگهداری میکنم.
نِگاه کردن	**look; see; observe; glance; watch; peep**	دیدن، ملاحظه کردن، مشاهده کردن
نِگران بودن	**be worried, anxious, uneasy, concerned**	ناراحت بودن، نگرانی داشتن
نِگریستن	**look; see; observe**	نگاه کردن، دیدن
نِگهبانی کردن	**watch; guard**	مراقبت کردن، پاسبانی کردن
نَم پس دادن	**show trace of dampness; give off moisture**	ترشدن، تراویدن
نَم زدن (م)	**moisten; wet; dabble**	کمی آب بچیزی زدن، نمناک کردن
نَم کشیدن (ل)	**get wet; become moist; moisten**	مرطوب شدن، آب بخود گرفتن
نَمازخواندن	**say one's prayers**	نمازگذاردن، دعا خواندن
نَمایان شدن	**appear; become apparent, visible**	ظاهرشدن، آشکارشدن، پیدا شدن
نَمایان کردن	**bring into view; make apparent; show**	آشکارنمودن، روشن کردن، نمایان ساختن
نَمایاندن	**show; indicate**	نشان دادن، هویداکردن
نَمایش دادن	**show; exhibit; demonstrate; stage a play**	نشان دادن (فیلم وغیره)، درمعرض تماشاگذاردن
نُمره برداشتن	**take down (the car number by police)**	شماره اتومبیل رایادداشت کردن
نُمره دادن	**mark (an examination paper)**	به اوراق امتحانی نمره گذاردن
نُمره کردن	**get a registration number (for a car etc.)**	برای اتومبیل شماره گرفتن
	You should get a registration number for your car.	شماباید اتوموبیلتان رانمره کنید.
نُمره زدن (به)	**put a number on something**	روی چیزی شماره گذاردن

نَصیحَت کردن	**exhort; admonish; counsel; advise**	پند واندرز دادن، نظر دادن
نُطق کردن	**deliver a speech; speak; give lecture**	سخنرانی کردن
نِظارَت کردن	**supervise; control; check**	مراقبت کردن، پائیدن، کنترل کردن
نِظاره کردن	**behold; watch; see**	نظرانداختن، نگاه کردن، دیدن
نِظافَت کردن	**clean; cleanse**	تمیز کردن، پاک کردن
نَظر انداختن (به)	**cast a glance**	از دور دیدن، تماشا کردن
نَظر دادن (درباره چیزی)	**express one's opinion; comment**	عقیده خودرااظهارکردن،اظهارعقیده کردن
نَظر زدن	**cast an evil eye (on someone)**	چشم زدن، هدف چشم شورواقع شدن
نَظم وترتیب دادن	**put in order; regulate; array**	مرتب کردن، منظم کردن
نَظم برقرار کردن	**establish order**	مرتب کردن
نَظیف کردن	**clean; dust; tidy up**	تمیز کردن، پاک کردن
نَعره زدن	**cry out; roar; yell**	فریاد بلند کردن، نعره کشیدن (شیر)
نَعل زدن	**shoe (a horse)**	دست و پای حیوانات رانعل کوبیدن
نِفاق انداختن (بین)	**sow discord; make mischief**	دوبهم زدن، دوروئی کردن، تفرقه انداختن
تَنفّر داشتن (از)	**hate; loathe; abhor**	متنفربودن، منزجربودن، کراهت داشتن
نِفرین کردن	**curse; imprecate; damn**	لعنت کردن، دشنام دادن
نَفس تازه کردن	**catch one's breath; rest**	خستگی رفع کردن، هوای پاک خوردن
نَفس عمیق کشیدن	**take a deep breath**	نفس طولانی کشیدن
نَفس نَفس زدن	**pant; be gasping for breath**	بریده دم زدن، ازخستگی نفس تند زدن
نَفس کشیدن	**breathe; respire**	دم فروبردن و بیرون آوردن
نَفع بردن (ل)	**profit; gain; make a profit; benefit**	سود بردن، استفاده کردن، نفع کردن
نَفع دادن (م)	**yield profit**	سود دادن، بهره دادن
نَفقه دادن	**give (pay) alimony**	هزینه زن وبچه راپرداختن
نُفوذ داشتن	**be influential; have influence**	نافذ بودن، متنفذ بودن
نُفوذ کردن (در) و (از)	**influence; penetrate; infiltrate**	رخنه کردن، تراوش کردن
	The water infiltrates through the rocks	آب ازمیان سنگها نفوذ میکند.
	Saboteurs penetrated the enemy's territory.	خرابکاران درسرزمین دشمن نفوذ کردند.
نَفی کردن	**negate; deny existence of; nullify**	نیست کردن، رد کردن
	This document disproves his claims.	این مدرک ادعاهای اورا نفی میکند.
نَفی بلد کردن	**banish; condemn to exile**	کسی رااز زادگاه خود تبعید کردن
نِقاب زدن (به)	**cover (face) with mask; veil**	ماسک زدن، روبند زدن
نِقاب برداشتن (از)	**unveil; raise the veil; unmask**	ماسک یاروبند را ازصورت برداشتن
نَقّادی کردن	**criticize; act as a critic**	نکته گیری کردن، خوب رااز بد تمیز دادن
نَقّاشی کردن	**draw; paint; portray**	روی کاغذ یاپارچه رنگ آمیزی کردن
نَقب زدن (در)	**burrow; make a hole in the earth**	زیرزمین راکندن وسوراخ کردن
نَقد کردن	**cash (cheques, bills, etc.)**	چک یابرات رابانک دادن و پول گرفتن
نَقش بازی کردن	**play a part (at theatre, etc.)**	درتئاتروسینما رلی بازی کردن
نَقش برآب شدن	**be thwarted; come to nothing**	بی نتیجه ماندن.
نَقش برآب کردن	**foil ; engage in a futile task**	کاربیهوده کردن

نَرمی کردن	**behave softly, gently or leniently**	ملایمت کردن، مدارا رفتارکردن
نِزاع کردن	**quarrel; dispute; squabble; wrangle**	دعوا ومشاجره کردن
نَزدیک شدن (به)	**come near(er); approach; draw near**	جلوآمدن، نزد کسی آمدن
نَزدیک کردن	**bring close together; cut short**	کوتاه کردن
	The taxi make a short cut.	تاکسی راه رانزدیک کرد. (کوتاه کرد)
نَزدیکی کردن (با)	**have sexual intercourse with someone**	رابطه جنسی باکسی داشتن
نُزول کردن	**come down; descend; discount (a bill)**	فرود آمدن، پائین آمدن، برات رانقد کردن
نِسبت دادن (به)	**attribute; ascribe; charge (accuse)**	استناد کردن، ارتباط دادن، تهمت زدن
	To what do you attribute his success?	موفقیت اورا به چه چیز نسبت میدهد؟
	He was charged with stealing.	به اونسبت دزدی دادند.
نِسبت داشتن (با)	**be related, connected**	خویشی وقرابت داشتن
	He is not related to me.	او بامن نسبتی ندارد.
	What is their relationship?	آنها باهم چه نسبتی دارند؟
نَسخ کردن	**annul; abolish; abrogate**	باطل کردن، لغوکردن
نُسخِه بَرداشتن	**make a copy; copy**	رونوشت گرفتن ازنوشته ای
نُسخِه دادن	**prescribe; give a prescription**	دستور دادن کتبی پزشک
نِسیه خریدن	**buy on credit**	تحویل گرفتن کالا وتأخیر در پرداختن پول
نِشا زدن	**transplant**	قلمه زدن، نباتی راجابجا کردن
نِشاط کردن	**rejoice; feel great joy**	شادی کردن، خوشحالی کردن
نِشان دادن	**show; indicate; display; demonstrate**	نمایاندن، ابراز کردن
نِشان زدن	**wear a decoration (medal)**	مدال روی سینه نصب کردن
نِشان کردن	**mark (out); designate; aim at; sight (a gun)**	علامت گذاشتن، اثر نهادن
نِشان گرفتن	**be decorated (with a medal)**	مدال دریافت کردن
نِشاندن	**seat; plant; make to sit**	کسی رادرجائی قرار دادن، کاشتن
	He made the child sit on the chair.	او بچه راروی صندلی نشاند.
	He planted several trees in his garden.	اودر باغش چندین درخت نشاند (کاشت)
نِشانِه رفتن	**aim at; take aim**	هدف گرفتن، قراول رفتن
نِشانِه زدن	**hit the target**	به هدف زدن
نَشت کردن	**leak**	آب پس دادن، نشد کردن
نِشَست کردن	**subside; sink; settle down**	فرورفتن (ساختمان)، پائین رفتن (آب)
	The building has settled down.	ساختمان نشست کرده.
نِشَستَن	**sit; land; perch; settle; live (reside)**	برجائی قرارگرفتن
	The plane landed.	هواپیما به زمین نشست.
	Dust has settled on the furniture.	گرد روی مبل نشسته.
	The bird perched on the tree.	پرنده روی درخت نشست.
نُشو ونَما کردن	**grow (up); thrive; develop**	رشد کردن، نمو کردن، روئیدن
نَصب کردن	**set up; fix; erect; put up; install**	سوارکردن، راست کردن، بر پا کردن
نِصف کردن	**halve; divide into halves; reduce to half**	دونیم کردن، نیمه کردن
نَصیب شدن	**be allotted, assigned, destined**	تخصیص یافتن، واگذار شدن، قسمت بودن

ناقِص کردن	**deform; mutilate; make defective; cripple**	معیوب کردن (شکستن، بریدن)
	He was crippled in one leg in the accident.	دراثر تصادف از پا ناقص شد.
ناگزیر شدن	**be forced; be indispensible, inevitable**	ناچار شدن، مجبور شدن
ناله کردن	**groan; moan; lament; wail**	فغان کردن، آه کشیدن، درد داشتن
نام بردن	**mention (someone's name); name**	درجائی یاکتابی یانوشته ای نام کسی رابردن
نام گذاردن	**entitle; give (a child) a name**	اسم گذاردن، نام دادن به کودک نوزاد
نامَرئی شدن	**disappear; become invisible**	ناپدید شدن، ازنظر دور شدن
نامزد شدن	**be nominated, engaged; be a candidate**	کسی برای کاری درنظر گرفته شدن
نامُناسب دیدن	**be unsuitable, unreasonable**	ناشایسته بودن، ناجور بودن
نامُنظّم کردن	**disarray; disarrange; disorder**	نظم وترتیب رابهم زدن، مختل کردن
نام نِویسی کردن	**enroll; enlist; register**	اسم نوشتن، ثبت نام کردن
نامِهربانی کردن	**treat unkindly**	بی محبتی کردن، بی لطفی کردن
نامیدن	**name; call; entitle**	نام نهادن، اسم گذاردن
نان دادن	**provide for; support**	بینوایان راغذا دادن، نان رساندن
	My friend supports five people.	دوستم پنج نفر رانان میدهد.
نان درآوردن	**earn one's bread**	زحمت کشیدن و پول درآوردن
ناهار خوردن	**have lunch; take lunch; lunch**	غذای ظهر خوردن
نائِل شدن	**attain; arrive at; reach; gain**	رسیدن به، بهره مند شدن
	He attained his goal.	او به هدفش نائل شد.
نَبرد کردن	**fight; contend in battle**	جنگیدن، زدوخورد کردن
نَبض کسی راگرفتن	**feel a person's pulse**	ضربان قلب کسی راحس کردن
نَتیجه دادن	**result; be useful, effective**	ناشی شدن، سرزدن، منتج شدن
نَتیجه گرفتن	**conclude (vi.); deduce; get a result**	ازچیزی نتیجه بدست آوردن
	We conclude that his statements are true.	مانتیجه میگیریم که اظهارات اودرست است.
نِثارکردن	**scatter; strew (flowers, etc.); sacrifice**	پاشیدن، پراکنده کردن، فدا کردن
	They scattered flowers on his grave.	آنها روی قبرش گل نثارکردند.
	Soldiers sacrified their lives for their country	سربازان جان خود رانثارکشورشان کردند.
نِجابت کردن	**show decency, gentleness**	انسانیت کردن، آقائی کردن، لطف کردن
نِجات دادن (م)	**rescue; liberate; save**	خلاص کردن، رهائی دادن، رهانیدن
نِجات یافتن (ل)	**be rescued, saved, liberated**	رهائی پیدا کردن، خلاص شدن
نَجّاری کردن	**do carpenter's work; work as a carpenter**	درود گری کردن
نَجس کردن	**defile; make dirty, befoul**	ناپاک کردن، پلید کردن، کثیف کردن
نَجوی کردن	**whisper**	درگوشی حرف زدن
نَخ کردن	**thread (pass thread through the eye of needle)**	نخ رااز سوزن رد کردن
نَذر کردن	**vow; make a solemn oath (promise before God)**	پیمان وعهد درراه خدا بستن
نِرخ گذاردن	**fix the price**	بهای کالا ودستمزد کارگر راتعیین کردن
نَرده کشیدن	**fence (surround with fence)**	اطراف باغ یاجائی راباچوب یاآهن بستن
نَرم کردن	**soften; pulverize; powder; mollify**	کوبیدن، صاف کردن، آرام کردن، سائیدن
	I tried to mollify my friend.	من سعی کردم دوستم رانرم کنم. (آرام کنم)

ن

نااُمید شدن (ل)	despair, lose hope; give up hope	مأیوس شدن، نومید شدن
نا امُید کردن (م)	disappoint; make hopeless	مأیوس کردن، دلسرد کردن
نابود کردن	annihilate; destroy; devastate	از بین بردن، محو کردن، نیست کردن
ناپَدید شدن	disappear; vanish	محوشدن، نامرئی شدن، ناپیدا گشتن
ناپرَهیزی کردن	neglect one's diet; be incontinent	درخوردن بی احتیاطی کردن
ناتمام گذاردن	leave incomplete, unfinished	چیزی راتمام نشده باقی گذاردن
ناتَوان کردن	make powerless, unable; weaken	ضعیف کردن ،سست و بی نیرو کردن
ناجَوانمردی کردن	act in a cowardly way	بیرحمی کردن، مروت نداشتن
ناچار شدن	be compelled, forced; have to; be oblighed to	مجبور شدن، ناگزیر شدن
ناخُن گرفتن	cut (pare) one's nails	ناخن انگشت یا پارا چیدن
ناخُنک زدن	nibble at something	انگشت بخوراکی زدن
ناخُوش شدن	fall ill; get sick; become ill	مریض شدن، بیمارشدن
نادُرستی کردن	act dishonestly, deceitfully; cheat	تقلب کردن، دغل بازی کردن
نادِم شدن (از)	repent; feel regret	پشیمان شدن
نادیده گرفتن	connive at; ignore; wink at	بی اعتنائی کردن، چشم پوشی کردن
ناراحت کردن	discomfort; make uneasy; disturb; annoy	رنجاندن، آزردن
	Loud noises disturb the patients.	صداهای بلند بیماران راناراحت میکند.
ناراضی کردن	dissatisfy; make discontended, displeased	رنجاندن، دلگیر کردن
نارو زدن (بکسی)	play a dirty trick; double cross (someone)	برخلاف گفته خود رفتارکردن، فریب دادن
ناز کردن	be coy; play hard to get	پشت چشم نازک کردن، کرشمه کردن
ناز ونوازش کردن	caress, fondle (someone)	دلجوئی کردن، نوازش کردن
ناز ونیاز کردن	supplicate; entreat soothingly	التماس کردن
نازُک کردن	make thin, slender, slim	باریک کردن
نازِل شدن	come down; be reduced; descend	فرود آمدن، پائین آمدن، (قیمتها)
نازیدن	boast of; flaunt; pride oneself on	بخود بالیدن، عشوه کردن
ناسازگاری کردن	show incompatibility; be discordant	تند خوئی کردن، نابرد باری کردن
ناسِزا گفتن	curse; use indecent or profane words	بد گفتن، حرف زشت زدن
ناشُکری کردن	be unthankful, ungrateful	حق نشناسی کردن، ناسپاسی کردن
ناشی شدن (از)	arise; spring (from); be caused (by)	بروز کردن، سرزدن، باعث شدن
	All that arose from ignorance.	تمام آن از جهالت ناشی شد.
ناشیگری کردن	act inexpertly; show inexperience; bungle	نابلدی کردن، بی تجربگی نشان دادن
ناصاف کردن	make uneven, rough	ناهموار کردن، چروک کردن (پارچه)
ناظِر بودن	see; watch; witness; observe	دیدن، ملاحظه کردن
نافَرمانی کردن	disobey; disregard orders	اطاعت نکردن، زیر بار نرفتن

موکوُل کردن	**leave (refer to)**	واگذاردن، متوقف به امری کردن
	They left the matter to my discretion.	این امر راموکول بنظر من کردند.
مؤمیائی کردن	**mummify**	بدن مردگان راباماده ای پوشاندن
مُهاجرت کردن (از) و(به)	**emigrate; migrate; immigrate**	ترک وطن کردن، بجا ی دیگر رفتن
	Many Iranians emigrated from Iran to America.	عده زیادی ایرانی ازایران بامریکا مهاجرت کردند.
	Several Afghan families immigrated to Iran.	چند خانواده افغانی به ایران مهاجرت کردند.
مَهارکردن	**halter; moor; control; subjugate**	تحت کنترل درآوردن، بجائی بند کردن
مَهارت داشتن	**be skilful; be a master (in something)**	ماهر بودن، زبردستی داشتن
مُهر کردن	**seal; affix a seal to; stamp with a seal**	روی پاکت وغیره رابا لاک مهر زدن
مُهر وموم کردن	**seal with wax (letters, etc.)**	مهر ولاک زدن
مِهربانی کردن	**be kind; show kindness; treat (person kindly)**	محبت کردن، دلجوئی کردن
مُهلت دادن (به)	**give a grace period to**	فرصت دادن، وقت بیشتری بکسی دادن
مُهلت گرفتن (از)	**receive a period of grace**	فرصت بدست آوردن، ضرب الاجل داشتن
مِهمان بودن	**be invited; be a guest**	دعوت داشتن
مِهمان کردن	**invite; treat**	دعوت کردن
مِهمانی دادن	**give a party, banquet**	پذیرائی کردن
مُهمل گفتن	**talk nonsense**	سخن بیمعنی گفتن، مزخرف گفتن
مُهیّا کردن	**prepare; make ready**	آماده کردن، حاضر کردن
میانجی گری کردن	**mediate; go between; intervene**	واسطه شدن، میان افتادن یادرمیان گذاردن
میانه روی کردن	**be moderate; take a middle course**	حد وسط راگرفتن، معتدل بودن
میخ کوبیدن	**drive a nail; nail**	میخ درجائی کوبیدن، میخ زدن
مِیدان دادن (بکسی)	**give ground to; give (someone) scope**	مجال وفرصت بکسی دادن
مِیدان راخالی دیدن	**find no rivals**	رقیب نداشتن
میزان کردن	**set; adjust; regulate; focus**	درست کردن، منظم کردن
	Adjust (set) your watch.	ساعتتان رامیزان کنید.
مُیسّر کردن	**make possible, feasible**	ممکن کردن، آسان کردن
مِیل داشتن	**want, like; have a liking**	خواستن، مایل بودن
	Would you like tea or coffee?	قهوه میل دارید یاچای؟
	He does not want to see me.	اومیل ندارد مرا ببیند.
مِیل کردن	**eat (polite substitute); drink**	فعل مؤدبانه برای «خوردن وآشامیدن»
	Have (eat) some grapes.	انگور میل کنید.
میومیو کردن	**mew (of cat)**	معومعو کردن (صدای گربه)
میوه دادن	**bear (give) fruit; yield fruit**	بار دادن (درخت میوه)
میوه چیدن	**pick, pluck (fruit)**	میوه ازدرخت کندن

مُنکر شدن	**deny; repudiate; disavow**	انکارکردن، اقرارنکردن، تکذیب کردن
مَنکوب کردن	**vanquish; suppress; crush**	سرکوب کردن، بدبخت کردن
مَنگنه کردن	**perforate; press**	سوراخ کردن (کاغذ وغیره)
مُنوّر کردن	**illuminate; enlighten; light up**	نورانی کردن، چراغانی کردن
مِنها کردن (از)	**subtract; deduct**	تفریق کردن، کم کردن
مُنهدم کردن	**destroy; demolish; overthrow; annihilate**	از بین بردن، ویران کردن، خراب کردن
موبمو انجام دادن	**do something meticulously**	بادقت زیاد کاری راکردن
موتراشیدن	**shave one's hair**	موی سریا پارا تراشیدن
موی دماغ شدن (مج)	**irritate someone; intrude upon a person**	درد سردادن، مزاحم شدن
موی سرزدن	**have a haircut**	اصلاح کردن مو
موشکافی کردن	**scrutinize closely; examine in detail**	درباره مطلبی دقیقا مطالعه کردن
موکندن	**pluckout one's hair; tweeze**	موچیدن
مُواجه شدن (با)	**be confronted; meet face to face**	روبروشدن، برخوردن
	he was confronted with a difficulty.	او بامشکلی مواجه شد.
مُؤاخذه کردن (از)	**call to account; reprimand**	بازخواست کردن، ایراد گرفتن
مُوازنه کردن	**balance; equilibrate**	هم تراز کردن، برابر کردن
مُواظب بودن	**take care; be careful; mind; watch**	دقت کردن، مراقب بودن
مُواظبت کردن (از)	**look after; take care of; have an eye on**	پائیدن، نگهداری کردن
مُوافق بودن (با)	**agree, concur (with person)**	همراه وهم عقیده بودن
	I agree with you.	من با شماموافقم.
مُوافقت کردن (با)	**agree, consent (to proposal, statement)**	باتقاضائی موافق بودن وقبول کردن
	My boss agreed to my request.	رئیسم باتقاضای من موافقت کرد.
مُوج زدن	**surge, swell (of sea, crowd, etc.)**	رویهم غلطیدن، ازدحام کردن
	The crowd was surging in the square.	جمعیت درمیدان موج میزد.
مُوجب شدن	**cause; bring about; cause to happen**	باعث شدن، سبب شدن
مُوجود بودن	**be available; exist**	بودن، وجود داشتن
مُوجود داشتن	**have (in stock)**	(درانبار) ذخیره داشتن
مُورد داشتن	**be relevant; called for**	مناسب بودن، ربط داشتن
	This remark was uncalled for.	این حرف مورد نداشت.
موزیک زدن	**play music; play on a musical instrument**	موسیقی نواختن
مُوشک پرتاب کردن	**launch a rocket, missile**	موشک به فضا انداختن
مُوَظّف کردن	**charge (with a duty); assign a duty**	بکسی تکلیف کردن، مأمور کردن
موعظه کردن	**preach; deliver sermon, religious address**	وعظ کردن، سخنرانی مذهبی کردن
مُوَفّق شدن	**succeed; be successful; prosper**	کامیاب شدن، کامرواشدن
مُوَفقیت پیدا کردن	**syn. of** مترادف: مُوَفق شدن	
موقوف کردن	**cancel; stop; abolish; do away with**	متوقف کردن، تعطیل کردن، منحل کردن
	The government stopped the execution of housing project.	دولت اجرای خانه سازی راموقوف کرد.
موکُول شدن (بزمانی)	**be left; be referred to**	واگذار شدن، متوقف برامری شدن
	The meeting has been postponed until next week.	جلسه به هفته بعد موکول شد.

مُنزّه شدن	**become pure, blameless, guiltless**	پاک و بی آلایش شدن
مَنسوب کردن	**charge (someone) with; attribute; relate**	نسبت دادن، استناد کردن، حمل کردن بر
مَنسوب بودن (با)	**be related (to each other)**	نسبت خانوادگی داشتن
مَنسوخ کردن	**abolish; abrogate; annul**	باطل کردن، لغو کردن
مُنشعب شدن (از)	**be divided (into branches); ramify**	به چند شعبه تقسیم شدن
مُنصرف شدن (از)	**change one's mind; give up an idea**	صرفنظر کردن، تغییرعقیده دادن
	He gave up the idea of buying a house.	ازخرید خانه منصرف شد.
مَنصوب کردن (به)	**appoint; assign; nominate**	تعیین کردن، برقرارکردن
	He was appointed as the head of division.	او بعنوان رئیس قسمت منصوب شد.
مُنطبق کردن (با)	**cause to conform; make compatible**	مطابق کردن، جورکردن، تطبیق دادن
مُنظّم کردن	**regulate; put in order; arrange**	مرتب کردن، درست کردن، میزان کردن
مُنظور داشتن	**bear in mind; be grateful for; appreciate**	درنظر داشتن، قدردانستن
مَنظور کردن	**consider; carry into account; provide for**	درنظر گرفتن، ترتیب دادن
	How much did you carry into the account?	چقدر بحساب منظورکردید؟
	The government has provided a budget for this.	دولت بودجه ای برای این منظور کرده.
مَنع کردن (از)	**prevent; hinder; forbid; prohibit; debar**	بازداشتن، مانع شدن، جلوگیری کردن
مُنعقد کردن	**conclude (a treaty); hold (a meeting)**	(قرارداد) بستن، (جلسه)تشکیل دادن
مُنعکس کردن	**reflect; print; report**	برگرداندن، بطورمجسم نشان دادن، چاپ کردن
	The newspapers did not print this news.	روزنامه هااین خبررا منعکس نکردند.
	The mirror reflects everything.	آینه هرچیزی رامنعکس میکند.
مُنفجر کردن	**explode; detonate; blow up**	ترکاندن، محترق کردن
مُنفصل کردن	**dismiss; detach; discharge; separate**	جدا جدا کردن، ازکاربرکنارکردن
	They dismissed him from the service.	آنهااورا ازخدمت منفصل کردند.
مَنفعت داشتن	**be profitable; bring a profit**	سود داشتن، فایده داشتن
مَنفعت کردن	**make a profit; gain; derive a benefit**	سود بردن، فایده بردن، نفع کردن
مُنفک کردن (از)	**separate; detach; remove**	جداکردن، دورنمودن
مَنفور شدن	**become hated, detested**	مورد نفرت قرارگرفتن، ناپسند شدن
مَنفی بافی کردن	**have a negative attitude**	عوام فریبی کردن، جنبه منفی راگرفتن
مُنقبض شدن	**be contracted; shrink; cramp (muscles)**	بسته شدن (مایع)، جمع شدن (عضله)
مُنقرض کردن	**overthrow; overturn; vanquish**	برانداختن، سرنگون کردن، منقرض ساختن
مُنقضی شدن	**expire; elapse; mature**	سرآمدن، گذشتن وتمام شدن (وقت)
	The lease period expired yesterday.	مدت اجاره دیروز منقضی شد.
	The bill become mature. (was due)	موعد برات منقضی شد (سرآمده).
مُنقطع کردن	**cut off; interrupt; exterminate**	قطع کردن، جداکردن، بریدن
مُنقلب شدن	**become greatly upset, stormy**	سخت ناراحت شدن، طوفانی شدن
	The sea suddenly became stormy.	ناگهان دریامنقلب شد.
	He was upset when he heard the news of his friend's death.	وقتی خبرمرگ دوستش راشنید منقلب شد.
مُنقلب کردن	**transform; change; upset; make turbulent**	واژگون کردن، بهم زدن، ناراحت کردن
مَنقوش کردن	**engrave; carve**	روی سنگ یاچوب نوشته ای راکندن

مُنازعه کردن (با)	**dispute; quarrel; fight**	باهم نزاع کردن، ستیزه کردن
مُناسبت داشتن	**have a connection; be based on**	رابطه داشتن، علت داشتن
	His remarks had no connection with this matter.	اظهارات اومناسبتی بااین موضوع نداشت.
مُنافات داشتن (با)	**be incompatible, inconsistent; contradict**	برخلاف بودن، تناقض داشتن
مُناقشه کردن (باکسی)	**dispute; quarrel; controvert**	باهم جدال کردن، دعوی داشتن
مُناقصه گذاشتن	**put up to tender; call for bids**	به کمترین بهاخریدن، کمترین بهاپرداختن
مُنبّت کاری کردن	**do inlaid work**	کنده کاری روی چوب کردن
مُنبسط کردن	**expand; widen; dilate; increase in bulk**	گشاد کردن، برحجم چیزی افزودن
مُنّت داشتن	**consider oneself indebted for a favour**	مدیون محبت کسی بودن
مُنّت گذاشتن	**place someone under an obligation**	نیکی کردن بکسی، احسان کردن
	You have obliged us by your presence.	شمابا حضور خود برمامنت گذاشتید.
مُنتج شدن	**result from; end in; arise**	نتیجه دادن، منجرشدن
مُنتسب کردن (به)	**attribute; relate**	بکسی نسبت دادن، منسوب کردن
مُنتشرکردن	**publish; print; circulate; issue**	چاپ کردن، انتشاردادن، پخش کردن
مُنتظر بودن	**wait; expect; look for; await**	صبرکردن، چشم براه بودن، منتظر شدن
	I was not expecting to hear this news.	منتظرشنیدن این خبرنبودم.
	You should look for an opportunity.	شماباید منتظرفرصتی باشید.
	I waited for him for half an hour.	نیم ساعت برای ازمنتظرشدم.
مُنتظر کردن	**keep someone waiting**	کسیرا درانتظار گذاشتن
مُنتفع شدن (از)	**profit from; gain by; benefit**	استفاده کردن، نفع بردن
مُنتفی شدن	**cease to exist; not arising any longer**	نیست شدن، پایان یافتن
	The deal is off.	معامله منتفی است (شد).
	The question no longer arises.	موضوع منتفی شد (است).
مُنتقل شدن (به)	**be transferred; understand; grasp**	حمل شدن، فهمیدن، دریافتن
مُنتقل کردن (به)	**transfer; shift; transmit; transport**	انتقال دادن، ازجائی بجای دیگر بردن
مُنتهی شدن (به)	**terminate (vi.); result; conclude**	پایان یافتن، به آخررسیدن، بنتیجه رسیدن
	This street leads to a large garden.	این خیابان به باغ بزرگی منتهی میشود.
مُنجر شدن (به)	**culminate; lead to**	کشیده شدن، منتهی شدن
	Finally it led to warfare.	سرانجام منجر به جنگ شد.
	The negotiations led to conclusion of a treaty.	مذاکرات منجر به عقد قراردادی شد.
مُنجمد شدن	**freeze; congeal**	یخ بستن، سفت شدن
مُنحرف شدن (ل)	**deviate; turn aside**	برگشتن، بسمت دیگر پیچیدن، گمراه شدن
مُنحرف کردن (م)	**cause to deviate; mislead; seduce**	برگرداندن، گمراه کردن، ازراه بدرکردن
مُنحصرکردن (به)	**restrict; confine; limit to**	محدود کردن
مُنحل کردن	**dissolve; wind up; disband; close up**	باطل کردن، بهم زدن، فسخ کردن
مُندرس شدن	**wear out; be worn out**	کهنه شدن، ازهم دررفتن
مُنزجرشدن (از)	**be disgusted; become fed up**	بیزارشدن، رانده شدن
مَنزل کردن	**stay in; lodge; live; dwell**	ماندن، بیتوته کردن
مُنزوی شدن	**live in seclusion; be secluded, isolated**	کناره گیری کردن، گوشه نشین شدن

مُکالمه کردن (با)	converse; talk	صحبت کردن، باهم سخن گفتن
مَکتوم ساختن	hide; cover up	پوشاندن، کتمان کردن، پنهان کردن
مَکث کردن	make a pause; stop; halt	تأمل کردن، درنگ کردن، ایست کردن
مُکدّر شدن (ل)	take offence at; be annoyed, offended	دلگیر و آزرده شدن
مُکدّر کردن (م)	offend; annoy	رنجاندن، تیره کردن (خاطر)
مَکر کردن	play tricks	حیله زدن، فریب دادن، مکر زدن
مُکرّر کردن	repeat; reiterate	تکرار کردن، بازگو کردن
مَکشوف کردن	discover; reveal; detect; uncover	آشکار کردن، کشف کردن
مُکلّف کردن	bind; charge with a duty; oblige	موظف نمودن، وادار کردن
ملاحظه کردن	observe; see; consider; notice	دیدن، خواندن، رعایت کردن
	To have regard for someone.	ملاحظه (رعایت) کسی را کردن
	The boss read all the letters.	رئیس تمام نامه ها را ملاحظه کرد.
	Please have favourable consideration for me.	خواهش میکنم ملاحظه حال مرا بکنید.
مُلاطفت کردن	show kindness; favour	مهربانی کردن، محبت کردن
مُلاقات کردن	meet; visit; encounter; great	دیدن، بهم رسیدن
مَلامت کردن	scold; blame; reproach; rebuke	سرزنش کردن، عیبجوئی کردن
مُلایم شدن (ل)	grow (become) gentle, mild, cool, quiet	نرم شدن، آرام شدن، معتدل شدن
مُلایم کردن (م)	calm; cool down; make mild; soften	آرام کردن، نرم کردن
مُلایمت کردن	act gently, kindly; treat gently, affably	با کسی بانرمی رفتار کردن، مهربانی کردن
مُلتزم شدن	undertake; engage in; accept an obligation	تعهد قبول کردن، متعهد شدن
مُلتفت شدن	understand; comprehend	فهمیدن
مُلحق شدن (به)	join (vi); be united	پیوستن، وابسته شدن
مَلحوظ شدن	be taken into consideration	درنظر گرفته شدن
مُلزم کردن	bind; oblige; obligate	وادار کردن، مجبور کردن
	The contract binds him to leave the house.	قرارداد او را ملزم میکند که خانه را ترک کند.
	He was obliged to pay for all the damages.	او ملزم شد که تمام خسارات را بپردازد.
مُلغی کردن	cancel; abrogate; annul; abolish	باطل کردن، لغو کردن
مُلقّب کردن	grant (someone) a title	بکسی عنوان دادن، لقب دادن
مُلوّث کردن	contaminate; defile; pollute	آلوده کردن، چرک کردن، ناپاک کردن
مَلول شدن	become fed up, bored, depressed	رنجیده شدن، افسرده شدن
مِلّی کردن	nationalize	دولت بنام ملت صنایع را دراختیار گرفتن
مُمارست کردن	practise; exercise	تمرین کردن، عمل کردن
مُماشات کردن	comply with; agree; walk together	باهم ساختن، باهم کنار آمدن
مُمانعت کردن (از)	prevent; forbid; hinder; obstruct	جلوگیری کردن، منع کردن
مَمنوع کردن	prohibit; forbid; ban	قدغن کردن
مَمنون شدن (از)	become thankful, grateful; be obliged	تشکر کردن، سپاسگذار بودن
مَمهور کردن	seal; stamp	مهر کردن
مُمیّزی کردن	audit; control; verify; examine	(بحساب) رسیدگی کردن
مُناجات کردن	pray (in the form chants)	راز و نیاز (با خدا) کردن

مَعنی کردن	explain (the meaning of); define; interpret	مقصود ازکلمه ای راشرح دادن
مَعنی داشتن	mean; convey (a meaning)	مقصود کلمه ای رارساندن، معنی دادن
	What does this word mean?	این کلمه چه معنی دارد؟
مُعوّق گذاردن	postpone; delay; put off	بتأخیر انداختن، عقب انداختن
مُعوّق ماندن	be delayed; fall into arrears; remain outstanding	عقب افتادن، تأخیرشدن
مُعیّن کردن	fix; specify; determine; designate	برقرارنمودن، تعیین نمودن
مَعیوب کردن	make defective; damage	ناقص کردن، ضایع کردن
مُغایرت داشتن (با)	be contrary; contradict	مخالف بودن، برخلاف یکدیگر بودن
	His statements contradict each other.	اظهارات او باهم مغایرت دارد.
مَغبون شدن	be cheated	گول خوردن
مُغتنم شمردن	make the most of; take advantage of	سودمند ومفید دانستن، غنیمت شمردن
	One should take the opportunity.	فرصت راباید مغتنم شمرد.
مَغرور شدن	become haughty, arrogant, conceited	متکبر شدن، ازخود راضی شدن
مَغز کردن	shell; peel; bleach (almond,etc.)	پوست کندن، هسته میوه رابیرون آوردن
مَغز بستن	develop, form a kernel	سفت شدن هسته میوه
مَغشوش کردن	confuse; disorder	بهم زدن(اوضاع)، ازنظم انداختن
مَغضوب واقع شدن	be disfavoured, in disgrace	مورد خشم وغضب واقع شدن
مَغلَطه کردن	digress; deviate from the main subject	ازموضوع بحث خارج شدن، خلط مبحث کردن
مَغلوب کردن	defeat; overcome; conquer	شکست دادن، غلبه کردن، مغلوب ساختن
مُفارقت کردن	separate from; part with	ازهم جداشدن، دوری کردن
مُفت باختن	lose unluckily; give away for no reason	چیزی رابدون علت ازدست دادن
مُفتضح کردن	disgrace; dishonour	آبروی کسی راریختن، رسواکردن
مَفتون شدن	be fascinated, enchanted	فریفته وشیفته شدن
مَفقود شدن	be lost; disappear	گم شدن، ازدست دادن
مُفید واقع شدن	prove to be useful, beneficial	فایده داشتن، سودمند بودن
مُقابله کردن (با)	compare; collate; check; confront	مقایسه کردن، باهم سنجیدن، برابرکردن
مُقاربت کردن (با)	have sexual intercourse; cohabit	باهم نزدیکی کردن، جماع کردن
مُقاطعه دادن (به)	put out to contract	کاری راباقیمت معین قطع کردن
مُقاومت کردن	resist ; oppose; repel; persevere	ایستادگی کردن، استقامت کردن
مُقایسه کردن (با)	compare; collate	باهم سنجیدن، باهم قیاس کردن
مُقتضی دانستن	think fit; see fit; deem advisable	بجابودن، مناسب بودن
مَقتول شدن	be killed, murdered	بقتل رسیدن، کشته شدن
مُقدّم داشتن	consider prior; give priority	برتری داشتن، رجحان داشتن
مُقرّر کردن	prescribe; lay down; ordain; appoint	دستور دادن، تعیین کردن، مقررداشتن
	They have prescribed certain hours for study.	ساعات معینی رابرای مطالعه مقرر کردند.
مَقروض بودن (به)	owe; be in debt	بدهی داشتن، قرض داشتن
مَقروض شدن (به)	run into a debt; be indebted	بدهکارشدن
مُقید کردن	bind (oneself); stipulate; oblige	موظف کردن، دربند بودن، پابند بودن
مُکاتبه کردن (با)	correspond, communicate (by letter)	نامه نویسی کردن، بهم نامه نوشتن

مُعاونت کردن	**assist; help**	یاری کردن، کمک کردن
مُعاهده بستن (با)	**conclude a treaty, pact**	قرارداد امضا کردن
مُعاینه کردن	**examine (medically); inspect**	آزمایش کردن، بازرسی کردن
	The doctor examined the patients.	پزشک بیماران رامعاینه کرد.
	The electrician inspected the engine.	متخصص برق موتور رامعاینه کرد.
مُعتاد شدن (بچیزی)	**become addicted; get accustomed**	خوگرفتن، عادت دادن
مُعتبر ساختن	**authenticate; validate**	قانونی کردن، سندیت یا رسمیت دادن
مُعتدل کردن	**moderate; make temperate**	ملایم کردن، میانه روکردن
مُعترض بودن(بچیزی)	**object; oppose; protest**	اعتراض داشتن، مخالف بودن
مُعترف بودن (به)	**confess, acknowledge (something)**	اقرار واعتراف (بچیزی) نمودن
	He confessed his wrong doings.	بکارهای غلط خود معترف بود.
مُعتقد بودن (بچیزی)	**believe in (something); be convinced**	بچیزی عقیده داشتن
مُعجزه کردن	**perform a miracle**	کارشگفت آور کردن
مُعدّل گرفتن	**calculate the average of**	حد وسط چیزی را گرفتن
مَعدوم کردن	**annihilate; destroy**	ازبین بردن، نابود کردن
مُعذّب کردن	**torment; inconvenience; trouble**	عذاب دادن، رنج دادن
مَعذرت خواستن (از)	**apologize; beg (someone's) pardon**	عذرخواستن، پوزش خواستن
	I beg your pardon.	معذرت میخواهم (ببخشید)
مَعذور داشتن	**excuse; pardon; exempt**	عذرکسی راپذیرفتن، بخشیدن
مُعرّفی کردن (به)	**introduce; present; recommend; report**	شناساندن
	He was recommended to me for a job.	او برای کاری بمن معرفی شد.
	You must report to him at once.	شماباید فورا خودرا باو معرفی کنید.
مَعرکه کردن	**do (something) wonderfully well**	کاری رافوق العاده خوب انجام دادن
مَعروض داشتن	**state; say (polite form, 3rd person only)**	اظهار داشتن (مؤدبانه «گفتن»)
	I beg to state...	محترما معروض میدارد ...
مَعزول کردن	**dismiss; depose; remove**	مرخص کردن، کنارگذاشتن، ازکار برکنارنمودن
	They removed the magistrate from office.	قاضی را ازکار معزول کردند.
مُعطّر کردن	**perfume; impregnate with sweet smell**	خوشبوکردن
مُعطّل شدن (ل)	**be kept waiting**	منتظرشدن، معطل ماندن
مُعطّل کردن (م)	**keep (someone) waiting; delay**	(کسی را) درانتظارگذاشتن، تأخیر نمودن
مَعطوف داشتن	**turn to; draw (attention) (polite form)**	جلب کردن، توجه کردن
	I beg to draw your attention to ...	خاطرجنابعالی رامعطوف میدارد...
مَعکوس کردن	**reverse; invert; turn upside down**	وارونه نمودن، برعکس نمودن، برگرداندن
مُعلّق زدن	**turn a somersault**	روی زمین یادرهوامعلق زدن
مُعلّق کردن	**suspend (a person from service); hang up**	آویزان نمودن، موقتاً ازکار بیکارنمودن
مُعلّق ماندن	**remain pending**	بلا تکلیف بودن، بدون اقدام گذاردن
	The case has remained pending at the court.	قضیه (دعوا)در دادگاه معلق مانده.
مَعلوم شدن	**become known; obvious, clear; appear**	روشن شدن، واضح شدن، آشکار شدن
مَعلوم کردن	**make known; ascertain; signify; reveal**	ثابت کردن، تعیین کردن، روشن نمودن

	They poisoned his mind.	آنهاذهن اورا مشوب کردند.
مَشورت کردن (باکسی)	**consult (someone); take counsel with**	**باکسی شورکردن**
مُشوّش کردن	**disturb; agitate; confuse**	**ناراحت کردن، نگران کردن**
مَشهور کردن	**make popular, well-known**	**معروف کردن، نامدارکردن**
مُصاحبت کردن (با)	**associate; keep company**	**معاشرت کردن**
مُصاحبه کردن (با)	**interview; hold an interview**	**باکسی گفتگو کردن (خبرنگار بامقامی)**
مُصادره کردن	**confiscate; sequester**	**توقیف کردن، تصرف کردن**
مُصادف شدن (با)	**coincide with; come across**	**برخوردن، مقارن بودن**
	No-Rooz coincided with the martyrdom day.	نوروز باروز قتل مصادف شد.
مُصالحه کردن	**compromise; come to an understanding**	**سازش کردن، باهم ساختن**
مِصداق پیداکردن	**be applicable, meaningful**	**شامل شدن، اجراشدنی بودن**
مُصدّع شدن	**trouble, inconvenience someone; intrude**	**بکسی زحمت دادن، دردسر دادن**
مَصرف کردن	**consume; use; dispose of**	**خرج کردن، بکاربردن**
مَصلحت دانستن	**deem (regard) advisable, proper**	**خیرکسی را خواستن، صلاح دانستن**
مُصمّم شدن	**determine; resolve; decide**	**تصمیم گرفتن، قصد کردن**
مُضاعف کردن	**double; multiply**	**دوبرابرکردن، دوچندان کردن**
مُضایقه کردن	**refrain from; withhold ;spare**	**خودداری کردن، دریغ داشتن**
	Do not withhold your assistance.	ازمساعدت خود مضایقه نکنید.
مُضطرب کردن	**agitate; upset; disturb**	**دچاررنج وسختی کردن، برآشفته نمودن**
مُضمحل کردن	**overthrow; destroy; annihilate**	**متلاشی نمودن، پامال نمودن**
مُطابقت دادن (با)	**make something conform to; accord with**	**دوچیز راباهم جورکردن، تطبیق دادن**
مُطابقت داشتن (با)	**be in harmony with; match**	**تطبیق کردن**
مُطابقه کردن (با)	**compare; check; correspond**	**مقایسه کردن، کنترل کردن**
مُطالبه کردن (از)	**claim; demand; ask for**	**ادعاکردن، خواستن طلب**
مُطالعه کردن	**study; read**	**قرائت کردن، خواندن**
مَطرح کردن	**raise ; bring up; propound; debate**	**مورد بحث قراردادن، پیش آوردن**
	To raise a question (bring up matter)	مطلبی رامطرح کردن.
مَطرود کردن	**reject; discard; boycott**	**طرد کردن، ول کردن، ترک کردن**
مُطلّع کردن	**inform; advise; notify**	**اطلاع دادن، آگاه کردن، باخبرکردن**
مُطمئن کردن	**assure; make certain, sure**	**اطمینان دادن، آسوده خاطرکردن**
مُطیع شدن (ل)	**become obedient; obey; be subdued**	**اطاعت نمودن، فرمان بردن**
مُطیع کردن (م)	**make obedient; cause to obey; subjugate**	**وادار به اطاعت نمودن**
مَظنون شدن (به)	**suspect; mistrust; distrust**	**بدگمان شدن، سوءظن داشتن**
مُعاشرت کردن (با)	**associate; have social intercourse**	**هم نشینی کردن، رفت وآمد نمودن**
مُعاشقه کردن (با)	**make love; be in love with each other**	**عشق بازی کردن**
مُعاف کردن	**exempt ; excuse; dismiss**	**بخشودن، بخدمت (کسی) خاتمه دادن**
مُعالجه کردن	**treat; cure; give medical treatment**	**درمان نمودن، علاج کردن**
مُعامله کردن	**do business; deal; transact (business)**	**دادوستد کردن، خرید وفروش کردن**
مُعاوضه کردن (با)	**exchange; trade (old for new)**	**تبدیل کردن، عوض کردن**

مَسکوت گذاردن (م)	leave unsaid; put in abeyance	چیزی نگفتن، سکوت کردن
مَسکوت ماندن (ل)	fall into abeyance; be left unsaid	بلا تکلیف ماندن، بدون اقدام ماندن
مُسلّح کردن	arm; equip with arms	عده ای رابااسلحه مجهز کردن
مُسلط شدن (ل)	be dominant; overpower; predominate	فراگرفتن، مستولی شدن، غلبه کردن
مُسلّط کردن (م)	give predominance; make dominant	باعث برتری شدن
مُسلّم شدن	become certain; be sure, definite	قطعی شدن، محقق شدن
مَسموم کردن	poison; infect	بکسی زهردادن، سم دادن
مِسواک زدن	brush (teeth)	دندان رابامسواک پاک کردن
مَسئلت نمودن (از) (مسألت)	request; ask; beg	خواهش کردن، استدعا کردن
مَسئول دانستن (مسؤل)	hold (someone) responsible	کسی راجوابگوی وظیفه ای دانستن
مَسئولیت داشتن	be responsible for; be chargeable	جوابگوبودن، مورد بازخواست واقع شدن
مُشابهت داشتن	be similar; identical; resemble	شبیه بودن، همسان بودن
مُشاجره کردن (با)	quarrel; squabble; wrangle; dispute	دعواکردن، مجادله کردن، نزاع کردن
مُشارکت کردن (در)	participate; be a partner	درکاری شریک شدن وشرکت کردن
مُشاوره کردن (باکسی)	consult; deliberate	باهم شورکردن، مشورت کردن
مُشاهده کردن	observe; see; notice; witness	دیدن، ملاحظه کردن
مُشایعت کردن (از)	see (someone) off; escort; accompany	بدرقه کردن، همراه کسی رفتن
مُشت خوردن (ل)	be punched; receive a blow with the fist	بامشت ضربه دیدن
مُشت زدن (م) (به)	punch; box; strike with the fist	کسی رابامشت زدن
مُشت ومال دادن	give a rub down; massage	باانگشتان روی بدن مالش دادن
مُشترک شدن	subscribe to(a newspaper,etc.)	روزنامه یامجله راآبونه شدن
مُشتعل شدن	catch fire; blaze; flare up	آتش گرفتن
مُشتق شدن	be derived; rise from	ناشی شدن، سرچشمه گرفتن
مُشجّر کردن	plant with trees; afforest	درخت کاشتن
مُشخّص شدن (ل)	become clear, specified, distinct	معلوم شدن، واضح شدن
مُشخّص کردن (م)	specify; distinguish; define	معلوم کردن، تشخیص دادن
مَشروب کردن	irrigate; supply (land) with water	آبیاری کردن، زمین راآب دادن
مُشرّف شدن	make a pilgrimage; visit	زیارت کردن
	He visited the house of God.	بخانه خدامشرف شد.
مَشعوف شدن	be delighted, pleased, glad	خشنود شدن، خوشحال شدن
مَشغول شدن (ل)	get busy, occupied; busy oneself	سرگرم کاری بودن
مُشغول کردن (م)	make (someone) busy with; engage	کسی راسرگرم کاری کردن
مَشق دادن (م) (به)	drill; exercise; train; instruct	تمرین دادن، یاد دادن
مَشق گرفتن (ل) (از)	take lessons	درس گرفتن، یادگرفتن
مُشکل کردن	render difficult	دشوارشدن، سخت شدن
مَشمول شدن	be included; fall under; covered by	شامل چیزی شدن، دربرداشتن
	The law does not apply to him.	اومشمول قانون نمیشود.
مُشمئز شدن (از)	be disgusted	بیزارشدن، متنفر شدن
مَشوب کردن	poison; infect; taint	بدگمان کردن، آلوده کردن

مُساعدت کردن	assist; help; aid; favour	کمک کردن، یاری کردن
مُساعده دادن (به)	pay (money) an advance	پیش پرداخت (ازبابت حقوق یاکار)
مُساعده گرفتن (از)	receive (money) an advance	بابت کاریاحقوق پول پیش دریافت کردن
مُسافرت کردن	travel; make a journey, trip	سفرکردن، ازخانه بجای دوررفتن
مُسامحه کردن	neglect; procrastinate; be careless	کوتاهی کردن، غفلت کردن، ول کردن
مُساوی شدن (با)	become equal, even; be on level with	برابر شدن
مُساوی کردن (با)	make equal; equalize; balance	یک اندازه کردن، برابرکردن، میزان کردن
مُسبّب شدن	cause	باعث شدن، موجب شدن
مَسبوق بودن	be aware of; be informed of	اطلاع داشتن، دانستن، آگاه بودن
	This case has a precedent.	این امرمسبوق به سابقه است.
مَست شدن	get drunk; be intoxicated	ازخود بیخود شدن(ازمشروب زیاد)
مست بازی درآوردن	play the drunk; start a drunken brawl	حرکات مستان کردن، بدمستی کردن
مُستأصل شدن	become helpless	بیچاره شدن، درمانده شدن
مُستأصل کردن	drive to extremities; render helpless	کسی رابیچاره کردن، بینواکردن
مُستثنی کردن	exclude; single out; make an exception of	خارج کردن، کنارگذاشتن
مُستحضر نمودن	inform (Polite form)	اطلاع دادن، آگاه کردن(مؤدبانه)
	I beg to inform Your Excellency....	خاطرآنجناب رامستحضر مینماید...
مُستحق بودن	deserve; be worthy of	سزاواربودن، حق داشتن، شایسته بودن
مُستحکم کردن	fortify; strenghthen	محکم واستوار کردن
	He strengthened his own position.	اوموقعیت خودرا مستحکم کرد.
مُسترد داشتن	return; refund; restore	پس دادن، برگرداندن
مُستعد کردن	incline (tr.); prepare; dispose	کسی راآماده کردن، حاضرکردن
مُستعفی شدن	resign	استعفا دادن، کناره گیری کردن
مُستعمل شدن	become used, worn out	کهنه شدن، زیادکارکردن
مُستفیض شدن	benefit from; enjoy; be delighted	لذت بردن، استفاده کردن
	We were delighted to see you.	ماازدیدارشما مستفیض شدیم.
مُستقرشدن	take up position; be installed	پابرجاشدن، برقرار شدن
مُستلزم بودن	necessitate; require; need; involve	لازم بودن، موجب شدن
مُستولی شدن	become dominant; dominate; seize	مسلط شدن، تسلط پیداکردن
	Fear siezed him. (He was seized by fear.)	ترس براو مستولی شد.
مُستهلک کردن	amortize	(اصل وبهره وام را)پرداختن
مُسجّل کردن	confirm; make sure	تأئید کردن، قطعی کردن
مَسحور شدن	be fascinated, spelled	افسون کردن، طلسم کردن
مَسخره کردن	mock; laugh at; ridicule; make fun of	دست انداختن، سربسر گذاشتن
مَسخرگی کردن	play the buffoon; play the fool	مسخره بازی کردن، شوخی کردن
مَسدود کردن	block; stop; obstruct	بستن، مانع شدن، گرفتن، بندآمدن
	The Police blocked the road.	پلیس راه رامسدود کرد.
	The fallen trees obstructed our course.	درختهای کنده شده راه مارامسدود کرد.
مُسطّح کردن	make level; flatten	هموارکردن، صاف کردن

مُرتکب شدن	**commit; perpetrate**	بجاآوردن، عمل کردن، مبادرت کردن
	He committed a crime.	اومرتکب جرمی شد.
مَرحمت کردن	**favour; treat kindly; give(polite form)**	دادن (مؤدبانه)، لطف کردن
	Please give me that book.	خواهش میکنم آن کتاب رامرحمت کنید.
مَرحوم شدن	**pass away; die**	مردن، فوت کردن، درگذشتن
مُرخّص شدن	**be discharged; be dismissed; be released**	آزادشدن، رهاشدن
	He was discharged from the hospital.	او از بیمارستان مرخص شد.
مُرخّص کردن	**release; discharge; dismiss**	آزادکردن، خارج کردن کالا ازگمرک
	He could not release the goods from the Customs.	اونتوانست کالا راازگمرک مرخص کند.
مُرخّصی دادن (به)	**grant leave**	به کارمند یاکارگر تعطیل دادن
مُرخّصی گرفتن (از)	**take leave, vacation; take time off**	تعطیل گرفتن
	Why don't you take two days off?	چرا دوروز مرخصی نمیگیری؟
مُرخّصی رفتن	**go, proceed on leave**	به تعطیل رفتن
مَردانگی کردن	**be generous; show manliness**	غیرت بخرج دادن، سخاوت کردن
مَردم آزاری کردن	**be inhumane; torment people**	بی رحمی کردن، بد رفتاری کردن
مُردن	**die; pass away; perish**	فوت کردن، درگذشتن
مَردود شدن	**fail; be rejected**	پذیرفته نشدن، رد شدن
مَرطوب کردن	**moisten; dampen**	خیس کردن، ترکردن، نمسارکردن
مَرعوب کردن	**terrify; frighten**	ترساندن، کسی رابوحشت انداختن
مَرقوم داشتن	**write (polite form)**	نوشتن (مؤدبانه)
مَرکزیّت دادن (م)	**centralize**	تمرکز دادن
مَرکزیّت یافتن (ل)	**be centralized**	متمرکز شدن
مَرمّت کردن	**repair; restore; mend; renovate**	تعمیر کردن (بناهای قدیمی)
مُروّت داشتن	**show generosity, chivalry**	مردانگی داشتن، محبت وانسانیت کردن
مُرور کردن	**go over; run over; review**	دوره کردن، عبورکردن، مراجعه کردن
مَریض شدن	**fall ill; get sick**	بیمارشدن، ناخوش شدن، علیل شدن
مِزاح کردن	**joke; make jokes; jest**	شوخی کردن، بزله گوئی کردن
مُزاحم شدن	**cause inconvenience; be a nuisance**	زحمت دادن، باعث زحمت شدن
مُزد دادن	**pay wages, a salary**	حقوق دادن، پول درمقابل کاردادن
مُزد گرفتن	**receive wages**	حقوق دریافت کردن
مَزه مَزه کردن	**taste a little at a time**	مزه چیزی راکم کم چشیدن
مَزه کردن	**taste something**	چشیدن، طعم خوراکی راآزمودن
مَزه ریختن	**crack jokes; cut a joke**	شوخی کردن
مُزیّن کردن	**decorate; adorn; garnish**	زینت دادن، آراستن
مُژده دادن	**give good news**	خبرخوب دادن، بشارت دادن
مُژدگانی دادن	**give a reward for good news**	برای خبرخوب انعام دادن
مُژه بهم زدن	**wink; twinkle**	چشم بهم زدن، چشمک زدن
مُسابقه دادن (با)	**have a match; compete**	دونفریادوتیم توانائی خودراآزمایش کردن
مَساحی کردن	**measure; survey**	اندازه گرفتن، مساحت کردن

	To entrust a duty to a person	وظیفه ای رابکسی محول کردن
مُخابره کردن	**dispatch; send off (telegram, etc.)**	**فرستادن (تلگراف وغیره) به مقصدی**
مُخاطب قرار دادن	**address; deliver a speech to**	**بکسی یاجمعی سخن گفتن**
مُخالفت کردن (با)	**oppose(thing, person); disagree**	**باچیزی یاکسی مخالف بودن**
مُختصر کردن	**shorten; abridge; abbreviate**	**کوتاه کردن، خلاصه کردن**
مُختل کردن	**derange; confuse; disorder; disturb**	**بهم زدن، آشفته کردن**
	Loud noises deranged his senses.	صدای بلند حواس اورا مختل کرد.
مَخفی کردن	**hide (t); keep (fact) secret from; conceal**	**پنهان کردن، قایم کردن**
مَخلوط کردن	**mix; blend; mingle**	**بهم آمیختن، قاطی کردن**
مُخیّر بودن	**have the option**	**اختیارداشتن، صاحب اختیار بودن**
	He has the option to go or stay.	دررفتن یاماندن مخیر است.
مُداخله کردن (در)	**interfere; intervene; meddle**	**دخالت کردن، دست درکاری داشتن**
مُدارا کردن (با)	**conciliate; act moderately**	**سازش کردن، بانرمی رفتارکردن**
مُداوا کردن	**treat medically; cure a disease**	**درمان کردن، معالجه کردن**
مُداومت کردن	**persist; continue; persevere**	**دوام دادن، ادامه دادن**
مَدح کردن	**praise; extol; adulate; eulogize**	**ستایش کردن، ستودن، تمجید کردن**
مَدد خواستن (از)	**seek help**	**کمک خواستن**
مَدد کردن	**help; give aid; assist**	**کمک کردن**
مُدلّل کردن	**prove; demonstrate**	**بادلیل ثابت کردن**
مَدهوش شدن	**become unconscious, stupefied; faint**	**بیهوش شدن، گیج شدن**
مَدیون بودن	**owe; be indebted to (someone)**	**قرض داشتن، بدهی داشتن**
مُذاکره کردن (با)	**discuss; converse; negotiate**	**گفتگو کردن، بحث کردن**
مَذمّت کردن	**slander; reproach; rebuke**	**بدگوئی کردن، سعایت کردن**
مُراجعت کردن (از)	**return; come back**	**برگشتن، بازگشتن**
مُراجعه کردن (به)	**refer; have recourse; make appeal**	**رجوع کردن به جائی یاکسی برای کاری**
	To consult a physician	به پزشک مراجعه کردن.
مَرارت کشیدن	**suffer hardship**	**سختی کشیدن، تلخی چشیدن**
مُراعات کردن	**observe; show regard or respect**	**رعایت کردن، اطاعت کردن**
	Everyone must observe the laws of the country.	همه باید قوانین کشور رامراعات کنند.
	You should show respect to the old man.	شماباید مراعات حال این پیرمرد رابکنید.
مُرافعه کردن (با)	**dispute; quarrel; engage in a law-suit**	**نزاع کردن، دعواکردن**
مُراقبت کردن (از)	**supervise; watch; look after; guard**	**مواظبت کردن، محافظت کردن**
مُراوده داشتن (با)	**associate; have intercourse with**	**رفت وآمد کردن، معاشرت کردن**
مَربوط بودن (به)	**depend; concern; relate; be connected**	**ربط داشتن، بسته بودن، موکول بودن**
	This matter does not concern me.	این مطلب بمن مربوط نیست.
مُرتّب کردن	**put in order; arrange, regulate**	**منظم کردن، ترتیب دادن**
	You must put your affairs in order.	شماباید کارهایتانرا مرتب کنید.
مُرتعش شدن	**tremble; shake from fear**	**لرزیدن، ترسیدن**
مُرتفع کردن	**eliminate; remove; get rid of**	**برطرف کردن، رفع کردن، ازبین بردن**

	The writer has depicted it very well.	نویسنده آنراخیلی خوب مجسم کرده.
	Can you picture it in your mind?	آیا میتوانید آن رادرفکرتان مجسم کنید؟
مُجَهز کردن	**equip; mobilize; prepare**	آماده کردن، مهیا کردن
مُچاله کردن	**crumple up**	چوروک کردن، بهم مالیدن وله کردن
مَجِل کردن	**make a fool of (someone)**	خرکردن، سربسر گذاردن
مُحاربه کردن (با)	**fight with**	باهم جنگیدن
مُحاسبه کردن	**calculate**	حساب کردن، برآورد کردن
مُحاصِره کردن	**surround; encircle; lay siege; besiege**	اطراف جائی راگرفتن، دورگرفتن، درتنگنا گذاردن
مُحافظت کردن	**protect; look after; preserve**	پاسداری کردن، نگهداری کردن
مُحاکمه کردن	**try (judicially)**	رسیدگی قضائی کردن، دادرسی وقضاوت کردن
مُحاوره کردن	**talk; converse**	گفتگو کردن، باهم سخن گفتن
مُحبّت کردن	**be kind to (someone); show affection**	مهربانی کردن، لطف کردن
مُحتاج بودن	**need; be in need of; require**	لازم داشتن، احتیاج داشتن
مُحترق شدن	**explode; catch fire; burst into flames**	آتش گرفتن، سوختن
مُحترم داشتن	**honour, respect (someone)**	احترام گذاردن، عزیزشمردن
مَحدود کردن	**limit; set bounds to; restrict to**	منحصرکردن، کم وکوچک کردن
مُحرز شدن	**be proved, confirmed, established**	ثابت شدن، تأیید شدن
مَحروم شدن	**be deprived, debarred, bereaved**	بی بهره ماندن، بی نصیب ماندن
مَحزون شدن	**be saddened, sorrowful**	دلتنگ شدن، متأثر شدن
مَحسوب داشتن	**reckon; include**	بحساب آوردن، شمردن، منظورکردن
	I reckon him among my good friends.	اورا ازدوستان خوبم محسوب میدارم.
مَحصور کردن	**surround (a place) with fence, wall**	احاطه کردن، دیوار کشیدن، دورگرفتن
مَحظور داشتن	**be in a spot; be in an awkward position**	مانع داشتن، دروضع ناراحتی قرارداشتن
مَحظوظ شدن	**be delighted; enchanted, pleased**	حظ کردن، لذت بردن
مَحفوظ داشتن	**preserve; protect; keep safe; safe-guard**	حفظ کردن، نگهداری کردن
مُحقّق کردن	**ascertain; prove; confirm; verify**	ثابت کردن، تأیید کردن
مُحکم ایستادن (مج)	**take a firm stand**	مقاومت کردن
	We must take a firm stand in this matter.	دراین کار باید محکم بایستم.
مُحکم زدن	**beat (someone or something) hard**	باشدت زدن
مُحکم کاری کردن (مج)	**take every precaution**	دقت واحتیاط کامل کردن
مُحکم کردن	**make firm; fasten; tighten**	سفت کردن، سفت بستن
مُحکم گرفتن	**hold (something) tight**	چیزی راسفت نگهداشتن
مُحکوم شدن (ل)	**be convicted, sentenced; lose the case**	حکم برعلیه کسی درداد گاه صادرشدن
مُحکوم کردن (م)	**sentence; condemn; convict**	حکم در دادگاه برعلیه کسی دادن
مَحل نگذاشتن	**ignore; refuse to take notice of**	بکسی بی اعتنائی کردن
مِحنت کشیدن	**suffer a hardshiip; be afflicted; toil**	رنج بردن، مصیبت دیدن
مَحو شدن	**disappear; be eliminated; be obliterated**	ناپدید شدن، ازنظردورشدن
مَحو کردن	**wipe out; annihilate; obliterate**	نیست ونابود کردن
مُحوّل کردن (به)	**entrust; charge (person) with a duty**	واگذارکردن، سپردن، تفویض کردن

هیچکس متعرض اونشد. (مزاحم نشد)	No one disturbed (molested) him.	
تعلق داشتن	belong	مُتعلّق بودن (به)
این متعلق بمن است. (بمن تعلق دارد)	This belongs to me.	
عهده دارشدن، بگردن گرفتن	undertake; accept an obligation	مُتعهّد شدن
خشمناک شدن، عوض شدن	get angry; be changeable	مُتغیّر شدن
بدبوشدن، گندیده شدن	be putrefied, malodorous	مُتعفّن شدن
ازهم جداکردن، دورکردن، پراکنده کردن	disperse; scatter	مُتفرّق کردن
متحد شدن، هم پیمان شدن	unite; become united; be allied	مُتّفق شدن (با)
کسی راقانع کردن، بازنشسته کردن	convince; pension off	مُتقاعد کردن
قبول کردن، تعهد کردن	accept; undertake	مُتقبّل شدن
بکلی از بین رفتن، تکه تکه شدن	shatter; break violently in pieces	مُتلاشی شدن
میل پیداکردن، کج شدن	be inclined towards; disposed to	مُتمایل شدن (به)
لذت بردن، بهره مند شدن	enjoy; benefit from; profit by	مُتمتّع شدن (ازچیزی)
مرکزیت دادن، دریک نقطه جمع کردن	centralize; concentrate	مُتمرکز کردن
درس عبرت بکسی دادن، اخطارکردن	warn; teach a lesson to someone	مُتنبّه کردن
در بدرشدن، پنهان شدن	hide; wander; flee to unknown destination	مُتواری شدن
ملتفت شدن، توجه کردن	notice; be attentive, turn to	مُتوجه شدن
ترسیدن، بوحشت افتادن	be frightened, terrified, scared	مُتوحّش شدن
باد کردن، ورم کردن	be inflated; swell	مُتورّم شدن
(بکسی) روی آوردن، پناه بردن	have recourse to; resort to	مُتوسّل شدن (به)
ایست دادن، جلوی حرکت ماشین راگرفتن	stop; halt	مُتوقّف کردن (م)
بیحرکت ماندن، ازکارافتادن	come to a standstill; stop	مُتوقّف شدن (ل)
امیدوارشدن، توکل داشتن	trust upon	مُتوکّل شدن
زائیده شدن، بدنیاآمدن	be born	مُتولّد شدن
بامته جائی راسوراخ کردن	drill; bore with an auger	مَته کردن
تهمت زدن، گناهکارنسبت دادن	accuse; charge (person) with fault	مُتّهم کردن
مثال آوردن	cite an example	مَثَل زدن
قانع کردن، قبولاندن	confute; defeat (someone) in argument	مُجاب کردن
نزاع کردن، باهم جدال کردن	dispute; contend; altercate	مُجادله کردن
کیفر دادن، جزادادن	punish; inflict penalty for offence	مُجازات کردن
فرصت بدست آوردن	find an opportunity	مَجال پیداکردن (ل)
فرصت (بکسی) دادن	give (person) an opportunity	مَجال دادن (م)
وادار کردن، ناگزیرکردن	compel; force; oblige	مَجبور کردن
فریفته کردن، شیفته کردن، جلب کردن	attract; fascinate	مَجذوب کردن
چشمهایش مرامجذوب کرد.	Her eyes fascinated me.	
مقصردانستن، گناهکاردانستن	find (someone) guilty of	مُجرم شناختن
زخم کردن، آسیب رساندن	wound; injure	مَجروح کردن
جداکردن، تفکیک کردن، سواکردن	separate; segragate	مُجزّا کردن
تصورکردن، نمایان کردن	embody; picture; depict	مُجسّم کردن

مُبادله کردن	exchange	باهم بدل کردن، بایکدیگر عوض کردن
مُبارزه کردن	fight; struggle; conduct a campaign	جنگیدن، پیکارکردن، کشمکش کردن
مُباشرت کردن	oversee; supervise	نظارت کردن، سر پرستی کردن
مُبالغه کردن	exaggerate; magnify	اغراق گفتن، زیاده روی در بیان چیزی کردن
مُباهات کردن	take pride in (in anything)	بچیزی بالیدن، افتخارکردن
مُباینت داشتن	contrast; be different	فرق داشتن، مخالف بودن
مُبتلا شدن	be afflicated by; suffer from	دوچار شدن، گرفتارشدن
مُبّدل کردن	change; alter; convert; transform	تبدیل کردن، عوض کردن
مَبذول داشتن	bestow; lavish; accord; allow	بکار بردن، بخشیدن، عطاکردن
مُبَرا کردن	exonerate; exculpate; exempt	تبرئه کردن، عفو کردن
مَبهوت کردن	amaze (someone); overwhelm with wonder	مات کردن، متحیرکردن، سرگردان کردن
مُتابعت کردن	follow, obey someone	پیروی کردن، تابع یکدیگر بودن
مُتأثّر شدن	be touched; impressed, moved by	تحت تأثیرقرارگرفتن
مُتارکه کردن	discontinue; hold truce; abandon	جداشدن، خاتمه دادن (بجنگ)
مُتألّم شدن	feel sad; be grieved	غصه خوردن، اندوهناک شدن
مُتأهّل شدن	get married (said of a man)	زن گرفتن، ازدواج کردن (ازطرف مرد)
مُتبحرشدن	be versed; become an authority	درکاری استادشدن، ورزیده شدن
مُتّحد شدن	unite; join together; become an ally	متفق شدن، باهم یگانه شدن
مُتحصّن شدن	seek asylum; take sanctuary	پناهنده شدن، بست نشستن
	The Opposition took sanctuary in the mosque.	مخالفین درمسجد متحصن شدند.
مُتحمّل شدن	bear; endure; sustain	تحمل کردن، طاقت چیزی راآوردن
	The company sustained great losses.	شرکت متحمل خسارات زیادی شد.
مُتحیّر شدن	be amazed, astonished, stupefied	متعجب شدن، سرگردان شدن
مُتداول شدن	become common, usual, fashionable	معمول شدن، عمومیت پیداکردن
مُتذکّر شدن	point out; notify; remind	تذکردادن، یادآوری کردن
مُتراکم شدن	be beaped up; be condensed	روی هم جمع شدن، انبارشدن
مَتروک شدن	be abandoned, obsolete	قدیمی شدن، کهنه شدن، رهاشدن
مُتزلزل شدن	be shaken, unsteady, unstable	بلرزه افتادن، تکان خوردن، لرزیدن
مُتشبّث شدن (بکسی)	resort; turn for aid to someone	بکسی روآوردن، متوسل شدن
	To get a job he turned to many people for aid.	برای گرفتن کار به خیلی هامتشبث شد.
مُتشتّت شدن	be diverged (of opinion); be deviated	منحرف و پراکنده شدن (افکار)
مُتشنّج شدن	be convulsed; be violently agitated	بهم خوردن، آشفته شدن (جلسه)
مُتصرّف شدن	take possession of; occupy	اشغال کردن، تصرف کردن، صاحب شدن
مُتّصل کردن	connect; link; join	بهم وصل کردن، چسباندن
مُتضرّر شدن	incur a loss; suffer loss or detriment	ضررکردن، زیان دیدن
مُتعادل کردن	equilibrate; balance	میزان کردن، موازنه کردن
مُتعجّب شدن	be surprised; wonder	تعجب کردن، متحیر شدن
مُتعرّض شدن	molest; disturb; prevent	مزاحم شدن، مانع شدن
	He remained there unmolested.	اوآنجاماند بدون اینکه کسی متعرض اوشود.

مات ومبهوت شدن	**be stunned; be stupefied**	سخت متحیرشدن
مات کردن	**checkmate; amaze**	در بازی شطرنج کسی رامات کردن، متعجب کردن
	He amazed everyone with his memory.	باحافظه اش همه رامات کرد.
ماتم گرفتن	**mourn; grieve; sorrow for**	عزادار بودن، سوگواری کردن
ماچ کردن	**kiss**	بوسیدن
ماستمالی کردن	**do a perfunctory job; whitewash**	سرسری کارکردن، سرهم بندی کردن
ماسیدن	**be congealed; be coagulated**	سفت شدن، بستن، دلمه شدن
ماشین کردن	**type**	ماشین تحریر بکار بردن
مالش دادن	**rub; give a rub; massage**	مالیدن، ماساژ دادن
مالک بودن	**own; possess**	صاحب بودن، دارابودن
مالیات بستن (مج)	**levy taxes; raise taxes**	مالیات وضع کردن
مالیات دادن	**pay tax**	مالیات پرداختن
مالیدن	**rub; spread**	چیزی روی چیزدیگرآلودن
	Spread butter on bread.	کره راروی نان بمالید.
	Rub your chest with Vicks.	روی سینه ات و یکس بمال.
مَأمور شدن (ل)	**be sent on duty; be commissioned**	مأموریت یافتن
	He was sent on duty to Kerman.	مأمور کرمان شد.
مَأمور کردن (م)	**commission; appoint; delegate; order**	کسی رابرای انجام کاری فرستادن
ماندن	**remain; stay; be left**	اقامت کردن، باقی بودن
	Few tickets are left for tonight.	چند بلیط برای امشب مانده.
مانع شدن	**prevent; hinder; impede; obstruct**	جلوگیری کردن، سد شدن
مانع برطرف کردن	**remove obstacles**	مانع رااز بین بردن (ازبین برداشتن)
مانور دادن	**manoeuvre; cause(troops) to manoeuvre**	تمرین نظامی کردن
مَأنوس شدن	**become fond of, intimate**	بچیزی یا کسی علاقمند شدن
مَأوا دادن (م)	**lodge; give shelter**	جا دادن، پناه دادن
مَأوا گرفتن (ل)	**dwell; reside**	اقامت کردن، ساکن شدن
ماهی گرفتن	**fish; catch fish**	ماهی راباتورباچیز دیگرگرفتن
مایل بودن	**be inclined; want**	تمایل داشتن، خواستن
مَأیوس شدن	**be disappointed; lose hope; despair**	ناامید شدن، امید ازدست دادن
مایه کوبیدن	**vaccinate; innoculate**	سرم یاواکسن وارد بدن کردن
مایه گذاشتن	**spend; pay; invest**	پول خرج کردن، سرمایه گذاشتن
مایه گرفتن (مج)	**malign (someone); have designs on(someone)**	کارشکنی کردن، برای کسی پاپوش ساختن
مُباحثه کردن	**discuss; debate; controvert**	بحث کردن، مذاکره کردن، گفتگو کردن
مُبادرت کردن	**embark, engage upon an undertaking**	دست بکاری زدن، درتعهدی داخل شدن

لَنگ شدن (ل)	**become lame; cripple; be held up**	**شل شدن، از پاناقص شدن، متوقف شدن**
	The construction work has been held up.	کارهای ساختمانی لنگ شده.
لَنگ کردن (م)	**make lame, cripple; stop; interrupt**	**شل کردن، متوقف کردن**
لَنگر انداختن	**anchor; cast anchor**	**توقف کردن کشتی بوسیله انداختن لنگر**
لَنگیدن	**limp; walk lamely**	**ناقص راه رفتن**
لو دادن	**expose; divulge; betray; give away**	**بروز دادن، آشکار کردن، فاش کردن راز**
	He got nervous and gave himself away.	اوعصبانی شد وخودش رالو داد.
	He betrayed his friend.	اورفیقش را لو داد. (خیانت کرد)
لوُس کردن	**spoil (a child); be silly**	**(بچه) رابد تربیت کردن، ننرکردن**
	Don't be silly.	خودت رالوس نکن.
لوُطی بازی درآوردن	**behave like a raffian (a lout)**	**هرزگی کردن، لات بازی کردن**
لوُطی خورشدن	**be frittered away**	**حیف ومیل شدن، ازمیان رفتن**
لوُله کردن	**roll; make into the shape of a tube**	**بشکل لوله درآوردن**
لوله کشی کردن	**lay pipes**	**لوله آب یاگاز یابرق کارگذاردن**
لولیدن	**squirm; wriggle; toss (in bed)**	**جنب خوردن، جنبیدن، لول خوردن**
لِه کردن	**crush; squeeze; mash (potatoes, etc.)**	**کوبیدن، نرم کردن، خرد کردن**
لَه لَه زدن	**pant; breathe thirstily**	**ازتشنگی نفس زدن**
لیاقت داشتن	**be worthy of; deserve**	**شایسته بودن، سزاوار بودن**
	He is not worthy of it.	اولیاقت آنراندارد.
لیسیدن	**lick**	**لیس زدن، زبان زدن**
لیز خوردن	**slide; slip**	**سرخوردن، لغزیدن**
لیف زدن	**soap (with a brush or sponge)**	**بدن رابالیف وصابون شستن**
لِی لِی کردن	**hop; spring (of person) on one foot**	**روی یک پاجَستن وراه رفتن یادو یدن**

لرزیدن (ل)	**shiver; tremble; shake; flicker**	**لرزکردن، تکان خوردن، ترسیدن**
	He was trembling with fear.	اوازترس میلرزید.
	He was shivering with severe cold.	او ازسرمای سخت میلرزید.
	The television screen is flickering.	صفحه تلو یزیون میلرزد.
لُزوم داشتن	**be necessary; necessitate**	**لازم بودن**
لُطف کردن	**be kind; do kindness; give(polite form)**	**لطف داشتن، محبت کردن، دادن**
	Please give me your telephone number.	خواهش میکنم شماره تلفن خودتان رالطف کنید.
لَطمه خوردن (ل)	**be injured, damaged; suffer a loss**	**آسیب دیدن، صدمه دیدن، ضرر خوردن**
لَطمه زدن (م)	**be injured, damaged; suffer a loss**	**آسیب رساندن، ضرر رساندن**
لُعاب دادن	**glaze; enamel**	**بالعاب براق کردن**
لَعنت کردن	**curse; imprecate**	**نفرین کردن، دشنام دادن**
لُغُز خواندن (گفتن)	**wisecrack**	**پشت سرکسی بدگوئی کردن**
لَغزاندن (م)	**cause to slip, to stumble**	**باعث سرخوردن شدن**
لَغزیدن (ل)	**slip; stumble; blunder**	**سرخوردن، سریدن**
لَغو کردن	**cancel; nullify; abrogate**	**ملغی کردن، باطل کردن**
لِفت دادن	**make a lot of fuss**	**زبان درازی کردن**
لَفّاف کردن	**wrap**	**چیزی رادر پارچه مخصوصی پیچیدن**
لَق شدن	**become loose**	**شل شدن، سست شدن**
لَقب دادن	**bestow a title (to someone); entitle**	**عنوان دادن بکسی**
لَک انداختن	**stain; become spotted; soil**	**لک روی لباس یاقالی افتادن**
لَک زدن	**crave for something; long for; be bruised**	**آرزوی چیزی راداشتن، هوس کردن، خراب شدن**
	I am craving for some caviar.	دلم برای خاو یار لک زده.
	The apples are bruised.	سیب ها لک زده (خراب شده).
لُکنت داشتن	**stammer; stutter**	**کندی زبان داشتن**
لِک ولِک کردن	**jog along; scrape by**	**بسختی گذراندن، کند بودن**
	He is jogging along with low income.	بادرآمد کم لک ولک میکند.
لَکّه دار کردن (مج)	**blemish; stain; spoil**	**کسی رابد نام کردن، آلوده کردن**
	He has stained the family honour.	اوشرافت خانوادگی رالکه دارکرده.
لَکّه گیری کردن	**remove the stains**	**پاک کردن، لکه کثیف راتمیز کردن**
لَگَد انداختن	**kick; become insubordinate**	**پا ازعقب پراندن،رام نشدن**
لَگَد خوردن (ل)	**receive a kick; be kicked**	**ضربه به پاخوردن**
لَگَد زدن (م)	**kick; recoil (of gun)**	**باپاضربه زدن، عقب زدن تفنگ**
لگد کردن	**step on (something)**	**له کردن، پامال کردن، پاگذاشتن روی چیزی**
لگد مال کردن	**trample; stamp; flout**	**نادیده گرفتن، له کردن، پایمال کردن**
	They trampled on his right.	حق اورالگد مال کردند.
	They flouted the regulations.	آنها مقررات رالگد مال کردند.
	He stamped on the spider.	اوعنکبوت رالگد مال کرد. (له کرد)
لَم دادن (لمیدن)	**lean; relax**	**تکیه دادن بچیزی، درازکشیدن**
لَمس کردن	**touch; have sensation of touch**	**دست مالیدن، دست بچیزی زدن**

ل

لابه کردن	supplicate; entreat; implore	التماس کردن، تقاضای عاجزانه کردن
لات بازی درآوردن	act like a ruffian	حرکات زشت کردن
لاروبی کردن	dredge; lear silt from irrigation channels	لای ولجن کانال وغیره راپاک کردن
لازم داشتن	need; require	احتیاج داشتن
لازم شدن	become necessary	ضروری بودن، واجب بودن
لازم دانستن	deem (it) necessary	ضروری دیدن
لاس زدن	flirt	بادست یاباچشم ازکسی حظ بردن
لاغر شدن (ل)	become thin; get thin	ضعیف شدن، باریک اندام شدن
لاغر کردن (م)	make thin, clean; emaciate	باریک کردن، بی قوت کردن
لاف زدن	boast; brag	بالیدن، نازدن، فخرکردن
لاقیدی کردن	act carelessly; be remiss	بیتوجهی کردن، بی فکر بودن
لاک الکل زدن	coat with lacquer	مخلوطی ازلاک والکل روی چوب مالیدن
لاک زدن	apply with nail varnish	روی ناخنهای انگشتان (خانمها)لاک مالیدن
لاک ومهر کردن	stamp with seal; seal	بالاک روی پاکت رامهرکردن
لال بازی درآوردن	pretend to be dumb	خودرا به لالی زدن
لالائی خواندن (گفتن)	lullaby	برای خواباندن بچه آواز خواندن
لانه کردن	make a nest	آشیانه درست کردن (پرندگان)
لَب تر کردن	refresh oneself with a beverage	نوشیدنی آشامیدن
لَب زدن	taste	چشیدن
لِباس پوشیدن	dress; put on one's clothes	لباس تن کردن
لِباس کندن	underss; take off one's clothes	لباس ازتن درآوردن
لَبخند زدن	smile	تبسم کردن
لَبریز شدن	overflow; run over	لب به لب شدن مایع درظرف
لَت و پارکردن	knock (someone) out	از پادرآوردن
لِجاجت کردن	be obstinate; dispute; grudge	لج کردن، پافشاری کردن، لج بازی کردن
	To have a grudge against someone	باکسی لج بودن، بکسی لجاجت کردن
لَجن مال کردن	smear someone's reputation	بروز سیاه نشاندن، آبرو وحیثیت کسی رابردن
لُخت شدن (ل)	strip oneself naked	عریان شدن، برهنه شدن
لُخت کردن (م)	make naked; strip; rob	جامه ازتن کسی بزور درآوردن، دزد زدن
	The bandits stripped him of all his belongings.	راهزنان اورا لخت کردند.
لَخته شدن	clot (of blood)	دلمه شدن (خون)، غلیظ شدن
لِذّت بردن (ازچیزی)	enjoy; be delighted in something	حظ کردن، کیف کردن
لِذّت دادن	give enjoyment, pleasure; delight	کیف دادن
لرزاندن (م)	cause to tremble; shake	بلرزه درآوردن، تکان دادن

گوش کردن	**listen; yield to temptation or request**	**شنیدن، گوش دادن، توجه کردن**
گوشزد کردن	**notify; point out; let(a thing) be known**	**تذکردادن، متذکر شدن، یادآوری کردن**
گوشمالی دادن	**upbraid; reproach; pull(someone's) ear**	**تنبیه کردن، گوش (کسی را)پیچ دادن**
گوشه زدن	**speak allusively; drop a hint**	**کنایه زدن، طعنه زدن**
گوشه نشین شدن	**withdraw from society**	**ازاجتماع کناررفتن، گوشه نشینی کردن**
گول خوردن (ل)	**be deceived; be taken in**	**فریب خوردن**
گول زدن (م)	**deceive; fool (someone)**	**فریب دادن**
گیج خوردن	**stagger; reel**	**دوارسر داشتن، تلوتلو خوردن**
گیج شدن	**become giddy, puzzled, confused**	**آشفته شدن، حواس ازدست دادن**
گیرافتادن (ل)	**be involved (in a difficulty); be caught**	**گرفتارشدن**
گیر آمدن	**gain; get; be obtainable; available**	**پیداشدن، بدست آوردن**
	There are no eggs today.	امروز هیچ تخم مرغ گیرنمیاید.
گیرانداختن (م)	**catch; involve in difficulty; entangle**	**گرفتارکردن، پیچیده کردن، لودادن**
	The examiner musn't try to catch the students.	ممتحن نباید عمداشاگردان راگیر بیندازد.
گیر آوردن	**obtain; get; find; catch; get hold of**	**بدست آوردن، پیدا کردن**
	Finally I caught you.	بالاخره گیرت آوردم.
	You must get hold of him.	باید گیرش بیاوری.
گیرکردن	**be stuck; jam; be caught; be in a fix**	**چسبیدن، دوچارمشکل شدن**
	The key was stuck in the lock.	کلید درقفل گیرکرده.
	The lift has jammed.	آسانسور گیرکرده.
	My friend is in a bad fix in this business.	دراین کاردوستم گیرکرده.
	We were caught in the rainstorm.	وسط رگبار گیرکردیم.

گُسستن	**break off; disconnect; tear**	پاره شدن، ازهم جداشدن، گسیختن
گُسیل داشتن	**despatch; send**	روانه کردن، فرستادن
گُشاد بازی کردن	**be extravagant; spend recklessly**	ول خرجی کردن، بیهوده خرج کردن
گُشاد شدن (ل)	**stretch; draw**	فراخ شدن، بازشدن، پهن شدن
	My shoes stretched after I wore them.	کفشهایم بعد ازاینکه پوشیدم گشادشد.
گُشاد کردن (م)	**widen; make loose**	فراخ کردن، گشادن، بازکردن، پهن کردن
گُشایش یافتن	**be inaugurated, opened**	افتتاح شدن
گَشت زدن	**patrol; go for a walk; cruise**	پاسداری کردن، گردش کردن
گَشتن	**become; turn; walk about**	شدن، گردیدن، دورزدن، (معین فعل)
	Yesterday we went for a walk in town.	دیروز مادرشهر گشتیم.
	They searched the whole town.	آنهاتمام شهرراگشتند. (جستجو کردند)
گُشودن	**open(door, fair, etc.)**	بازکردن، افتتاح کردن
گُفتگو کردن	**converse; talk**	مذاکره کردن، صحبت کردن
گُفتن	**say; tell; speak**	حرف زدن، گپ زدن
گُل چیدن	**pick flowers**	گل کندن
گُل دادن	**flower; bloom; blossom**	غنچه کردن
گُل زدن	**score a goal (in football)**	درفوتبال توپ راوارد دروازه کردن
گِل آلود کردن	**make (water) muddy**	کثیف کردن (آب)
گَلاویز شدن	**clinch; grapple; grip**	دست به یقه شدن
گُلچین کردن	**select (from the best lot)**	ازمیان چند چیز مشابه بهترین راانتخاب کردن
گُل کاری کردن	**grow plants; flowers**	گل کاشتن
گُلوله انداختن (زدن)	**shoot; discharge (bullet, etc.)**	تیراندازی کردن، تیردرکردن
گُلوله باران کردن	**fire a volley; fusillade**	پی در پی شلیک کردن
گِله کردن	**make a (friendly) complaint**	دوستانه شکایت کردن
گَلّه داری کردن	**deal in sheep and cattle; keep flocks**	گاو وگوسفند وغیره نگهداشتن
گُم کردن	**lose; miss; forfeit**	ازدست دادن، زیان دیدن
گُماشتن (گماردن)	**appoint; nominate; assign**	تعیین کردن، سرکاری گذاشتن
	He was appointed as chief.	اورابریاست گماشتند. (بعنوان رئیس گماشته شد.)
گَمان کردن	**suppose; think; fancy; believe**	تصورکردن، خیال کردن، فکرکردن
گُمراه کردن	**mislead; lead astray; seduce**	ازراه راست دربردن، براه کج انداختن
گُناه کردن	**commit a sin**	نافرمانی کردن، خطای بزرگ کردن
گُنجاندن	**insert; place; fit**	جادادن، درون چیزی نهادن
گَندیدن	**become; rot; putrid; go bad; putrefy**	فاسد شدن، خراب شدن
گَواه آوردن	**call someone to witness**	شاهد آوردن
گَواهی دادن	**witness; give evidence**	شهادت دادن
گَواهی کردن	**certify; attest**	تصدیق کردن
	The Chambre of Commerce certifies all the documents.	اطاق بازرگانی تمام اسناد راگواهی میکند.
گوْد کردن	**deepen**	چال کردن
گوش شنواداشتن	**have a receptive ear**	حرف گوش کردن، قبول کردن

گَردن زدن	**behead; decapitate**	**سرراازبدن جدا کردن(یک نوع اعدام)**
گَردن کشیدن (مج)	**rebel; become an insurgent**	**یاغی شدن، شورش کردن، سرکش شدن**
گَردن کُلفتی کردن	**act as a bully, ruffian**	**زیر بارنرفتن، لوطی بازی درآوردن**
بگردن گرفتن (مج)	**accept responsibility; take the blame**	**مسئولیت قبول کردن، بعهده گرفتن**
گَردیدن	**turn; become; rotate; go round**	**شدن، گشتن، چرخ زدن، (معین فعل)**
گُرسنگی کشیدن	**starve; suffer from lack of food**	**ازغذا نخوردن رنج بردن**
ازگُرسنگی مردن	**starve to death**	**از بی غذائی تلف شدن**
گِرفتار بودن	**be tied up; engaged**	**سخت مشغول بودن، گرفتاری داشتن**
گِرفتار شدن	**be involved; get entangled; get into difficulty**	**دوچارزحمت شدن، گرفتاری پیدا کردن**
گِرفتارکردن (م)	**entangel; involve**	**گیرانداختن، پیچیده کردن**
	He got himself entangled in this action.	دراین کارخودش راگرفتارکرد.
گِرفتن	**take; get; seize; hold; block;**	**بدست آوردن، مسدود شدن، (معین فعل)**
	The water pipe is blocked.	لوله آب گرفته است.
	When do you take your degree?	شماچه وقت لیسانس میگیرید؟
گِرفتن	*The policeman took away my passport.*	پلیس گذرنامه مراگرفت.
	This bottle holds only one litre.	این بطری فقط یک لیترمیگیرد.
گَرم کردن	**warm up; make warm; heat up**	**داغ کردن**
گَرم گرفتن (باکسی)	**cultivate (someone's) friendship**	**دوستی نشان دادن، مهربانی زیاد کردن**
گِرو گذاشتن	**mortgage; pledge**	**رهن گذاشتن، بکسی قول دادن**
	He has pledged his reputation on this matter.	اودراین باره شرافتش راگرو گذاشته.
گِرویدن (گرائیدن)	**believe in; turn towards; incline**	**پیروآئین شدن،بکسی یاچیزی عقیده پیدا کردن**
گِره بازکردن	**untie a knot**	**پیچ رابازکردن**
گِره زدن (م)	**knot; tie (string, etc.) in a knot**	**پیچیدن، بهم بستن**
گِره خوردن (ل)	**become knotty; be entangled**	**پیچ خوردن، کارسخت شدن**
	There is a hitch somewhere.	یک جای کار گره خورده است.
گِریه انداختن (م)	**cause to weep; move to tears**	**گریاندن، باعث گریه کردن کسی شدن**
گِریه کردن	**weep; cry; shed tears**	**اشک ریختن، گریستن**
گُریختن	**run away; flee**	**فرارکردن، دررفتن، گریزان شدن**
گِریستن	**syn. of** مترادف گریه کردن	
گِریه وزاری کردن	**weep and wail**	**شیون وناله زدن**
گُزاردن	**perform; pay; say; serve**	**اداکردن، بجاآوردن، انجام دادن**
	A moslem says his prayer five times a day.	یک مسلمان روزی پنج بارنماز میگزارد.
گُزارش دادن	**report**	**جریان امریاخبری رااطلاع دادن**
گَزافگوئی کردن	**exaggerate**	**اغراق گفتن، یاوه سرائی کردن**
گَزند رساندن	**harm; injure**	**آسیب رساندن، آزاردادن**
گَزیدن	**bite; sting**	**نیش زدن**
گُزیدن	**choose; select**	**انتخاب کردن**
گُستاخی کردن	**be arrogant, audacious; act impudently**	**بی ادبی کردن، ستیزه کاری کردن**
گُستردن	**spread; diffuse; propagate**	**پهن کردن، پراکنده کردن**

گ

گاز دادن	**accelerate; step on the gas (in a vehicle)**	پدال گاز رادرماشین فشاردادن
گازگرفتن	**bite; cut with the teeth**	دندان گرفتن، نیش گرفتن
گام برداشتن	**take steps; pace; walk**	قدم برداشتن، پانهادن
گاوبندی کردن (باکسی)	**be in collusion (with someone)**	بندوبست کردن، تبانی کردن
گَپ زدن	**chatter; talk idly**	حرف زدن، لاف زدن
گَچ گرفتن	**dress with plaster cast; apply medical plaster to**	دست و پای شکسته راباگچ پوشاندن
گُداختن	**melt (vi); become liquefied by heat**	آب شدن، ذوب شدن، سوختن
گُذاردن	**put; place**	نهادن، قراردادن (معین فعل)
گُذاشتن	**let; allow; put; leave**	نهادن، اجازه دادن، رهاکردن، ول کردن
	He did not let me go.	اونگذاشت بروم.
	I left a note for him.	برای او یاد داشتی گذاشتم.
	He left his family in Iran.	خانواده اش رادرایران گذاشت.
گُذراندن	**spend (time); pass (law)**	صرف کردن (وقت)، تصویب کردن (قانون)
	How do you spend your time?	شماوقتتان راچطورمیگذرانید؟
	The Government passed a bill in Parliament.	دولت لایحه ای راازمجلس گذراند.
گُذر کردن	**pass (v.i.)**	عبورکردن
گُذشتن	**pass (v.i.)cross; give up**	عبورکردن، صرف نظرکردن، تصویب کردن
	The bill passed through Parliament.	لایحه ازمجلس گذشت. (تصویب شد)
	Ten years passed.	ده سال گذشت.
	He gave up his right.	ازحق خودش گذشت. (صرف نظرکرد)
	He crossed the road.	ازوسط خیابان گذشت.
گُذشت کردن	**forgive; pardon**	عفوکردن، بخشیدن
گِرامی داشتن	**honour; hold dear**	احترام کردن، عزیز شمردن
گِران شدن (ل)	**rise in price; go up**	بالا رفتن قیمتها
گِران کردن (م)	**raise the price**	بالا بردن قیمتها
گِران تمام شدن	**cost dearly**	پول زیادی برای چیزی پرداختن
	This car cost me very dearly.	این ماشین برای من خیلی گران تمام شد.
گِرائیدن (به)	**have a tendency; be inclined**	بچیزی یاکسی تمایل نشان دادن
گِرد هم آمدن (ل)	**assemble; get together; gather together**	دورهم جمع شدن
گَرداندن	**turn round; spin; run (manage)**	چرخاندن، گردش دادن، اداره کردن (فعل معین)
	He is running the shop very well.	اومغازه راخیلی خوب میگرداند.
گِرد آوردن (م)	**amass; accumulate; assemble; rally**	جمع آوری کردن، رویهم انباشتن
گَرد گیری کردن	**dust; clear (furniture) of dusts**	گردوخاک روی مبل راپاک کردن
گَردش کردن	**go for a walk; stroll**	بگردش رفتن، قدم زدن، راه رفتن
گَردن پیچی کردن (مج)	**disobey; disregard orders**	اطاعت نکردن

کوت کردن	pile up	روی هم ریختن، کپه کردن، روی هم انباشتن
کوتاه آمدن	back down; abandon a claim	تسلیم شدن، آرام شدن
کوتاه کردن	shorten; cut short; abridge	کم کردن، بریدن، خلاصه کردن
کوتاهی کردن	fail (in one's duty); neglect	غفلت کردن، طفره رفتن
کوچ کردن	move from one place to another; migrate	ازجائی بجای دیگر رفتن (کولیها وقبایل)
کوچک کردن (مج)	humiliate; make one's self cheap	خود را سبک کردن
کود دادن	manure; apply fertilizer	مدفوع حیوان به گیاه وزمین زراعتی دادن
کور خواندن	misread the facts; infer wrongly	اشتباه فهمیدن، درک نکردن
کور شدن (ل)	go blind; lose one's sight	نابینا شدن
کور کردن (م)	blind (someone); make dark; spoil;	کسی را نابینا کردن، تاریک کردن، از بین بردن
	He was blinded by passion.	شهوت اورا کور کرد.
	The high wall has made our yard dark.	دیوار بلند حیاط ما را کور کرده.
	The chocolate spoiled my appetite.	شوکلات اشتهای مرا کور کرده.
کوس رسوائی زدن	disgrace someone publicly	کسی را بی آبرو کردن، آبروی کسی را بردن
کوشش کردن	endeavour; strive; make an effort	کوشیدن، سعی کردن، تلاش کردن
کوفتن	pound; bruise; knock	کوبیدن، زدن، خسته کردن
کوک زدن	stitch	بخیه زدن، نوعی دوختن (درخیاطی)
کوک کردن	wind (watch); tune (piano, etc.)	فنرساعت را پیچاندن، پیانو کوک کردن
کولاک کردن	cause a sensation; be astounding	معرکه کردن، کارفوق العاده کردن
کول کردن	carry on one's back	بر پشت حمل کردن
کومک کردن (کمک)	help; assist	یاری کردن، دستیاری کردن
کهنه شدن	be worn out; become old	فرسوده شدن
کیپ کردن	tighten; close firmly	محکم بستن
کیپ هم نشستن	sit tight together	بهم چسبیده نشستن
کیسه دوختن (مج)	anticipate a huge rake-off (out of something)	انتظاراستفاده زیاد داشتن، طمع خام داشتن
کیف کردن	be intoxicated, exhilarated	لذت بردن، خیلی خوش گذشتن
کیفر دادن	punish; penalize	سزا دادن، جزا دادن
بکیفر رسیدن	be punished; be penalized	تنبیه شدن، بسزا رسیدن
کینه بدل گرفتن	have hostile feeling towards someone	گذشت نداشتن، دشمنی داشتن
کینه جوئی کردن	take vengeance	قصد انتقام گرفتن داشتن

کِفایت کردن	**suffice; be sufficient**	کافی بودن، بس بودن
کُفر گفتن	**utter blasphemy; talk impiously**	حرفهای مخالف دین ومذهب زدن
کَفیل دادن	**give bail**	ضامن دادن
کَلافه کردن	**exasperate; irritate(someone)**	کسی راسخت ناراحت کردن
کُلاهبرداری کردن	**swindle; cheat somone**	کلاه سرکسی گذاردن، تقلب کردن
کُلاه برداشتن	**take off one's hat**	کلاه ازسر برداشتن، احترام گذاردن
کُلاه گذاشتن	**wear a hat; put on a hat**	کلاه روی سرگذاشتن
کَلک زدن	**play a trick**	حقه زدن، نیرنگ زدن
کُلنگ زدن	**break up (ground) with a pick**	باکلنگ زمین راکندن
کَلّه شَقی کردن	**be obstinate, stubborn**	سرسختی نشان دادن، خیره سری کردن
کُلّیت داشتن	**be common, universal**	همگانی بودن، عمومیت داشتن
کِلیشه کردن	**stereotype; typeset**	روی صفحه فلزی حروف چینی کردن
کَم آوردن	**run short**	کسرداشتن، کسرآوردن
	I have run short of 50 tomans.	من پنجاه تومان کم آوردم.
کَم داشتن	**be short of (money, etc.)**	کسری داشتن
کَم کردن	**deduct; reduce; diminish; lessen**	کسرکردن
	They deducted it from my salary.	آنهاازحقوق من کم کردند (کسر کردند)
کَم وزیاد کردن	**adjust; modify**	تعدیل کردن، تنظیم کردن
کَمر بستن (مج)	**gird up one's loins; be oneself again**	آماده کارشدن، تصمیم بانجام کاری گرفتن
کَمرراست کردن (مج)	**recover; get back on one's feet**	دوباره تواناشدن، بهبودی یافتن
کَمین کردن	**wait in ambush; lie in wait**	درکمین نشستن
کِنارآمدن (باکسی)(مج)	**come to terms, to an agreement**	بتوافق رسیدن، سازش کردن
کِناررفتن (مج)	**withdraw; retire; go aside**	کناره گیری کردن، استعفادادن
کِنارگذاشتن	**lay aside; abandon; set aside; discard**	جداکردن، برکنارکردن، گوشه ای نهادن
	One must discard formalities.	باید تشریفات راکنارگذاشت.
	Did you put any money aside?	آیا پولی کنار گذاشتید؟
کناره گیری کردن	**keep or stand aloof; retire**	استعفا دادن، گوشه نشین شدن
کِنایه زدن	**speak sarcastically, allusively**	گوشه زدن
کُنجکاوی کردن	**pry into something; be inquisitive**	جستجو کردن، کاوش کردن
کُند کردن	**blunt; make less sharp; retard**	ازتیزی انداختن (چاقو)، دیرانجام دادن
کَندن	**dig; uproot; rip off; take off**	گود کردن(زمین)، ازتن درآوردن
	He wants to take off his clothes.	اومیخواهد لباسهایش رابکند.
	They ripped off his medals.	مدالهای اوراکندند.
	Why did you uproot those trees?	چرا درختهاراازریشه کندید؟
	He digged the earth.	او زمین راکند.
کَنده کاری کردن	**carve; engrave**	روی چوب یاسنگ نقش کندن
کوُبیدن	**pound; grind; knock at; bang**	کوفتن، نرم کردن، ضرب به زدن، به توپ بستن
	The artillery pounded the enemy positions.	توپخانه مواضع دشمن راکوبید.
	He banged on the table with his fist.	او بامشتش روی میز کوبید.

کِراوات زدن	**put on a tie**	کراوات بدورگردن بستن
کِراهت داشتن	**abominate; hate**	نفرت داشتن، متنفر بودن
کِرایه کردن	**rent; hire**	اجاره کردن
کِرایه دادن	**let (flat, house, etc.)**	اجاره دادن
کِرِخ کردن	**make numb, insensible**	بیحس کردن
کَردن	**do**	نمودن، عمل کردن (فعل معین)
کِرکِر خندیدن	**titter; giggle**	قهقهه زدن
کَرَم کردن	**be generous**	بزرگواری کردن، سخاوتمندی کردن
کِرم خوردن	**decay (of teeth)**	فاسد شدن (دندان)
کُرنش کردن	**pay homage to(a person)**	بکسی احترام گذاشتن
کِساد شدن (ل)	**become stagnate, dull (of business)**	ازرونق افتادن، در بازار خریدارکم شدن
کِساد کردن (م)	**depress (the market, trade)**	بازار راازرونق انداختن، راکد کردن
کِسالت داشتن	**be indisposed**	بیمار بودن، مریض بودن
کَسب کردن	**acquire; earn; gain; do business**	تجارت کردن، اطلاع بدست آوردن
	He acquired very valuable information.	اواطلاعات پر ارزشی کسب کرد.
	My friend is doing business in Iran.	دوستم در ایران کسب میکند.
کَسر آوردن	**run short; show a deficit**	درحساب کم آوردن، کسری داشتن
کَسر کردن	**deduct; take away; put aside**	کم کردن، کاستن
کِسِل کردن	**make weary, tired**	کسی راخسته وناراحت کردن
کِش آمدن	**stretch; be elastic**	درازشدن
کِش دادن	**drag out (a subject); go on & on**	طولانی کردن (سخن)، زیاده ازحد ادامه دادن
کِش رفتن	**pinch**	یواشکی چیزی رادزدیدن
کِشاندن	**prolong; protract; drag; draw**	کشیدن، درازکردن، طولانی کردن
کِشت کردن	**till; prepare and use soil for crops**	کاشتن، کشاورزی کردن
کُشتار کردن	**massacre; slaughter (animals)**	آدم کشی کردن، کشتن گاووگوسفند درکشتارگاه
کُشتن	**kill; murder**	قتل کردن، بقتل رساندن
کُشتی گرفتن	**wrestle**	زورآزمائی کردن
کَشتی رانی کردن	**navigate**	دریانوردی کردن
کَشف کردن	**discover; reveal; find out**	پیدا کردن، یافتن، بدست آوردن
کِشمکش کردن	**skirmish; struggle; contend**	زدوخورد کردن
کِشیدن	**draw; drag; pull; weigh**	درازکردن، وزن کردن (فعل معین)
	He pulled the rope.	اوطناب راکشید.
	Please weigh this suit-case.	خواهش میکنم این چمدان رابکشید.
کِشیده زدن	**slap; smack**	سیلی زدن
کِشیک کشیدن	**be on guard, on duty; keep watch**	کشیک دادن، نگهبانی کردن، پاس دادن
کَف زدن	**clap one's hands**	دست زدن (برای تشویق)
کَف کردن	**lather; foam**	پف کردن (آب وصابون و غیره)
کَفایت دادن	**suffice; be enough, adequate**	کافی بودن، کفایت کردن
کِفالت کردن	**act as surety; stand bail**	کفیل شدن، ازطرف کسی عهده دارانجام کاری شدن

ک

کارآموزی کردن	**train; take a training course**	کارياد گرفتن
کاراز پیش بردن	**achieve something; succeed**	ازعهده کاری برآمدن، موفق شدن
کار پیداکردن	**look for a job**	درجستجوی کار بودن
کارچاق کردن	**fix things; promote**	واسطه شدن، کارگشابودن
کارداشتن	**be busy**	مشغول بودن
	Yesterday I was very busy.	دیروز خیلی کارداشتم.
کارشکنی کردن	**obstruct; prevent the progress of something**	مانع انجام کاری شدن
کارکردن	**work; labour; do business; operate**	عمل کردن
	The engine does not work (run).	موتور کارنمیکند.
	Your watch runs (goes) fast.	ساعت شماتند کارمیکند.
کارگذاشتن	**instal; place machinery, etc,**	نصب کردن، وصل کردن
کاستن	**diminish; lessen; decrease**	کم کردن، کسرکردن
کاشتن	**sow; cultivate; plant (a tree)**	کشت کردن، تخم پاشیدن
کامران شدن	**be successful**	موفق شدن
کامل کردن	**complete; bring to perfection**	تکمیل کردن، تمام کردن
کامیاب شدن	**succeed; prosper; obtain one's desire**	به آرزورسیدن، موفق شدن، پیروز شدن
کاندید شدن	**be a candidate**	نامزدشدن، داوطلب شدن
کاندید کردن	**nominate; propose for (election, etc.)**	کسیرانامزد انتخابات وغیره کردن
کاوش کردن	**excavate; dig**	حفاری کردن، زمین کندن
کاهش دادن	**diminish; reduce**	کسرکردن، کاهیدن، کاستن
کَباب کردن	**roast or broil meat on a skewer**	بریان کردن
کِبریت زدن	**strike a match**	کبریت روشن کردن
کُپیه کردن	**copy; make copy of**	رونوشت گرفتن، رونوشت برداشتن
کُتک خوردن (ل)	**be beaten up (person)**	آسیب وصدمه بکسی وارد آمدن
کُتک زدن (م)	**beat up (person)**	کسی راباچوب ودست و پازدن
کِتمان کردن	**conceal; keep secret from**	پنهان داشتن، رازنگهداشتن
کَثیف کردن	**make (a place, etc.) dirty, filthy**	کثافت کردن، چرک کردن
کَج کردن	**bend; curve; make crooked, twisted**	خم کردن، پیچاندن
کَج خیال بودن	**have a twisted mind**	بد گمان بودن
کِدِر شدن (مج)	**become depressed, unhappy**	ناراحت شدن، آزرده شدن
	He was unhappy at what you told him.	ازآنچه باوگفتید کدرشد.
کُدورت داشتن	**be annoyed, displeased, offended**	دلتنگی داشتن، آزرده خاطر بودن
کَر کردن	**deafen**	ناشنواکردن، گیج کردن
کِرامت کردن	**show generosity, greatness**	بزرگی کردن، همت کردن، سخی بودن

قُلاّب دوزی کردن	**crochet**	روی پارچه نقش ونگاردوختن
قَلَم خوردن (ل)	**be crossed out; be cancelled**	روی نوشته ای خط کشیده شدن
قَلم زدن (م)	**cross out; cancel**	خط زدن، باطل کردن
قَلمداد کردن	**count; include; enumerate; figure**	بحساب آوردن، منظورکردن
قَلیان کشیدن	**smoke a hubble-bubble**	نارگیله دود کردن
قُمارکردن	**gamble; play at dice; speculate**	قمار بازی کردن، بردو باخت کردن
قَناعت کردن (با)	**be content (with a little)**	به چیزکم راضی بودن، صرفه جوئی کردن
قُوّت دادن (م)	**strengthen; invigorate; give nourishment**	قوی کردن، نیرودادن
قُوّت گرفتن (ل)	**take vigour; gather strength**	قوی شدن، نیرو گرفتن
بِقُوّت خود باقیماندن	**remain in force; be valid; hold good**	قانون یاشرایطی هنوز قابل اجرابودن
قُورت دادن	**swallow**	بلعیدن
قُوز کردن	**crouch; stoop**	خمیدگی پشت پیداکردن
قَول دادن	**promise; assure**	وعده کردن
	I promise you it will not be easy.	بشماقول میدهم این آسان نخواهد بود.
قَول گرفتن (ازکسی)	**make someone promise**	وعده زبانی گرفتن
قَول شرف دادن	**give one's word of honour**	وعده ای دادن که شرف شخص درمیان است
قَوی کردن	**make powerful; strengthen**	نیرومند کردن
قَهرکردن	**be sulky**	دلخورشدن، ازهم بریدن
	Why are you cross with me?	چرابامن قهرکردید؟
قِی کردن	**vomit**	استفراغ کردن
قیاس کردن	**analogize; compare**	سنجیدن
قیافه گرفتن	**strike an attitude; put on a stern look**	صورت ناپسندیده ازخود نشان دادن
قیام کردن	**rise; revolt; rebel**	برخاستن، شورش کردن، سرکش شدن
قیامت کردن	**cause a sensation; raise a tumult**	باعث هیجان شدن، قیامت بر پا کردن
قِیچی کردن	**cut off with scissors**	چیزی راباقیچی بریدن
قِید کردن	**stipulate; lay down; insert**	ذکرکردن، تصریح کردن
قِید چیزی رازدن	**abandon a thing; not to worry**	صرفنظر کردن، ول کردن
قیراندود کردن	**cover with tar, pitch; bituminize**	کف خیابان و پشت بام راقیرمالیدن
قِیمت کردن	**enquire about the price of something**	بهای چیزی راجو یاشدن
قِیمت گذاشتن	**put a price on something**	بهای چیزی راتعیین کردن
قِیمه کردن	**mince; cut (meat, etc.) to pieces**	(گوشت) رازیزریز کردن

قَدم زدن	go for a walk; stretch one's legs	راه رفتن، گردش کردن
قِر دادن	shake or swing one's hips	کمرخودرابطرز مخصوصی تکان دادن
قَرار داد بستن	make an agreement; conclude a treaty	پیمان امضاء کردن، قرارداد امضاکردن
قَرار دادن	place; put	گذاردن، گذاشتن
قَرار داشتن	have an appointment (with someone)	باکسی وعده ملاقات داشتن
قَرار گذاشتن	make an appointment	وقت ملاقات تعیین کردن
قَرار گرفتن	be fixed; become quiet, still	برقرارشدن، پابرجا شدن، آرام شدن
قَرائت کردن	read	خواندن
قُربانی کردن	kill (a lamb on a religious day); sacrifice	درعید قربان گوسفند کشتن
قَرض دادن	lend; make a loan to	وام دادن
قَرض کردن	borrow; get a loan	وام گرفتن، قرض گرفتن
قَرض داشتن	owe (money to the bank, etc.)	مدیون بودن، مقروض بودن
قُرعه کشیدن	draw lots	بخت آزمائی کردن
قِرمز شدن (مج)	become red, blush	سرخ شدن، ازکم روئی یاخجالت قرمزشدن
قِسِر دررفتن	get off free; get away with	ازگرفتاری بدون درد سررهائی یافتن
قَسم خوردن	take an oath; swear	سوگند خوردن، سوگند یاد کردن
قَسم دروغ خوردن	commit prejury; swear falsely	درداد گاه سوگند دروغ خوردن
قِسمت کردن	divide; share out; distribute	تقسیم کردن، پخش کردن
قَشنگ کردن	make pretty; decorate	زیبا کردن، تزئین کردن
قِشو کردن	curry; rub down (horse, etc.) with comb	باشانه مخصوص بدن حیوانات راپاکیزه کردن
قِصاص کردن	retaliate; punish; chastise	کشنده راکشتن، تلافی کردن
قَصد کردن	intend; make an attempt	عزم کردن، نیت کردن، اندیشه کردن
	He intends going abroad.	اوقصد سفر بخارج کرده.
	He made an attempt on my life.	اوقصد جان مراکرد.
قُصور کردن	fail; neglect	کوتاهی کردن، تنبلی کردن
قِصّه گفتن	tell a story	داستان تعریف کردن
قِضاوت کردن	judge; make a judgement; adjudicate	داوری کردن، حکم کردن
قَطار کردن	set things in a row	ردیف کردن
قَطره چکیدن	drip; fall in drops	قطره چکه کردن
قَطع داشتن	be sure, certain	یقین داشتن، مطمئن بودن
قَطع کردن	cut; interrupt (someone); chop (tree, etc.)	بریدن (درخت وغیره)، حرف کسی راقطع کردن
قَطع امید کردن	lose hope; give up in despair	ناامید شدن
قَطع رابطه کردن	break off relations	دوستی رابهم زدن، رابطه سیاسی رابریدن
قَطع علاقه کردن	lose interest; sever one's ties	ازکسی بریدن، دیگررابطه نداشتن
قَطعه قَطعه کردن	cut to pieces	تکه تکه کردن، پاره پاره کردن
قَطعی کردن	finalize; bring to an end	یکسره کردن، تکلیف معین کردن
قَفسه بندی کردن	shelve; fit (cupboard, etc.) with shelves	قفسه بدیواریاجای دیگرنصب کردن
قُفل کردن	lock; fasten (door, etc.) with a lock	دریاصندوق راباقفل بستن
قُلّاب کردن	hook; grasp with a hook	چنگ زدن

ق

قائل شدن	**believe in something; grant**	**عقیده داشتن، منظور کردن**
	They granted certain priviliges to him.	برای اوامتیازات مخصوصی قائل شدند.
قاب کردن	**frame (pictures)**	**دورعکس راقاب گرفتن**
قابلیت داشتن	**be capable, able, fit, gifted**	**لایق بودن، شایستگی داشتن**
قاپیدن	**snatch; seize quickly, unexpectedly**	**دزدیدن، ربودن**
قاتی کردن (قاطی)	**mix; join**	**مخلوط کردن، درهم کردن**
قاچاق کردن	**smuggle; import or export (goods, etc.)illegally**	**کالائی راغیرقانونی وارد یاصادرکردن**
قاچاق شدن	**slip away**	**بی خبررفتن، پنهانی دررفتن**
قاعده شدن	**menstruate**	**خون آمدن ماهانه زن**
قال گذاشتن	**keep (someone) waiting and never turn up**	**کسی رامنتظر نگهداشتن و حاضرنشدن**
قالب کردن (چیزی رابکسی)	**fob off something on someone**	**چیز بنجل فروختن، جازدن**
قالب گرفتن	**mould; produce an object in certain shape**	**اندازه گرفتن، جاسازی کردن**
قانع کردن	**convince; satisfy**	**راضی کردن، قبولاندن**
قانون گذارندن	**pass a law; ratify an act**	**لایحه ای رابتصویب پارلمان رساندن**
قاه قاه خندیدن	**laugh uproariously**	**باصدای بلند خندیدن**
قایم شدن (ل)	**conceal or hide oneself**	**خود راپنهان کردن**
قایم کردن (م)	**hide; keep something out of sight**	**پنهان کردن**
قَبر کندن	**dig a grave**	**گور کندن**
قَبضه کردن	**seize; take over; gain full control**	**تسخیر کردن، گرفتن، مسلط برکارشدن**
	The soldiers seized that area.	سربازان آن منطقه راقبضه کردند.
	My friend gained full control of affairs.	دوستم کارهاراکاملا قبضه کرد.
قَبول داشتن	**accept; agree; acknowledge; admit**	**پذیرفتن، موافق بودن، قبول کردن**
	He acknowledges his opponent's superiority.	او برتری حریفش راقبول دارد.
قَبول شدن	**pass (test, examination)**	**گذراندن، موفق شدن**
	My friend passed the driving test.	دوستم درامتحان رانندگی قبول شد.
قَپان کردن	**weigh by a steelyard**	**وزن کردن (باترازوی مخصوص)**
قَتل کردن	**kill; murder; slay**	**کشتن، بقتل رساندن**
قَد کشیدن	**grow tall; shoot up**	**بلند اندام شدن، بزرگ شدن**
	Your son shot up very quickly.	پسر شماخیلی زود قد کشیده.
قَدر دانستن	**appreciate (something)**	**ارزش چیزی رادانستن**
قَدردانی کردن	**express one's gratitude, appreciation**	**اظهار امتنان کردن، تشکر کردن**
قَدغن کردن	**ban; prohibit; forbid**	**ممنوع کردن، منع کردن، جلوگیری کردن**
قَدم برداشتن	**take a step; move**	**اقدام کردن، کاری انجام دادن**
	Nobody is willing to move in this matter.	هیچکس حاضر نیست دراین کارقدمی بردارد.

فریفته شدن	**be attached to someone; be devoted**	علاقمند شدن، فدائی کسی شدن
	He is deeply attached to that woman.	اوشدیداً فریفته آن زن شده.
فَسخ کردن	**dissolve; annul; cancel; abolish**	باطل کردن، بهم زدن لغو کردن
	They want to cancel the contract.	آنها میخواهند قرارداد رافسخ کنند.
فِشار دادن (آوردن)	**press; push; move**	حرکت دادن، هل دادن، وادارکردن
	I do not want to push him for payment.	میل ندارم برای پول به اوفشار بیاورم.
	Move the table a littel to the left.	کمی میزرابطرف چپ فشار بده.
فِشردن	**squeeze, exert pressure (sponge, etc.)**	له کردن، چلاندن (لیموواسفنج وغیره)
فُضولی کردن	**meddle; interfere**	درکاروگفتگوی دیگران دخالت کردن
فَکّ رهن کردن	**waive a lien**	ملکی راازگرو خارج کردن
فِکر کردن	**think; consider; be of opinion**	پنداشتن، اندیشیدن
بِفکر افتادن (ل)	**cross (one's) mind**	بفکر آمدن
بِفکر انداختن (م)	**make think; set thinking**	وادار بفکر کردن
فَلج کردن	**paralyse; render powerless; cripple**	زمین گیرکردن، ازکارانداختن
فلوت زدن	**play the flute**	فلوت نواختن
فَنا کردن	**annihilate; destroy completely**	نابود کردن، محو کردن، از بین بردن
فوُت کردن	**blow; puff**	دمیدن، باد کردن
فوْت کردن	**die; pass away**	مردن، درگذشتن
فَوَران کردن	**erupt; break out (of volcano)**	بالا پریدن مواد گداخته ازکوه آتش فشان
فَهماندن (م)	**make (someone) understand**	حالی کردن
	I could not make him understand.	من نتوانستم به او بفهمانم.
فَهمیدن (ل)	**understand; comprehend; realize; find out**	درک کردن، دریافتن، متوجه شدن
	I could not make out what he meant.	نفهمیدم منظورش چه بود.
	What will you do if your father finds out?	چه کار خواهید کرد اگر پدرتان بفهمد؟
	He did not realize what he was doing.	نفهمید چه میکرد.
فیلم برداشتن	**shoot a film; photograph**	عکس برداشتن، فیلم برداری کردن
فین کردن	**blow one's nose**	آب بینی بیرون دادن

فَراموش کردن	**forget; put out of mind**	ازیادرفتن، ازخاطررفتن
فَراموشی داشتن	**have a bad memory; be forgetful**	بیحواس بودن، حافظه خوب نداشتن
فَراهم کردن	**make available; prepare**	آماده کردن، مهیا کردن،تهیه کردن
فَربه کردن	**make fat; fatten**	چاق کردن
فَرجام دادن	**appeal to the Supreme Court**	ازدیوان کشوررسیدگی تمیز خواستن
فِرستادن	**send; remit; despatch; transmit**	ارسال کردن، روانه کردن، گسیل کردن
فَرسوده شدن	**be worn out; become old; get eroded**	کهنه شدن، سائیده شدن
فَرش کردن	**cover(the room floor) with carpet, etc.**	کف اطاق وغیره راباقالی یاموزائیک پوشاندن
فُرصت ازدست دادن	**lose the opportunity**	موقعیت مناسب راگم کردن
فُرصت راغنیمت شمردن	**seize the opportunity**	قدروقت دانستن، فرصت رامغتنم شمردن
فُرصت کردن	**find an opportunity; have time**	وقت داشتن، فراغت داشتن
	I did not have time to call on my friend.	فرصت نکردم بدیدن دوستم بروم.
فَرض کردن	**suppose; imagine; presume**	تصورکردن، پنداشتن
فَرق بازکردن	**part(one's hair)**	خط وسط موی سر بازکردن
فَرق داشتن	**be different**	تفاوت داشتن
فَرق کردن	**make difference**	تفاوت کردن
	What difference does it make to you?	برای شما چه فرق میکند؟
فَرق گذاشتن	**make a distinction; discriminate**	تبعیض کردن، تفاوت قائل شدن
فَرمان بردن	**obey; execute a command, order**	اطاعت کردن، امری راانجام دادن
فرمان دادن	**command; give orders**	دستوردادن، امرکردن
فرمودن	**say (polite speech in second and third persons)**	گفتن، اظهارکردن (دوم وسوم شخص)
	The Minister said that you attend the meeting.	آقای وزیرفرمودند شمادرجلسه شرکت کنید.
فرُوبردن	**swallow; dip; sink**	بلعیدن، زیرآب کردن، غرق کردن
فروُتنی کردن	**show humility; humble oneself**	تواضع کردن، افتادگی کردن
فرُوختن	**sell**	فروش کردن
فرُود آمدن	**come down; descend; land (plane)**	پائین آمدن، بزمین نشستن (هواپیما)
فرُورفتن (ل)	**go under;sink in**	زیر(آب) رفتن، غرق شدن
فرُوریختن	**collapse; fall in**	خراب شدن (ساختمان وغیره)
فرُوش کردن	**effect a sale**	فروختن
فرُونشستن	**subside; sink in level; settle down**	فروکش کردن، ته نشین شدن، خاموش شدن
فرُو کردن (م)	**dip (into water); insert**	داخل کردن، فروبردن
فرُوگذار کردن	**neglect; omit to do**	کوتاهی کردن، بیعلاقگی نشان دادن
فرُوماندن	**fail to do something; be "stuck"**	درکاری گیرکردن، ناتوان شدن، درماندن
فرُونشاندن	**quel a rebellion; suppress**	خاموش کردن، آرام کردن، خواباندن
فَریاد زدن	**shout; cry out; yell**	داد زدن، فریاد کردن، فریادبرآوردن
فَریاد وفغان کردن	**lament; express grief**	ناله وزاری کردن
فَریفتن	**deceive; cheat; seduce; enamour**	گول زدن، فریب دادن، دلربائی کردن
فَریب خوردن (ل)	**be deceived; be cheated**	گول خوردن
فَریب دادن (م)	**deceive; cheat**	گول زدن

ف

فائق شدن	**prevail; overcome; master**	پیروزشدن، فائق آمدن، کامیاب شدن
فاتح شدن	**conquer; be victorious**	غلبه کردن، غالب شدن
فارغ شدن (از)	**be relieved of some work; give birth to**	آسوده شدن، زائیدن
	He has just finished the work.	اوهمین حالا ازکارفارغ شد.
	Her mother gave birth to a child.	مادرش فارغ شد. (مادرش زائید)
فارغ التحصیل شدن	**graduate from university**	دانشگاه راتمام کردن
فاسد شدن	**decay; go bad; become dissolute**	خراب شدن، ضا یع شدن، نادرست شدن
	The fruits have gone bad.	میوه هافاسد شده (خراب شده)
	The judge has become dissolute.	قاضی فاسد شده. (نادرست شده)
فاش کردن	**reveal; divulge; disclose**	بروز دادن، علنی کردن، آشکارکردن
فاصله دادن	**leave blank; put space between**	بین دوحرف جای خالی گذاردن (ماشین تحریر)
فاصله گرفتن (ازکسی)	**keep one's distance from someone**	ازکسی دوری کردن
فاقد بودن	**lack; miss**	نداشتن، دارانبودن
فال گرفتن	**tell fortune; take an omen**	پیشگوئی خوب یابد کردن، تفأل زدن
بفال نیک گرفتن	**consider as a good omen**	باامیدوانتظار خبرخوب بودن
فانی شدن	**perish; be transitory**	نیست شدن، ازبین رفتن، مردن
فایده بردن	**make a profit; benefit from**	سود بردن، نفع کردن، نتیجه خوب گرفتن
فایده داشتن	**be useful, profitable; do good**	مفید بودن، نافع بودن
	Your staying here won't do any good.	ماندن شما اینجا فایده ای ندارد.
فَتح کردن	**conquer; win a victory**	پیروزشدن، غلبه کردن
فِتنه بر پا کردن	**sow sedition**	باعث آشوب وگمراهی شدن
فتُوّت داشتن	**show chivalry; be generous**	جوانمرد بودن، مردانگی داشتن
فَتوی دادن	**pronounce a judgement (in religious affairs)**	نظردادن مجتهد درمسائل شرعی
فَحّاشی کردن	**curse; use foul language; abuse**	فحش دادن، ناسزا گفتن، بدزبان بودن
فَخر کردن	**pride onself**	بالیدن، افتخارکردن
فَداکردن	**sacrifice; dedicate (oneself) for a cause**	قربانی کردن، فداکاری کردن
	He sacrificed his life for his country.	اوجانش رابرای کشورش فداکرد.
	He sacrificed his health for the sake of the pleasure.	اوسلامتی رافدای خوشگذرانی کرد.
فَراخواندن	**recall; summon**	احضارکردن، برگرداندن، بازخواستن
	The government recalled its ambassador in France.	دولت سفیرخودراازفرانسه فراخواند.
فَرارسیدن	**arrive (of time); come about (of events)**	واقع شدن، سررسیدن، رسیدن
فَرارکردن	**run away; escape; flee**	گریختن، دورشدن
فَراگرفتن	**acquire; prevail**	یادگرفتن، همه جاراگرفتن
	To acquire knowledge	دانش فراگرفتن
	Silence prevailed everywhere.	سکوت همه جارافراگرفت.

غَصب کردن	confiscate; seize	بزور دارائی کسی را گرفتن
غُصّه خوردن	be grieved, sad	غم داشتن، غمگین بودن، اندوهناک بودن
غَضَب کردن	become furious, angry	خشمگین شدن، برافروخته شدن،عصبانی شدن
غِفلت کردن	neglect; be careless	کوتاهی کردن، قصور کردن
غَلتک زدن	roll(tennis court, etc.)	باسنگی بزرگ واستوانه شکل زمین راسفت کردن
غِل خوردن	turn over & over upon itself	چرخیدن بدورخود
غَلبه کردن	overpower; overcome; defeat	پیروز شدن، شکست دادن، غالب شدن
غَلتیدن	roll over and over	غل خوردن، دورخود چرخیدن
	A big rock rolled down.	سنگ بزرگی بپائین غلتید.
غَلط گرفتن	correct someone's speech or writing	سخن یانوشته کسیرادرست کردن
غَلطگیری کردن	proof-reading	نمونه چاپ چیزی راتصحیح کردن
غَلط افتادن	fall or happen in the wrong place	درجای عوضی قرارگرفتن
غَلط کردن	do something wrong; make a mistake	کارنادرست کردن، خبط کردن
غُلغُل زدن	bubble; boil; gurgle	صدای جوشیدن آب، غلغل کردن
غِلغِلک دادن	tickle	قلقلک دادن
غُلوّ کردن	exaggerate; magnify beyond limits of truth	مبالغه کردن، اغراق گفتن
غَلیظ کردن	thicken; condense	سفت کردن مایع
غَم خوردن	syn. of مترادف غصه خوردن	
غَمگین شدن	become sad, feel sorry	اندوهناک شدن، غصه خوردن
غُنچه کردن	bud; put forth buds	جوانه زدن، شکوفه کردن
غَنی کردن	enrich; free from want	متمول کردن، پولدارکردن
غَنیمت شمردن	make the most of; avail oneself	قدردانستن، تلف نکردن، استفاده کردن
	He seized the opportunity.	فرصت راغنیمت شمرد. (ازفرصت استفاده کرد)
بغنیمت گرفتن	capture as booty	تاراج کردن، درجنگ مال تصاحب کردن
غَوّاصی کردن	operate underwater (by divers)	زیردریا دنبال چیزی گشتن
غور کردن	study profoundly; ponder over a matter	درباره چیزی بسیارفکرکردن
غوْطه ورشدن	plunge; sink; submerge	درآب فرورفتن
غوْغا (بر پا) کردن	cause sensation; raise an uproar	آشوب کردن، جنجال بر پاکردن
	The news caused a sensation.	این خبر غوغائی بر پاکرد.
غِیب شدن	disappear; vanish	ناپدید شدن، محو شدن
غِیب گفتن	prophesy; divine	غیبگوئی کردن، پیش گوئی کردن
غِیبت داشتن	be absent	غائب بودن، حاضر نبودن
غِیبت کردن (مج)	backbite; speak ill behind someone	درغیاب کسی بدگوئی کردن
	He spoke ill of my friend behind his back.	پشت سر دوستم غیبت کرد.
غِیرت بخرج دادن	show one's mettle	همت کردن
غِیظ کردن	feel indignant; get angry; become sulky	خشمگین شدن، قهرکردن، اخم کردن

غ

غارت کردن	plunder; rob by force	چپاول کردن
غازچراندن	idle away one's time; be out of a job	ول گشتن، بیکار بودن
غافل شدن (از)	neglect (something); take no notice	ازچیزی غفلت کردن
غافلگیر شدن (ل)	be caught by surprise	دوچار شدن، گرفتارشدن
غافلگیر کردن (م)	take by surprise; catch by surprise	بطورناگهانی (کسی را) گرفتارکردن
غافل کردن	delude (someone); deceive	کسی رافریب دادن
غافل گذاشتن	leave someone stranded in the lurch	بی خبر گذاشتن
غالب شدن	overpower; overcome; defeat; win	غلبه کردن، پیروزشدن، شکست دادن
غامض شدن	become obscure, abstruse	پیچیده ومبهم شدن
غایب شدن	absent oneself; hide oneself	پنهان شدن، حاضرنشدن
غِبطه خوردن	emulate; envy	آرزوی داشتن چیزی راکردن(بدون حسد)
غَذا خوردن (ل)	eat, take food	خوراک خوردن، غذاصرف کردن
غَذا دادن (م)	feed; nourish	خوراندن، خوراک دادن
غُر زدن	grumble; murmur	غرغر کردن، غرولند زدن
غُرشدن	get dented	فرورفتن، تورفتگی پیداکردن
	The left mudguard of the car has been dented.	گلگیر طرف چپ ماشین غرشده.
غَرامت دادن	pay indemnity, compensation	خسارت پرداختن
غَربال کردن	sieve; sift	الک کردن
غُربت اختیارکردن	emigrate; leave one's homeland	ترک وطن کردن،مهاجرت کردن
غُرش کردن	thunder; roar; rave	صدای نهیب درآوردن(مثل آسمان)
غَرض داشتن	be biased, prejudiced	نظر خاص داشتن، بیطرف نبودن
غَرَض ورزیدن	bear (someone) a grudge; show partiality	نسبت بکسی نظرخاص داشتن
غَرَض رانی کردن	behave spitefully	بیطرف نبودن، غرض شخصی داشتن
غِرغِره کردن	gargle	آب درگلو گردانیدن
غَرق کردن (م)	drown; sink (t)	زیرآب از بین بردن
	The submarine sank the ship.	زیردریائی کشتی راغرق کرد.
غَرق شدن (ل)	be drowned (i)	زیرآب خفه شدن
غُروب کردن	set (of the sun)	پنهان شدن خورشید
غُرور داشتن	be proud of one's self	بخودبالیدن، خودراگم کردن
غَرّه شدن	become swollen headed	مغرور شدن، ازخود راضی بودن
غُرّیدن	rave; roar (of lion)	صدای نهیب دادن(طوفان ودریا)
غَریبی کردن	be bashful; feel shy, a stranger	کم روئی کردن،خجالت کشیدن
غَش کردن	faint; swoon	بیهوش شدن، ازحال رفتن
	He burst with laughter.	اوازخنده غش کرد.

عِیب گرفتن	find fault	ایراد گرفتن
عِیب پوشی کردن	cover up a fault; defect	نقص خودراپنهان کردن
عید گرفتن	celebreate (a feast, festival)	جشن گرفتن
عِیش کردن	live in pleasure and luxury	خوش گذرانی کردن، زندگی خوش داشتن
عِینک زدن	wear glasses	عینک بچشم گذاردن

عَلاج کردن	cure; remedy; treat	درمان کردن، مداوا کردن
عَلاقمند شدن (به)	get interested in; become fond of	دل بستن، علاقه پیدا کردن
عَلامت دادن	give a sign or signal	اشاره کردن
	The policeman signalled the car to stop.	پلیس به ماشین علامت داد که بایستد.
عَلامت گذاردن	mark out	نشانه گذاردن، علامت گذاری کردن
عَلاوه کردن	add, increase	اضافه کردن، زیاد کردن، افزودن
عَلَم کردن	hoist; raise	بلند کردن (چادر و بیرق)، برافراشتن
	They hoisted flags.	آنها بیرق علم کردند.(برافراشتند)
عَلَنی کردن	make something public; disclose	آشکارکردن، هویدا کردن،نمایان کردن
عَلیل شدن	fall ill; get sick	بیمارشدن، مریض شدن
عُمر کردن	live (a specified number of years)	زندگی کردن
	He lived a long life.	اوعمرطولانی کرد.
عَمل آمدن (ل)	grow; raise; produce	روئیدن، نموکردن، بعمل آمدن
	Bananas do not grow in the U.K.	درانگلستان موز بعمل نمیاید.
عَمل آوردن (م)	process and treat something; produce	آماده کردن، درست کردن
عَمل کردن	operate; put into practice	جراحی کردن، کارانجام دادن
	That company has operated in several countries.	آن شرکت درخیلی ازکشورهاعمل کرده.
	He was operated on immediately.	اورافورا عمل کردند.
عَملی کردن	carry out; make (it) practicable	انجام دادن، اجراکردن
عُمومی کردن	make public; generalize	همگانی کردن، عمومیت دادن
عُمومیت داشتن	be common, universal	کلیت داشتن، همگانی بودن
عِنایت کردن	do a favour; be kind	محبت ومهربانی کردن
عُنوان کردن	introduce (a subject)	(مطلبی را) معرفی کردن
عود کردن	recur (illness); return; reappear	برگشتن (بیماری)
	His illness recurred again.	بیماری اومجددا عود کرده.
عودت دادن	return (tr.); send back; give back	پس دادن، پس فرستادن، برگرداندن
عَوَض کردن	change; replace	چیزی راباچیز دیگر بدل کردن، تغییر دادن
عَوَض دادن	reward; remunerate	اجردادن، پاداش دادن
	May God reward you.	خدا عوضت بدهد.
عَوَضی گرفتن	mistake (a person for another)	اشتباه کردن، کسی رابجای کسی دیگر گرفتن
	He mistook me for someone else.	اومرا بجای کسی دیگرعوضی گرفت.
عَهد بستن	conclude an agreement, treaty; promise	قرارداد امضاکردن، قول دادن
عَهد کردن	pledge one's word; promise	قول دادن
عُهده دارشدن	assume, take charge of (office)	بعهده گرفتن (مقامی را)
عَهد شکستن	break (one's) promise	بقول ووفاعمل نکردن، زیرقول (خود) زدن
عَیادت کردن	visit (a sick perosn)	ازبیماردیدن کردن
عَیّاشی کردن	be sensual; voluptuous	عیش ونوش کردن، خوش گذرانی کردن
عِیب داشتن	be defective, wrong	ناقص بودن، نارسابودن
عِیب کردن	get damaged; become defective	ناقص شدن، خراب شدن،ضایع شدن

عُرضه داشتن	**be capable**	جربزه داشتن، باکفایت بودن
	He is incapable of doing anything.	اوعرضه هیچ کاری راندارد.
عَرعَر کردن	**bray**	صداکردن الاغ
عَرق کردن	**perspire; sweat**	آب از پوست بدن خارج شدن
عَرق کشیدن (از)	**distil**	تقطیر کردن، عرق گرفتن
عَروسی کردن	**get married; wed**	ازدواج کردن
عُریان کردن	**make naked; strip (a person of his clothes)**	برهنه کردن، لخت کردن
عَریض کردن	**widen (river, road, etc.)**	پهن کردن، وسیع کردن (جاده وغیره)
عَزا داری کردن	**mourn; feel sorrow for a dead person**	سوگواری کردن، عزاگرفتن
عَزل کردن	**depose; dismiss; discharge**	برکنارکردن، اخراج کردن
عَزم کردن	**determine; intend; resolve**	قصد داشتن،اراده کردن
عَزیز داشتن	**endear; esteem; hold dear**	گرامی داشتن، محترم شمردن
عَزیمت کردن	**set out; start a journey; depart**	مسافرت کردن، حرکت کردن
عِشق کاری راداشتن	**have a zest for doing something**	شوق بسیار برای انجام کاری داشتن
عَصبانی شدن (ل)	**become nervous; get angry**	خشمگین شدن، ازجادر رفتن
عَصبانی کردن (م)	**make (someone) angry**	کسی را خشمگین کردن
عَطا کردن	**bestow; grant; give**	بخشیدن، بخشش کردن، دادن
عِطر زدن	**perfume**	عطر به سروصورت زدن
عَطسه کردن	**sneeze**	شنوسه کردن
عَطش داشتن	**be thirsty**	تشنه بودن
عَطف بماسبق شدن	**retroact**	شامل گذشته شدن (قانون ومقررات)
عُطوفت کردن	**show kindness**	مهربانی کردن
عَفو کردن	**pardon; forgive**	بخشیدن، گذشت کردن، بخشودن
عُفونی کردن	**infect**	آلوده به میکروب کردن
عَقب افتادن (ل)	**fall behind; be postponed**	عقب ماندن،بتأخیرافتادن، به تعویق افتادن
	The meeting has been postponed.	جلسه عقب افتاد.
عَقب انداختن (م)	**postpone; defer**	بتأخیر انداختن
عَقب کسی افتادن	**follow someone; chase someone**	دنبال کسی رفتن
عَقب زدن	**push back; retreat; move backward**	پس زدن، عقب راندن
	The police pushed back the crowd.	پلیس جمعیت راعقب زد.
	Back up the car.	ماشین راعقب بزنید.
عَقب کاری راگرفتن	**follow up something**	دنبال چیزی راگرفتن،پیگیری کردن
عَقب کشیدن	**draw back; withdraw**	پس نشستن، عقب نشستن
عَقب نشینی کردن	**retreat; withdraw**	پس رفتن سربازان درجنگ
عَقد کردن (دختری)	**conclude a marriage contract with**	بادختری ازدواج کردن
عَقیده داشتن (به)	**believe in (something or someone)**	بکسی یاچیزی ایمان داشتن
عَقیم ماندن	**be left abortive; be unsuccessful**	بدون نتیجه ماندن، نازاشدن زن
عَکس برداشتن	**photograph; take a picture**	عکس گرفتن، عکس انداختن، عکسبرداری کردن
عَکس بزرگ کردن	**enlarge a picture**	اندازه عکس رابزرگ چاپ کردن

ع

عاجز شدن (ل)	**become helpless (incapacitated)**	درمانده شدن، بیچاره شدن
عاجز کردن (م)	**harass; confound**	بیچاره کردن
عادت دادن (به) (م)	**accustom; habituate**	خو دادن، آمیخته کردن، معتاد ساختن
عادت داشتن (ل) (به)	**be used, accustomed**	به چیزی عادت داشتن
عادت کردن (به)	**get used to; get accustomed**	به چیزی خوگرفتن
عادی شدن	**become normal, usual, customary**	معمولی شدن
عارض شدن	**go to law; lodge a complaint against someone**	عرضحال دعوی بدادگاه دادن
عاریه دادن	**lend**	قرض دادن
عاریه گرفتن	**borrow**	قرض گرفتن، قرض کردن
عازم شدن	**set out; start on (a trip)**	حرکت کردن، سفرآغاز کردن
عاشق شدن	**fall in love with**	فریفته کسی یاچیزی شدن
عاصی شدن (از)	**rebel; get wearied**	بستوه آمدن، بتنگ آمدن، یاغی شدن
عاید شدن	**earn; accrue; gain**	بدست آوردن، درآمد داشتن
	He gained nothing from this business.	هیچ سودی ازاین کارعایدش نشد.
عایدی داشتن	**have a permanent income**	درآمد ثابت داشتن
عِبادت کردن	**worship; pray**	دعاکردن
عِبرت گرفتن (از)	**take warning; learn a lesson**	پند گرفتن، متنبه شدن
عُبور دادن (م)	**cause to pass; transmit**	چیزی راازجائی گذراندن
عُبورکردن (از)(ل)	**pass; cross; traverse**	گذشتن، راه پیمودن
عَجله داشتن	**be in a hurry**	درشتاب بودن
عَجله کردن	**hurry; hasten**	شتاب کردن
عِداوت داشتن (با)	**act like an enemy; be hostile to someone**	دشمنی داشتن، عداوت ورزیدن
عُدول کردن (از)	**deviate; digress; dodge; revoke**	منحرف شدن، برگشتن، منصرف شدن
	He revoked (withdrew) his promise.	اواز قول خود عدول کرد.
عَذاب دادن (م)	**cause pain, trouble; torment**	آزاردادن، اذیت کردن، زجردادن
عَذاب کشیدن (ل)	**suffer pain; be harassed**	رنج بردن، آزارواذیت تحمل کردن
عُذرآوردن	**offer an excuse**	بهانه آوردن
عُذرخواستن	**apologize to someone; excuse onedelf**	معذرت خواستن، پوزش خواستن
عُذر کسی را خواستن	**dismiss someone (from service)**	بخدمت کسی خاتمه دادن
عَربده کشیدن	**brawl (from drunkenness)**	بدمستی کردن، عربده زدن، فریاد کشیدن
عَرض کردن	**say; tell (polite speech, first person only)**	گفتن، اظهار داشتن(فقط اول شخص)
	As I told you, he would come.	همانطورکه عرض کردم اوخواهد آمد.
عَرضه کردن (به)	**present; expose; offer**	ارائه دادن، درمعرض نمایش گذاردن
	They put a new car on the market.	اتومبیل جدیدی ببازارعرضه کردند.

ظ

ظاهر کردن (م)	reveal; develop (a film)	نمایان کردن، آشکار کردن
ظاهر شدن (ل)	appear; be revealed; become visible	هویدا شدن، نمایان شدن
ظاهرسازی کردن	pretend; make believe	تظاهر کردن، وانمود کردن
ظاهر حفظ کردن	save face	آبرو حفظ کردن
ظُلم کردن	oppress; do injustice to	بیداد کردن، ستم کردن
ظَنین شدن (بکسی)	suspect (someone)	بد گمان شدن، مشکوک شدن، ظن بردن
ظَهرنویسی کردن	endorse (a bill, etc.)	پشت (برات) رانوشتن

ط

طاس گرفتن	**load the dice**	در بازی تخته نرد طاس راباتردستی انداختن
طاق زدن	**construct an arch (in a building or in a celebration)**	سقف کمانی زدن، طاق بستن درجشنها
طاقت آوردن	**endure; bear; be able to contain oneself**	تحمل کردن، بردباری داشتن
طالب چیزی بودن	**seek something; be fond of something**	خواهان بودن، مایل بودن
طِبابت کردن	**practise medicine**	شغل پزشکی داشتن
طَبّاخی کردن	**cook**	آشپزی کردن
طَبع کردن	**print**	چاپ کردن
طَبقه بندی کردن	**classify; furnish with shelves**	ردیف بندی کردن، قفسه بندی کردن
طَبل زدن	**beat the drum**	دهل نواختن
طَرح کردن	**raise (a question)**	بمیان آوردن، بیان کردن
طَرح ریختن	**sketch; plan; design**	طرح ریزی کردن، نقشه کشیدن
طَرد کردن	**reject; refuse; banish; excommunicate**	اخراج کردن، تکفیر کردن، رد کردن
طَرف کسی راگرفتن	**take someone's side; side with someone**	ازکسی حمایت کردن
طَرف شدن (باکسی)	**enter into a quarrel with someone**	باکسی نزاع کردن، مجادله کردن
طَرفداری کردن (ازکسی)	**support; side with; back up**	حمایت کردن،جانبداری کردن
طَعنه زدن	**make an insulting insinuation; be sarcastic**	گوشه وکنایه زدن
طُغیان کردن	**overflow (river); revolt against (someone)**	آب رودخانه بالا آمدن، قیام کردن
	The river overflowed.	رودخانه طغیان کرده.
	The soldiers revolted against him.	سربازان برعلیه اوطغیان کردند.
طَفره رفتن (زدن) (از)	**evade; dodge; elude**	کوتاهی کردن، شانه خالی کردن
طَلاق دادن	**divorce (wife)**	شوهر اززن خود جداشدن
طَلاق گرفتن	**get a divorce**	زن یاشوهر ازهم جداشدن
طَلبیدن	**call (someone); summon; seek; want**	خواستن، کسی رااحضارکردن
طُلوع کردن	**rise (sun); appear**	بالا آمدن خورشید، ظاهرشدن
طَمع داشتن	**be greedy, convetous**	حریص بودن، آز داشتن
طَنّازی کردن	**act coquetishly**	دلربائی کردن، تن آرائی کردن
طَنین انداختن	**resound with an echo**	صدا درجائی انعکاس پیدا کردن
طوُل کشیدن	**take time; last**	بطول انجامیدن، گذشتن زمان
	It took him a long time to come.	مدت زیادی طول کشید تا او آمد.
طِی کردن	**traverse; travel through; settle; fix (price)**	پیمودن، رفتن، تثبیت کردن
	He covered a long distance.	اومسافت زیادی راطی کرد.
	We must settle the price first.	اول ماباید قیمت راطی کنیم.

ض

ضامن کسی شدن	stand surety for someone; put up bail	کفیل شدن، عهده دارشدن
ضامن دادن	introduce a guarantor; give a security	ضامن یاکفیل تعیین کردن
ضایع کردن	spoil; damage; waste	خراب کردن، فاسد کردن
ضَبط کردن	record (voice); confiscate (property)	صدا ضبط کردن، اموال راظبط کردن
ضِدّ عفونی کردن	disinfect	باپاشیدن دارو جلوی شیوع بیماری راگرفتن
ضِدّ ونقیض حرف زدن	make contradictory remarks	ناجور حرف زدن، بی منطق صحبت کردن
ضِدّیت داشتن (باکسی)	oppose; be against (someone)	دشمنی داشتن، ضد بودن
ضَرب دیدن	be bruised (by a blow)	صدمه دیدن، ضرب خوردن
ضَرب زدن	keep the beat on the tambourine	دمبک (تنبک) نواختن، ضرب گرفتن
ضَرب کردن (حساب)	multiply	دوعدد رادرهم ضرب کردن
ضَرب کردن (سکه)	mint money	درضرابخانه سکه درست کردن
ضَرب به خوردن (ل)	syn. of مترادف صدمه دیدن	
ضَرب به زدن (م)	strike or deliver a blow	صدمه وارد کردن
ضَرر داشتن	be harmful	مضر بودن، نافع نبودن
ضَرر خوردن (ل)	suffer a loss	خسارت وارد آمدن
ضَرر زدن (بکسی) (م)	inflict a loss (on someone)	خسارت وارد آوردن، زیان رساندن
ضَرر کردن	suffer or sustain a loss	خسارت دیدن، زیان دیدن
ضَرورت داشتن	be essential, necessary	لزوم داشتن، بایستن، ضروری بودن
ضَعف کردن	faint	ازحال رفتن، غش کردن
ضِمانت کردن	guarantee; warrant	ضامن شدن، کفالت کردن
ضَمیمه کردن	attach; enclose; annex; append	پیوست کردن

صَلاح دانستن	**deem (it) advisable; think fit; find proper**	صلاح دانستن، مصلحت دانستن
	As you think fit.	هرطوریکه شماصلاح بدانید.
صَلاحیت داشتن	**be competent**	شایستگی داشتن، سزاوار بودن
	He has no competence in this matter.	اودر این امر هیچ صلاحیت ندارد.
صُلح کردن	**make peace**	آشتی کردن، دشمنی راترک کردن
صوُرت برداشتن	**make a list, an inventory**	ازچیزهائی فهرست تهیه کردن
صورت گرفتن	**take place**	اتفاق افتادن، رخ دادن
صِید کردن	**hunt; fish**	ماهی گرفتن، شکارکردن
صیغه کردن	**have a concubine, temporary wife**	زن موقتی گرفتن
صِیقلی کردن	**polish**	صیقل زدن، درخشان و پاک کردن

ص

صاحب بودن	**own; possess**	**مالک بودن، دارابودن**
صادر کردن	**issue; export**	**کالا بخارج ازکشورفرستادن، منتشرکردن**
	The Customs has issued a circular.	اداره گمرک بخشنامه ای صادر کرده.
	Iran exports caviar to U.K.	ایران خاو یار به انگلیس صادر میکند.
صاف کردن	**filter; clear; settle; smooth out**	**پاک کردن، تصفیه کردن، مسطح کردن**
	He cleared his throat.	سینه اش راصاف کرد.
	He settled his account with the landlord.	اوحسابش رابا صاحبخانه صاف کرد.
صاف شدن (هوا)	**clear up**	**هواآفتابی شدن**
	It will clear up by the morning.	تاصبح هواصاف میشود.
صَبرکردن	**wait**	**منتظرشدن**
صَبر داشتن	**have patience, be patient**	**حوصله داشتن، بردبار بودن**
صَحّافی کردن	**bind (books, etc.)**	**کتاب واوراق راجلد کردن**
صُحبت کردن	**speak; talk; chat**	**حرف زدن، گفتگو کردن**
صِحّت داشتن	**be healthy; be true**	**سالم بودن، درست بودن**
	What he told me is true.	آنچه او بمن گفت صحت دارد.
صِحّه گذاشتن (بر)	**endorse; approve; sign**	**درست دانستن، امضا کردن،پذیرفتن**
صِدا دادن	**sound; produce a noise or sound**	**بانک زدن، بصدا درآمدن**
صِدا زدن (کسی را)	**call someone**	**کسی راصداکردن**
صِدق پیداکردن	**be established as true; hold true**	**حقیقت داشتن، درست وراست بودن**
صَدمه دیدن (ل)	**suffer loss, injury; be damaged**	**آسیب دیدن، خراب شدن**
	The car was damaged in the accident.	ماشین درتصادف صدمه دید.
صَدمه زدن (م)	**injure; damage; hurt**	**آسیب رساندن**
صِراحت لهجه داشتن	**be frank, candid, outspoken**	**بی پروا سخن گفتن، رُک بودن**
صَرّافی کردن	**change money**	**شغل پول خردکردن داشتن**
صَرف کردن (وقت)	**spend (time)**	**وقت گذراندن**
صَرف کردن (غذا)	**eat (food)**	**خوراک خوردن**
صَرف کردن (افعال)	**conjugate**	**فعل صرف کردن**
صَرف کردن (پول)	**expend; spend money**	**پول خرج کردن**
صَرف نظر کردن (از)	**give up something; abandon; overlook**	**منصرف شدن، دنبال نکردن**
صَرفه داشتن	**be profitable, economical, advantageous**	**فایده داشتن، سود داشتن**
صَرفه جوئی کردن	**economize, save**	**پس انداز کردن، ذخیره کردن**
صُعود کردن (از)	**ascend; climb; mount**	**بالا رفتن (ازکوه)، اوج گرفتن**
صَف بستن	**line up; queue**	**صف کشیدن، دریک خط ایستادن**
صَفاکردن	**enjoy; take delight in; have a good time**	**لذت بردن، خوش بودن**

شیفتن	**fascinate; infatuate; enamour**	مجذوب کردن، دل ربودن از
شُیوع یافتن	**become an epidemic (disease)**	زیاد شدن، پخش شدن (بیماری)
	This disease has become really epidemic.	این بیماری خیلی شیوع شده.
شِیهه کشیدن	**neigh**	شیهه زدن اسب

شُل شدن (ل)	become flabby, soft, loose; lose one's interest	بیعلاقه شدن، آبکی شدن، گشاد شدن
	His flesh has become flabby.	گوشت بدنش شل شده است.
	He has lost interest in buying a house.	درخریدن خانه شل شده.
شُل کردن (م)	loosen; slacken	سست کردن، روان کردن
شُل گرفتن	treat lightly	کمتر سخت گرفتن
شَلاّق زدن	whip; lash; flog	تازیانه زدن
شُلوغ کردن	make a lot of noise; cause confusion	سروصدا کردن، ازدحام کردن
شلیک کردن	discharge (of a gun, etc.); volley	تیراندازی کردن، تیردرکردن
شَمّ کاری راداشتن	have a flair of something	استعداد وذوق درکاری داشتن
شِمردن	count; reckon; enumerate	حساب کردن، محسوب کردن ،دانست
	I reckon him among my friends.	من اورا ازدوستان خودم میشمرم.
شَمشیر بازی کردن	fence	مسابقه دادن باشمشیر
شَمشیر زدن	strike, cut with a sword	باشمشیر بچیزی زدن
شَمشیر کشیدن	draw one's sword	شمشیر رااازغلاف بیرون آوردن
شَمشیر بستن	wear a sword	شمشیر به کمرآو یزان کردن
شِناختن (ل)	know a person; recognize	شناسائی کردن، تشخیص دادن
شِناساندن (م)	make known; introduce	معرفی کردن
	They try to make their traditions known to the world.	آنها سعی دارند رسوم خودرا بجهان بشناسانند.
شِناور شدن	float; rest on the surface of water	روی آب قرار گرفتن
شِنا کردن	swim	روی آب باحرکت دست و پارفتن
شَنیدن	hear; listen to	گوش کردن
شوُخی کردن	joke; make fun	مزاح کردن، سربسر گذاشتن
شور کردن	consult; seek advice from	مشورت کردن، بحث کردن
شوُر کردن	make (food, etc.) salty	زیاد نمک زدن
شوُرش کردن	revolt; make a rebellion; rebel	قیام کردن، شوریدن، .آشوب کردن
شوق داشتن (به)	desire; yearn; have great interest	ذوق داشتن، علاقه داشتن
شوهر کردن	get married; take as husband	ازدواج کردن، شوهرانتخاب کردن
شَهادت دادن	witness; give evidence; testify	گواهی دادن
شَهامت داشتن	be brave	شجاع بودن
شُهرت دادن	spread a rumour; give publicity to	شایعه انداختن، تبلیغ کردن
شُهرت داشتن	be famous, renowned; be rumoured	معروف بودن، شایع بودن
شُهرت یافتن	become famous; renowned	مشهور شدن، شهرت پیداکردن
شَهید شدن	be martyred	کشته شدن درراه حق
شِیپور زدن	blow a bugle, trumpet	شیپور نواختن
شیرکردن (کسی را)	incite (someone)	تحریک کردن
شیرجه رفتن	dive; plunge into water	درآب پریدن
شیرین کردن	sweeten; make sweet	قند یاشکر به چیزی اضافه کردن
شیشه انداختن	glaze; fit (window, picture) with glass	به پنجره یاقاب عکس شیشه گذاردن
شِیطنت کردن	be naughty, mischievous	شیطانی کردن، شرارت کردن

	The minister attended the meeting.	وزیر درجلسه شرکت کرد.
	They participated in the discussions.	آنهادر مذاکرات شرکت کردند.
شِرکت تشکیل دادن	**form a company**	کمپانی تأسیس کردن
شَرم داشتن	**be ashamed**	خجالت کشیدن
	I am ashamed of his conduct.	ازرفتار اوشرم دارم.
شَرمنده شدن	**be embarrassed**	ناراحت شدن، خجالت زده شدن
شُروع کردن	**begin; start; commence**	آغاز کردن، افتتاح کردن
شَریک شدن	**enter into partnership; become a partner**	سهیم شدن
شُستن	**wash**	باآب تمیز کردن
شُست وشو کردن	**wash; bathe; take a bath**	شستن، حمام گرفتن
شِعرخواندن	**recite poetry**	شعر قرائت کردن
شِعر گفتن	**compose poetry**	شعرساختن
شُعله زدن	**blaze; flame**	آتش گرفتن، الوگرفتن
شفا دادن (م)	**cure; restore to health**	درمان بیماری کردن
شفایافتن (ل)	**recover; be cured; regain health**	معالجه شدن، بهبودی یافتن
شَفاعت کردن	**intercede; mediate**	واسطه عفو وبخشش کسی شدن
	They interceded for him with the king.	ازاو نزد شاه شفاعت کردند.
شَفقت کردن (به)	**commiserate; have pity on**	رحم کردن، مهربانی کردن
شَقّه کردن	**cut into two halves**	دونیم کردن، ازمیان نصف کردن
شَک افتادن (ل)	**become suspicious, doubtful**	تردید کردن، دودل بودن
شَک انداختن (م)	**cause doubt**	به تردید انداختن
شَک کردن	**doubt; hesitate**	تردید داشتن
شِکار کردن	**hunt; shoot game**	صید کردن، بدام انداختن
شِکافتن	**split; tear; cleave; rip up**	شکاف دادن، پاره کردن
شِکایت کردن	**complain; grumble**	شکوه کردن، گله کردن
شُکر کردن	**thank (God)**	خداوند راشکرگذار بودن
شِکستن	**break; dislocate; crack; shatter**	خرد کردن، قطع کردن، نقض کردن
	He broke his leg.	پایش شکست.
شِکست خوردن (ل)	**be defeated; fail**	مغلوب شدن، ناکام شدن
شِکست دادن (م)	**defeat; beat; surpass**	مغلوب کردن، پیروز شدن
شِکسته شدن (مج)	**grow old, be broken in haealth**	پیرشدن، فرسوده شدن
	How quickly my uncle has grown old.	عموی من چقدر زود شکسته شده.
شِکسته نفسی کردن	**show humility; be unduly modest**	ازخود فروتنی نشان دادن
شِکفتن	**open (bud); cheer up; look happy**	بازشدن غنچه گل، خوشحالی نشان دادن
شِکنجه دادن	**torture; torment**	زجر دادن، عذاب دادن
شُکوفه کردن	**blossom; bloom**	گل دادن درخت
شِکوه کردن	**complain; express dissatisfaction**	شکایت کردن، گله کردن
شُگون داشتن	**bring good luck**	خوش قدم بودن، خوش یمن بودن
شَل شدن	**be lamed; be crippled**	چلاق شدن، لنگ شدن

ش

شاخ زدن	**butt; gore**	باسر ضربه زدن (گاو وآهو)
شادباش گفتن	**offer congratulations; felicitate**	تبریک گفتن، تهنیت گفتن
شادمانی کردن	**rejoice; make merry**	شادی کردن، خوش بودن
شاشیدن	**pass water; urinate**	شاش کردن، ادرارکردن
شاکی بودن	**complain**	ناراضی بودن، شکایت داشتن
شاگردی کردن	**serve as an apprentice**	زیرنظرکسی کارآموزی کردن
شام خوردن	**have dinner**	درشب غذاخوردن
شامل بودن	**include; comprise**	دارا بودن، دربرداشتن، شامل شدن
شانس داشتن	**be lucky; have a chance**	بخت واقبال داشتن
شانه کردن	**comb**	شانه زدن
شانه بالا انداختن (مج)	**shrug the shoulders; ignore**	بی اعتنائی کردن، علاقه نداشتن
شانه خالی کردن (مج)	**shirk (one's responsibility)**	کوتاهی کردن، طفره رفتن
شاهد آوردن	**produce a wintness; call to witness**	گواه معرفی کردن (درداد گاه)
شاهد شدن	**serve as a witness**	گواه شدن
شایسته بودن	**deserve; be worthy of; be qualified**	سزاوار بودن، شایان بودن
شایع کردن	**rumour**	شهرت دادن، شایعه انداختن
	It is rumoured that the minister has resigned.	شایع شده که وزیر استعفا داده.
شِباهت داشتن	**resemble; be like**	شبیه بودن، مانند بودن
شَبیخون زدن	**attack by night; make a surprise attack**	شبانه حمله کردن، حمله ناگهانی کردن
شِتابیدن	**hurry; hasten**	عجله کردن، شتافتن، شتاب کردن
شُخم زدن	**plough; till the soil**	خیش زدن، شیارکردن، شخم کردن
شِدّت کردن	**become severe; be intensified, aggravated**	شدید شدن، سخت شدن
شُدن	**become; get**	(فعل معین) گردیدن
	It is impossible to go.	نمیشود رفت.
	It is not feasable.	شدنی نیست.
	Nothing is impossible.	کارنشد ندارد.
	What will happen now?	حالا چه میشود؟
شَراب انداختن	**make wine**	شراب درست کردن
شَر بپاکردن	**make mischief; stir up trouble**	فتنه ایجاد کردن
شَرارت کردن	**do mischief; act wickedly**	بدی کردن، آزار رساندن
شَرح دادن	**describe; explain; give an account of**	بیان کردن، توضیح دادن
شَرط بستن	**bet; to place a bet**	شرط بندی کردن
شَرط کردن	**lay down a condition; stipulate**	قید کردن، قرار گذاشتن
شِرکت کردن	**take part; participate; attend**	باهم شریک شدن، انبازشدن، حاضرشدن

	The gambler ruins his life.	قمار باز زندگیش راسیاه میکند.
سیخ زدن (بکسی)	**prod (someone) to action**	**بکسی فشارآوردن، تحریک کردن**
سیخ کردن	**stiffen; erect**	**راست کردن**
سیرشدن	**be full (satisfied); be fed up (with life)**	**گرسنه نبودن، معده پرشدن**
	I become full with a little food.	باکمی خوراک سیرمیشوم.
	My friend is fed up with life.	دوستم اززندگی سیرشده.
	Have you had enough?	سیر شدی؟
سِیر کردن	**go sightseeing; travel**	**سیاحت کردن، مسافرت کردن**
سیگارکشیدن	**smoke a cigarette**	**سیگار دود کردن**
سیلی زدن	**slap; box someone's ears**	**بادست ضربه بصورت کسی زدن**
سیم کشی کردن	**wire (house, etc.)**	**سیم کشیدن (درمنزل وغیره)**
سینه پاک کردن	**clear the throat**	**گلوپاک کردن**

سوء تفاهم داشتن (نسبت به)	**misunderstand**	بد فهمیدن، درست نفهمیدن
سوء ظن داشتن (به)	**suspect; be suspecious**	بدگمان بودن، مظنون بودن
سوء قصد کردن (به)	**attempt on someone's life**	قصد کشتن کردن
سَوا کردن	**separate; disunite**	جدا کردن، تقسیم کردن
سَواد داشتن	**be literate**	قادر به خواندن ونوشتن بودن
سَوارشدن	**ride; get in ; mount**	سوارماشین، هواپیماوغیره شدن
سوارماشین یااتوبوس شدن	**get into a car; get in a bus**	
سواراسب شدن	**mount or ride on a horse**	
سوارکشتی شدن	**go on board a ship; embark**	
سوارهواپیما شدن	**board a plane**	
سوار کردن	**pick up(a passenger); load (passenger)**	مسافر سوار کردن (تاکسی وغیره)
	Train stops to pick up passengers.	ترن توقف میکند که مسافرسوارکند.
سوارکردن ماشین آلات	**assemble; erect; install**	ماشین آلات رانصب کردن
سُئوال کردن (از)	**ask; enquire; question**	پرسیدن، پرسش کردن، جویاشدن
سوُت زدن	**whistle**	سوت کشیدن
سوُختن (ل)	**burn (int.); be consumed; grieve; pity**	آتش گرفتن، شعله ورشدن
	Wood burns in the fire.	چوب درآتش میسوزد.
	I pity him. I feel sorry for him.	دلم بحال اومیسوزد.
سوختگیری کردن	**take on fuel; refuel**	برای هواپیما وغیره بنزین گرفتن
سوُد بردن	**make a profit; derive a benefit**	نفع کردن، فایده بردن، بهره بردن
سوُر دادن	**give a party; have feast**	مهمانی دادن
سوُراخ کردن	**make a hole; drill; pierce; prick**	حفره ایجاد کردن، گود کردن
سوزاندن (م)	**burn (tr.); scorch**	آتش زدن، چیزی را سوختن
سوُزن زدن (مج)	**have an injection (a shot)**	آمپول زدن، انژکسیون زدن
سوُسه دواندن	**put a spoke into one's wheel; create difficulties**	اشکال ومزاحمت ایجاد کردن
سوُگند خوردن (ل)	**take an oath; swear**	قسم خوردن
سوگند دادن (کسی را)	**put (someone) on oath**	کسی راقسم دادن
سوُگواری کردن	**mourn; show sign of grief**	عزاداری کردن
سوهان زدن	**file**	چیزی راباسوهان صاف کردن
سَهل انگاری کردن	**act carelessly; be careless**	کوتاهی کردن، سرسری گرفتن
سَهل گرفتن	**take (it) easy**	آسان گرفتن، سخت نگرفتن
سَهم بردن	**share; get a share**	بهره بردن، سهم بدست آوردن
	We must share alike.	ماباید سهم مساوی ببریم.
سَهیم شدن	**participate; take part; have a share**	شریک شدن، شرکت کردن
	I participated in paying his debt.	من در پرداخت قرض اوسهیم شدم.
سیاحت کردن	**make a tour; travel; tour**	گردش کردن، سفرکردن
سیاه پوشیدن	**be dressed in black; go into mourning**	لباس سیاه پوشیدن، عزادارشدن
سیاه شدن	**turn black**	تیره رنگ شدن
سیاه کردن	**blacken; ruin**	تیره رنگ کردن، بیچاره کردن

سَفته بازی کردن	speculate (in stocks, etc.)	اوراق بهادار خرید وفروش کردن
سَفر کردن	travel; make a journey, trip	مسافرت کردن، ازجائی بجائی رفتن
سُفره انداختن	set the table; lay the table	سفره چیدن، سفره پهن کردن
سُفره برچیدن	clear the table	سفره جمع کردن، سفره برداشتن
سِفید شدن (مج)	turn pale; white	رنگ پریده شدن
	He turned white with rage.	ازشدت خشم رنگش سفید شد.
سِفید کردن	plaster	گچ سفید مالیدن
سِفید گذاشتن (مج)	leave blank	جای خالی گذاشتن روی کاغذ
	Leave this part of paper blank.	این قسمت کاغذ راسفید بگذار.
سِقط کردن	miscarry (of a pregnancy)	بچه انداختن
سُقوط کردن	fall; lose position; decline	افتادن، پائین افتادن
	The government fell.	دولت سقوط کرد.
سَکته کردن	have a heart attack	حمله قلبی داشتن
سِکسکه کردن	hiccup	هغ هغ کردن
سُکوت کردن	keep quiet; remain silent	ساکت شدن، حرف نزدن
سکونت دادن (م)	settle down (v.t.)	جابرای سکونت بکسی دادن
سُکونت کردن (ل)	reside; dwell	ساکن شدن، اقامت کردن
سَلام دادن	salute	سلام نظامی دادن
سَلام کردن	greet; say hello	درود گفتن، احترام کردن
سَلب کردن	deprive; take away; disclaim	محروم کردن، بی نصیب کردن
	They deprived him of his powers.	اختیارات رااز اوسلب کردند.
سَلب مصونیت کردن	withdraw immunity of a person	حق مصونیت راازکسی گرفتن
سَلَف خریدن	buy in advance	پیش خرید کردن
سَلَف فروختن	sell in advance	پیش فروش کردن
سُلوک کردن	behave; treat	رفتارکردن، سازش کردن
سَم خوردن (ل)	take poison	زهر خوردن
سَم دادن (م)	poison (v.t.)	زهردادن
سِماجت کردن	be obstinate, stubborn, importunate	لجاجت کردن، لجوج بودن
سَمپاشی کردن	spray poison (over plants, etc.)	روی نباتات سم پاشیدن
سَنبل کردن	bungle; botch	ازسر خودوا کردن
سَنجاق زدن	pin together	سوزن زدن
سَنجیدن	measure; weigh; compare; ponder over	وزن کردن، مقایسه کردن
سَنگ انداختن (مج)	raise difficulties; obstruct	مانع شدن، اشکالتراشی کردن
سَنگدل بودن	have a heart of stone	قلبی مثل سنگ داشتن
سَنگسار کردن	stone(a person) to death	باسنگ زدن کسی راکشتن (برای زنا)
سَنگینی کردن	weigh down	دراثر سنگینی آویزان شدن
	The fruit is weighing down the tree.	میوه هاروی درخت سنگینی میکند.
سوء استفاده کردن	abuse; misuse; take advantage of	ازچیزی استفاده غلط کردن
سوء تعبیرکردن	misinterpret	تعبیر غلط کردن

سَرشوق آمدن	become eager, interested in	رغبت کردن ،علاقمند شدن
سُرعت گرفتن	speed up; accelerate (v.i.)	حرکت چیزی زیادترشدن
سَر غیرت آوردن	rouse the jealousy of someone	حس حسادت کسی راتحریک کردن
سُرفیدن	cough	سرفه کردن
سَرقت کردن	steal; commit theft; rob	دزدیدن، دزدی کردن
سرقول ایستادن	stand by one's promise	بوعده خود وفا کردن
سَرکار رفتن	go to work	به محل کار رفتن
سَرکشی کردن	rebel; inspect	نافرمانی کردن، بازرسی کردن
سَرکوبی کردن	suppress; quell; crush	فرونشاندن، جلوی یاغیگری گرفتن
سَرگردان شدن	wander; ramble; roam	پریشان شدن، گم گشته شدن
سَرگرم کردن	entertain; amuse	مشغول کردن، وسیله تفریح فراهم کردن
سَرما خوردن	catch cold; chill	چائیدن، زکام شدن
سَرمایه گذاری کردن	invest (capital, money in something)	برای کاری پول خرج کردن، سرمایه گذاشتن
سَرمشق شدن	serve as an example	نمونه شدن
سَرمشق گرفتن	follow the example of; take as an example	کارخوب رانمونه قرار دادن
سَرنگون کردن	overthrow; cast out from power; overturn	برانداختن، واژگون کردن
سُرود خواندن	sing (a song)	آواز خواندن دسته جمعی
سُرودن	compose; write music, poetry	آهنگ نوشتن، شعرگفتن
سَروسامان گرفتن	get married and settle down	ازدواج کردن وزندگی نوآغاز کردن
سروسِرّی داشتن (باکسی)	be in collusion (with someone)	باکسی کارمحرمانه داشتن
سَروصدا کردن	make noise; clamour; fuss	شلوغ کردن، هیاهوکردن
سَروکارداشتن	have to do with (someone or something)	باکسی یاچیزی ارتباط داشتن
سَروکلّه زدن	tire oneself out; haggling with (someone)	زیاده ازحد حرف زدن وخودراخسته کردن
سَروصورت دادن	put some order into one's affairs	بکارهای خود نظم وترتیب دادن
سَرهم بندی کردن	bungle; botch a job	سنبل کردن، سرسری کارکردن
سُریدن	slide; glide	لغزیدن، غلتیدن
سِزا دادن	remunerate; reward	اجردادن، پاداش دادن
سِزاوار بودن	deserve; merit; be worthy of	شایسته بودن، مستحق بودن
سُست شدن	become weak, feeble	ضعیف شدن،ناتوان شدن
سُستی کردن	act sluggishly; be lazy	تنبلی کردن، بکندی کارکردن
سَعادت داشتن	be prosperous, happy	خوشبخت بودن، آسایش داشتن
سَعایت کردن	slander; traduce; calumniate	بدگوئی کردن، برای کسی زدن
سَعی کردن	endeavour; try; strive; attempt	کوشش کردن، تلاش کردن
سِفارش دادن	order; place an order for(goods)	دستور خرید کالا یاغذا دادن
	He ordered a light meal.	غذای سبکی سفارش داد.
سفارش کردن	make a recommendation(on someone's behalf)	توصیه کردن، تأکید کردن
سِفاهت کردن	act foolishly	حماقت کردن، نادانی کردن
سِفت کردن	tighten; thicken; make hard	محکم کردن، غلیظ کردن

سِتیزه کردن	quarrel; fight; wrangle	جنگیدن، مشاجره کردن
سِحر کردن	bewitch; practise magic	جادوکردن، افسون کردن
سَخت گرفتن	be strict; press hard upon	سختگیری کردن
	Ease up or take it easy.	سخت نگیر.
سَختی کشیدن	suffer hardship, rigidity, severity	رنج بردن، تحمل سختی کردن
سُخن گفتن	speak; talk	حرف زدن،صحبت کردن
سُخنرانی کردن	deliver a speech, give a lecture	نطق کردن
سَد بستن	build a dam	جلوی آب رودخانه رابستن
سَد کردن	block; obstruct	مانع شدن، جلوگیری کردن
سَرآمدن	fall due; expire	منقضی شدن(موعد برات وغیره)
	This bill has fallen due.	موعد این برات سرآمده.
سَرازیر شدن	slope; descend	پائین آمدن، شیب داشتن
سَراسیمه شدن	be alarmed; be frightened	ترسیدن، حیران شدن
سُراغ گرفتن	ask for someone	ازوضع کسی جو یاشدن
سُراغ داشتن	know of someone or something	دانستن، اطلاع داشتن
	Do you know of a good secretary?	شمایک منشی خوب سراغ دارید؟
سَرافرازشدن	be honoured, exalted	سر بلند شدن، افتخار کردن
سَرافکنده شدن	be ashamed, humiliated	شرمنده شدن، خجل شدن
سِرایت کردن	penetrate; spread	نفوذ کردن، پخش شدن
سَربار شدن	impose upon someone; be a burden to	مزاحم کسی شدن، تحمیل شدن
سَرباززدن	reject; refuse	امتناع کردن، رد کردن،نافرمانی کردن
سَربسر شدن	break even	مساوی شدن، معادل شدن
سَربسر گذاشتن (مج)	tease; pull someone's leg	باکسّی شوخی کردن
سَربلند شدن	become proud, honoured	مفتخر شدن، باعث افتخار بودن
سَرپیچی کردن	disobey; turn away	اطاعت نکردن، تمرد کردن
سُرخ کردن	fry; roast	باروغن روی گازیابرق پختن
سَردرآوردن (مج)	understand; become aware of; turn up	فهمیدن، درک کردن
	I cannot make anything of this.	من ازاین هیچ سردرنمیاورم.
سَرخوردن	become frustrated; be disillusioned	ناامید شدن، نتیجه نگرفتن
سَر رسیدن (مج)	expire; mature; fall due	منقضی شدن، سرآمدن
سَر رفتن	boil over; spill over; overflow	جوش آمدن، لب ریز شدن
سَرزدن (بکسی)	drop in on someone; visit casually	بدیدن کسی رفتن، ازکسی دیدن کردن
سَر زده وارد شدن	arrive unexpectedly; barge in	بدون اطلاع قبلی وارد جائی شدن
سَرسری گرفتن (چیزی را)	make light of something	به چیزی اهمیت ندادن
سَرزنش کردن	blame; reproach; taunt; scold	ملامت کردن، عیبجوئی کردن
سِرشتن	mix; mould; knead	آمیختن، آغشتن
سَرشکن کردن	distribute pro rata	به نسبت تقسیم و پخش کردن
سَرشماری کردن	take census	آمارجمعیت شهریا کشوری راگرفتن
سَرشناس شدن	gain fame; come into the limelight	معروف شدن، شهرت بدست آوردن

س

سابقه داشتن	be precedented; have a record	تجربه داشتن، پیش بودن
سابقه شدن	serve as a precedent	نمونه شدن، تجربه شدن
	His action in the past served as a precedent.	عمل اودرگذشته سابقه ای شد.
سائیدن	grind; rub away; wear out	سابیدن، کوبیدن، از بین رفتن
ساختمان کردن	build; construct (houses, roads, etc.)	خانه یاجاده ساختن
ساختن	make, build; manufacture	درست کردن، عمل آوردن
ساختن (با،به) (مج)	agree; get on; manage; fabricate; forge	سازگاربودن، به توافق رسیدن، تبانی کردن
	Strawberry disagrees with me.	توت فرنگی بمن نمیسازد.
	They do not get on together.	آنهاباهم نمیسازند.
	He has forged this document.	اواین سند راازخودش ساخته.
	I must manage on with this salary.	من باید بااین حقوق بسازم.
ساخت و باخت کردن	collude; practise collusion	تبانی کردن، باهم پنهانی ساختن
ساز زدن	play a musical instrument	آلت موسیقی نواختن
سازش کردن (با)	make peace; reconcile	سلوک کردن، صلح کردن
ساقط کردن	deprive; strip; bereave	محروم کردن، بازداشتن
	To deprive someone of his rights.	حق کسی راساقط کردن.
ساکت کردن (کسی را)	make (someone) silent and quiet	آرام کردن، ساکت کردن
ساکت شدن	keep quiet, silent	سکوت کردن، حرف نزدن
ساکن شدن	dwell; make one's abode	مقیم شدن، ماندن، مسکن کردن
سایه انداختن	cast a shadow	سایه کردن، تاریک کردن
سَبب شدن	cause; motivate; bring about	موجب شدن، باعث شدن
سَبز شدن	turn green (trees, etc.); grow; appear	روئیدن
	He suddenly appeared in front of me.	اوناگهان جلوی من سبزشد.
سِبقت گرفتن (از)	take the lead; overtake	جلوافتادن (از اتومبیل دیگر)
سبک شدن (مج) (ل)	to feel cheap; be humiliated	مورد بی احترامی قرار گرفتن
سَبک کردن (مج) (م)	make (oneself) cheap; belittle(oneself)	تحقیرکردن، کوچک کردن
سَبک سنگین کردن	compare; weigh up the pros and cons	مقایسه کردن، سنجیدن
سِپاسگزاری کردن (از)	thank; appreciate; be grateful	تشکر کردن، ممنون بودن
سِپردن	deposit; entrust; leave	دادن، امانت گذاردن، واگذاردن
	Some money was entrusted to my care.	مقداری پول بمن سپرده شد.
	I leave my child in your care.	بچه ام رابشما می سپارم.
سِپری شدن	be finished; come to an end; pass away	به آخررسیدن، تمام شدن، مردن
سِتاندن	take; get; obtain; receive	گرفتن، دریافت کردن
سِتایش کردن	worship; praise; adore	پرستیدن، ستودن، تمجید کردن

ژِست گرفتن   make a gesture; gesticulate   خود را گرفتن

ژولیده کردن   dishevel (hair)   ژولیدن، درهم و برهم کردن

زورآوردن	push (press); bring pressure to bear	فشارآوردن، زور دادن
زورآزمائی کردن	try one's strength	زورکسی راامتحان کردن
زوربکاربردن	use force; use violence	فشارآوردن، نفوذ بخرج دادن
زور گفتن	bully; rant; use bombastic language	ناروا گفتن، غیرمنطقی حرف زدن
زوزه کشیدن	yelp; howl; pule	ناله کردن(درمورد سگ)
زه زدن	back out; fall down on the job	ازمیدان دررفتن
زِهکشی کردن	drain; dry land by withdrawing moisture	آب زیادی زمین راکشیدن وخشک کردن
زَهر دادن (بکسی)	poison (someone)	کسی را مسموم کردن
زهر کردن	embitter; wreck	چیزی رابکام کسی تلخ کردن
	He wrecked the party for us.	مهمانی رابکام ما زهر کرد.
زیاد آمدن	be left over	مصرف نشدن، باقی ماندن
زیاد کردن	increase; add	اضافه کردن، بیشترکردن
زیاده روی کردن	be extravagant; go beyond due bounds	اسراف کردن، ولخرجی کردن
زیارت کردن	meet; visit; see (polite form)	بصورت احترام دیدن کردن
	I look forward to meeting you soon.	امیدوارم بزودی زیارتتان کنم.
زیارت رفتن	go on a pilgrimage	به پابوس آستانه پیشوایان دین رفتن
زیان دیدن (ل)	sustain a loss	ضرر کردن
زیان رساندن (م)	cause to sustain a loss	باعث ضرر شدن
زیرآوار ماندن	be buried under the debris	زیرتل خاک ماندن
زیربار رفتن	accept responsibility; tolerate	قبول مسئولیت کردن، تحمل کردن
زیر پا گذاشتن (مج)	trample; disregard; repress	پایمال کردن، بی اعتنائی کردن
زیرورو کردن	turn upside down; rummage; ransack	بهم زدن، خوب جستجو کردن
زیرگرفتن (مج)	run over(of a vehicle)	بااتومبیل تصادف کردن
زیرسازی کردن	lay a foundation	بنیان گذاری کردن، زیربناساختن
زیرنویسی کردن	write a foot-note	پائین صفحه کتاب یانامه چیزی نوشتن
زیست کردن	live; be alive; exist	زندگی کردن، زیستن
زین کردن	saddle; put a saddle on (horse, etc.)	زین روی اسب گذاردن
زینت دادن	decorate; ornament; dress up	آرایش کردن، پیراستن

ز

زار زدن	**cry and wail**	گریه کردن، ندبه کردن
زاری کردن	**weep; cry; lament**	اشک ریختن، گریه کردن
زائل شدن	**disappear; vanish**	محوشدن،ناپدید شدن
زائیدن	**give birth to**	بچه بدنیاآوردن
زانو زدن	**kneel down**	روی زانو نشستن
زَبان بریدن	**make someone silent and quiet**	کسی راساکت وخاموش کردن
زَبان درازی کردن	**talk impudently, be insolent**	بی ادبی وگستاخی کردن
زَبان بازی کردن	**flatter**	تملق گفتن
زَجر دادن (م)	**torment; torture**	عذاب دادن
زَجر کشیدن (ل)	**be tormented; tortured**	عذاب کشیدن
زَحمت دادن	**give trouble; bother; disturb**	مزاحم شدن، اسباب زحمت شدن
زَحمت کشیدن	**take trouble; labour**	بخود زحمت دادن
زَخم برداشتن (ل)	**get wounded; be wounded**	زخمی شدن
زخم کردن (م)	**wound; injure**	زخم زدن
زخم خوردن (ل)	**receive wound**	مجروح شدن
زَدن	**hit; beat; strike**	ضربه زدن، آزاردادن (فعل معین درافعال مرکب)
زَدوبند کردن	**combine efforts for an unlawful purpose**	برای عمل غیرقانونی باهم ساختن
زُدودن	**polish; rub off; clean**	صیقلی کردن، جلا دادن
زَدوخورد کردن	**fight; skirmish**	جنگیدن، کشمکش کردن
زِراعت کردن	**farm; cultivate**	کشاورزی کردن، کشت کردن
زِمزمه کردن	**hum; croon**	زیر لب حرف زدن یاآواز خواندن
زَمین خوردن (ل)	**fall down**	بزمین افتادن
زَمین زدن (م)	**knock down; throw**	بزمین انداختن
زَمین گیر شدن	**become bed-ridden**	قادر به حرکت نبودن
زَمینه داشتن	**have the required background**	سابقه داشتن
زَمینه فراهم کردن	**prepare the ground; pave the way**	مقدمات کارراتهیه دیدن
زَن گرفتن	**take a wife (get married)**	ازدواج کردن
زِنا کردن	**commit adultery**	به ناموس کسی تجاوز کردن
زَنجیر کردن	**fasten with chain**	بازنجیر بستن
زِندانی کردن	**imprison; jail**	حبس کردن
زِندگی کردن	**live; spend one's life**	عمر کردن، زندگانی گذراندن
زِنده کردن	**revive; inject new life; bring back to life**	ازنوپیراستن، ازمرگ رهانیدن
زَنگ زدن	**ring the bell; rust; corrode**	زنگ بصدادرآوردن، خراب شدن فلز
	The iron fence has rusted.	نرده آهنی زنگ زده.

رَهائی یافتن (ل)	be released; be freed	آزاد شدن
رَهبری کردن	lead; conduct; guide	ریاست کردن، پیشوائی کردن، هدایت کردن
رَهسپار شدن	set out; start	عزیمت کردن، حرکت کردن
رَهن گذاشتن	mortgage; pledge	گرو گذاشتن
ریختن	pour; spill; shed (tears)	پاشیدن، (فعل معین در افعال مرکب)
ریزش کردن (کوه)	slide down; fall in; collapse	پائین آمدن سنگهای کوه، فروریختن
ریشخند زدن	mock; ridicule	مسخره کردن، سر بسر گذاشتن
ریشه کردن	take root	ریشه گرفتن
ریشه کن کردن	eradicate; uproot	نابود کردن، از ریشه کندن، از بین بردن

رَنجاندن (م)	**annoy; afflict**	دلتنگ کردن، رنجانیدن
رنجیدن (ل)	**be annoyed**	دلتنگ شدن
رَنده کردن	**grate; smooth (wood, metal) with plane**	تراشیدن، سائیدن
رَنگ پریدن	**turn pale; be frightened**	ترسیدن، رنگ باختن
	He turned pale from fear.	اوازترس رنگش پرید.
رَنگ کردن	**dye; paint**	رنگ مالیدن (دیوارو مووغیره)
رَواج پیداکردن (ل)	**be in circulation**	درجریان بودن، رواج داشتن، رایج شدن
رَواج دادن (م)	**put in circulation**	درجریان گذاردن، رایج کردن
رَوان کردن (درس)	**learn (the lesson)**	درس یاد گرفتن، درس بلد شدن
رَوانه کردن (کسی را) (م)	**send (someone)**	کسی رافرستادن، اعزام کردن
رَوانه شدن (ل)	**set out; start**	حرکت کردن
رَوایت کردن	**narrate; relate**	نقل کردن، حکایت کردن
رُوبروشدن (با)	**face; confront**	برابرهم قرار گرفتن، مواجه شدن
	He confronted a great difficulty.	او بامشکل بزرگی رو برو شد.
رُوبراه کردن	**make ready; prepare**	حاضرکردن، آماده کردن
روبوسی کردن	**kiss**	ماچ کردن، بوسیدن
روئیدن	**grow**	سبز شدن، اززیر زمین بیرون آمدن
رُوداشتن	**be cheeky; have a nerve**	پر رو بودن، خجالت نکشیدن
	He has a nerve.	خیلی رو دارد. (خیلی پررو است)
رُوزه گرفتن	**fast (in the month of Ramadan)**	درماه رمضان ازصبح تاشب چیزی نخوردن
رُوسفید کردن (م)	**exculpate; free from blame**	آبرو حفظ کردن، مبراکردن
رُوسفید شدن (ل)	**come out with flying colours**	آبرو حفظ شدن
رُوسیاه شدن	**lose face; be disgraced**	آبروریختن، آبرو رفتن
روشن کردن (چراغ)	**turn on the light; illuminate**	چراغ روشن کردن
روشن کردن (ماشین)	**start the engine**	موتور اتومبیل راروشن کردن
روشن کردن (رادیو)	**turn on the radio**	رادیورابازکردن
روشن کردن (مطلبی)	**enlighten; clarify (something)**	در باره چیزی بیشترتوضیح دادن
روشن کردن (آتش)	**light a fire**	آتش روشن کردن
روغن زدن	**lubricate; grease**	روغن مالیدن، چرب کردن
روغن گرفتن	**extract oil**	ازچیزی روغن بیرون کشیدن
رُوکردن	**turn to; look at**	نگاه کردن
	He turned to me and said...	او روکرد بمن وگفت ...
رُوکش کردن	**coat; plate**	روی شیئی راباچیزی پوشاندن
رونق گرفتن	**flourish; prosper; pick up; boom**	رواج پیداکردن، ترقی کردن
	My brother's business is picking up.	کار برادرمن دارد رونق میگیرد.
رُونویسی کردن	**copy; transcribe from the original**	ازروی چیزی نوشتن، کپی برداشتن
روی دادن	**happen; take place**	اتفاق افتادن، واقع شدن
رویهم ریختن	**amass; accumulate; collude**	روی هم گذاردن، روی هم انباشتن، تبانی کردن
رَها کردن (م)	**let go; release; set free; let loose**	ول کردن، آزاد کردن

رَد کردن	**reject; turn away; get through**	**وازدن، نپذیرفتن**
	They turned him away from the door.	اورا ازدر خانه رد کردند. (راه ندادند)
	He got his car through the customs.	اتومبیلش را ازگمرک رد کرد.
رَد وبدل کردن (با)	**exchange (words, things)**	**چیزی رابا چیزدیگر عوض کردن**
رَدیف کردن	**put in order; arrange in a line**	**به ترتیب پشت سرهم کردن**
رِژه رفتن	**parade (troops. etc.)**	**گذشتن نیروهای مسلح ازجلوی فرمانده بزرگ**
رِژیم گرفتن	**diet; slim**	**درخوردن امساک کردن، کم خوردن**
رَساندن (به)	**send; cause to reach; deliver; give**	**فرستادن، تحویل دادن**
	Deliver this letter to him.	این نامه رابه او برسانید.
	Give him my regards.	سلام مرابه او برسان.
رَسم کردن	**draw; mark; design**	**روی کاغذ شکل وخط کشیدن**
رَسمیت پیدا کردن	**form a quorum (meeting)**	**برای افتتاح (جلسه) اعضای کافی حاضر بودن**
رُسوا شدن	**be disgraced; be discredited**	**مفتضح شدن، آبروریختن**
رُسوخ کردن	**penetrate; leak**	**نفوذ کردن، رخنه کردن**
رَسیدگی کردن	**look into; investigate**	**تحقیق کردن**
رَسیدن	**reach;arrive at; receive; ripen**	**آمدن، وارد شدن، دریافت کردن**
رِشتن	**spin; twist**	**ریستن پشم و پنبه**
رُشد کردن	**grow up; develop; expand**	**بزرگ شدن، نموکردن، پیشرفت کردن**
رَشک بردن (به)	**envy; be jealous**	**حسادت کردن، حسود بودن**
رُشوه دادن	**bribe; practise bribery**	**حق سکوت دادن**
رِضایت دادن	**express one's satisfaction; agree**	**راضی شدن، تن دردادن**
رُطوبت داشتن	**be humid, damp**	**مرطوب بودن، تر بودن، نم داشتن**
رُعایت کردن	**observe; abide by; be considerate**	**مراعات کردن، محترم شمردن**
	Every one must observe the law.	همه باید قانون رارعایت کنند.
رِغبت کردن (به)	**take a delight in; be inclined to**	**میل کردن، تمایل نشان دادن**
رِفاقت کردن	**make friends**	**دوستی کردن**
رَفتارکردن (با)	**behave; treat**	**سلوک کردن، ادب نگاه داشتن**
	You did not treat him well.	شمابا اوخوب رفتارنکردید.
رَفتن	**go; start; move**	**روانه شدن، تشریف بردن**
رَفع کردن	**remove; lift; abolish; settle; resolve**	**برطرف کردن، برداشتن**
	They resolved all the difficulties.	تمام مشکلات رارفع کردند.
رَفع عطش کردن	**quench thirst**	**تشنگی رااز بین بردن**
رُفوکردن	**darn**	**جای پاره شده رادوختن**
رِقابت کردن (با)	**compete; rival**	**هم چشمی کردن، حریف شدن**
رِقّت داشتن	**have compassion, sympathy, tenderness**	**دلسوزی کردن، هم دردی کردن**
رَقصیدن	**dance**	**رقص کردن**
رَقیق کردن	**make watery; dilute**	**آبکی کردن، شل کردن**
رَم کردن	**go wild; stampede**	**رمیدن، گریختن (حیوانات)**
رَنج بردن (از)	**suffer distress; be afflicted**	**رنج کشیدن، درد کشیدن**

رابطه داشتن (با)	**have relations, connections**	ارتباط داشتن، تماس داشتن
رابطه برقرارکردن (با)	**establish relations, contact**	رابطه بنانهادن
راحت شدن	**find comfort; get rid of; die**	آسوده شدن، مردن
راست شدن	**become straight, erect**	بلند شدن، برخاستن
راست کردن	**straighten**	صاف کردن
راست گفتن	**tell the truth**	حقیقت گفتن، حرف راست زدن
راضی کردن	**satisfy; please; content**	خشنود کردن، قانع کردن
رام کردن	**make a beast or a bird tame & domestic**	اهلی کردن حیوانات
راندن	**drive; move; conduct**	رانندگی کردن، بردن حیوانات
راه افتادن	**set out; start**	بطرف جائی حرکت کردن
راه آمدن (با)(مج)	**get along; live harmoniously**	سازش کردن
	He gets along very well with us.	اوخیلی خوب باما راه میاید.
راه انداختن	**raise (money); start (engine); get moving**	بکارانداختن، جمع کردن، روشن کردن (ماشین)
راه بند آوردن	**obstruct the course; block the road**	راه رابستن
راه پیمودن	**travel; make a journey**	سیرکردن، طی کردن
راه حل یافتن	**find a solution**	چاره ای پیداکردن
راه دادن (به)	**give way; allow to pass**	راه بازکردن
راه رفتن	**walk; go on foot**	پیاده رفتن، قدم زدن
راه ساختن	**construct roads**	جاده سازی کردن
راهنمائی کردن	**guide; lead**	هدایت کردن، چیزی رانشان دادن
رَأی دادن	**vote; pronounce, cast a vote**	عقیده خودرانسبت به چیزی اظهارکردن
رَأی گرفتن	**put issues to the vote**	نظرمردم رادر باره چیزی خواستن
رَبط داشتن (به)	**be related to; concern**	مربوط به چیزی بودن
رُبودن	**steal; snatch; hijack (plane)**	دزدیدن، قاپیدن
رُجحان داشتن (به)	**have preference over something**	برتری داشتن، مزیت داشتن
رُجوع کردن	**refer to; assign to**	مراجعه کردن
رَحم کردن	**have mercy upon (someone)**	دلسوزی کردن، مهربانی کردن
رُخ دادن	**happen; occur; take place**	اتفاق افتادن، روی دادن
	Yesterday an accident occurred.	دیروز حادثه ای رخ داد.
رخت شستن	**wash personal linen. etc.**	پیراهن وزیرشلواری وغیره راشستن
رَخت پوشیدن	**put on one's clothes**	لباس پوشیدن
رَخت کندن	**undress;take off clothes**	لباس ازتن درآوردن
رِخنه کردن	**penetrate; pass through**	نفوذ کردن، راه یافتن
رَد شدن	**run over; fail; cross; go through**	گذشتن،قبول نشدن، عبورکردن

ذِبح کردن	slaughter	کشتار کردن (گاو، گوسفند وغیره)
ذَخیره کردن	save; store; stock goods; reserve	پس اندازکردن، انبار کردن، اندوختن
ذِکر کردن	mention; state; commemorate	بیان کردن، یاد کردن
ذِکر خیرکردن	speak highly of someone	نام کسی را بخوبی بردن، به نیکی یاد کردن
ذِلّت کشیدن	suffer	عذاب کشیدن، رنج بردن
ذَلیل شدن	become abject	بیچاره شدن، پست و خوار شدن
ذَلیل کردن	abase; humiliate	بیچاره کردن، تحقیر کردن
ذوب کردن	melt; be liquefied by heat	آب کردن فلزات، گداختن
ذوق کاری را داشتن	have a flair for something	سلیقه خوب برای کاری داشتن
ذوق زده شدن	be overwhelmed by great happiness	از زیادی شادی مبهوت شدن
ذوق کردن	be overjoyed; be enthused	زیاد خوشحال شدن

دوره کردن	**keep away (v.t.); keep at a distance**	دورنگاهداشتن
دوْر گرداندن	**pass around (v.t.)**	(درمهمانی) چیزی رابهمه تعارف کردن
دوْره کردن	**review; revise; circle round**	مرورکردن، دوباره خواندن، احاطه کردن
دوْری کردن (از)	**avoid; shun; keep away from**	کنار رفتن، جداشدن، پرهیز کردن
دوُست شدن	**make friends**	دوست پیدا کردن، رفیق شدن
دوُست داشتن	**like**	میل داشتن، علاقه داشتن
دوُستی کردن	**be friendly (with someone)**	باکسی رفاقت کردن
دوُشیدن	**milk; fleece (someone)**	از پستان حیوان شیرگرفتن،چاپیدن
دولاّ شدن	**bend down**	خم شدن
دَوندگی کردن	**make a special effort**	زحمت کشیدن
دَویدن	**run**	تند رفتن، شتافتن
دَهن دره کردن	**yawn**	خمیازه کشیدن
دَهن دریده بودن	**have a vulgar tongue**	رکیک حرف زدن
دَهن کجی کردن	**make a face**	ادا درآوردن
دید زدن	**estimate; evaluate; guess**	تخمین زدن، برآورد کردن
دیدو بازدید کردن	**go visiting and returning visits**	رفت وآمد کردن
دیدن	**see; visit; find; view**	نگاه کردن، نظرکردن، یافتن
	I find this task to be a hard one.	من این کاررا مشکل میبینم.
	How do you find him?	اوراچگونه میبینید؟
	How do you view the situation?	اوضاع راچگونه میبینید؟
دیدن کردن	**pay a visit; call on someone**	نزد کسی رفتن، ملاقات کردن
دیر کردن	**be late**	دیرآمدن
	Why are you late?	چرادیرکردید؟ چرادیرآمدید؟
دیرشدن	**get late**	وقت گذشتن
	It is getting late.	دارد دیر میشود.
دیوانگی کردن	**behave madly; act foolishly**	مثل شخص دیوانه عمل کردن
دیوانه شدن	**go mad; be out of one's mind**	عصبانی شدن، شیفته شدن
دیوانه کردن	**drive mad**	کسی راعصبانی کردن، ناراحت کردن
	His words drove me mad.	حرفهای او مرا دیوانه کرد.

دِلسرد شدن	be discouraged; disheartened	افسرده شدن، ناامید گشتن
دِلسوزی کردن	sympathize with; commiserate with someone	همدردی کردن
دِل کسی راشکستن	break someone's heart	کسی راآزردن، رنجاندن
دِلگرم کردن	cheer; give hope to someone; assure	امیدوارکردن، تشویق کردن
دَلمه شدن	coagulate	ماسیدن، بسته شدن
دَلیل آوردن	adduce an argument; give reasons	استدلال کردن، برهان آوردن
دَماغ گرفتن	blow or clean the nose	بینی پاک کردن
دَم فرو بردن	inspire	تنفس کردن، استنشاق کردن
دَم فرو بستن	hold one's breath; remain silent	خاموش شدن، ساکت شدن، نفس نکشیدن
دَم کردن	allow (tea) to brew; steam (rice)	طرزمخصوص آماده کردن چای یابرنج
دَم کسی رادیدن	fix someone; bribe someone	بکسی رشوه دادن
دَمیدن	blow; puff up; inflate;	دم زدن، باد دادن، فوت کردن
دُنبال کردن	follow; pursue; go after (someone)	پی کسی رفتن، تعقیب کردن
	To follow up the matter	مطلبی رادنبال کردن.
دُنبال گشتن	look for	درجستجوی چیزی یاکسی بودن
	What are you looking for?	شمادنبال چه میگردید؟
دَندان کشیدن	extract a tooth	دندان فاسد رابیرون آوردن
دَندان گرفتن	bite	گازگرفتن
دَنده عوض کردن	change gear	هنگام رانندگی دنده عوض کردن
دَوا خوردن	take medicine	دارو خوردن
دَوام کردن	last; continue; be durable	ادامه پیدا کردن، طول کشیدن
دَواندن (م)	cause to run; make (horse) gallop	تاختن، تازیدن
دو برابر کردن	double; multiply by two	دوچندان کردن
دو بهم زدن	sow discord; quarrel; cause conflict	سخن چینی کردن
دوچارشدن	encounter; be involved in; be afflicted	گرفتارشدن
دوُختن	sew; stitch	دوزندگی کردن
دوُد خوردن	inhale smoke; breathe smoky air	استنشاق دود کردن
دوُد کردن (ل)	smoke (of a fire, etc.)	دود ازآتش بلند شدن
دوُد کشیدن	smoke (a cigarette)	سیگار کشیدن
دو دل بودن	doubt; feel uncertain (about)	مشکوک بودن، تردید داشتن
دوُر افتادن	be far apart; be separated	ازهم جداشدن، برکناربودن
دوُر انداختن	throw away; discard	ازخود دورکردن، نابود کردن
دَوَران داشتن	circulate (of blood) (v.i.)	جریان داشتن (خون)
	Blood circulates through veins.	خون دررگها دوران دارد. (جریان دارد)
دوربرداشتن	speed up; gather momentum	سرعت گرفتن، دورگرفتن
دورزدن	syn. of مترادف چرخ زدن	
دور گشتن	go round; rotate; circle	چرخ زدن
	The plane circled round the airport.	هواپیمادور فرودگاه گشت. (چرخ زد)
دور گرداندن	go out of sight; get away	ازنظرناپدید شدن

دست کم گرفتن	**underestimate**	قدرچیزی یا کسی راآنطورکه بایدندانستن
دست نگاه داشتن (مج)	**hold; wait**	صبرکردن، تأمل کردن
دست و پازدن	**struggle**	تقلا کردن، تأمل کردن
دست و پاگم کردن	**be disconcerted; lose one's wits**	دست و پاچه شدن، مبهوت شدن
دست یافتن	**master; achieve; gain access**	مسلط شدن، رسیدن، بدست آوردن
دسترسی داشتن	**have access to**	رسیدن، نزدیک شدن
دستگیر کردن	**arrest; capture; detain; take prisoner**	توقیف کردن، گرفتن
دستگیری کردن	**help; assist; aid**	کمک کردن، مساعدت کردن
دستور دادن	**instruct; order; give instructions**	امرکردن، فرمان دادن
دَسته کردن	**bundle; make up into a bundle**	بهم بستن، گرد آوردن
دَسته بندی کردن	**classify**	طبقه بندی کردن
دَسیسه کردن	**plot; conspire**	نیرنگ زدن، توطئه کردن
دُشمن شدن	**turn against; become hostile**	ضد شدن، بد خواه شدن
دُشمن کردن	**make an enemy**	مخالف کردن
	Why did you make an enemy of him?	چرااو راباخودت دشمن کردی؟
دُشنام دادن	**abuse; use bad language; revile**	ناسزاگفتن، بدزبانی کردن
دُعاکردن	**pray; say one's prayers**	دعاخواندن
دَعواکردن	**quarrel; fight (with someone)**	ستیزه کردن، زدوخورد کردن
دَعوت کردن (م)	**invite; request courteously**	به مهمانی خواندن، طلبیدن
دَعوت داشتن (ل)	**be invited**	مهمان بودن، مهمان شدن
دَغل بازی کردن	**commit fraud; falsify; be an imposter**	حقه بازی کردن، تقلب کردن
دِفاع کردن	**defend; keep safe; protect from**	حمایت کردن، دورکردن و پس زدن دشمن
دَفع کردن	**repel; drive back; repulse**	رد کردن، پس زدن
	They repelled the enemy attack.	آنهاحمله دشمن رادفع کردند.
دَفن کردن	**bury; put under ground**	زیرخاک کردن، بخاک سپردن
دِق کردن	**die of grief**	ازغصه مردن
دِقّت کردن (کسی را)	**pay attention; be careful**	توجه کردن
دَک کردن	**get rid of (someone)**	ازدست کسی خلاص شدن
دُگمه بستن	**button up**	دگمه انداختن
دِگرگون کردن	**change drastically; metamorphose**	تغییر کلی دادن، بکلی عوض کردن
دِل ازکسی بردن	**win someone's heart; enchant someone**	کسی راشیفته یاعاشق خود کردن
دَلاّلی کردن	**act as a broker**	واسطه خریدوفروش شدن
دِلاوری کردن	**act bravely; show courage**	شجاع بودن، دلیر بودن
دِل باختن (بکسی)	**fall in love; lose one's heart to someone**	فریفته کسی یاچیزی شدن، عاشق شدن
دِل بدریازدن	**take a chance; risk**	بی پرواشدن، بمخاطره انداختن
دِل بکسی بستن	**be deeply attached to someone**	دلبستگی داشتن، علاقمند شدن
دِلتنگ شدن	**be distressed, sad**	اندوهناک شدن، متأثرشدن
دِلخورشدن	**be afflicted, grieved; take offence**	ازکسی یاچیزی آزرده شدن
دِلداری دادن	**comfort; console**	دلجوئی کردن، نوازش کردن

دَرگوشی حرف زدن	**whisper**	پچ پچ کردن، زیرلب باکسی حرف زدن
دَرماندن	**be in distress; become helpless**	بیچاره شدن
دَرمان کردن	**remedy; cure; treat a patient**	علاج کردن، چاره کردن
دَرمضیقه بودن	**be in strained circumstances**	دروضع سخت وتنگنائی بودن
دَرمیان گذاردن	**bring up for discussions**	مطلبی رابرای بحث پیش آوردن
دَرنظر داشتن	**have in mind; remember**	بخاطرسپردن، یادآوردن
دَرنظر گرفتن	**consider; take into account**	توجه داشتن، متوجه بودن
دِرنگ کردن	**pause; hesitate; wait**	مکث کردن، تأمل کردن
دِرو کردن	**harvest; crop; reap**	محصول برداشتن، غله چیدن
دُرود فرستادن	**send greetings (to a person)**	سلام ودعا فرستادن
دُروغ گفتن	**lie; tell a lie; speak falsely**	نادرست حرف زدن
دَرهم آمیختن	**intermingle; mix together**	مخلوط کردن، قاطی کردن
دَرهم برهم کردن	**put (something) in a mess, in a muddle**	بهم زدن، بی نظم وترتیب کردن
دَرهم کوبیدن (مج)	**destroy**	نابود کردن
دَریافت کردن	**receive; collect; acquire**	گرفتن، وصول کردن، ستاندن
دَریافتن	**understand; realize; find out**	متوجه شدن، فهمیدن، آگاه شدن
	My friend found out that he had been deceived.	دوستم دریافت که گول خورده بود.
دَریانوردی کردن	**navigate**	کشتیرانی کردن
دَریدن	**rip; cut or tear vigorously apart**	پاره کردن، شکافتن
	The lion ripped up the deer's belly.	شیر شکم آهو رادرید.
دَریغ داشتن	**withhold; keep back; spare; hesitate**	مضایقه کردن، کوتاهی کردن، دریغ کردن
	He does not hesitate to spend a lot.	اواز زیادخرج کردن دریغ ندارد.
دُزدیدن	**steal; rob; commit theft; kidnap (person)**	دزدی کردن،سرقت کردن،ربودن
دست ازکارکشیدن	**syn. of** مترادف اعتصاب کردن	
دست انداختن	**pull (someone's) leg; encroach**	کسی رامسخره کردن، بزورتصرف کردن
دست بتظاهر زدن	**syn. of** مترادف تظاهر کردن	
دست بدست کردن	**procrastinate; defer action**	امروزوفرداکردن،عقب انداختن
دست بدست گشتن	**change hands**	چیزی ازدست کسی به کس دیگرمنتقل شدن
دست برداشتن (مج)	**give up ;refrain; desist; withhold**	رهاکردن، صرفنظر کردن، کوتاه آمدن
دست برد زدن	**steal; rob; embezzle**	دزدیدن، ربودن
دست بکارشدن	**start work; set to work**	مشغول کارشدن، دست بکاری زدن
دست بگریبان شدن (مج)	**quarrel; fight (with someone)**	باکسی نزاع کردن، زدوخورد کردن
دست پاچه شدن	**lose one's head; get into a panic**	هول شدن، گیج شدن
دست دادن	**shake hands; give a hand**	هنگام ملاقات دونفرباهم دست دادن
دست دراز کردن (مج)	**stretch one's hands**	چیزی خواستن
دست روی دست گذاردن (مج)	**sit idle and do nothing**	بیکارنشستن، کاری انجام ندادن
دست زدن	**clap hands; touch; applaud**	کف زدن، لمس کردن
دست کردن	**wear (gloves, a ring)**	دستکش یاانگشتررادست کردن
دست کشیدن (ازکار)	**stop work; quit; desist**	تعطیل کردن

دَربدر شدن	**become homeless; wander; be stranded**	آواره شدن، سرگردان شدن
دَربَر گرفتن	**embrace; include**	بغل کردن، شامل شدن
دَر دام افتادن	**fall into a trap**	درتله افتادن
دَرج کردن	**publish; write**	نوشتن درکتاب یا روزنامه
دَرجریان گذاشتن	**put (someone) in the picture**	کسی رادرمسیر چیزی قراردادن
درجه بندی کردن	**classify**	طبقه بندی کردن، دسته بندی کردن
دَرجه دادن (م)	**promote**	پایه ومقام بکسی دادن
دَرجه گرفتن (ل)	**be promoted**	پایه گرفتن، رتبه گرفتن
دِرخشیدن	**shine; reflect light; glow**	تابیدن، برق زدن
دَرخواست کردن	**request; demand; ask; apply (for a job)**	تقاضا کردن، خواستن، طلبیدن
دَردسترس بودن	**be available; be within reach**	فراهم بودن، قابل استفاده بودن
درد کردن	**ache; be painful;hurt**	درد گرفتن، درد کشیدن
	I have a headache.	سرم درد میکند. (سردرد دارم)
دَرد کشیدن (از)	**suffer pain; undergo pain**	رنج بردن، تحمل کردن
دَرد دل کردن (باکسی)	**share one's grievances with someone**	رازوغم خودراباکسی گفتن
دَرد سردادن (بکسی)	**bother, trouble someone**	بکسی زحمت دادن، مزاحم کسی شدن
دَر رفتن	**avoid doing; run away; be dislocated; go off**	گریختن، اززیرکارفرارکردن
	This clerk avoids doing his job.	این کارمند اززیرکاردرمیرود.
	He ran away from prison.	اواز زندان دررفت.
	My ankle has been dislocated.	مچ پایم دررفته.
	The gun went off.	تفنگ دررفت.
دَرزدن	**knock at the door**	به درکوبیدن
دَرز کردن	**leak (a secret)**	فاش شدن، رخنه پیداکردن
دَرز گرفتن	**seam; stop leaking (a secret)**	دوختن، چاره کردن، بروزندادن
	We must stop the leakage.	باید مطلب رادرز گرفت.
دَرس خواندن	**study; have lesson**	مطالعه کردن، آموختن
دَرس دادن (بکسی)	**teach; give lessons**	تدریس کردن، بکسی درس آموختن
دُرُست کردن	**make; keep; repair; rectify; correct**	ساختن، رفع عیب کردن، پختن
	He made a delicious soup.	اوسوپ خوشمزه ای درست کرد.
	Does this watch keep good time?	این ساعت درست کارمیکند؟
دُرُست گفتن	**be right**	حق باکسی بودن
	You are right.	شمادرست میگوئید.
دُرشتی کردن (بکسی)	**act or speak harshly**	تند خوئی کردن، پرخاش کردن
دَرصدد برآمدن	**intend, be about (to do something)**	قصد انجام کاری راکردن
دَرک کردن	**understand; comprehend; perceive**	فهمیدن، دریافتن، ملتفت شدن
دَرکمین نشستن	**lie in ambush**	درهدف گاه پنهان شدن
دَرگذشتن	**die; pass away; forgive**	مردن،فوت کردن، بخشیدن
دَر گرفتن	**break out**	آغازشدن، شروع شدن
	The war broke out between Iran and Iraq.	جنگ بین ایران وعراق درگرفت.

د

داخل شدن	**enter; go in; come in**	وارد جائی شدن
داد زدن	**shout; speak loudly; yell**	فریاد کردن، جارزدن
داد خواهی کردن	**demand justice; seek redress**	تقاضای رسیدگی به شکایت کسی کردن
دادن	**give; pay; offer**	اداکردن، تسلیم کردن، عطانمودن
داد وستد کردن	**do business; trade**	خرید وفروش کردن، تجارت کردن
دارزدن (کسی را)	**hang (someone)**	بدارآویختن، به چوبه دارآویزان کردن
داشتن	**have; possess; hold**	دارا بودن، (فعل معین)
داغ کردن	**make hot**	زیاد گرم کردن
داغان کردن	**smash; shatter; blow out**	خراب کردن، بکلی ویران کردن، ازبین بردن
	His car was smashed to pieces.	اتومبیلش بکلی داغان شد.
دام نهادن	**lay a trap**	تله گذاردن، حقه زدن، گول زدن
دامن زدن (مج)	**add fuel to the fire; fan the flames**	تحریک کردن، آتش فتنه روشن کردن
دامن گیرشدن (مج)	**be involved or entangled in difficulties**	گرفتارشدن، گردن بارشدن
دانستن	**know; be aware of**	بلد بودن، آگاهی داشتن
دانه پاشیدن	**scatter seeds**	دانه افشاندنِ تخم کاشتن
داوطلب شدن	**volunteer; be candidate**	نامزد کاری شدن
دایرکردن	**set up; establish**	تاسیس کردن، برپاکردن
	My friend has set up a new school.	دوستم یک مدرسه جدید دایرکرده.
دَبّه درآوردن	**attempt to go back on a bargain**	بهانه درآوردن بمنظور پائین آوردن قیمت
دُچارشدن	**be involved in; encounter; afflicted with**	گرفتارشدن، گیرافتادن
دِخالت کردن	**interfere; meddle with**	مداخله کردن، فضولی کردن
دَخل داشتن	**earn; obtain an income; concern**	درآمد داشتن، مربوط بودن، دخل کردن
درآوردن	**make; release; fabricate; take out**	درآمد داشتن، خارج کردن، ازخود ساختن
دِراز کردن	**stretch; lengthen; prolong**	کشیدن، طولانی کردن
دِراز کشیدن	**lie down**	استراحت کردن، راحت کردن
دَراشتباه بودن	**be mistaken; be wrong**	درست نفهمیدن
دَرافتادن	**grapple; quarrel; fall out over something**	مجادله کردن، گلاویزشدن
	They fell out over the division of the profit.	آنهاسرتقسیم سود باهم درافتادند.
دَرآمدن	**come out; grow; turn out**	خارج شدن، بیرون آمدن، روئیدن
	He came out of the house.	اوازمنزل درآمد. (خارج شد)
دَرآمیختن	**intermingle; mix together**	باهم مخلوط کردن
دَرآوردن	**bring out; produce; earn; release**	خارج کردن، درآمد داشتن، ترخیص کردن
	My friend makes ten thousand tomans a month.	دوستم ماهی ده هزارتومان درمیاورد.
	He could not release the goods from the Customs.	اونتوانست کالا راازگمرک دربیاورد.
	He took a knife out of his pocket.	او یک چاقو ازجیبش درآورد.

خوش گذشتن (از)	**enjoy one's self; have a good time**	**ازچیزی یاجائی لذت بردن**
	I hope you will enjoy yourself.	امیدوارم بشماخوش بگذرد.
خُو گرفتن	**get used to anything**	**عادت کردن**
خون آمدن	**bleed; be wounded**	**خون ازبدن خارج شدن، زخمی شدن**
خون ریختن	**kill; slay; shed blood**	**آدم کشتن**
خویشی داشتن	**have a family relationship**	**نسبت خانوادگی داشتن، قرابت داشتن**
خیّاطی کردن	**sew; work as a tailor**	**چیزی رابادست یاباماشین دوختن**
خیال داشتن	**intend**	**قصد داشتن، درنظرداشتن**
	I intend to stay here for a week.	من خیال دارم یکهفته اینجابمانم.
خیال کردن	**think; suppose; imagine**	**فکرکردن، تصورکردن**
خیانت کردن (به)	**commit treason; betray**	**بی وفائی کردن، بنفع دشمن عمل کردن**
خِیر کردن (به)	**do good; bestow charity**	**خوبی کردن، نیکی کردن**
خِیرمقدم گفتن (به)	**bid welcome; deliver an address welcome**	**تبریک ورود بکسی گفتن**
خیره شدن	**gaze; stare**	**چشم دوختن، خیره ماندن**
	He gazed at the painting in admiration.	او باتحسین به تابلوی نقاشی خیره شد.
خیز گرفتن	**leap; jump**	**پریدن، جستن از**
خیس شدن	**get wet**	**ترشدن**
	I go wet in the rain.	درزیر باران خیس شدم.
خیس خوردن (ل)	**be soaked**	**زیاد درآب ماندن**
خیس کردن (م)	**soak; drench**	**ترکردن**
خیس عرق شدن	**be bathed in perspiration**	**اززیادی عرق ترشدن**
خیط شدن	**draw blank**	**بورشدن، سرافکنده شدن**
خیط کردن (کسی را)	**snub someone; let someone down**	**پکر کردن**
خِیمه زدن	**camp; pitch a tent**	**چادرزدن**

خَم کردن	**bend; curve; make crooked**	تاکردن، کج کردن
خَمیرکردن	**make dough; knead**	آرد راباآب مخلوط کردن
خُنثی کردن	**neutralize; nullify**	بی اثرکردن، بی خاصیت کردن
خَندیدن	**laugh**	خنده کردن، استهزاکردن
خُنک کردن	**cool; chill**	سرد کردن
خواب آمدن	**feel sleepy**	میل به خواب داشتن، چشمهاروی هم افتادن
	I feel sleepy.	خوابم میاد.
خواب دیدن	**dream**	چیزی یاکسی رادرخواب دیدن
خواباندن (م)	**put (the child) to sleep; quell**	(بچه را)درتخت خواب گذاردن وخواباندن
خواب رفتن (مج)	**be numbed; fall asleep (of limbs)**	کرخ شدن دست و پا
	My feet are numb.	پاهایم خواب رفته.
خوابیدن (ل)	**sleep; lie down; stop working**	استراحت کردن، ازکارافتادن، تعطیل بودن
	My watch has stopped.	ساعت من خوابیده.
	The factory is not working.	کارخانه خوابیده. (تعطیل است)
	Operations have all come to standstill.	کارهاتمام خوابیده.
خوارکردن	**humiliate; despise; belittle**	تحقیرکردن، کوچک کردن
خواستن	**want; wish; need; be about to do something**	میل کردن، خواستار بودن، قصد کاری راداشتن
	I was about to go when you come.	میخواستم بروم که شماآمدید.
خوب بودن (باکسی)	**be on good terms with someone**	رابطه خوب باکسی داشتن
خوب شدن	**get well; recover**	کسالت برطرف شدن
خواندن	**read**	قرائت کردن
خواهش کردن (از)	**ask; request; beg**	تقاضاکردن، تمناکردن
خوبی کردن (به)	**do good to someone**	نیکی کردن، احسان کردن
خود داری کردن (از)	**refrain from; abstain**	پرهیز کردن، امتناع کردن
خودکشی کردن	**commit suicide**	خودراکشتن، انتحارکردن
خودراکنارکشیدن	**draw aside; withdraw; shy away from**	گوشه گیری کردن
خودنمائی کردن	**show off; boast; brag**	تظاهرکردن، ازخود آمدن
خوراندن (م)	**feed (v.t.); supply with food**	خوراک دادن، غذا دادن
خوردن (ل)	**eat ; drink**	غذاجویدن، آشامیدن مایعات
	I had (drank) a cup of tea.	یک فنجان چای خوردم.
خوردن (مج)	**suit; match; wear out; fit**	باهم جوربودن، بهم آمدن، سائیدن
	The curtains match the carpet.	پرده هابه قالی میخورد.
	This fluid wears out the material.	این محلول پارچه رامیخورد.
	Your key does not fit this lock.	کلید شمااین قفل نمیخورد.
	These shoes do not fit me.	این کفشها بپایم نمیخورد.
خوشروئی کردن	**treat kindly; be kind**	مهربانی کردن، خنده رو بودن
خوشوقت شدن	**be happy, pleased**	شاد شدن، خوشحال شدن
خوش آمدگفتن (بکسی)	**welcome someone**	ورود کسی راتبریک گفتن
خوشحال شدن	**syn. of** مترادف خوشوقت شدن	

خَرابکاری کردن	commit sabotage	اخلال کردن، پنهانی خرابی بارآوردن
خَراشیدن	scratch	باناخن کندن، پنجه انداختن
خَرامیدن	strut; walk gracefully	چمیدن، باناز و کرشمه راه رفتن
خَرج کردن	spend money	بمصرف رساندن
خَرجی دادن	give an allownce to a person	مقرری بکسی دادن، جیره دادن
خُرخُر کردن	snore	هنگام خواب خرناس کشیدن
خُرد کردن	grind; reduce to small pieces	ریزریز کردن، نرم کردن،آرد کردن
خُرد کردن (پول)	change money	پول بزرگ را به پول کوچک تبدیل کردن
خُرده گرفتن (از)	criticize; cavil; find fault	ایراد گرفتن،انتقاد کردن
خُرسند شدن	be pleased; be happy	شادشدن، خوشحال شدن
خَریدن	buy; purchase	چیزی رادرمقابل پرداخت پول گرفتن
خَرید وفروش کردن	buy and sell; transact	معامله کردن
خَزیدن	creep; crawl	راه رفتن خزندگان روی زمین
خِسارت دیدن (ل)	sustain a loss; suffer damage	ضرر کردن، زیان دیدن
	The goods on board the shop were damaged.	کالا روی کشتی خسارت دید.
خِسارت وارد آوردن (م)	damage	خسارت رساندن، ضرر زدن
خَسته کردن	make tired; weary; bore; tire out	کوفته وناتوان کردن، ناراحت کردن
خُشکاندن (م)	dry; make dry	آب چیزی راگرفتن، خشک کردن
خُشکیدن(ل)	become dry; run dry	خشک شدن
خَشم کردن (به)	get angry at or with	عصبانی شدن، خشمگین شدن
خُشونت کردن (به)	treat badly; be rude	بدرفتاری کردن، تند خوئی کردن
خُصومت داشتن (با)	be hostile towards	دشمنی داشتن، عداوت داشتن
خَط کشیدن	draw a line; cross out; mark out	خط رسم کردن، کلمه ای راخط زدن
	Underline this sentence.	زیر این جمله خط بکشید.
	He crossed out this word.	روی این کلمه خط کشید.
خَط خوردن (ل)	be crossed out	
خطاکردن	blunder; be at fault	کارغلط کردن،اشتباه کردن
خطاب کردن	address; talk to an audience	روبروی جمعی صحبت کردن
خُفتن	sleep; rest	خوابیدن،استراحت کردن
خَفه کردن	suffocate (v.t.); strangle; drown (v.t.)	راه نفس کسی راگرفتن،غرق کردن
خَلاص کردن	rescue; free	رهاکردن،آزاد کردن
خُلاصه کردن	summarize; abbreviate; abridge; sum up	مختصرکردن، کوتاه کردن
خَلع کردن	depose; dethrone	برکنارکردن، معزول کردن
خَلاف کردن	do wrong; commit an offence	برخلاف قانون عمل کردن،بزه کردن
خَلع ید کردن (از)	expropriate; dispossess	ازشرکتی اختیارسلب کردن
	The government expropriated the oil co.	دولت ازشرکت نفت خلع ید کرد.
خُلف وعده کردن	break one's promise	به وعده وفانکردن، زیرقول زدن
خَلق کردن	create; bring into being	آفریدن، بوجود آوردن
خِلل رساندن	harm; damage	آسیب رساندن، صدمه زدن، خلل وارد ساختن

خ

خاتمه دادن	**finish; end; terminate**	**پایان دادن، تمام کردن**
خاراندن (م)	**scratch (v.t.)**	**خراشیدن، باناخن روی بدن کشیدن**
خارج کردن	**turn out; expel; dismiss; extract**	**بیرون آوردن، درآوردن**
خارج شدن	**go out; come out**	**ازجائی بیرون رفتن یابیرون آمدن**
خاریدن (ل)	**itch**	**خارش داشتن**
	Do not scratch anywhere that itches.	هر جا که میخارد نخارانید.
خاصیت داشتن	**have virture; have quality**	**اثرداشتن، نتیجه داشتن**
	This drug has many virtures.	این دارو خیلی خاصیت دارد.
خاطرنشان کردن	**modify; point out**	**آگاهی دادن، اخطارکردن**
خاک کردن	**bury; lay to rest; inter**	**بخاک سپردن، دفن کردن**
خاک گرفتن	**dust; clear away**	**گردگیری کردن، گرد گرفتن از**
خال کوبیدن	**beat a tattoo**	**روی پوست بدن خال کوبیدن**
خالص کردن	**purify**	**پاک کردن، تصفیه کردن**
خالی کردن	**empty; vacate (the flat)**	**تهی کردن، ترک کردن (خانه)**
خالی بودن	**miss; regret the absence of someone**	**یاد کسی کردن**
	We missed you at that party.	درآن مهمانی جای شماخالی بود.
خاموش کردن	**turn off (light); put out (fire)**	**روشنائی رانیست کردن، آتش رااز بین بردن**
خَبر دادن	**inform; report**	**اطلاع دادن، خبرآوردن**
خَبر کردن	**inform someone of something**	**کسی رااز چیزی مطلع کردن**
خَبر داشتن	**be informed; know**	**دانستن، مطلع بودن**
	I knew you were coming this week.	من خبر داشتم شمااین هفته میایید.
خَبط کردن	**make an error; make mistakes**	**اشتباه کردن، کارغلط کردن**
خَتم کردن	**end; finish**	**بپایان رساندن، تمام کردن**
خِجالت کشیدن (از)	**be embarrassed; be ashamed of**	**شرمنده شدن، خجل شدن**
خُدا خواستن	**be destined; be God's will**	**مقدر بودن، قسمت بودن**
	It was God's will that the deal should not go through.	خداخواست که معامله انجام نشود.
خُدا حافظی کردن	**say good-bye; bid farewell**	**وداع کردن، بدرود گفتن**
خِدمت کردن	**serve; do service to**	**نوکری کردن، کاری بسود کسی انجام دادن**
خَر کردن	**dupe (someone)**	**کسی راگول زدن**
خِدمت رسیدن	**pay a visit to someone**	**دیدن، ازکسی دیدن کردن**
خَراب کردن	**destroy; demolish; mess up; pull down**	**از بین بردن، منهدم ساختن**
	The municipality demolished old buildings.	شهرداری ساختمانهای کهنه راخراب کرد.
خَراب شدن	**go bad; break down**	**فاسد شدن، بد شدن، ازکارافتادن**
	The meat has gone bad.	گوشت خراب شده است.
	The car has broken down.	اتومبیل خراب شده.

حِیرت کردن	**be puzzled; bewildered; perplexed**	گیج شدن، سردرگم شدن
حِیران شدن	**be astonished; amazed; confused**	مبهوت شدن، سرگردان شدن
حِیف ومیل کردن	**waste; squander; embezzle** *My friend squandered all his wealth.*	تلف کردن، هدر دادن دوستم تمام دارائی خودرا حیف ومیل کرد.

حِس کردن	feel; sense	احساس کردن، درک کردن
بِحساب آوردن	take into account	درنظرگرفتن
حِساب کردن	calculate; reckon; count	عمل حساب انجام دادن
حِساب باز کردن	open an account at the bank	در بانک حساب جاری یاسپرده بازکردن
حِساب پاک کردن	square accounts	حساب تصفیه کردن
حِساب سازی کردن	cook the books; manipulate the accounts	درحساب تقلب کردن
حِسادت کردن (به)	envy; be jealous of	رشک بردن، حسد بردن
حَسرت بردن	begrudge; sigh for	افسوس خوردن برای نداشتن آنچه که دیگران دارند
حِصار کشیدن	enclose (a piece of land, etc.) with something	دورقطعه زمینی رامحصورکردن
حُضورداشتن (در)	be present	حاضر بودن
حُضوریافتن (در)	attend (meeting, etc.)	حضور بهم رساندن،درجائی حاضرشدن
	The Prime Minister attended the meeting.	نخست وزیر درجلسه حضور یافت.
حَظ کردن	enjoy (something) very much	لذت بردن، بهره مند شدن،حظ بردن
حَفّاری کردن	dig; excavate	حفرکردن، زمین کندن
حِفاظت کردن	guard; safeguard; protect	پاسداری کردن، ازمحلی نگهداری کردن
حِفظ کردن	learn by heart; keep; memorize; preserve	نگهداری کردن، مطلبی رااز برکردن
	The Iranians have preserved their traditions.	ایرانیان سنت های خودرا حفظ کرده اند.
حَق داشتن	be entitled; have the right	مستحق بودن
حَق خودرا گرفتن	demand one's right	تقاضای حق خودرا کردن
حُقّه زدن (به)	play a trick; cheat	حیله زدن، گول زدن، حقه بازی کردن
	That company played a trick on me.	آن شرکت بمن حقه زد.
حَقیر شمردن	despise; contemn; scorn	خوارکردن، تحقیر کردن، کوچک کردن
حَقیقت داشتن	be true	راست بودن، درست بودن
حَک کردن (روی)	engrave; inscribe; carve	روی فلز کندن، حکاکی کردن
حِکایت کردن	tell a story; narrate	داستان گفتن، قصه گفتن
حُکم کردن	command; to give an order	فرمان دادن، امرکردن
حَکَم قرار دادن	choose an arbitrator	میانجی تعیین کردن،واسطه تعیین کردن
حُکومت کردن	govern; rule	حکمرانی کردن، دولت اداره کردن
حَل کردن	solve; melt (v.t.); dissolve	رفع کردن، ذوب کردن، آب کردن، گداختن
	He can solve this problem.	او میتواند این مشکل راحل کند.
حَل شدن	melt (v.i.); become liquefied by heat	آب شدن،گداخته شدن
حَلقه زدن (دور)	encircle; ring	دورچیزی راگرفتن، دورزدن
حِماقت کردن	act stupidly	نادانی کردن، ابلهی کردن
حَمّام کردن	take a bath	حمام گرفتن، بدن راشستن
حِمایت کردن (از)	support; protect	طرفداری کردن، جانبداری کردن
حَمل کردن	carry; transport; take	بردن، انتقال دادن، حمل ونقل کردن
حَمله کردن (به)	attack; assault	یورش بردن، حمله بردن
حَواله کردن	remit or transfer (money)	پول توسط بانک بجائی فرستادن
حوْصله کردن	have patience; bear up	صبرکردن، حوصله داشتن

ح

حاتم بخشی کردن	**be generous with other people's money**	باپول دیگران بخشش کردن
حاجت داشتن (به)	**need**	به چیزی احتیاج داشتن،لازم داشتن
حادث شدن	**occur; happen, take place**	اتفاق افتادن، رخ دادن
حاشا کردن	**deny, repudiate**	انکارکردن، زیر چیزی زدن
حاشیه رفتن	**beat about the bush**	ازموضوع سخنی خارج شدن
حاضر کردن	**make ready; prepare**	آماده کردن
حاضر شدن	**get ready; agree (to do something)**	آماده شدن، ظاهرشدن، موافقت کردن
	He agreed to go.	حاضر شد برود.
حال کسی پرسیدن	**enquire about someone's health**	جویای سلامتی کسی شدن
حال آمدن	**put on weight; regain consciousness**	چاق شدن، بهوش آمدن
حالی شدن (ل)	**get (understand)**	فهمیدن
	Did you get what I said.	حالیت شد چه گفتم.
حالی کردن (م)	**make (someone) understand; spell out**	فهماندن، توضیح دادن
حامله شدن	**syn. of** مترادف آبستن شدن	
حَبس کردن	**imprison; jail; hold (one's breath)**	زندانی کردن، نفس خودراحبس کردن
	He held his breath for few seconds.	نفس خود رابرای چند ثانیه حبس کرد.
حَتم داشتن	**be sure; be certain**	مطمئن بودن
حَدس زدن	**guess; to suppose**	گمان کردن، تصور کردن
حَذر کردن (از)	**avoid; refrain from**	ازچیزی دوری کردن
حَذف کردن	**delete; omit; eliminate**	کلمه ای راانداختن، محوکردن
	He has omitted one word.	او کلمه ای را حذف کرده.
حَراج کردن	**sell (something) by auction**	چیزی رابا مزایده فروختن
حَرام کردن	**dissipate (something); to forbid**	ازلحاظ مذهبی ممنوع کردن
حِرص زدن	**be greedy**	زیاده ازحد بچیزی میل داشتن
حِرص خوردن	**fume inside**	جوش زدن، عصبانی شدن، تند شدن
حَرف زدن	**speak; talk**	صحبت کردن
حَرف داشتن (مج)	**object; disapprove**	اعتراض داشتن
	I have no objection to his going.	بارفتن اوحرفی ندارم.
حَرف گوش کردن	**take one's advice; to listen to**	سخن کسی راشنیدن، قبول کردن
حَرکت دادن (م)	**move (v.t.); shake (v.t.)**	تکان دادن
حَرکت کردن (ل)	**start; depart; set out; move (v.i.)**	تکان خوردن، رفتن، عزیمت کردن
	The train departs at four in the afternoon.	ترن ساعت ٤ بعد ازظهر حرکت میکند.

چَرند گفتن	syn. of مترادف چرت و پرت گفتن	
چَریدن	graze (v.i.)	چرا کردن حیوانات دردشت
چُروک شدن	wrinkle; crease	چین خوردن،تاخوردن
	My trousers are creased.	شلوارمن چروک شده.
چَسباندن (به) (م)	stick (v.t.); make adhere; affix	دوچیزراباچسب بهم وصل کردن
چَسبیدن (ل)	stick (v.i.); adhere	دوچیز بهم وصل شدن
چَشم براه بودن (مج)	wait anxiously	انتظار کشیدن
چِشم پوشیدن	connive at; overlook; turn a blind eye	نادیده گرفتن، گذشت کردن
چِشم دوختن (بچیزی)	fix one's eyes (on something)	خیره شدن
چِشم روشن شدن	rejoice on seeing someone	ازدیدن کسی خیلی خوشحال شدن
چِشم زدن (به) (مج)	cast the evil eye (on someone)	باشوری چشم بکسی آسیب رساندن
چِشمک زدن	wink; blink; twinkle	باچشم بهم زدن بکسی اشاره کردن
چِشیدن	taste; sample something	چیزی رامزه کردن، لب زدن
چِفت کردن	latch; fasten with latch	قلاب در راانداختن
چِک کشیدن	make out or write a cheque	چک نوشتن
چِکاندن (م)	drop (v.t.)	قطره ای درجائی ریختن
چَکّش زدن (به)	strike with hammer	باچکش روی چیزی کوبیدن
چِکّه کردن	leak; drip	قطره قطره آب ازجائی ریختن
چِکیدن (ل)	syn. of مترادف چکه کردن	
چُلاق شدن	be crippled; be disabled	لنگ شدن
چِلاندن	squeeze; press	چیزی رافشاردادن که آب ازآن خارج شود
چَمدان بستن	pack a suit case	لوازم سفررادرچمدان گذاردن
چَنگ زدن (با)	claw; scratch with claw or hands	پنجول زدن، باپنجه انگشت خاریدن
چواندا ختن	spread false rumours	خبردروغ شایعه انداختن
چوب خوردن (ل)	be beaten by stick	کتک خوردن باچوب
چوب زدن (م)	beat someone by stick; cane	کسی راباچوب کتک زدن
چوب کاری کردن	make someone embarrassed	خجالت دادن، شرمنده کردن
چِهچِهه زدن	warble; twitter	آوازخواندن پرندگان
چیدن	cut; pick up; pick	بریدن،رو یهم گذاردن،میوه ازدرخت کندن
	They picked up fruits from trees.	میوه هاراازدرخت چیدند.
	Pile up these books.	این کتابهارا رو یهم بچینید.
	They cut the branches of this tree.	شاخه های این درخت راچیدند.
چین خوردن	wrinkle; crease	چروک خوردن،ناصاف شدن
چهارزانونشستن	sit cross-legged	نشستن روی زمین بایک پا روی پای دیگر
چین دادن	pleat	پلیسه دادن (دامن خانمها)

چ

چاپ کردن	print	طبع کردن
چاپلوسی کردن	flatter; be sycophantic; adulate	چرب زبانی کردن، تملق گفتن
چاپیدن	loot; plunder	غارت کردن، تاراج کردن
چادر زدن	camp; pitch a tent	خیمه زدن
چاره کردن	find a remedy; find a way out	راه حل پیدا کردن، چاره جستن
چاق شدن	get fat; put on weight	فربه شدن، وزن زیاد کردن
چاک دادن	tear to pieces; rip	شکاف دادن،پاره کردن
چال کردن	bury; hide in earth, cover up	زیرخاک کردن
چاله کندن	dig a ditch	گود کندن
چانه زدن	bargain; haggle	درخرید وفروش سروکله زدن
چاه کندن	dig a well; drill (oil well)	چاه زدن
چای خوردن	drink tea	چای نوشیدن
چائیدن	catch a chill or cold	سرما خوردن
چَپ شدن (باکسی) (مج)	turn against someone	باکسی بدشدن
چَپاندن (م)	cram; jam; stuff	چیزی رابافشاردرجائی گذاردن
چَپاول کردن	syn. of مترادف چاپیدن	
چَپه شدن	capsize; be turned over	پرت شدن،واژگون شدن
	The car was turned over in the accident.	اتومبیل دراثرتصادف چپه شد.
چَپیدن (ل)	be jammed; be scrammed	بهم فشرده شدن، فشارآوردن
چرا کردن	graze (v.i.)	تغذیه کردن حیوانات دردشت وبیابان
چَراغانی کردن	illuminate; decorate with lights	باچراغهای رنگارنگ جائی رانورانی کردن
چَراندن	graze (v.t.) take to pasture	حیوانات رادرصحراغذا دادن
چَرب کردن	apply oil to; lubricate	روغن مالیدن
چَرب زبانی کردن (مج)	say smooth things; to flatter	چاپلوسی کردن، شیرین سخن بودن
چَرت وپرت گفتن	talk nonsense	یاوه وبی ربط حرف زدن
چُرت زدن	nap; doze off	درحال خواب وبیداری بودن
چَرخاندن (م)	turn; roll (v.t.)	گرداندن، چرخ دادن
چَرخ خوردن	be rolled; revolve; be turned around	چرخیدن، چرخ زدن، دورخود گشتن
چَرخ دادن	syn. of مترادف چرخاندن	
چَرخ کردن	sew; mince (meat etc.)	باماشین خیاطی دوختن، باماشین گوشت خرد کردن
چَرخیدن (ل)	rotate (v.i.) be turned around	چرخ خوردن، دورخود گشتن
	The Earth rotates round its axis.	زمین دور محورخود میچرخد.
چِرک کردن	be infected	آلوده به میکروب شدن
چِرک شدن	become dirty	کثیف شدن

جِلوگیری کردن(از)	**prevent from; stop; keep down**	**مانع شدن،پائین نگهداشتن(قیمتها)**
	The Police prevented him from going.	پلیس از رفتن اوجلوگیری کرد.
جِلوه کردن	**display; demonstrate; show up**	**باشکوه نشان دادن،عالی برگذارکردن**
	The painter's exhibition showed up very well.	نمایشگاه نقاش خیلی خوب جلوه کرد.
جَمع زدن	**add up; find the sum of**	**چند عدد راباهم جمع کردن،جمع بستن**
جَمع شدن	**accumulate (v.i.) heap up**	**رو یهم انباشته شدن**
	Dust had been accumulated here.	گردوخاک اینجاجمع شده بود.
جَمع کردن	**get together; pick up; assemble; collect**	**گردهم آوردن،دریافت کردن**
	Assemble a few members here.	چندنفرازاعضاء رااینجاجمع کنید.
	The Society has collected a lot of money.	انجمن خیلی پول جمع کرده.
	The servant cleared the table.	پیشخدمت میزراجمع کرد.
	Pick these papaers up from the ground.	این کاغذ هارااز روی زمین جمع کنید.
جِنایت کردن	**commit a crime**	**مرتکب جرم بزرگ شدن**
جُنباندن (م)	**move; shake (v.t.)**	**تکان دادن،حرکت کردن**
جُنبیدن (ل)	**move; shake (v.i.)**	**تکان خوردن**
جَنجال کردن	**cause a commotion; raise a tumult**	**هیاهوکردن،غوغا کردن**
جَنگیدن	**fight; combat; wage war; quarrel**	**جنگ کردن،رزم کردن**
جُنون داشتن	**be insane, mad**	**دیوانه بودن**
جَواب دادن	**answer; reply; respond**	**پاسخ دادن**
جَواب کردن	**dismiss; sack; give notice to**	**بخدمت کسی خاتمه دادن،اخراج کردن**
جَوانه زدن	**shoot (of plants); sprout; bud**	**سبزشدن درخت وغیره**
جُورشدن	**become alike; suit**	**یکنواخت شدن**
جُورکردن (با)	**select things of one sort; sort out**	**مانند هم کردن،یکنواخت کردن**
جور کردن	**oppress; act cruelly; tyrannize**	**بیداد کردن،ستم کردن،ظلم کردن**
جُوش آمدن (ل)	**come to the boil; bubble up; boil**	**جوشیدن مایعات**
جُوش آوردن (م)	**boil (v.t.)**	**جوشاندن مایعات**
جوش خوردن	**become agistated; heal (of a wound)**	**خشمگین شدن،خوب شدن(زخم)**
جُوشاندن (م)	**boil (v.t.); seethe**	**جوش دادن،بجوش آوردن**
جُوش دادن	**weld**	**دوفلزرابهم متصل کردن**
جُوشیدن (ل)	**boil; spring(water); gush**	**جوش آمدن،آب ازچشمه بیرون آمدن**
جُو یاشدن	**enquire; ask (someone); make inquiries**	**پرسیدن،سئوال کردن**
	John was enquiring about your health.	جان جو یای سلامتی شمابود.
جَو یدن	**chew; crunch; munch**	**بادندان چیزی رانرم کردن**
جَهد کردن	**endeavour; strive**	**کوشش کردن، جدیت کردن**
جَهیدن	**leap; jump**	**پریدن، جستن**
جیرجیرکردن	**chirp**	**جیک جیک کردن (گنجشک)**
جیره بندی کردن	**ration**	**سهم بندی کردن**
جیغ زدن	**scream; cry loudly**	**فریادکشیدن،جیغ کشیدن**
جیک زدن	**dare to speak; hold one's tongue**	**جرأت صحبت کردن داشتن**
جیم شدن	**slip away; sneak away**	**بی خبر رفتن،دک شدن**

جِد و جهد کردن	**make strenuous efforts**	**فوق العاده کوشش وکارکردن**
جِدیّت کردن	**strive; endeavour; make efforts**	**سعی کردن، کوشش کردن**
جَذب کردن	**absorbe; swallow up; attract**	**بطرف خود کشیدن، مکیدن**
جِردادن	**rend; slit; tear off**	**پاره کردن، دریدن**
جُرأت کردن	**dare; have courage; be bold**	**جسارت داشتن، شهامت داشتن**
جَرح وتعدیل کردن	**modify; tone down; make partial change**	**اصلاح کردن، کم وکاست کردن**
جَرقّه زدن	**spark; sparkle**	**برق زدن، پریدن ذرات آتش**
جُرم کردن	**commit an offence; offend**	**کارخلاف قانون کردن**
جَریان داشتن	**flow; circulate**	**جاری بودن، درحرکت بودن**
	Blood circulates in the body.	خون در بدن جریان دارد.
جَریحه دارکردن	**hurt (someone's feelings)**	**کسی رادلتنگ کردن**
	My words hurt his feelings.	سخنان من احساسات اوراجریحه دارکرد.
جَریمه کردن	**fine; punish by a fine**	**ازکسی جریمه گرفتن**
	He was fined one thousand Rials.	اوراهزارریال جریمه کردند.
جَسارت کردن	**be rude; venture**	**جرأت کردن، بی ادبی کردن**
	Never be rude to your parents.	هرگز به والدین خود جسارت نکن.
	He will never dare to do such a thing.	اوهرگزجسارت نخواهد کردچنین کاری بکند.
جُستجوکردن	**search; look for; hunt; seek**	**دنبال چیزی گشتن**
جِستن (از)	**leap; escape from; jump**	**پریدن، نجات پیداکردن**
	My friend escaped from that danger.	دوست من ازخطرجَست.
جُستن	**syn. of** مترادف: جستجو کردن	
جَست وخیزکردن	**jump up and down**	**ازجائی بجای دیگر پریدن**
جَشن گرفتن	**celebrate; feast; commemorate**	**بساط شادی فراهم کردن، جشن بر پا کردن**
جَعل کردن	**forge; counterfeit; fabricate**	**چیزی راغیرقانونی ساختن یاکپی کردن**
جَفاکردن	**oppress; act with cruelty & injustice**	**ستم وجورکردن، تعدی کردن**
جُفت کردن	**pair; join together; mate**	**باهم جورکردن، بهم وصل کردن**
جُفت گیری کردن	**mate; pair(birds)**	**آبستن شدن حیوانات و پرندگان**
جَلا دادن	**polish; shine**	**صیقلی کردن، براق کردن**
جَلای وطن کردن	**emigrate**	**ترک وطن کردن، مهاجرت کردن**
جَلب کردن	**attract; draw; summon; arrest**	**مجذوب کردن، توقیف کردن، احضارکردن**
	the Police arrested him	پلیس اورا جلب کرد.
	He drew(attracted) my attention to....	اوتوجه مرابه... جلب کرد.
جِلد کردن	**bind (a book etc.)**	**صحافی کردن**
جَلسه کردن	**hold a meeting**	**برای انجام کاری دورهم نشستن وصحبت کردن**
جِلوانداختن	**move or put forward; advance something**	**پیش انداختن**
جِلوزدن	**overtake; catch up & pass**	**ازکسی یاازاتومبیل کسی جلوافتادن**
جِلوی کسی راگرفتن	**stop someone**	**مانع رفتن کسی یاحرکت اتومبیل شدن**
	The Police stopped him.	پلیس جلوی اورا گرفت.
جِلوبردن	**carry or push forward**	**پیش بردن، جلو حمل کردن**

ج

جاافتادن	**be left out; get settled down**	**ازقلم افتادن،مستقرشدن**
	Few words were left out in this page.	چند کلمه دراین صفحه جاافتاده.
جاانداختن	**set (leg, bone, etc.)**	**چیزی رابجای خودبرگرداندن**
	The doctor set his ankle.	دکترمچ پای اوراجاانداخت.
جابجا کردن	**rearrange something; replace**	**جای چیزی راعوض کردن**
	I think you have rearranged the furniture.	فکرمیکنم مبلهاراجابه جا کردید.
جاخوردن (مج)	**be taken aback; be surprised**	**یکه خوردن،متعجب شدن**
جاداشتن (مج)	**deserve; be worthy of**	**شایسته بودن،بجابودن**
	He deserves to be promoted.	جادارد که باورتبه بالا ترداده شود.
جاری شدن	**flow; glide along; run; pour down**	**روان شدن،جریان داشتن**
جاروب کردن	**broom; sweep**	**روبیدن،جاروکردن**
جا زدن (مج)	**give in; deceive**	**تسلیم شدن،گول زدن**
	My friend was frightened and gave in.	دوستم ترسید وجازد.
جاخالی بودن	**miss(someone) in a party, etc**	**یادکسی درجائی بودن**
	We missed you at the wedding party.	درعروسی جای شماخالی بود.
جاسوسی کردن	**spy**	**پنهانی ومخفیانه کاری راانجام دادن**
جاگذاشتن	**leave behind**	**پشت سرگذاشتن**
جاگرفتن	**reserve a seat; hold**	**جاررزرو کردن،گنجایش داشتن**
	I reserved a seat for you at the match.	برای شمادرمسابقه جاگرفتم.
	How much does each tin hold?	هرقوطی چقدرجامیگیرد؟
جانبازی کردن	**risk one's life**	**جان بخطرانداختن،فداکاری کردن**
	He risked his life for his country.	او بخاطرمیهن خود جانبازی کرد.
جانبداری کردن(ازکسی)	**back up; take someone's side**	**ازکسی طرفداری کردن**
جان سپردن	**pass away**	**جان دادن، مردن**
جانشین شدن	**succeed; replace**	**جای کسی راقانونا گرفتن**
جانفشانی کردن	**hazard one's life**	**فداکاری کردن**
جان کندن	**be on the point of death**	**درحال مرگ بودن**
جان گرفتن	**regain strength; become fit again**	**قوت گرفتن،بحال آمدن**
جایزدانستن	**allow for; consider permissable**	**روا دانستن**
جایزه دادن	**award; give a prize**	**مزدکارخوب دادن، پاداش دادن**
جُبران کردن	**compensate; make up for**	**تلافی کردن، عوض دادن**
	We must compensate him for his services.	ماباید خدمات اوراجبران کنیم.
جُدا کردن (از)	**separate; detach; pick up; select**	**سوا کردن،مجزا کردن**
جِدال کردن(با)	**struggle; fight**	**ستیزه کردن،مجادله کردن،جنگیدن**

ث

ثابت شدن	**turn out to be; prove (int.)**	**معلوم شدن، واضح شدن**
	It proved to be false.	ثابت شد که دروغ بود.
ثابت کردن	**prove (tr.); make certain**	**به ثبوت رساندن**
ثابت ماندن	**be steady, firm; be fast (of colour)**	**تغییرنکردن، عوض نشدن**
	The colour of this cloth is always fast.	رنگ این پارچه همیشه ثابت میماند.
ثَبت کردن (در)	**register; record in writing**	**درجائی مطلبی رایادداشت کردن**
ثِروت اندوختن	**make a fortune**	**دارائی جمع کردن و پس انداز کردن**
ثَمر دادن	**bear fruit; result**	**میوه دادن، نتیجه دادن**
ثَواب داشتن	**yield good results**	**نتیجه خوب داشتن(کلمه مذهبی)**
	What you did yields good result.	آنچه که شما کردید ثواب دارد.

تَه کشیدن	**run out**	تمام شدن
	Our water supply has run out.	ذخیره آب مابه ته کشیده.
تَهاجم کردن (به)	**invade; attack**	حمله کردن
تَهدید کردن	**threaten; give warning; intimidate**	ترساندن، اعلام خطرکردن
تُهمت زدن (به)	**accuse; slander; calumniate**	بکسی نسبت بد دادن،افترازدن
	They accused him of theft.	آنهاتهمت دزدی به اوزدند.
تَه نشین شدن	**subside; settle; sink**	نشست کردن،فرونشستن
تَهنیت گفتن	**congratulate (someone) on (something)**	بکسی تبریک گفتن
تَهویه کردن	**ventilate; air-condition**	هواراتصفیه کردن
تُهی کردن	**empty; vacate**	خالی کردن،تخلیه کردن
تَهیّه کردن	**prepare; make ready; supply; furnish**	آماده کردن، حاضرکردن
تَهییج کردن	**incite; excite; stimulate**	آشوب راه انداختن، برانگیختن
	Alcohol stimulates the nerves.	الکل اعصاب راتهییج میکند.
تیرانداختن(م)	**fire(a bullet); shoot**	تیردرکردن،تیراندازی کردن،تیرزدن
تیرخوردن (ل)	**be hit by a bullet; be shot**	مورد اصابت گلوله قرارگرفتن
تیرباران کردن	**execute (by a firing squad)**	کسی رابوسیله جوخه آتش اعدام کردن
تیر درکردن	**let off gun; fire a shot**	شلیک کردن،تفنگ خالی کردن
تیرکردن (مج)	**instigate; incite (someone); stir up**	تحریک کردن، واداشتن
	They stirred him up to take revenge.	آنهااوراتیرکردند که انتقام بگیرند.
تیرکشیدن (مج)	**feel a sharp pain(of wound)**	درد داشتن محل زخم
تیره شدن	**become dark; deteriorate(relations)**	رابطه بهم خوردن،تاریک شدن
	Relations between the two countries have deteriorated.	روابط دوکشورتیره شد(بهم خورد).
تیز کردن	**sharpen (knife, etc.); prick up**	لبه چیزی رابُرّنده کردن
	The dog pricked up her ears.	سگ گوشهایش راتیزکرد.

تُوبیخ کردن	**reprimand; reproach; punish**	تنبیه کردن، سرزنش کردن
تُوپ انداختن	**fire a gun, cannon**	آتش کردن توپ، خالی کردن توپ
تُوپ بستن (به)	**bombard**	باتوپ وتفنگ بجائی حمله کردن
	They bombarded the National Assembly.	مجلس شورا رابه توپ بستند.
تُوپ زدن	**kick a ball**	بالگد توپ راپرتاب کردن
تَوَجّه کردن	**pay attention; take care**	دقت کردن، مواظبت کردن
	You should pay attention to such problems.	شمابايد به چنين مسائل توجه كنيد.
	His mother takes care of the children.	مادرش ازبچه هاتوجه میکند.
تُوجیه کردن	**justify; account for; explain**	بیان کردن،توضیح دادن
	I could not justify his stupid action.	من نميتوانستم كاراحمقانه اوراتوجيه كنم.
تُودیع کردن (با)	**bid farewell; say good bye to**	خداحافظی کردن،وداع کردن
تَوَرّم کردن	**swell; inflame; inflate**	ورم کردن، بادکردن
تُوزیع کردن (بین)	**distribute; spread (among)**	پخش کردن، تقسیم کردن
تُوسعه دادن	**expand; develop; extend**	بسط دادن، گسترش دادن
	Iran expanded her trade with the U.K.	ایران تجارت خودرابا انگلستان توسعه داد.
تَوَسّل کردن	**resort; turn for aid to**	تشبث کردن،روآوردن
تُوشیح کردن	**get (the royal) signature**	قانون یانوشته ای رابامضای شاه یاملکه رساندن
تُوصیف کردن	**describe; qualify**	تعریف کردن،شرح دادن
	The student described the beauty of spring well.	شاگرد زیبائی بهار را خوب توصیف کرد.
تُوصیه کردن	**recommend; advise**	سفارش کردن،پیشنهاد کردن
	I recommend him as a good teacher.	اورابعنوان یک معلم خوب توصیه میکنم.
	They advised me to agree.	بمن توصیه کردند که موافقت کنم.
تُوضیح دادن	**explain; clarify; make clear**	شرح دادن، مطلبی رابیان کردن
تُوضیح خواستن	**ask for an explanation**	دلیل چیزی راتقاضاکردن
تُوطئه کردن	**plot; conspire(against)**	نیرنگ زدن، برای کارخلاف هم پیمان شدن
	They plotted against the regime.	آنهابرعلیه رژیم توطئه کردند.
توفیق خواستن	**wish (someone's) success**	خواهان موفقیت کسی بودن
تُوفیق یافتن	**succeed; be fortuante; attain**	موفق شدن
تَوَقّع داشتن (از)	**expect; count on; anticipate**	چیزی راازکسی انتظارداشتن
	I did not expect you to do this.	توقع نداشتم شمااین کارراېکنید.
تَوَقّف کردن	**stop; halt; stay; park**	درجائی ایستادن،درنگ کردن
تُوقیف کردن	**arrest; intern; confiscate**	بازداشت کردن،ظبط کردن
	The Policeman arrested the thief.	پاسبان دزد راتوقیف کرد.
	The Governament confiscated his house.	دولت خانه اوراتوقیف کرد.
تَوَکّل کردن (به)	**rely upon someone; trust**	امید بدیگری داشتن،توکل داشتن
	You should always trust in God.	باید همیشه به خدا توکل کنید.
تُولید کردن	**produce; create; make**	بوجود آوردن،ایجادکردن
تَوَهّم داشتن(از)	**fear; conceive; fancy; suspect**	خیال بدکردن،ترسیدن
تُوهین کردن (به)	**insult; offend someone**	بکسی بی احترامی کردن

تَمهید کردن	**arrange; prepare; lay out**	آماده کردن،فراهم آوردن
تَمیز دادن (از)	**distinguish; differentiate**	دوچیزراازهم فرق گذاردن
تَمیزکردن	**clean; tidy up**	پاک کردن،مرتب کردن
تَن در دادن(به)	**submit to; give in; stoop**	تسلیم شدن، پذیرفتن
تَن کردن	**wear (put on) clothes**	پوشیدن
تَناسب داشتن (باهم)	**be in proportaion**	دو یاچند چیزباهم متناسب بودن
	The windows are in good proportion.	پنجره هاباهم تناسب خوبی دارند.
تَناقض داشتن (با)	**be contrary to (something)**	مغایرت داشتن،مخالف بودن
تَناول کردن	**eat**	خوردن
تُنبک زدن	**play on a tambourin**	دمبک نواختن، دمبک زدن
تَنبلی کردن	**be lazy**	تن آسائی کردن، کم کارکردن
تَنبیه کردن	**punish**	ادب کردن، جریمه کردن
	The teacher punished the lazy pupil.	معلم شاگرد تنبل راتنبیه کرد.
تُند خوئی کردن	**lose (one's)temper with (someone)**	ازجادررفتن،عصبانی شدن
تُند کردن	**make (food) hot; accelerate; speed up**	بسرعت اضافه کردن،درخوراک ادویه ریختن
تُند کارکردن	**work hurriedly; be fast**	باعجله کارکردن، جلورفتن ساعت
	My watch is fast.	ساعت من تند کارمیکند.
	You should not do this hurriedly.	این کاررا نباید تند تند بکنید.
تُندی کردن (به کسی)	**speak harshly to(someone)**	بدرفتاری کردن،پرخاش کردن
تَنزل کردن	**be demoted; be reduced; fall(prices)**	پائین آمدن قیمت، مقام وغیره
	Prices fell.	قیمتهاتنزل کرد.
تَنظیم کردن	**regualte; adjust; put in order**	مرتب کردن، منظم کردن
تَنفر داشتن	**hate; detest; abhor**	نفرت داشتن، بیزار بودن
تَنَفس کردن	**breathe; respire**	نفس کشیدن، دم زدن
تَنقید کردن	**criticize; find fault with**	انتقاد کردن، خرده گرفتن،عیب گرفتن
تَنگ کردن	**tighten; make narrow**	سفت کردن، باریک کردن
بتنگ آمدن	**be fed up; get wearied**	بستوه آمدن،خسته شدن
تَنَوع داشتن	**vary; be different; change**	فرق داشتن،جوربجور بودن
	The food at this restaurant always varies.	غذای این رستوران همیشه تنوع دارد.
تَنه زدن (بکسی)	**jostle; push; shove**	لت زدن بکسی
تُو گذاشتن	**hem**	لبه شلواریاپیراهن رابرگرداندن
تَواضع کردن	**show humility; be humble**	فروتنی کردن،شکسته نفسی کردن
تَوافق داشتن(با)	**be compatible; get along with**	باهم موافق بودن، باهم ساختن
	They do not get along with each other.	آنهاباهم توافق ندارند.
تَوافق کردن (باهم)	**agree with each other; concur**	موافقت کردن،سازش کردن
تُوالت کردن	**put on make-up; make up**	آرایش کردن
تُوأَم شدن	**be linked with each other**	بهم مربوط شدن، بهم وابسته بودن
تَوانستن	**be able; can**	قادربودن،توانائی داشتن
تُوبه کردن (ازکاری)	**repent; feel penitence**	پشیمان شدن

تَکمیل کردن	**complete; perfect; finish**	کامل کردن،تمام کردن
تَکّه کردن	**cut to pieces; shred**	پاره کردن،ریزریزکردن،تیکه کردن
تکیّه کردن	**lean; rely on**	لم دادن،اتکا کردن
تَلاش کردن	**strive; struggle; make an effort**	کوشش کردن،جدیت کردن
تَلافی کردن	**retaliate; repay;make reprisals**	جبران کردن،تلافی درآوردن
	I hope to repay your kindness some day.	امیدوارم روزی مهربانی شماراتلافی کنم.
تَلاقی کردن	**join together; meet**	بهم رسیدن،یکدیگرراملاقات کردن
تَلخ کردن(اوقات کسی را)	**make someone angry and cross**	کسی راعصبانی وناراحت کردن
تَلخیص کردن	**summarize; make a resume of**	مختصرکردن،کوتاه کردن
تَلف کردن (م)	**waste; ruin; dissipate**	هدردادن،دورریختن، تباه کردن
تَلف شدن (ل)	**die; perish; be ruined; wasted**	مردن،ازبین رفتن،ضایع شدن
تَلفّظ کردن	**pronounce**	اداکردن لفظ
تَلفن کردن	**ring up(someone); telephone; call**	باتلفن صحبت کردن
تَلقّی کردن	**gather; understand; take**	دریافتن،پذیرفتن
	What I said, he took it seriously.	آنچه گفتم او جدی تلقی کرد.
	I gather from his statements that....	ازاظهاراتش اینطورتلقی میکنم که...
تَلقیح کردن	**inoculate; vaccinate**	مایه کوبی کردن
تَلقین کردن (به)	**induce; suggest**	وادارکردن،القاکردن،قبولاندن
تَلکه کردن (ازکسی)	**sponge on (someone)**	نوعی گدائی کردن،ازکسی چیزی اتخاذکردن
تُلمبه زدن	**pump out**	بادستگاه مخصوص آب راازجائی بجائی بردن
تِلوتِلو خوردن	**stagger; totter**	روی پای خود بند نشدن
تَماس گرفتن (باکسی)	**get in touch; contact**	کسی رادیدن
تَماشاکردن	**watch; keep eyes fixed on(something)**	دیدن (مسابقه بازی یانمایش وغیره)
تَمام کردن (م)	**finish; bring to an end; complete**	پایان دادن، خاتمه دادن
تَمام شدن (ل)	**be finished; cost**	پایان یافتن،پول برای چیزی پرداختن
	This house cost me one million tomans.	این خانه برای من یک میلیون تومان تمام شد.
تَمایل داشتن (به)	**be inclined; have leaning**	خواستن،میل داشتن
	He was not inclined to go to that meeting.	تمایلی به رفتن جلسه نداشت.
تَمجید کردن (از)	**praise; extol; admire**	تحسین کردن، ستایش کردن
تَمدید کردن	**extend; prolong**	مدت (چیزی را)زیاد کردن
	They extended the period of the contract.	آنهامدت قرارداد راتمدید کردند.
تَمرّد کردن	**disregard order; disobey**	سرپیچی کردن، اطاعت نکردن
تَمرکز دادن	**centralize; concentrate**	دریکجاقراردادن، متمرکز کردن
تَمرین کردن	**exercise; train; practise**	عملی راتکرارکردن
تَمکین کردن (به)	**submit; yield; condescend**	تسلیم شدن، اطاعت کردن
	I do not submit to indignity.	من درمقابل اهانت تمکین نمیکنم.
تَملّق گفتن (بکسی)	**flatter; overpraise**	چاپلوسی کردن،چرب زبانی کردن
	The secretary always flatters her boss.	منشی همیشه به رئیس خودْ تملق میگوید.
تَمنّا کردن(از)	**ask; request; beg**	خواهش کردن، استدعاکردن

تَفرقه انداختن	**cause discord; to divide(break up)**	باعث اختلاف وجدائی شدن
	Divide and Rule.	تفرقه انداز و حکومت کن.
تَفریح کردن	**amuse; have fun; recreate**	خوش گذرانی کردن، گردش کردن
تَفریط کردن	**be stingy; be parsimonious**	خست کردن، خسیس بودن
تَفریق کردن (از)	**subtract**	عددی رااز عدد دیگرکم کردن
تَفسیر کردن	**interpret; make out the meaning of**	معنی کردن، تعبیر کردن
تَفصیل دادن	**explain (something) in details**	باجزئیات شرح دادن
تَفقّد کردن	**be kind; inquire after (someone's) health**	احوال پرسی کردن،مهربانی کردن
تَفکّر کردن (در)	**think over; ponder**	عمیقانه فکرکردن،اندیشیدن
تَفکیک کردن (از)	**separate; segregate**	ازهم جداساختن
تَفنّن کردن	**syn. of** مترادف تفریح کردن	
تَفویض کردن	**entrust to; vest in**	به کس دیگرواگذارکردن،بخشیدن
	He vested his authority in me.	اواختیارات خودرابمن تفویض کرد.
تَقاضاکردن (از)	**request; ask**	درخواست کردن،استدعاکردن
تَقاطع کردن	**intersect; cross**	دوخط یادوخیابان یکدیگرراقطع کردن
تَقبّل کردن	**accept; undertake**	قبول کردن،پذیرفتن
تَقبیح کردن	**decry; declare as shameful**	سرزنش کردن، کاری رابدوزشت دانستن
تَقدیم کردن (به)	**present; offer; dedicate**	دادن،اهدا کردن
تَقسیم کردن (به)	**divide; separate into parts**	بخش کردن،جداکردن
تَقصیرداشتن	**be at fault; be guilty**	کوتاهی کردن درانجام وظیفه
	You are at fault for this carelessness	برای این بی توجهی شماتقصیردارید.
تَقلّب کردن	**be dishonest; cheat; falsify**	حقه بازی کردن،دغل بازی کردن
تَقلید کردن	**imitate; follow example of; mimic**	مانند کسی رفتارکردن
تَقلیل دادن	**reduce; decrease; diminish**	کاستن، کم کردن، کسرکردن
تَقویت کردن	**support; strengthen; fortify**	نیرو دادن
تَقویم کردن	**evaluate; assess**	ارزیابی کردن،تشخیص دادن
تکان دادن	**shake; shock; move**	حرکت دادن،لرزاندن
	The news shocked him.	خبراوراتکان داد.
	They wave the flags.	آنها پرچم هاراتکان میدهند.
	You cannot move this patient.	نمیتوانید این بیمارراتکان دهید.
تکبّر داشتن	**be conceited; be arrogant**	خودپسند بودن،غروربیجاداشتن
تکثیرکردن	**increase; multiply**	زیادکردن،فراوان کردن
تکذیب کردن	**deny; refute**	انکارکردن،دروغ اعلام کردن
تکرارکردن	**repeat; say or do over again**	دوباره کردن یاگفتن
تکریم کردن	**respect; honour**	احترام کردن، گرامی داشتن
تکفیر کردن	**excommunicate; call(someone)unbeliever**	ازحلقه روحانی بیرون کردن
تکلّم کردن	**speak; converse**	سخن گفتن،حرف زدن
تکلیف کردن (به)	**impose; place a duty(on someone)**	بکسی تحمیل کردن،بگردن کسی گذاردن
تکلیف شدن	**attain puberty**	بالغ شدن،بحد بلوغ رسیدن

٤٠ تعدیل

تَعدیل کردن	modify; adjust	جبران کردن،اصلاح کردن
	He modified his opposition.	اومخالفت خودراتعدیل کرد.
تَعرّض کردن (به)	**object to; molest; get angry**	مخالفت کردن،تجاوزکردن،خشمگین شدن
تَعریض کردن	**widen; open out fully**	پهن کردن،گشاد کردن
تعریف کردن (از)	**praise; speak highly of(someone);tell(a story)**	حکایت گفتن،ازکسی یاچیزی خوب گفتن
	My friend spoke very highly of you.	دوستم ازشماخیلی تعریف میکرد.
	The teacher told a story to the pupils.	معلم برای شاگردان حکایتی تعریف کرد.
تَعصّب داشتن	**be fanatical; be prejudiced in(something)**	درعقیده یانظری زیاده ازحد پایبند بودن
تَعطیل کردن	**close down; take a holiday**	ازکاردست کشیدن،بستن
تَعظیم کردن	**bow down (showing respect)**	بمنظوراحترام خم شدن
تَعَقّل کردن	**reason upon or about (something)**	ازروی عقل وفکربه امری پی بردن
تَعقیب کردن	**sue; prosecute; follow; pursue**	کسی رابه دادگاه کشیدن،دنبال کردن
	They prosecuted the offender.	مجرم راتعقیب کردند.
	The policeman followed the thief.	پلیس دزد راتعقیب کرد.
تَعلّق داشتن (به)	**belong; possess; own**	مال کسی بودن،متعلق بکسی یاچیزی بودن
تَعلّق گرفتن (به)	**accrue**	عاید شدن،بدست آوردن
	No interest will accrue to your account.	بهره ای به حساب شما تعلق نمیگیرد.
تَعلّل کردن	**procrastinate; defer action**	مسامحه کردن،کوتاهی کردن
	He procrastinated so much until it was too late.	آنقدرتعلل کرد که خیلی دیرشده بود.
تَعلیم دادن (به)	**instruct; teach; train**	آموختن،یاد دادن،درس دادن
تَعمّد داشتن	**act intentionally, deliberately**	عمداًکاری راانجام دادن
تَعمّق کردن (در)	**ponder; think deeply**	بطورعمیق فکرکردن،ژرف نگری داشتن
تَعمیر کردن	**repair; renovate; mend**	مرمت کردن،چیز خراب رادرست کردن
تَعمیم دادن	**generalize; render something general**	شامل همه کردن،عمومی کردن
تَعویض کردن (با)	**change; replace(one thing with another)**	تبدیل کردن،چیزی راباچیزدیگرعوض کردن
تَعَهد کردن	**undertake; accept an obligation**	بعهده گرفتن،عهده دارشدن
تَعیین کردن	**appoint; fix; ascertain**	معیّن کردن، برگماشتن، منصوب کردن
	They appointed him as the governor.	اورابسمت استاندار تعیین کردند.
	We fixed a day for the meeting.	روزی رابرای جلسه تعیین کردیم.
تَغذیه کردن	**feed; nourish**	غذادادن،خوراندن
تَغَیّر کردن	**speak angrily & harshly**	تشرزدن،باعصبانیت بکسی پرخاش کردن
تَغییر کردن	**change; alter (intr.)**	عوض شدن،دگرگون شدن
تُف انداختن	**spit; eject saliva**	آب دهان رابیرون انداختن
تَفاوت کردن	**make difference; be different from**	فرق کردن،متفاوت بودن،تفاوت داشتن
	It does not make any difference.	تفاوت نمیکند. (فرق نمیکند)
تَفتیش کردن	**inspect; examine officially; search**	بازرسی کردن، کاوش وجستجوکردن
تَفتین کردن	**sow discord; excite sedition**	فتنه برپاکردن،دوبهم زدن
تَفحّص کردن	**make research; investigate carefully**	جو باشدن، کاوش کردن،پژوهیدن
تَفرج کردن	**take a walk; walk about**	گردش کردن،تفریح کردن

	They held a meeting.	آنهاجلسه ای تشکیل دادند.
تَشویش داشتن	**be anxious, uneasy; have apprehension**	**نگران بودن،مضطرب بودن**
تَشویق کردن	**encourage; incite (person to do)**	**دلگرمی دادن،بمیل آوردن**
تَصاحب کردن	**occupay; take possession**	**بازور تصرف کردن**
تَصادف کردن (با)	**have an accident; collide with**	**بهم خوردن چیزی یا کسی باوسیله نقلیه**
تَصحیح کردن	**correct; set right; mark errors**	**درست کردن،غلط گیری کردن**
تَصدیق کردن	**confirm; certify; verify**	**گواهی کردن،تأیید کردن،موافقت کردن**
	I hereby certify that ...	بدین وسیله تصدیق مینمایم که...
	I verfiy his statements in the court.	اظهارات اورادر دادگاه تصدیق میکنم.
تَصرف کردن	**take possession; occupy**	**بدست آوردن،اشغال کردن**
	The Army occupied the town.	ارتش شهر راتصرف کرد.
	Finally he took possession of his property.	بالاخره ملکش راتصرف کرد.
تَصریح کردن	**stipulate**	**قید کردن، بطورصریح بیان کردن**
	It was stipulated in the document that ...	درسند تصریح کرده بودند که...
تَصفیه کردن	**purify; refine; settle; liquidate**	**پاک کردن،خالص کردن،حساب صاف کردن**
	The refinery refines the crude oil.	تصفیه خانه نفت خام راتصفیه میکند.
	You must settle accounts with the company.	باید باشرکت تصفیه حساب کنید.
تَصمیم گرفتن	**decide; determine**	**عزم کردن،مصمم شدن،تصمیم اتخاذ کردن**
تَصمیم داشتن	**be determined on something**	**عزم داشتن،مصمم بودن**
تَصنیف کردن	**compose poems, music**	**آهنگ نوشتن،شعرساختن،تصنیف ساختن**
تَصور کردن	**suppose; think; conceive; imagine**	**خیال کردن،گمان کردن**
تَصویب کردن	**ratify; approve**	**موافقت کردن، رأی موافق دادن**
تَضاد داشتن (با)	**be opposed to; be contrary to**	**مخالف بودن،اختلاف داشتن**
تَضرّع کردن	**beseech; entreat; lament**	**زاری کردن،التماس کردن**
تَضعیف کردن	**weaken; double**	**سست کردن، ضعیف کردن، دوچندان کردن**
تَضمین کردن	**guarantee; secure against risk**	**ضامن شدن،تعهد کردن**
تَطبیق کردن (با)	**collate; conform; compare**	**دوچیزراباهم جورکردن،مطابق کردن**
تَظاهر کردن	**pretend; demonstrate**	**وانمودکردن،دسته جمعی نمایش سیاسی دادن**
	He pretended to be asleep.	اوتظاهرکرد که خواب است
	They staged political domonstrations.	آنهاتظاهرات سیاسی بر پا کردند.
تَظلّم کردن	**complain against an injustice**	**ازبی عدالتی شکایت داشتن**
تَعارف کردن	**offer compliments; greet; offer**	**خوش گوئی کردن،چیزی بکسی تقدیم کردن**
	He offered me cigarettes.	او بمن سیگارتعارف کرد.
	They greeted each other.	آنهاباهم سلام وتعارف کردند.
	Please don't stand on ceremony.	خواهش میکنم تعارف نکنید.
تَعبیر کردن	**interpret; explain**	**تفسیرکردن،بعبارت دیگر بیان کردن**
تَعجّب کردن	**be surprised; be amazed**	**بشگفت آمدن، حیرت کردن**
تَعجیل کردن	**haste; hurry**	**عجله کردن،شتاب کردن**
تَعدّی کردن	**oppress (someone); to act with injustice**	**تجاوز کردن،ستم کردن**

تُرمز کردن	**brake**	اتومبیل راباترمز متوقف کردن
تَرمیم کردن	**renovate; reshuffle; repair**	تعمیرکردن،تازه وتوکردن
	The Prime Minister reshuffled the cabinet.	تخست وزیرکابینه راترمیم کرد.
تَرنم کردن	**sing (a melody)**	زمزمه کردن،آواز خواندن
تِرور کردن	**assassinate; kill**	بطرف کسی تیراندازی کردن،کشتن
تَرویج کردن	**propagate; promote**	رواج دادن،رونق دادن
تَزریق کردن (به)	**inject; transfuse**	دارو بوسیله آمپول وارد بدن کردن
تَزویر کردن	**act deceitfully, hypocritically**	گول زدن،ریاکاری کردن
تَزیین کردن	**decorate**	آراستن،زینت دادن
تَسامح کردن (از)	**neglect; not pay attention to**	کوتاهی کردن،غفلت کردن
تَسخیر کردن	**conquer; overcome by force**	فتح کردن،تصرف کردن
تَسریع کردن (در)	**expedite; act quickly**	زودانجام دادن،شتاب کردن
تَسکین دادن (به)	**relieve; soothe**	آرام کردن،فرونشاندن
تَسلّط داشتن (بر)	**dominate; hold a commanding position**	حکم فرمابودن،برکسی نفوذ داشتن
تَسلّی دادن (به)	**console; comfort(someone)**	بکسی دلداری دادن
تَسلیت گفتن (بکسی)	**offer condolences to (someone)**	باکسی همدردی کردن
تَسلیم شدن	**surrender (v.i.);give (oneself)up**	درجنگ مغلوب شدن،رام شدن
	At the end of war Germany surrendered.	در پایان جنگ آلمان تسلیم شد.
تَسلیم کردن	**hand over; deliver; submit**	تحویل دادن، واگذار کردن
	He submitted the commercial documents to the bank.	اسناد بازرگانی رابانک تسلیم کرد.
تَسویه کردن	**equalize; settle**	برابرکردن،مساوی کردن
تَسهیل کردن	**facilitate; make easy**	وسائل فراهم کردن،آسان کردن
تَشبث کردن (به)	**resort; turn to (someone)for help**	متوسل بکسی شدن،بکسی روآوردن
	To get work he turned to many people.	برای گرفتن کاربه خیلی ها تشبث کرد.
تَشبیه کردن (به)	**liken; compare**	مانند قرار دادن،مقایسه کردن
	They likened her to a beautiful flower.	اورابیک گل زیباتشبیه کردند.
تَشخیص دادن (ازهم)	**distinguish; differentiate between**	تمیزدادن،بین دوچیزفرق گذاشتن
تَشدید کردن	**aggravate; intensify**	شدت دادن،سخت کردن
	His confessions aggravated his offence.	اعترافات اوجرمش راتشدید کرد.
تَشریف آوردن	**come; arrive (polite form)**	کلمه محترمانه ومؤدبانه «آمدن»
	The minister has arrived.	آقای وزیرتشریف آوردند.
تَشریف بردن	**go (polite form)**	کلمه محترمانه ومؤدبانه «رفتن»
	When did the Ambassador go?	آقای سفیرچه وقت تشریف بردند؟
تَشریف داشتن	**be present (polite form)**	کلمه محترمانه ومؤدبانه «بودن»
	Is the minister in the office?	آقای وزیردفترتشریف ندارند؟
تَشر زدن	**snap at someone; to bully someone**	باصدای بلند بکسی تعرض کردن
تَشریح کردن	**dissect; explain; describe**	کالبد شناسی کردن،توضیح دادن
تَشکّر کردن(از)	**thank(someone) for(something)**	ممنون بودن،سپاسگذاری کردن
تَشکیل دادن	**form; set up; hold; organize**	درست کردن،ترتیب دادن،تأسیس کردن

تَخمیر شدن	**ferment**	ترشیده شدن،ورآمدن
تَخمین زدن	**estimate**	برآورد کردن،دیدزدن
تَدارک دیدن	**provide; supply; furnish**	تهیه کردن،وسائل فراهم کردن
تَدریس کردن	**teach; give lessons**	درس دادن،آموختن
تَدفین کردن	**bury**	دفن کردن،زیرخاک کردن
تَدوین کردن	**compile; collect; codify**	جمع آوری کردن،تألیف کردن
تَذکّر دادن	**remind; mention; point out**	یادآوری کردن،متذکرشدن
	I reminded him not to do this any longer.	باوتذکردادم دیگراین کاررانکند.
تَراز کردن	**balance (tr.)**	برابرکردن،هموارکردن
تَراش دادن	**cut metal or precious stones**	تراشیدن فلزوجواهر
تَراشیدن	**cut; sharpen; shave**	صاف کردن،تیزکردن،رنده کردن
	I had no time to shave.	وقت نداشتم ریشم رابتراشم.
	Sharpen this pencil.	این مداد رابتراشید.
تَراوش کردن	**ooze; leak out**	آب پس دادن،بروز دادن
	The moisture oozed.	رطوبت تراوش کرد.
تَربیت کردن	**educate; train; bring up; raise**	پرورش دادن،بزرگ کردن
تَرتیب دادن	**arrange; make preparations**	منظم کردن،مرتب کردن
تَرجمه کردن	**translate**	زبانی رابزبان دیگر برگرداندن
تَرجیح دادن	**prefer**	برتری دادن،بهتردانستن
تَرحم کردن (به)	**commiserate; to show mercy, pity**	رحم کردن،دلسوزی کردن
تَرخیص کردن	**release**	خارج کردن(کالا ازگمرک)
	I released the goods from the Customs.	کالا رااز گمرک ترخیص کردم.
تَردد کردن	**commute; travel back and forth**	رفت وآمد کردن
تَردید کردن (در)	**hesitate; have doubts**	شک داشتن،دودل بودن،تردید داشتن
تَرساندن (م)	**frighten; terrify**	هراسان کردن،بوحشت انداختن
تَرسیدن (ل)	**fear; be afraid of**	ترس داشتن،بیم داشتن
تَرسیم کردن	**draw; trace**	خطکشی کردن،رسم کشیدن
تَرشح کردن	**exude; splash**	تراوش کردن،آب پاشیدن
تُرشیدن	**become sour; turn acid**	ترش شدن،مزه ترشی پیداکردن
تَرغیب کردن	**encourage; persuade**	تشویق کردن،بمیل آوردن
تَرفیع دادن (به)	**promote**	رتبه یادرجه دادن
	He was promoted with one grade.	باو یک درجه ترفیع دادند.
تَرقی کردن	**make progress; rise (in prices)**	پیشرفت کردن،بالا رفتن (قیمتها)
تَرکردن	**wet; soak**	خیس کردن،نمناک کردن
تَرک کردن	**leave depart; abandon**	ازجائی بجائی رفتن،رهاکردن
تَرک عادت کردن	**break a habit, give up a habit**	عادتی راکنارگذاشتن
تَرکاندن (م)	**blast; explode (v.t.)**	منفجرکردن،شکافتن
تَرکیب کردن	**compound; mix; combine**	آمیختن،درهم کردن
تَرکیدن (ل)	**burst; explode(v.i.)**	منفجرشدن

	It excited my curiosity.	حس کنجکاویم راتحریک کرد.
تَحریم کردن	**ban; prohibit; boycott**	**قدغن کردن،منع کردن**
	They banned trade with that country.	تجارت باآن کشورراتحریم کردند.
تَحسین کردن	**admire; praise**	**تمجید کردن،تعریف کردن**
تَحصیل کردن	**study; acquire knowledge of; obtain**	**درس خواندن،دانش آموختن،بدست آوردن**
تَحقّق یافتن	**prove; be true**	**بوقوع پیوستن،محقق وثابت شدن**
تَحقیرکردن(کسی را)	**humiliate; scorn; mortify**	**کسی راحقیرو کوچک کردن**
تَحقیق کردن	**investigate; inquire about; check**	**رسیدگی کردن**
	The police are checking on this family.	پلیس درباره این خانواده تحقیق میکند.
تَحَکم کردن (بر کسی)	**domineer over(someone)**	**زورگفتن،بدون دلیل حکم دادن**
تَحکیم کردن	**strengthen; fortify**	**استوارومحکم کردن**
تَحلیل بردن (م)	**digest (food)**	**هضم کردن (غذا)**
تَحلیل رفتن (ل)	**be digested (food)**	**هضم شدن (غذا)**
تَحمّل کردن	**bear; endure; tolerate**	**بردباری کردن،شکیبا بودن**
	I can't bear to see him like this.	نمیتوانم تحمل کنم اورا باین وضع ببینم.
تَحمیل کردن (بکسی)	**impose (a burden)on (someone)**	**تکلیف کردن،بگردن کسی گذاردن**
تَحویل دادن	**deliver; hand over**	**بدست کسی دادن،تسلیم کردن**
	He was handed over to the police	اورا به پلیس تحویل دادند.
تَحویل گرفتن	**take over; take delivery**	**دریافت کردن،وصول کردن**
	He took delivery of the goods.	اوکالا راتحویل گرفت.
تَخت کردن	**level (the ground)**	**زمین راصاف ومسطح کردن**
تَخته کردن	**shut; to wind up**	**بستن،برچیدن(کار،دکان،مغازه)**
	He wound up his business.	اودکانش راتخته کرد.
تَخته زدن	**play backgammon**	**تخته نردبازی کردن**
تَخریب کردن	**destroy; demolish; devastate**	**خراب کردن،ویران کردن**
تَخصّص داشتن	**be specialized, skilled**	**درکاری استاد بودن،ماهربودن**
تَخصیص دادن	**allocate; appropriate**	**مخصوص کاری قراردادن،اختصاص دادن**
تَخطّی کردن (از)	**offend against; commit an offence**	**ازقانون تخلف کردن،کسی راآزردن**
	The driver offended against the law.	راننده ازقانون تخطی کرد.
تَخطئه کردن	**charge with a fault**	**کسی رابخطاکاری نسبت دادن**
تَخفیف دادن	**give a discount; reduce; mitigate**	**کم کردن،پائین آوردن،کاستن**
تَخلّف کردن (از)	**violate; infringe**	**نقض کردن،کارخلاف کردن**
	He violated the law.	اوازقانون تخلف کرد.
تَخلیه کردن	**evacuate; remove; discharge**	**خالی کردن،ترک کردن**
	The soldires evacuated the town.	سربازان شهرراتخلیه کردند.
	They discharged goods from the ship.	کالا رااز کشتی تخلیه کردند.
تُخم پاشیدن	**scatter seeds; sow**	**تخم ریختن،دانه کاشتن**
تُخم کردن	**lay eggs**	**تخم گذاشتن مرغ**
تُخم ریختن	**go to seed (plants)**	**دیگرگل ندادن،به تخم افتادن**

تَبادل نظرکردن (با)	**exchange views**	**شورکردن،باهم مشورت کردن**
تَبانی کردن(با)	**conspire; collude with (someone)**	**توطئه کردن،باهم ساختن**
تَباه شدن	**be destroyed; be ruined**	**نابودشدن،ازدست رفتن**
	As a result of his action my life was ruined.	درنتیجه عمل اوزندگی من تباه شد.
تَبخیر شدن	**evaporate; exhale moisture**	**بخارشدن**
تَبدیل کردن	**change; alter with(something)**	**عوض کردن،مبدل کردن**
	I changed £20 into French Francs.	بیست لیره به فرانک فرانسه تبدیل کردم.
تَبریک گفتن	**congratulate(someone) on something**	**شادباش گفتن،مبارک گفتن**
تَبرئه کردن	**acquit; declare not guilty**	**رأی به بیگناهی کسی دادن**
تَبسم کردن	**smile**	**لبخند زدن**
تَبعیّت کردن (از)	**follow suit; follow(someone's)example**	**ازرفتارکسی پیروی کردن**
تَبعید کردن	**exile; banish**	**کسی راازمحل خود به جای دیگرروانه کردن**
تَبعیض کردن	**discriminate; distinguish unfavourably**	**حق بعضی رادادن وبعضی راندادن**
تَبلیغ کردن	**give publicity; make propaganda**	**امری رابعموم شناساندن(بوسیله آگهی وغیره)**
تَپیدن	**palpitate; beat; pulsate**	**به لرزش یاتپش افتادن**
تَتبع کردن	**make a research**	**مطالعه کردن،تحقیق کردن**
تَثبیت کردن	**stabilize; fix**	**استوارکردن،پابرجا کردن**
تِجارت کردن	**trade; engage in trade**	**خریدوفروش کردن،مطالعه تجارتی کردن**
تَجاوز کردن (از)	**invade; exceed; violate; rape(woman)**	**تعدی کردن،ازحد خود خارج شدن**
	To exceed one's rights	ازحق خود تجاوزکردن.
	To violate a law	ازقانون تجاوز کردن.
تَجدید کردن	**renew; repeat**	**ازنوآغاز کردن،ازسرگرفتن**
تَجدید عهد کردن	**renew friendship**	**دوباره دوستی برقرارکردن**
تَجدید فراش کردن	**marry again**	**دوباره زن گرفتن**
تَجدید نظرکردن	**reconsider; review; revise**	**دوباره نظردادن،ازنوبررسی کردن**
تَجربه آموختن	**gain or learn by experience**	**تجربه بدست آوردن**
تَجربه کردن	**experiment; experience**	**آزمایش کردن،امتحان کردن**
تَجزیه کردن	**analyse; examine minutely**	**تفکیک کردن،تحلیل کردن**
تَجسّس کردن	**search; investigate**	**کاوش کردن،تحقیق کردن**
تَجسّم کردن	**embody; give concrete form to(ideas)**	**تصورکردن،درنظرمجسم کردن**
تَجلیل کردن (از کسی)	**glorify; pay great respect**	**تکریم کردن،جاه ومقام ارزانی داشتن**
تَجلّی کردن	**appear with glory**	**جلوه کردن،جلوه گرشدن،نمایان شدن**
تَجویز کردن	**prescribe; lay down; impose**	**نسخه دادن(پزشک)،تکلیف معین کردن**
	Do not prescribe to me what I am to do.	برای من تکلیف معین نکن چه باید بکنم.
تَجهیز کردن	**mobilize; equip**	**بسیج کردن،وسائل آماده کردن**
تَحریر کردن	**write**	**نوشتن، گماشتن،برشته تحریردرآوردن**
تَحریف کردن	**distort; misrepresent**	**بیان یانوشته کسی رابد جلوه دادن**
	The speaker distorted my writings.	سخنران نوشته مرا تحریف کرد.
تَحریک کردن	**incite; instigate; provoke; excite**	**برانگیختن، اغواکردن**

ت

تاب آوردن	**endure; undergo(pain,etc.);stand**	تحمل کردن، طاقت آوردن
تاب دادن (م)	**twist(something); curl**	پیچ دادن
تاب خوردن (ل)	**be twisted; swing**	پیچ خوردن
تابیدن	**shine; reflect light; to glow**	درخشیدن، پرتوافکندن، تاب دادن
	The sun shines on the earth.	خورشید بزمین میتابد.
تأثیر کردن (در) (روی)	**have an effect on**	اثرگذاردن
	Your advice had effect on him.	نصیحت شمادراوتأثیرکرد.
تاجگذاری کردن	**crown; to coronate**	عمل تاج برسرگذاردن شاه
تاخت وتازکردن	**invade; assault**	هجوم وغارت کردن
تاختن	**make(a horse)gallop; attack**	چهارنعل رفتن اسب، حمله کردن
تأخیرکردن	**delay; be late**	دیرکردن، دیرآمدن
	My friend is an hour late.	دوست من یکساعت تأخیرکرده.
تأدیب کردن	**teach good manners**	کسی راادب کردن
تأدیه کردن	**pay**	پرداختن
تاراج کردن	**plunder; rob forcibly of goods**	غارت کردن، چاپیدن
تارومارکردن	**wreck; rout; scatter**	نیست ونابود کردن، پراکنده کردن
تاریک شدن	**get dark; grow dark**	تیره شدن، سیاه شدن
	It is getting dark.	هواتاریک میشود.
تازیانه زدن	**whip; lash**	شلاّق زدن
تأسف خوردن	**regret; be sorry**	افسوس خوردن، متأسف بودن
تأسّی کردن	**follow(someone); imitate**	پیروی کردن، تقلیدکردن
تأسیس کردن	**found; originate; establish**	ایجادکردن، دایرکردن
تاکردن	**fold(something)**	روی هم نهادن، تازدن
تأکید کردن	**emphasize; recommend emphatically**	تکیه روی مطلبی کردن، سفارش کردن
تألیف کردن	**write; compose**	نگاشتن، نوشتن
تأمّل کردن	**think; reflect; wait**	اندیشه کردن، فکرکردن، صبرکردن
	Wait until he comes.	تأمل کن تا او بیاید.
	He thought about it.	اودراین باره تأمل کرد.
تأمین کردن	**provide; supply; furnish**	تَهیه کردن، فراهم کردن
تأمین دادن	**secure; guard**	اطمینان دادن، ایمن ساختن
تأنّی کردن	**delay; hesitate; defer**	بتعویق انداختن، تردید داشتن
	He hesitated so much that he lost the chance.	آنقدرتأنی کردکه فرصت راازدست داد.
تأیید کردن	**confirm; ratify**	تصدیق کردن، استوارکردن
تَب کردن	**have fever**	حرارت بدن ازدرجه طبیعی بالارفتن

	Instances have occurred where...	مواردی پیش آمده است که ....
پیش آوردن	**bring up; raise (a question)** *He brought up the problem of refugees.*	مطرح کردن، بمیان آوردن، پیش کشیدن او مسئله پناهندگان را پیش آورد.
پیش بردن	**win; succeed**	موفق شدن،پیروزشدن
پیش بینی کردن	**foresee; forcast; anticipate**	از پیش حدس زدن،آینده دوررادیدن
پیش پرداختن	**pay in advance**	قبلا پرداختن
پیش خرید کردن	**buy in advance**	قبلا خریدن
پیشخورکردن	**use up the income in advance**	درآمد راپیش خرج کردن
پیش دستی کردن	**outreach (someone)**	زودتروجلوترازکسی اقدام کردن
پیشرفت کردن	**advance; progress; develop**	پیشروی کردن،جلورفتن
پیش فروش کردن	**sell in advance**	قبلا فروختن
پیشقدم شدن	**take the lead; volunteer**	داوطلب شدن،پیش افتادن
پیشگوئی کردن	**foretell; predict; forecast**	حوادث آینده راقبلا خبردادن
پیشگیری کردن (از)	**prevent; hinder; stop**	مانع شدن،جلوگیری کردن
پیشنهاد کردن	**suggest; propose**	توصیه کردن،نظردادن
پیشواز رفتن	**go to meet (someone); welcome**	به استقبال کسی رفتن
پیشی گرفتن	**take the lead; get the start**	سبقت گرفتن،جلوافتادن
پیله کردن	**insist strongly; persist**	اصراربی حد کردن،پافشاری کردن
پیمان بستن	**conclude a pact; sign an agreement**	قرارداد امضاء کردن
پیمان شکستن	**break a pact; violate a treaty**	قرارداد رابهم زدن
پیمودن	**cover (a distance); traverse**	طی کردن
پی نهادن	**lay foundation**	پی ریزی کردن،پی ریختن
پیوست کردن (به)	**enclose; attach**	ضمیمه کردن
پیوستن (به)	**join; unite with**	ملحق شدن به
پیوند زدن (به)	**graft(a tree, etc.);transplant living tissues**	درخت راپیوند کردن،دونسج رابهم وصل کردن

	Cover this plate of food.	روی ظرف غذارابپوشان.
پوشیدن (ل)	**wear; put on**	**لباس تن کردن،پا کردن**
پول درآوردن	**earn; make money**	**عایدی ودرآمد بدست آوردن**
	How much do you earn each month?	هرماه چقدر پول درمیاوری؟
پول فراهم کردن	**raise money**	**ازجائی پول تهیه کردن**
پَهلو گرفتن	**dock; berth**	**لنگرانداختن (کشتی)**
پَهن کردن	**lay out; spread out**	**گستردن،فرش کردن**
	Spread out the carpet in this room.	قالی رادراین اطاق پهن کن.
	I laid the table cloth on the table.	رومیزی راروی میز پهن کردم
پی بردن (به چیزی)	**find out; discover; realize**	**متوجه شدن،فهمیدن**
	I realised that the driver is stealing.	پی بردم که راننده دزدی میکند.
پی بهانه گشتن	**look for a pretext, for an excuse**	**بهانه جوئی کردن،دنبال بهانه رفتن**
پی چیزی رفتن	**go after something**	**چیزی رادنبال کردن**
پی چیزی گشتن	**look for something**	**درجستجوی چیزی بودن**
پی کارخودرفتن	**go about one's business**	**دنبال کارخودرفتن**
پی کسی افتادن	**follow someone; chase someone**	**دنبال کسی رفتن**
پی گم کردن	**lose or get off the track**	**اثر پاراازمیان بردن**
پیاده رفتن	**go on foot; walk**	**راه رفتن،قدم زدن**
پیاده شدن (از)	**get off; get down; dismount;alight; disembark**	**ازاتومبیل،طیاره،وکشتی خارج شدن**
پیاده کردن(م)	**put down; take an engine apart; unload;**	**جدا کردن،پائین آوردن**
	Take the engine apart.	موتورماشین راپیاده کنید
	Drop me at the end of the street.	مراسرخیابان پیاده کن.
	Taxis can unload passenges here.	تاکسی هامیتوانند اینجامسافر پیاده کنند.
پیانوزدن	**play the piano**	**پیانونواختن**
پیچ دادن (م)	**twist; turn (v.t.)**	**چرخاندن، تاب دادن**
پیچ خوردن(ل)	**twist; turn (v.i.)**	**تاب خوردن، گره خوردن**
	His ankle has been twisted.	قوزک پای او پیچ خورده.
	The rope has been twisted.	طناب پیچ خورده.
پیچیدن	**wrap up (a parcel, etc.)**	**پیچ خوردن،بسته بندی کردن**
	He wrapped up the books and mailed them.	کتابهاراپیچید و پست کرد.
پیدا کردن	**find; obtain**	**یافتن،بدست آوردن**
پیداشدن	**be found; show up; turn up**	**ظاهرشدن،پدید آمدن**
	I waited for him a long time but he did not show up.	خیلی منتظراوشدم اماپیداش نشد.
پیرشدن	**get old; age**	**پابسن گذاردن**
پیروزشدن	**win; succeed; be victorious**	**موفق شدن،بردن،فاتح شدن**
پیروی کردن	**follow; pursue; observe**	**دنبال کردن،تابع شدن،تعقیب کردن**
پیش افتادن (از)	**take the lead; go ahead**	**جلوافتادن،پیشقدم شدن**
پیش آمدن	**occur; happen; come up**	**اتفاق افتادن،رخ دادن،پیش آمد کردن**
	This question always comes up.	این سئوال همیشه پیش میاید

پَس انداختن	postpone; to delay	عقب انداختن
پَس اندازکردن	save (money)	ذخیره کردن،صرفه جوئی کردن
پَس آوردن	bring back (something sold)	چیزفروخته شده راپس دادن
پَس دادن	return; refund; give back	برگرداندن،نپذیرفتن
	He returned the money he had borrowed.	او پولی را که قرض کرده بودپس داد .
پَس رفتن	decline; go back	عقب رفتن،تنزل کردن
پَس زدن	push back; drive back	واپس راندن،عقب زدن
پَس گرفتن	get back; retrieve; take back	بازیافتن،دوباره پذیرفتن
پَس وپیش کردن	rearrange; regulate; adjust	جلووعقب زدن،جابجا کردن
پُست کردن	mail; send(letters, etc.)by post	نامه راتمبرزدن ودرصندوق پست انداختن
پَسندیدن	like; approve; admire	دوست داشتن،پسند کردن
پُشت پازدن (مج)	recalcitrate; abondone	رها کردن،ول کردن،بی اعتنائی کردن
پُشت راست کردن (مج)	recover; be on one's feet again	دوباره روی پای خودایستادن
پُشت وروکردن	turn upside down (inside out)	وارونه کردن
پُشتکارداشتن	persevere; have push, stamina	استقامت داشتن،ایستادگی کردن
پُشت گرمی داشتن	enjoy support of (someone)	تکیه داشتن،دلگرمی داشتن
پُشت گوش انداختن (مج)	evade; neglect	طفره رفتن،ازسر بازکردن
پُشت نویسی کردن	endorse (documents)	ظهرنویسی کردن
پُشت هم اندازی کردن	quibble; equivocate; prevaricate	نیرنگ زدن،پشت هم انداختن
پُشتیبانی کردن (از)	support; back up (someone)	ازکسی طرفداری کردن
پَشیمان شدن (از)	regret; repent	افسوس خوردن،ناراضی شدن
پُف کردن	swell; dilate	باد کردن،ورم کردن،برآمدن
	His eyes were dilated.	چشمانش پف کرده بود.
پَلاسیدن	fade; wither	پژمرده شدن گل ونبات
	This plant has withered.	این گل پلاسیده است.
پُلمب کردن	seal (something)	مهروموم کردن
پَناه بردن	take shelter; seek sanctuary	پناهنده شدن،متوسل شدن
	He took sanctuary in the Mosque.	او به مسجد پناه برد.
پَناهنده شدن	take refuge; seek asylum	درجائی یا کشوری پناه آوردن
	He took refuge in England.	اودرانگلیس پناهنده شد.
پَنجه انداختن	claw; gripe	چنگ زدن،باناخن خراشیدن
پَند گرفتن (از)	take or seek advice (from someone)	نصیحت قبول کردن
پَنداشتن	consider; think; be of opinion	عقیده داشتن،خیال کردن،تصورکردن
پنهان کردن	hide; conceal	قایم کردن،مخفی کردن،پنهان داشتن
پوزش خواستن (از)	apologize; beg pardon	معذرت خواستن،عذرخواهی کردن
پوست کندن	peel; skin	پوست حیوان،میوه ودرخت درآوردن
پوسیدن	decay; rot; become putrid	ضایع شدن،فاسد شدن
پوشاندن (م)	dress (a child); cover	پنهان کردن،لباس (به تن بچه) کردن
	Dress this child.	این بچه رالباس بپوشان.

پخش کردن	**distribute; scatter; broadcast**	توزیع کردن،پاشیدن،پراکندن
پخش شدن (برنامه)	**be broadcast**	برنامه ازرادیو یاتلویزیون اجراشدن
	This programme was broadcast by B.B.C.	این برنامه از بی بی سی پخش شد.
پدید آمدن	**appear; become visible**	ظاهر شدن، نمایان شدن، پدیدار شدن
پذیرائی کردن (ازکسی)	**entertain (someone)**	مهمان نوازی کردن
پذیرفتن	**accept; receive; admit**	قبول کردن،دریافت کردن
	He receives no one at home.	اوکسی رادرمنزل نمیپذیرد.
پَراکندن	**disperse; scatter**	پخش کردن،پاشیدن، پراکنده کردن
پَراندن	**make (pigeon, etc.) fly (v.t.) ;throw**	پرواز دادن،انداختن
پرت کردن	**throw; cast; divert; distract**	انداختن،پرتاب کردن
	You must not throw stones into the pond.	نباید سنگ درحوض پرت کنید.
	Do not distract the attention of the driver.	حواس راننده راپرت نکنید.
پُر حرفی کردن	**chatter; talk idly**	پرچونگی کردن
پرخاش کردن	**wrangle;quarrel**	بد گفتن،تندی کردن
پرداختن	**pay; settle; reimburse**	کارسازی کردن،پول دادن
پرده کشیدن	**draw (pull) curtain**	پرده رابالا یاکنارزدن
پر زدن	**flap; fly**	بال زدن،پرواز کردن
پرستاری کردن (از)	**nurse; tend (a sick person)**	از بیمارنگهداری کردن
پرستیدن	**adore; worship**	ستایش کردن،عبادت کردن
پرسیدن (از)	**ask**	سئوال کردن
پُر کردن	**fill; occupy**	سیرکردن،اشغال کردن
	The dentist filled his tooth.	دندانساز دندان اوراپرکرد.
	He filled the vacant post in the company.	او پست خالی رادرشرکت پرکرد.
پرواز کردن	**fly**	باهواپیمامسافرت کردن،پریدن
	We flew to Tehran.	مابه تهران پرواز کردیم.
	Birds fly.	پرندگان پرواز میکنند
پرورش دادن (م)	**raise; bring up; educate**	تربیت کردن، بزرگ کردن
پرورش یافتن (ل)	**be educated; be brought up**	تربیت شدن، بزرگ شدن
پرهیز کردن (از)	**abstain from; refrain**	دوری کردن، خودداری کردن
	He abstained from eating meat.	ازخوردن گوشت پرهیز کرد.
پریدن (از)	**jump; spring up; fly**	جستن،جهش کردن،پروازکردن
پریشان کردن	**distract; disturb; distress; upset**	آشفته کردن،ناراحت کردن
پریشان گفتن	**talk nonsense; speak incoherently**	بی ربط حرف زدن
پُز دادن	**show off; brag; boast**	خودنمائی کردن،خودستائی کردن
پژمرده شدن	**be faded (flower); be depressed, dejected**	پلاسیدن گل افسرده شدن
پَژوهش خواستن	**appeal (to a higher court)**	رسیدگی مجدد دردادگاه عالی خواستن
پَس افتادن	**fall behind; fall arrears**	عقب ماندن،غش کردن
	The rent is in arrears.	کرایه پس افتاده است.
پَس آمدن	**come back**	برگشتن،بازگشتن

پ

پائیدن	**be careful; guard**	مواظب بودن،نگهبانی کردن
	Be careful not to fall.	بپازمین نخوری.
پائین آمدن	**dismount; come down; come down (of prices)**	فرود آمدن،ارزان شدن قیمتها
پائین رفتن	**fall (of water level); subside**	آب ته نشین شدن،فرونشستن
پابرجاشدن	**settle down; stand firm**	مستقرشدن،قرارگرفتن
پابسن گذاشتن	**become old; mature**	پیرشدن،پخته شدن
پابند شدن (به)	**be bound, committed; get involved**	گرفتارشدن،مقید شدن
پاپوش ساختن(برای کسی)	**frame (someone); fix (someone)**	برعلیه کسی اقدام کردن
پاداش دادن	**reward; remunerate**	مزد دادن،اجردادن
پاراف کردن	**initial**	امضای مختصرکردن
پارس کردن	**bark**	عوعوکردن سگ
پاروزدن	**row**	حرکت دادن قایق باپارو
پاروکردن	**shovel (snow)**	برف راباپاروازروی زمین برداشتن
پاره شدن	**be torn; to be worn out**	تیکه تیکه شدن،کهنه شدن
	The poor man's shoes have been worn out.	کفشهای آن مرد فقیر پاره شد.
پاره کردن	**tear up; cut**	دریدن،شکافتن
پازدن	**pedal (bicyle)**	روی دوچرخه پدال زدن
پاسداری کردن	**guard; keep watch**	محافظت کردن،نگهبانی کردن،پاس دادن
پاشدن	**get up; stand up**	بلندشدن،برخاستن
پاشیدن	**scatter; sow; sprinkle**	پخش کردن،ریختن
	They scattered gravel on road.	روی جاده شن پاشیدند.
پافشاری کردن (در)	**persist (in opinion, course, etc.)**	ایستادگی کردن،اصرارکردن
پاک کردن	**clean; clear;wipe**	تمیزکردن،نظیف کردن
	The teacher cleaned the blackboard.	معلم تخته سیاه راپاک کرد.
	He wiped his face with the handkerchief.	بادستمال صورتش راپاک کرد.
	They cleared the road.	جاده راپاک کردند.
پاکنویس کردن	**make or type fair copy**	نوشته قلم خورده راتمیزنوشتن
پانسمان کردن	**dress a wound**	مرحم گذاشتن،زخم بستن
پایمال کردن	**trample upon; suppress; crush**	لگد مال کردن،زیر پاگذاشتن
پایان دادن (م)	**bring to an end; finish (v.t.)**	خاتمه دادن
پایان یافتن (ل)	**finish (v.i.); be terminated**	تمام شدن،خاتمه یافتن
پایداری کردن	**resist; strive against; try to impede**	ایستادگی کردن،مقاومت کردن
پچ وپچ کردن	**whisper**	زیرلب حرف زدن
پختن	**cook; bake**	ازخامی درآوردن،پخت کردن

بیداد کردن	**oppress; act unjustly**	ظلم کردن،ستم کردن
بیدارکردن	**wake (someone); awake**	کسی راازخواب بلند کردن
بیدارماندن	**stay awake; stay up**	خواب نرفتن،نخوابیدن
بیرون کردن (از)	**dismiss; deport; expel**	اخراج کردن،عذرکسی راخواستن
	They expelled him from unversity.	اورا ازدانشگاه بیرون کردند.
	They deported them from the country.	آنهاراازکشور بیرون کردند.
	They dismissed him from the company.	اوراازشرکت بیرون کردند.
بیزارشدن (از)	**hate; be disgusted with**	نفرت داشتن،متنفرشدن
بیطاقت شدن	**become impatient (with something)**	بی تابی کردن،تحمل نکردن
بیقراری کردن	**act restlessly; be uneasy**	بی تابی کردن، بسیارناراحت بودن
بیل زدن	**dig (the ground) with a spade**	زمین رابابیل کندن
بی لطفی کردن	**treat (someone) unkindly**	نامهربانی کردن
بیم داشتن (از)	**fear; be under an apprehension**	ترسیدن،وحشت داشتن
بیمه کردن	**insure (something or someone)**	ایمن کردن مال یاجان درشرکت بیمه
بی نیازشدن	**become free of want or need**	داراشدن،پولدارشدن
بی وفائی کردن	**act unfaithfully**	وفادارنبودن
	My friend was unfaithful to me.	دوست من بمن بی وفائی کرد.
بیهوش شدن	**become unconscious; faint**	ازحال رفتن،غش کردن
بیهوش کردن	**anaesthetize; make insensible**	ازهوش بردن،ازحس انداختن

بوق زدن	**hoot; blow the horn**	بوق اتومبیل رابصدا درآوردن
بُکس زدن	**box**	بامشت زدن،مشت بازی کردن
به اسارت درآمدن	**be taken prisoner**	اسیرشدن
بَهانه آوردن	**give or produce an excuse**	عذرآوردن،بهانه کردن
بَهانه گرفتن	**find fault with**	عیب گرفتن،ملامت کردن
بِهدر رفتن	**come to nothing; become useless, futile**	تباه شدن، ازبین رفتن
بِهبودی یافتن (از)	**recover from; gain health again**	سلامتی رادوباره بدست آوردن
بِهدف اصابت کردن	**hit the target**	تیر به نشانه خوردن
بَهره بردن (ازچیزی)	**profit from; get something out of**	استفاده کردن،فایده بردن
	We got nothing out of it.	ماازاین کار بهره ای نبردیم.
بَهره برداری کردن (از)	**exploit ; make use of;benefit from**	ازسرمایه گذاری بهره مندشدن
بَهم آمدن	**match (each other)**	جورآمدن،باهم جور بودن
	The carpet matches the curtains.	قالی و پرده بهم میایند.
بِهم پیوستن	**join; become allied to; unite**	بهم ملحق شدن
بِهم خوردن (ل)	**collide; fall ill; break off**	تصادف کردن،تیره شدن،مریض شدن
	Relations between the two countries were broken off.	روابط دوکشور بهم خورد.
	Two cars collided.	دواتومبیل بهم خوردند.
	He fell ill.	حال او بهم خورد.
بِهم رسیدن	**reach each other; be united**	بهم نزدیک شدن
	They were united after 10 years.	آنهاپس ازده سال بهم رسیدند.
بِهم رساندن	**help one another**	بیکدیگرکمک کردن
بِهم زدن (م)	**disturb; put in disorder; break up (v.t.)**	برانگیختن، خراب کردن
بِهوش آمدن	**recover (one's) sense; become conscious**	ازحالت بیهوشی خارج شدن
به هیجان آمدن	**get excited**	برانگیخته شدن،دست پاچه شدن
بی آبروشدن	**be disgraced, dishonoured**	مفتضح شدن،بی حیثیت شدن
بی احترامی کردن	**treat disrespectfully; dishonour (someone)**	بی حرمتی کردن،اهانت کردن
بی احتیاطی کردن	**act imprudently; be careless, incautious**	بی ملاحظه بودن،جسارت کردن
بی ادبی کردن	**act impolitely; be impolite**	بی احترامی کردن
بی اعتنائی کردن	**ignore; take no notice of**	نادیده گرفتن،بی توجهی کردن
بی التفاتی کردن	**be unkind**	بی لطفی کردن،نامهربانی کردن
بیادآوردن	**remind; remember**	بخاطرآوردن،یادآوری کردن
	Remind me to ring up your father.	بیادمن بیاورید به پدرتان تلفن کنم.
بیان کردن	**explain; state; express; describe**	شرح دادن،توضیح دادن
بی انصافی کردن	**be unjust; act unfairly**	عادلانه رفتارنکردن
بی تابی کردن	**act extremely impatiently**	ناله وزاری کردن، طاقت نداشتن
بی تَوجهی کردن	**act carelessly; act negligently**	دقت نکردن
بیحال شدن	**faint**	بیهوش شدن،ازحال رفتن
بِیتوته کردن	**pass the night**	شب بسر بردن،شب جائی خوابیدن
بی تربیتی کردن	**be impolite; act impolitely**	بی ادبی کردن،بی ادب بودن

بکار ۲۶

بکارآمدن	**prove to be usetul**	مفید واقع شدن،بکارخوردن
بکارگرفتن	**employ; use services of (a person)**	استخدام کردن
بکارانداختن	**operate(something); put to work;**	راه انداختن،جریان دادن
بکاربردن	**use; apply; act on(something)**	عمل کردن،استعمال کردن
بکشتن دادن	**cause to be killed; send someone to his death**	باعث کشتن شدن
بگردن گرفتن(مج)	**undertake; accept an obligation**	عهده دارشدن،تعهدکردن
	I undertake to pay his debt.	پرداخت قرض اورابگردن میگیرم.
بَلَد بودن	**know**	دانستن
بَلَد شدن	**learn (something)**	چیزی رایاد گرفتن
بَلعیدن	**swallow**	قورت دادن،فرو بردن
بُلند شدن(ل)	**rise; get up; stand up**	برخاستن،پاشدن
بُلند کردن(م)	**lift; raise; set upright; elevate**	برداشتن،افراشتن،بالا بردن
بُمب گذاشتن	**plant a bomb**	بمب رادرجائی کارگذاردن
بِمخاطره انداختن	**risk; expose to hazard; endanger**	بابیم خطراقدام کردن
بِمزایده گذاشتن	**put up to auction; sell by auction**	حراج کردن، بابالا ترین قیمت فروختن
بِمیان آوردن	**put up(for discussion)**	(موضوعی رابرای بحث)پیش کشیدن
بِمقصود رسیدن	**attain one's end; obtain one's desire**	بهدف رسیدن
بَناشدن	**be decided; be due**	قرارشدن
	It was decided to hold a meeting again.	بناشد دو باره جلسه ای تشکیل شود.
بَناکردن	**build; construct**	ساختن،درست کردن
بَنانهادن	**lay the foundation of; found; establish**	پایه گذاری کردن،بنیان نهادن
بَند آمدن	**stop; be blocked; cease to flow**	متوقف شدن، ایستادن
	His bleeding has stopped.	خون ریزی او بند آمد.
بَند زدن	**patch; mend**	ظرف شکسته رابهم وصل کردن
بنظر رسیدن	**appear; look; seem; occur**	نمایان شدن،بنظرآمدن
	An idea occurred to me.	فکری بنظرم رسید.
بُنیاد نهادن	**lay the foundation(of something)**	پایه گذاری کردن
بِوجد آوردن	**ecstasize; delight; please**	خوشحال کردن،باعث شادی شدن
بِوجود آمدن (ل)	**come into being; existence**	بدنیا آمدن
بِوجود آوردن (م)	**bring into existence, generate**	ایجاد کردن،آفریدن،خلق کردن
بُوبردن (مج)	**suspect; be inclined to think**	مشکوک شدن،مظنون شدن
	I suspected him to be a liar.	بو بردم که اودروغگو است.
بُو دادن (ل)	**smell(v.i.)**	بوی چیزی پراکنده شدن
	This flower does not smell.	این گل بو نمیدهد.
بُوکردن (م)	**smell (v.t.)**	بوئیدن
بودن	**be; exist**	وجودداشتن(فعل معین)
بورشدن	**draw blank; be baffled**	مچل شدن،کنف شدن
بوسیدن	**kiss**	ماچ کردن،بوسه زدن
بِوعده وفاکردن	**keep (fulfil) one's promise**	سرقول خود ایستادن

بَرهم زدن (م)	disturb; upset(v.t.)	بهم زدن،بدحال شدن،آشفته کردن
	He ate something that upset him.	اوچیزی خورد که حالش رابهم زد.
بِرهنه کردن	make naked; strip of clothing	عریان کردن، لخت کردن
بِریان کردن	grill; broil on gridiron	کباب کردن، برشته کردن
بُریدن	cut; carve(meat); divide with knife	پاره کردن،قطع کردن
بزانودرآوردن	cause to submit; surrender(v.t.)	بیچاره کردن،وادار بتسلیم شدن
بُزآوردن (مج)	be down on(one's) luck, out of luck	شانس بد آوردن
بُزرگ کردن	bring up; raise(child); enlarge	تربیت کردن، پرورش دادن،بزرگ چاپ کردن
	He has brought up his child well.	اوفرزندش راخوب بزرگ کرده.
	Is it possible to enlarge this picture?	آیامیشود این عکس رابزرگ چاپ کنید؟
بَزَک کردن	make up (one's face)	توالت کردن (خانمها)
بِزورگرفتن	seize by force	بافشار و زورتصاحب کردن
بَست نشستن	take sanctuary, refuge	متحصن شدن،بجائی پناهنده شدن
بَستری شدن (ل)	be confined (to bed); be hospitalized	بیمارشدن ودرتخت خواب ماندن
بَستری کردن (م)	hospitalize(a patient)	بیماری رادر بیمارستان خواباندن
بَستگی داشتن(به)	be related to	قوم وخویش بودن،ارتباط داشتن
بِستوه آمدن (ل)	be distressed, afflicted	بی تاب شدن،بتنگ آمدن
بِستوه آوردن (م)	distress; afflict	بی تاب کردن، بتنگ آوردن
بَستن	close; shut; tie; fasten	سد کردن،جلوگرفتن
بَسته به چیزی بودن	depend on something	مربوط بودن،منوط بودن،مشروط بودن
	This depends on what you do.	این بسته باین است که چه بکنید.
بِسرآمدن (مج)	come to an end; expire; fall due	تمام شدن،پایان یافتن
	His life come to an end.	روزهای عمرش بسرآمد.
بِسر بردن (مج)	live; stay; remain; spend time	زندگی کردن،ماندن، گذراندن
	He spent a hard time in winter.	روزهای سختی رادر زمستان بسر برد.
بِسزارساندن	punish; chastise	انتقام گرفتن،مجازات کردن،تنبیه کردن
بَسط دادن	expand; develop; enlarge	توسعه دادن،وسیع کردن
بِسن بلوغ رسیدن	come of age; attain puberty	بالغ شدن
بَسیج کردن	mobilize; prepare forces for active service.	تجهیزکردن،آماده جنگ کردن
بِشارت دادن (به)	bring good news	مژده دادن، خبرخوب دادن
بِشمارآمدن	be reckoned, included	بحساب آمدن،شامل شدن
بعهده داشتن	bear (responsibility)	بردوش داشتن(مسئولیت)
بعهده کسی گذاشتن	make someone(responsible)	کسی رامسئول (کاری) کردن
بعهده گرفتن	undertake; assume(reponsibility)	قبول کردن(مسئولیت)
بُغض کردن	become speechless with anger	زیاد متأثرشدن،اندوهناک شدن
	He was choked with rage.	ازشدت خشم بغض کرده بود.
بَغَل کردن	embrace; hold(a person) in one's arms	درآغوش گرفتن
بفریاد کسی رسیدن	come to someone's rescue	ازکسی دستگیری کردن
بِکارافتادن	come into operation; start functioning	شروع بکارشدن

بَرآمدن	**come up; perform; can**	**بالاآمدن، انجام دادن**
	I cannot do it.	این کارازمن برنمیاید.
بَرانداز کردن	**measure (someone) with one's eyes**	**سنجیدن، تخمین زدن**
بَرانگیختن	**incite; to agitate; excite; rouse**	**تحریک کردن، واداشتن**
	They roused his feelings.	احساسات اورا برانگیختند.
بَرآورد کردن	**estimate; evaluate**	**تخمین زدن، سنجیدن**
بَرآوردن	**comply with; accomplish**	**انجام دادن،کارسازی کردن**
بَر پا کردن	**set up; erect; build**	**برقرارکردن،نصب کردن،ساختن**
	They will erect several tents here.	دراینجاچند چادر بر پا خواهند کرد.
بَرتری داشتن	**be superior to; hav preference**	**مقام بالا تر داشتن،رجحان داشتن**
بَرچیدن	**close down; remove**	**جمع کردن،بسته شدن،تعطیل کردن**
	They closed the exhibition.	نمایشگاه را برچیدند.
بَرخاستن	**get up; stand up; rise**	**بلند شدن،پاشدن**
بَرخوردار شدن (از)	**enjoy(something); prosper**	**ازچیزی لذت بردن،موفق شدن**
بَرخورد کردن (با)	**encounter; fall in with**	**روبروشدن ،مواجه شدن**
	He encountered with many difficulties.	او با مشکلات فراوان برخورد کرد.
بَرخوردن (به)	**bump into someone; be offended**	**ناگهان کسی را دیدن،دلتنگ شدن**
	Yesterday I bumped into him in the street.	دیروزدرخیابان باو برخوردم.
	I was offended by the way he spoke.	طوریکه او صحبت کرد بمن برخورد.
بَرداشتن	**take; withdraw (from account); take off**	**بلند کردن،ازحساب کشیدن**
	I took the book from the desk.	کتاب راازروی میز برداشتم.
	How much did you withdraw from your account.	چقدراز حسابتان برداشتید؟
	Please take off your hat.	خواهش میکنم کلاهتان رابردارید.
بُردن	**take away; carry; win(a game, prize)**	**حمل کردن، درمسابقه موفق شدن**
	The Liverpool team won the match.	تیم لیور پول مسابقه رابرد.
بَررسی کردن	**study; make a study**	**مطالعه کردن**
بَرق زدن	**shine; reflect light**	**درخشیدن، تابیدن**
بَرطرف کردن	**remove; get rid of**	**رفع کردن،دورکردن،ازبین بردن**
	To remove any doubts	شک وتردید برطرف کردن.
بَرقرار کردن	**establish; set up**	**تأسیس کردن،دایرکردن،درست، کردن ترتیب دادن**
	The two countries established diplomatic relations.	دوکشور روابط سیاسی برقرارکردند.
بَرکنارکردن (از)	**dismiss from service; sack**	**ازکاربیکارکردن،ازخدمت بیرون کردن**
بَرگذار کردن	**arrange (a party, reception)**	**برقرارکردن،ترتیب دادن**
بَرگرداندن	**return(v.t.); revert; reverse**	**پس دادن،وارونه کردن، برعکس کردن**
بَرگشتن	**return(v.i.); come back**	**مراجعت کردن، بازگشتن**
بَرگزیدن	**choose; select**	**انتخاب کردن**
بَرملا کردن	**divulge; make public**	**آشکارکردن، علنی کردن**
بُروز دادن	**reveal; manifest; make public**	**فاش کردن، علنی کردن**
بَرهم خوردن (ل)	**be disturbed, upset(v.i.)**	**بهم خوردن،منقلب شدن،مضطرب شدن**

بِخطرافتادن (ل)	be exposed to risk, harm or peril	درمعرض آسیب افتادن
بِخطرانداختن (م)	endanger; risk; take chances of	درمعرض آسیب وهلاکت قراردادن
بُخل کردن	be stingy, parsimonious	خسیس بودن،خساست بخرج دادن
بَخیه زدن	stitch; sew	عمل دوختن درجراحی،وصله کردن
بَد بودن (باکسی)	be on bad terms(with someone)	باکسی خوب نبودن،دشمنی داشتن
بَد آوردن	have bad luck; be out of luck	شانس خوب نیاوردن
	He is out of luck.	او بد آورده است.
بِدار زدن	hang	بدارآویختن،بدارکشیدن
	They hanged the criminal.	جانی رابدارزدند.
بَدجنسی کردن	wish evil (on others)	بدی کسی راخواستن، برای کسی زدن
بَدحرفی کردن(باکسی)	use bad language; to curse	حرفهای بدزدن،فحش دادن
بَدرفتاری کردن	abuse; misbehave; maltreat	بداخلاقی کردن،تند خوئی کردن
بَدرقه کردن	escort; see someone off	مشایعت کردن
بِدرود گفتن	say goodbye; bid farewell	خداحافظی کردن،وداع کردن
بِدست آوردن	acquire; get; obtain; gain by oneself	کسب کردن،تحصیل کردن
بِدست گرفتن	take up; occupy	اشغال کردن،برداشتن
	He took up that business.	اوآن کاررابدست گرفت.
بَد عادت شدن	be spoiled; have acquired a bad habit.	لوس شدن،بدخوی شدن
	Your child has been spoiled.	بچه شما بد عادت شده.
بَد قولی کردن	break (one's) promise	به قول و وعده خودوفانکردن
بَد کردن (بکسی)	treat unjustly; disserve	بیعدالتی کردن،آزار رساندن
بَد گفتن (بکسی)	abuse(someone)	بدزبانی کردن،دشنام دادن
بِدل گرفتن	take to heart; be offended	متأثرشدن،ناراحت شدن
	Do not take to heart what I said.	آنچه راگفتم بدلت نگیر.
بَدنام کردن	defame; speak ill of; disgrace	رسواکردن،بکسی افترا زدن
بِدنیا آمدن	be born	متولد شدن
بَدوبیراه گفتن	call names; use abusive language	رکیک حرف زدن،دشنام دادن
بِدهکار بودن	owe; be in debt	بدهی داشتن،قرض داشتن
بَدی کردن (بکسی)	do evil to (someone)	شرارت کردن
بَذل کردن (بکسی)	bestow	چیزی بکسی بخشش کردن
بَرابرشدن (باهم)	become equal; draw	مساوی شدن
	The two teams drew in the match.	دو تیم درمسابقه برابر شدند.
بَرابری کردن (باهم)	be equal	مساوی بودن
بَرآشفتن	agitate; stir up	برانگیختن، تحریک کردن
بَرافراشتن	raise (a flag)	بیرق بالا کشیدن،بالابردن
بَرافروختن	kindle; light; burn	روشن کردن،سرخ شدن، برانگیختن
بَرانداختن	overthrow; subvert; vanquish	برافکندن،سرنگون کردن
	The military men overthrew the government.	نظامیان دولت رابرانداختند.

بافتن	**weave; knit**	تار و پود رابهم تابیدن،تنیدن
باقی ماندن (ل)	**remain; be left over**	زیاد آمدن،بجاماندن
باقی گذاردن (م)	**leave; let remain**	جاگذاردن
	I have left some money for my children.	من مقداری پول برای بچه هایم باقی گذارده ام
بال زدن	**flap wings; fly**	پرزدن،پروازکردن
بال و پر دادن (بکسی)	**give (a person) scope**	مجال دادن،میدان دادن
بالا آوردن (مج)	**vomit; throw up**	استفراغ کردن،قی کردن
بالا آمدن	**come up; be put up**	چیزی ازسطح زمین بالا آمدن
	The building was put up quickly.	این ساختمان زود بالاآمده.
بالا انداختن	**toss off; throw up**	سرکشیدن،یکباره نوشیدن
بالا بردن (م) (مج)	**put up; raise; set up**	زیاد کردن،ترقی دادن
بالا رفتن (ل) (مج)	**go up; rise; climb**	ترقی کردن،زیاد شدن
	Prices have gone up.	قیمتها بالا رفته است.
بالا کشیدن (مج)	**swindle (someone's money)**	مال کسی را خوردن
بالا گرفتن (مج)	**prosper; thrive**	ترقی کردن،خیلی خوب شدن
	Their affairs prospered.	کارشان بالا گرفته است.
بالا و پائین رفتن (مج)	**fluctuate; rise & fall**	بهای اوراق بهاداربالا و پائین رفتن
بالغ شدن	**come of age; amount to**	بسن بلوغ رسیدن، سرزدن
	My son has come of age.	پسرمن بالغ شده است.
	His purchases amounted to £500.-	خریدهایش بالغ بر۵۰۰ پوند شد.
بالیدن (بخود)	**boast; pride oneself; brag**	لاف زدن،فخرکردن
بانگ زدن	**exclaim; call out; cry**	دادزدن، جارزدن
باورکردن	**believe; trust (word of a person)**	فکرکردن،معتقد بودن،قبول کردن
	I do not believe what he told me.	آنچه بمن گفت باورنمیکنم.
بایگانی کردن	**file (place papers on file)**	در پرونده نگاه داشتن
بجا آوردن	**fulfil; accomplish; fully identify**	انجام دادن،شناختن
	I know that man's face but I can't place him.	قیافه آنمردآشناست امانمیتوانم اورابجابیاورم.
بباد دادن (مج)	**waste; throw away**	تلف کردن،دور ریختن
	Whatever money he had, he wasted.	هرچه پول داشت ببادداد.
بتعویق افتادن (ل)	**be delayed; be postponed**	عقب افتادن، بتأخیرافتادن
بتعویق انداختن (م)	**delay; postpone; defer; put off**	عقب انداختن،بتأخیرانداختن
بجیب زدن	**steal**	دزدیدن
بچه داری کردن	**take care of a child**	بچه بزرگ کردن، ازبچه نگهداری کردن
بحث کردن	**descuss; debate; argue**	مذاکره کردن،گفتگو کردن
بحساب گذاشتن	**deposit (cheque or cash)to the account**	درحساب بانکی چک یاپول نقدگذاردن
بخاطرآوردن	**recall; bring to mind; remember**	یادآوری کردن،یادآورشدن
بخاطرداشتن	**remember; recollect**	یاد داشتن
بخشش کردن	**make a donation; bestow**	کمک مالی یا جنسی کردن
بخشیدن	**forgive; grant**	عفوکردن، گذشت کردن،بخشودن

ب

باختن	**lose (game, gambling etc.)**	**شکست خوردن، ازدست دادن**
	Which team lost the game?	کدام تیم بازی را باخت.
باد کردن	**swell; inflate; pump up**	**دمیدن، ورم کردن، بالا آمدن**
	His injured hand began to swell.	دست مجروح او شروع بباد کردن نمود.
	He pumped up tires of his bicycle.	اولاستیکهای دوچرخه اش راباد کرد.
باد آمدن	**blow (of breeze, wind)**	**باد وزیدن**
باد زدن	**fan**	**با باد بزن هوارا خنک کردن**
بار آمدن (ل)	**be brought up**	**تربیت شدن، پرورش شدن**
بار آوردن (م)	**bring up; bear fruits; foster**	**میوه دادن، تربیت کردن**
بِارث بردن	**inherit**	**پس ازفوت کسی دارائی بدست آوردن**
بارکردن	**load**	**حمل کردن**
باریدن	**rain**	**باران آمدن**
بازآمدن	**come again;**	**دوباره آمدن**
باز پرسی کردن (از)	**interrogate**	**استنطاق کردن، سئوال کردن**
بازجوئی کردن (از)	**investigate; inquire into**	**رسیدگی کردن، تحقیق کردن**
بازخواست کردن	**call (someone) to account; reprimand**	**ازکسی علت کاریکه انجام داده پرسیدن**
باز خرید کردن	**redeem; to buy back**	**ازگرویارهن بیرون آوردن**
بازداشت کردن	**arrest; detain**	**توقیف کردن**
بازرسی کردن	**inspect; examine (officially)**	**تفتیش کردن، کاوش کردن**
بازدید کردن	**make a social call; control; visit**	**دیدن کردن، ملاقات کردن،سرزدن**
باز کردن	**open**	**گشودن،آغاز کردن،افتتاح کردن**
بازگرداندن	**return (something) v.t.**	**پس دادن، عودت دادن، برگرداندن**
بازگذاشتن	**leave (a place) open; keep clear**	**جائی را خالی گذاردن**
	Keep the road clear.	راه را باز بگذارید.
بازگشتن	**return (vi) revert; refer to (something)**	**برگشتن، مراجعت کردن،رجوع کردن**
بازگو کردن	**repeat; retell; relate**	**چیزی را دوباره گفتن**
بازماندن	**lag behind; fall behind**	**واماندن، عقب ماندن،عقب افتادن**
بازنشسته شدن	**retire (from service, employment)**	**ازخدمت کناره گیری کردن**
بازیافتن	**regain; recover**	**چیزازدست رفته ای راباز بدست آوردن**
	He has recovered his health.	اوسلامتی خودرا بازیافت.
بازی کردن	**play (a game); act in a play; gamble**	**ورزش کردن، نقشی درتأترداشتن**
بازی درآوردن	**create difficulties; mock**	**اشکال تراشی کردن،مسخره کردن**
باطل کردن	**annul; cancel; nullify**	**لغوکردن،خنثی کردن**
باعث شدن	**cause; bring about**	**سبب شدن، موجب شدن**

اوقات تلخی کردن	**lose one's temper(with someone)**	**بدرفتاری کردن**
	The father lost his temper with his son.	پدر باپسرش اوقات تلخی کرد.
اوج گرفتن	**gain altitude; go up; ascend**	**بالارفتن(هواپیما)**
اِهانت کردن	**insult; treat with scornful abuse**	**بی احترامی کردن،بی ادبی کردن**
اِهدا کردن	**bestow; give (something as a present)**	**هدیه کردن،اعطا کردن،بخشیدن**
اِهمال کردن	**neglect; not pay attention to; disregard**	**کوتاهی کردن،غفلت کردن**
	He neglected his duty.	اودرانجام وظیفه خوداهمال کرد.
اَهمیت دادن	**attach importance (to something)**	**مهم جلوه دادن،مهم شمردن**
اِئتلاف کردن	**join with; form a coalition; merge**	**یگانه شدن،همکار وهمدست شدن**
	The two political parties joined with each other.	هردوحزب سیاسی باهم ائتلاف کردند.
ایجاب کردن	**necessitate; call for; demand**	**ضرورت داشتن،اقتضا کردن**
ایجاد کردن	**create; bring into existence**	**بوجودآوردن،تولید کردن،خلق کردن**
	He has created many difficulties for us.	او برای مااشکالات فراوانی ایجاد کرده.
ایراد کردن	**deliver (speech)**	**بیان کردن،ذکر کردن**
ایراد گرفتن	**criticize; find fault with**	**انتقاد کردن،خرده گرفتن،عیب گرفتن**
ایستادگی کردن	**stand up to; resist; persevere**	**مقاومت کردن،تاب آوردن**
ایستادن	**stand; stop; halt**	**سر پابودن،توقف کردن**
ایفا کردن	**perform; fulfil; carry out**	**انجام دادن،وفا کردن به عهد خود**
ایمان داشتن(به)	**have faith(in something or someone)**	**عقیده داشتن به چیزی یابه کسی**
ایمان آوردن(به)	**convert to; acknowledge one's faith**	**گرو یدن،معتقد شدن**

اِنتحارکردن	**commit suicide**	خودکشی کردن
اِنتخاب کردن	**elect; choose; select**	برگزیدن،اختیارکردن،دست چین کردن
	They elected him as president.	اورابعنوان رئیس انتخاب کردند.
اِنتزاع کردن	**separate; wrest; remove by force**	جداکردن
اِنتشاردادن(م)	**publish; issue (newspapers,etc)**	چاپ کردن،طبع ومنتشرکردن
اِنتشاریافتن(ل)	**be published**	منتشرشدن
اِنتظارداشتن	**expect; look forward to**	توقع داشتن،امید داشتن
	I expect to see him.	انتظاردیدن اورادارم.
اِنتظارکشیدن	**wait for (someone)**	منتظرشدن،صبرکردن
	I waited for him for two hours.	دوساعت انتظاراوراکشیدم.
اِنتقادکردن	**criticize; find fault**	عیب گرفتن،خرده گرفتن
اِنتقال دادن(به)(م)	**transfer; transport**	جابجاکردن،حمل ونقل کردن
اِنتقال یافتن(به)(ل)	**be transferred**	جابجاشدن
اِنتقام گرفتن	**take vengeance; retaliate**	تلافی کردن،کینه جوئی کردن
اَنجام دادن	**fulfil; accomplish; perform**	برآوردن،اجراکردن،بپایان رساندن
اَنجام وظیفه کردن	**perform one's duty (responsibility)**	کارخودراتمام کردن
اِنحراف ورزیدن	**turn away; deviate from**	برگشتن،منحرف شدن،تغییرجهت دادن
اَنداختن	**throw; cast**	پرت کردن،پرتاب کردن،افکندن
	To throw someone in prison.	کسی رابه زندان انداختن.
اَندازه گرفتن	**measure; take measurement**	سنجیدن،پیمانه کردن
اَندوختن	**heap up; accumulate, amass (riches)**	رویهم انباشتن،جمع کردن ثروت ودارائی
	He heaped up (accumulated) riches for years.	اوسالهامال وثروت می اندوخت.
اَندودن	**plate; plaster; coat; inlay**	گچ یاگِل بجائی مالیدن
اَندیشیدن	**reflect; think over**	تفکرکردن،خیال کردن،عمیق فکرکردن
اُنس گرفتن	**become fond of, friendly with(someone)**	علاقه پیداکردن،علاقمند شدن بکسی
اِنسانیت داشتن	**be humane, compassionate**	دارای صفات انسانی بودن
اِنشاء کردن	**indite; compose; write**	ازخودچیزی نوشتن،قلم فرسائی کردن
اِنصاف داشتن	**be fair and just**	عادلانه رفتارکردن،منصف بودن
اِنضباط داشتن	**keep discipline; maintain order**	نظم وترتیب رامراعات کردن
اَنعام دادن	**tip; give a gratuity**	بخشش به کسی کردن
اِنعکاس داشتن	**reflect; echo; have a reaction**	واکنش داشتن،پرتوانداختن،اثرداشتن
	His speech was favourably reflected in the press.	نطق اودرمطبوعات انعکاس خوبی داشت.
اِنقلاب کردن	**rebel; revolt; make rebellion**	شورش کردن،شوریدن
	They rebelled against the government.	آنهابرعلیه دولت انقلاب کردند.
اِنکارکردن	**deny; repudiate; renounce**	تکذیب کردن،حاشاکردن،منکرشدن
	He denied the charges.	اواتهامات راانکارکرد.
اِنگارکردن	**suppose; imagine**	خیال کردن،تصورکردن
اَنگشت زدن	**touch with finger**	چیزی راباانگشت لمس کردن
اَنگشت نگاری کردن	**take (someone's) fingerprints**	اثرانگشت روی کاغذ گذاردن

اِقامت کردن	**reside; stay**	سکونت کردن، مسکن کردن، ماندگار شدن
اِقامه دعوی کردن	**file a law suit**	به دادگاه شکایت کردن
اِقتباس کردن(از)	**quote; adapt from**	نقل کردن،(ازکتاب یانوشته ای)
	They adapted the play from a novel.	نمایشنامه راازرمانی اقتباس کردند.
اِقتضا کردن	**demand; call for; necessitate**	ایجاب کردن،مستلزم بودن
	This work demands a great effort.	این کاراقتضای فعالیت بیشتری میکند.
اِقدام کردن	**take steps; perform; take action**	عمل کردن،انجام دادن
اِقرارکردن	**confess; acknowledge**	اعتراف کردن،بگردن گرفتن
اِکتفا کردن	**be satisfied with; content oneself with**	رضایت دادن،راضی بودن
	He contented himself only with few words.	اوفقط باسخنی چنداکتفا کرد.
اِکتشاف کردن	**discover; explore**	کشف کردن
اِکراه داشتن	**be reluctant; be unwilling**	بی میل بودن،ناراضی بودن
	He is reluctant to go.	اوازرفتن اکراه دارد.
اِکرام کردن	**respect; honour**	گرامی داشتن،ارجمند شمردن
اِلتزام دادن	**to give an undertaking**	تعهد دادن،ضمانت دادن
اِلتزام گرفتن(از)	**bind (a person) over to**	ازکسی تعهد یاتضمین گرفتن
اِلتفات کردن	**show kindness; be gracious**	لطف کردن به کسی ،بکسی محبت کردن
التماس کردن	**beseech; entreat; beg earnestly for**	تقاضای عاجزانه کردن،استدعا کردن
اِلصاق کردن	**affix (stamps); stick**	چسباندن(تمبریاعکس وغیره)
اِلغا کردن	**annul; abrogate; abolish**	لغوکردن،باطل کردن،نسخ کردن
اَلواطی کردن	**indulge in indecent habits**	هرزگی کردن، کارهای زشت کردن
اَمانت گذاردن	**deposit; give something in trust**	سپردن،چیزی بکسی دادن برای نگهداری
اِماله کردن	**give enema; inject liquid into rectum**	وارد کردن مایعات درمعده ازمقعد
اِمتحان کردن	**try; test; attempt**	آزمودن، کوشیدن، کوشش کردن
اِمتحان دادن	**sit for (take part in) an examination**	درامتحان شرکت کردن
اِمتداد داشتن(تا)	**extend; continue**	ادامه داشتن، کشیده شدن
	His estates extend as far as...	املاکش تا...... امتداد دارد.
اِمتناع کردن	**refrain; abstain; refuse**	خودداری کردن، رد کردن، قبول نکردن
اِمتیازگرفتن	**get a concession, distinction**	حق انحصاری گرفتن
اَمرکردن	**command; give an order; order**	دستوردادن، فرمان دادن
امرارمعاش کردن	**make (earn) a living**	برای زندگی دنبال درآمدرفتن
اِمساک کردن(از)	**be miserly; parsimonious**	خودداری کردن ازمصرف هرچیز
اِمضاء کردن	**sign (letters, cheques, etc)**	نام خودرا پائین نامه نوشتن
اِمکان داشتن	**be possible**	ممکن بودن
اِملاء کردن	**spell**	هیجی کردن
اُمیدوارکردن	**make hopeful; give hope**	بکسی امید دادن
اُمید داشتن	**hope; wish; trust**	امیدوار بودن،آرزوداشتن
اَنباشتن	**till up**	پر کردن
اَنبار کردن	**store; deposit (goods etc. in a ware house)**	کالا یاچیزی رادر انبارنگاه داشتن

اِعتقاد داشتن (به)	**have faith (in something, someone);believe in**	ایمان داشتن،عقیده داشتن
اِعتماد کردن(به)	**rely upon (someone)**	مطمئن بودن،اطمینان داشتن
اِعتنا کردن(به)	**care; take notice of (someone)**	توجه کردن،عنایت کردن
	He took no notice of me.	او بمن اعتنائی نکرد.
اِعجاز کردن	**perform miracles**	کارشگفت انگیز وغیرعادی کردن
اِعدام کردن	**execute by hanging; hang (someone)**	بدارآویختن،دارزدن
اِعزام داشتن	**send (someone or mission to a given destination)**	فرستادن،روانه کردن،اعزام کردن
	They sent a mission to negotiate.	آنهاهیئتی برای مذاکرات اعزام داشتند
اِعطا کردن	**grant; bestow**	دادن،بخشیدن،هدیه کردن
اِعلام کردن	**inform; announce; notify**	اطلاع دادن،آگاه کردن
اِعلام خطرکردن	**send a note of warning, alarm**	پیشبینی خطرکردن
اِعمال نفوذ کردن	**use one's influence**	ازنفوذ وقدرت استفاده کردن
اِغتشاش کردن	**cause unrest, disturbance, disorder**	شورش کردن،بهم زدن،هیاهو کردن
اِغراق گفتن	**exaggerate; magnify beyond limits of truth**	مبالغه کردن،زیاده روی دربیان کردن
اِغفال کردن	**turn a blind eye to; deceive; mislead**	گول زدن،کسی راغافل کردن
اِغماض کردن	**ignore; connive at; tolerate**	نادیده گرفتن،چشم پوشی کردن
اِغوا کردن	**induce; lead astray; seduce**	ازراه بدرکردن،گول زدن
اِفاده کردن	**boast; show off**	خودنمائی کردن،بالیدن
اُفتادن	**fall; drop (i)**	پائین افتادن،سقوط کردن
	The book dropped from my hand.	کتاب ازدستم افتاد
	My pen fell to the ground.	قلم روی زمین افتاد
	Ripe fruits fall off the trees.	میوه های رسیده ازدرخت میافتند.
اِفتتاح کردن	**inaugurate; make the opening of**	گشودن،بازکردن
اِفترا زدن(به)	**calumniate; slander**	تهمت زدن
اِفتخارکردن	**be proud of; take pride in**	سربلندبودن،سرافرازبودن
	We are very proud of knowing your friend.	ماازآشنائی بادوست شماافتخارمیکنیم.
اِفتضاح کردن	**be disgraced; create scandal**	رسواشدن،رسوائی بارآوردن
آفراشتن	**raise (a flag)**	بالابردن(بیرق)،افراختن
اِفراط کردن(در)	**go to the extreme; be extravagant**	زیاده روی کردن،ازاندازه گذشتن
	He overate at the party.	درمهمانی درخوردن افراط کرد.
آفراختن	**hoist; raise aloft**	افراشتن،بالابردن(بیرق)
اِفرازکردن	**partition; divide into parts**	جداکردن،تقسیم کردن
آفروختن	**light; blaze; kindle**	روشن کردن،آتش زدن،سرخ شدن
	He lit the fire.	اوآتش افروخت.
آفزودن	**increase; add**	زیادکردن،اضافه کردن،بیشترکردن
آفسرده کردن	**make(someone)depressed, despondent**	متأثرکردن،افسردن،غمناک کردن
آفسوس خوردن	**regret; be sad**	تأسف خوردن،متاسف بودن
اِفشاکردن	**reveal; disclose**	فاش کردن،آشکارکردن
اِفطارکردن	**break one's fast(in the month of Ramadan)**	درماه رمضان روزه رااول شب بازکردن

اِستماع کردن	listen to	گوش کردن، گوش دادن
اِستمداد کردن (از)	ask for help, assistance	تقاضای کمک کردن، تقاضای مساعدت کردن
اُستوارکردن	make firm, stable, solid	ثابت کردن، محکم کردن، پابرجا کردن
اِستیضاح کردن	interpellate (in parliament)	درمجلس دولت رابازخواست کردن
اِستنباط کردن	gather; presume; deduce	نتیجه گرفتن، دریافتن
اِستنشاق کردن	breathe; inhale	تنفس کردن، نفس کشیدن
اِستهلاک کردن	amortize; extenguish (debt)	بتدریج اصل وبهره قرض راپرداختن
اسم نویسی کردن	register; enrol	ثبت نام کردن، دردفترنام نوشتن
اِسراف کردن	waste; lavish; be immoderate	زیاده روی کردن، ولخرجی کردن
اِشاره کردن(به)	point; indicate; sign; refer	علامت دادن، به نامه رجوع کردن
اِشباع شدن	be saturated; be soaked thoroughly	لب ریزشدن، ازچیزی پرشدن
اِشتباه کردن	mistake; make a mistake	درست نفهمیدن، عوضی گرفتن، سهوکردن
اِشتغال داشتن(در)	be employed in	شغل داشتن، کارداشتن، شاغل بودن
اِشتیاق داشتن	long; wish vehemently; like very much	مشتاق بودن، آرزومند بودن
	I would very much like to see your friend.	خیلی اشتیاق دارم دوست شمارا ببینم.
اِشعارداشتن	state; advise	ذکرکردن، حاکی بودن، بیان کردن
اِشغال کردن	occupy; take possession of; take (time)	تصرف کردن، گرفتن
	The soldiers occupied the town.	سربازان شهررااشغال کردند.
	It took up all my time.	آن تمام وقت مرااشغال کرد.
آشک باریدن	weep; shed tears	گریه کردن، زارزارگریستن، اشک ریختن
اِشکال تراشی کردن	raise difficulty; put obstacle on the way	ایرادگرفتن، کارراسخت کردن
اِشکال رفع کردن	remove a difficulty	اشکال برطرف کردن
اِصابت کردن(به)	hit(the target); strike; fall upon	(به هدف)خوردن، خوردن به چیزی
	The lot fell upon me.	قرعه بنام من اصابت کرد.
اِصرارکردن	insist; persist	پافشاری کردن، سخت گرفتن
اِصلاح کردن	reform; put right; correct	درست کردن، تصحیح کردن، رفع کردن
اِضافه کردن	add; increase	جمع کردن، افزودن، علاوه نمودن
اِطاعت کردن	obey; execute (command)	فرمانبرداری کردن از، مطیع بودن
اِطعام کردن	feed; supply with food	غذادادن، خوراک دادن، خوراندن
اِطلاع دادن(به)	inform; tell; notify	خبردادن، آگاه کردن، مطلع کردن
اِطمینان کردن(به)	trust; believe in; rely on	اعتماد کردن توکل داشتن
اِطمینان دادن(به)	assure; make certain	مطمئن کردن، مطمئن ساختن
اِظهارکردن	state; express; declare	گفتن، اعلام کردن، بیان داشتن
اِظهارنظرکردن	comment; express an opinion	نظروعقیده ابرازداشتن
اِعانه دادن	help financially	کمک مالی کردن، یاری کردن به بینوایان
اِعتبارگرفتن(از)	get credit (from a bank)	ازبانک مایه پولی گرفتن
اِعتراض کردن(به)	object; oppose; protest	ایرادکردن، واخواهی کردن
اِعتراف کردن	confess; acknowlege; admit	اقرارکردن، معترف شُدن
اِعتصاب کردن	go on strike	دست ازکارکشیدن

ازفرصت استفاده کردن	take advantage of	وقت راغنیمت شمردن
ازقلم انداختن(م)	omit; leave out; not include	حذف کردن
ازقلم افتادن(ل)	be omitted; left out	حذف شدن
ازکارافتادن	stop working (of engine, person)	ناتوان شدن،فرسوده شدن،خراب شدن
	The engine has stopped working.	موتورازکارافتاده است.
ازگرو درآوردن	redeem; buy back by payment	ازرهن خارج کردن
ازمیدان دررفتن	give in; lose courage	تسلیم شدن،جرأت ازدست دادن
ازنظردورداشتن	forget; put out of sight	فراموش کردن،بی توجهی کردن
ازنظرافتادن	fall out of favour	ازچشم افتادن،مورد لطف(کسی) قرارنگرفتن
ازنفس افتادن	become out of breath, exhausted	خسته شدن،نفس نفس زدن
ازهوش رفتن	become unconscious	بیهوش شدن،ازحال رفتن
ازیادبردن(م)	forget; disremember	فراموش کردن
ازیادرفتن(ل)	be forgotten	فراموش شدن
اسباب زحمت شدن	cause trouble; be a nuisance	باعث دردسرشدن،مزاحم شدن
اسباب فراهم کردن	cause; supply tools	باعث شدن،آماده کردن ابزارو وسیله کار
اسباب کشی کردن	move house; change one's abode	اثاثیه منزل راازجائی به جای دیگر بردن
اِستثمارکردن	exploit unfairly	بهره برداری غیرعادلانه کردن
اِستثناء کردن	exclude; make an exception	محروم کردن،خارج کردن،مستثنی کردن
اِستحضاریافتن	be informed	مطلع شدن
اِستحقاق داشتن	deserve; be entitled to	حق داشتن،سزاواربودن،لیاقت داشتن
اِستحمام کردن	take a bath	حمام کردن یاگرفتن
اِستخاره کردن	bid beads; consult Koran	طلب خیرازخداکردن،فال نیک زدن
اِستخدام کردن	employ; recruit; engage	بکارگماشتن،مشغول کارکردن
اِستخراج کردن (از)	exploit; utilize; mine	بهره برداری کردن از،بکارانداختن
اِستدعاکردن(از)	request; ask; plead	خواهش کردن،تقاضا کردن
اِستدلال کردن	reason; argue logically	بادلیل ثابت کردن،نتیجه گرفتن
اِستراحت کردن	rest; lie; repose	راحت کردن،رفع خستگی کردن
اِستطاعت داشتن	can afford;have the means;be enough rich	توانائی مالی داشتن
	I cannot afford to buy that.	استطاعت خرید آنراندارم.
اِستعداد داشتن	be gifted; be talented	نیروی طبیعی داشتن
اِستعفاکردن(از)	resign; give up	ازکارکناره گیری کردن،استعفادادن
اِستعلام کردن	ask for information (about someone or something)	درمورد کسی یاچیزی اطلاع خواستن
اِستعمال کردن	use; utilize; apply	بکاربردن،استفاده کردن از
اِستفاده کردن(از)	profit; benefit from; make use of	فایده بردن،منفعت کردن
اِستفراغ کردن	vomit	قی کردن
اِستفسارکردن	ask; make enquiries	پرسیدن،جویاشدن
اِستقامت کردن	persevere; persist; resist	ایستادگی کردن،مقاومت کردن
اِستیناف دادن (به)	appeal to a higher court	تجدید دعوی درداد گاه بالا ترکردن
اِستقبال کردن(از)	welcome; receive; go to meet someone	خوش آمد گفتن

اِراده کردن	**decide; resolve; determine**	تصمیم گرفتن،قصد کردن
ارتِباط دادن	**connect; make coherent (arguments)**	ربطدادن،مربوط کردن
اِرتباط داشتن	**have a connection with (someone)**	پیوستگی داشتن،وابستگی داشتن
	He has some connections with the minister.	او با وزیرارتباط دارد.
اِرتقاء دادن(م)	**promote; advance to higher office**	رتبه یامقام بالا تردادن
اِرتقاء یافتن (ل)	**be promoted**	رتبه بالا ترگرفتن،ارتقاء پیدا کردن
اِرتزاق کردن	**obtain one's daily bread**	روزی خوردن،بادرآمد کم زندگی کردن
اِرجاع کردن(به)	**refer; apply; turn over**	محول کردن،مراجعه دادن،واگذارکردن
آرزش داشتن	**have value; be worth**	قیمت داشتن،ارزیدن
آرزش قائل شدن	**esteem; think highly of (someone)**	برای کسی احترام زیاد داشتن
آرزیابی کردن	**evaluate**	قیمت گذاردن،تقویم کردن،قیمت کردن
اِرسال کردن	**send; dispatch**	فرستادن،روانه کردن،ارسال داشتن
اِرشادکردن	**guide; direct; lead**	راهنمائی کردن،هدایت کردن
ارفاق کردن	**show mercy, compassion**	مداراکردن،نرم رفتارکردن،کمک کردن
آرّه کردن	**saw; cut (wood etc.)**	بااره چیزی رابریدن
آز برکردن	**learn by heart; memorize**	حفظ کردن،بخاطرسپردن
از بین بردن(م)	**destroy; annihilate; crush**	نابودکردن،منهدم کردن،خراب کردن
از بین رفتن(ل)	**be destroyed; be crushed**	نابودشدن،منهدم شدن
از پاافتادن	**be exhausted**	خسته شدن
از پادرآمدن(ل)	**be killed; be annihiliated**	کشته شدن،مردن،خسته شدن
از پادرآوردن(م)	**kill; to annihiliate**	کشتن،بهلاکت رساندن،خسته کردن
ازجاپراندن (م)	**startle; give shock to**	رم دادن،سخت تکان دادن
ازجاپریدن(ل)	**be startled**	رمیده شدن،تکان خوردن
ازجادررفتن	**lose one's temper; flare up**	خشمناک شدن،عصبانی شدن
ازحال رفتن	**become unconscious; faint**	بیهوش شدن،بیحال شدن
ازحرکت ایستادن	**come to a halt, a standstill**	متوقف شدن،بیحرکت ماندن
ازخودگذشتن	**sacrifice oneself**	فداکاری کردن،جان بازی کردن
اِزدحام کردن	**crowd; throng**	شلوغ کردن،گردهم آمدن
ازدست دادن(م)	**miss; lose**	گم کردن،نرسیدن به
	He missed the train.	ترن راازدست داد.
آزدست رفتن(ل)	**perish; be lost; die**	تلف شدن،مردن،گم شدن
ازدنیارفتن	**die; pass away**	مردن،فوت کردن
اِزدواج کردن(با)	**marry; get married**	زناشوئی کردن،زن گرفتن،شوهرکردن
	Whom did you marry?	باکی ازدواج کردی؟
ازراه بدربردن	**lead astray; deceive**	فریب دادن،گول زدن،گمراه کردن
ازرونق افتادن	**become slack, depressed**	رواج نداشتن،ازآب وتاب افتادن
ازسرگرفتن	**start again**	دوباره شروع کردن
ازشیرافتادن	**go off milk (of cow)**	شیرندادن(گاو)
آزعهده برآمدن	**be able to do (something)**	انجام دادن،قادربه انجام کاری بودن

اِحتیاط کردن	be cautious; be careful	توجه کردن،دقت کردن،مواظب بودن
	If you are not careful you may fall down.	اگراحتیاط نکنید زمین میخورید
اِحداث کردن	build; construct; erect; create	ایجاد کردن،بنا کردن،ساختن
اِحرازکردن	obtain; acquire; get	بدست آوردن،تحصیل نمودن
اِحساس کردن	feel; be conscious of	حس کردن،دریافتن،درک کردن
	I feel you do not like me.	احساس میکنم شمامرادوست ندارید.
اِحسان کردن	do good; show kindness to	خوبی کردن،نیکی کردن،محبت کردن
اِحضارکردن	summon; call up; recall	کسی رابحضورخواستن،فراخواندن
اَحوال پرسی کردن	enquire after a person's health	ازسلامتی کسی جو یاشدن
اِحیاء کردن	revive; resuscitate	زنده کردن،نیروی تازه دادن
اَخاذی کردن	extort	ازمردم پول و یاچیزهای مجانی گرفتن
اِختراع کردن	invent; devise; originate	چیزتازه بوجودآوردن
اِختصاص دادن (م)(به)	allocate; assign	تخصیص دادن،و یژه ساختن
اِختصاص یافتن (ل)	be allocated	اختصاص داده شدن
اِختلاس کردن	embezzle; defraud	حیف ومیل کردن
اِختلاف داشتن	disagree with; differ	موافق نبودن،مخالف بودن
اِختلال حواس داشتن	be mentally deranged	پرت خیال بودن
اِختلال نظم کردن	disturb order	نظم رابهم زدن
اِختیاردادن (به)	authorize (someone); grant authority	بکسی برای انجام کاری اجازه دادن
اِختیارداشتن	have option; have choice	قدرت داشتن، اجازه واعتبارداشتن
اِختیارکردن	choose; select	انتخاب کردن
اِخراج کردن	dismiss; discharge; sack ;deport	بیرون کردن ازکاروشغل، کنارگذاشتن
اِخطارکردن	warn; give notice to	آگاه ساختن،باخبرکردن،تهدیدکردن
اَدا درآوردن	make a face; mimic	دهن کجی کردن،تقلید کردن
اِخلال کردن	hamper (something); subvert	سوسه دواندن،بهم زدن
اَخم کردن	frown; knit brows to express displeasure	ترش روئی کردن،رودرهم کردن
اَدا کردن	pay; carry out; express	دادن،انجام دادن،پرداختن
	He paid his respects to the minister.	به وزیرادای احترام کرد.
	He paid his debt.	اوقرض خودرا اداکرد.
اِداره کردن	manage; administer; run	گرداندن،ترتیب دادن
اِدامه دادن	continue (something)	دنبال کردن،پی گرفتن،تعقیب کردن
اَدب کردن	chastize (someone); punish	کسی راتنبیه کردن،گوشمالی دادن
اِدّعاکردن	claim; demand; assert	مدعی بودن،اعلام کردن،خواستن
	He made a claim for damages.	اوادعای خسارت کرد.
اِذعان کردن	confess; acknowledge	اقرارکردن،اعتراف کردن،تن دردادن
اَذیت کردن	harass; molest; hurt	آزاردادن،رنج دادن،رنجورکردن
اِرائه دادن	present; offer; produce; submit	نشان دادن،تقدیم کردن،تسلیم کردن
اِرادت داشتن	be sincere	صمیمی بودن،اخلاص داشتن
	I am your sincere friend.	من بشماارادت دارم.

ابراز داشتن، اظهار کردن، فاش کردن	reveal; disclose; express	اِبراز کردن
کتباً به کسی مطلبی را اطلاع دادن	notify; give notice to	اِبلاغ کردن (به)
باهم پیوستن، متفق شدن	unite; join togther	اِتّحاد کردن (با)
قبول کردن، گرفتن، پذیرفتن	adopt (idea, etc.)	اِتّخاذ کردن
شما باید رویّهٔ تازه ای اتخاذ کنید.	You should adopt a new policy.	
بهم وصل کردن، بهم چسباندن	connect; join (two things)	اِتّصال دادن (به)
دوسیم برق رو بهم افتادن و برق قطع شدن	short circuit (electricity)	اِتّصالی داشتن
روی دادن، واقع شدن	happen; come to pass by	اِتّفاق افتادن
اتحاد کردن، بهم پیوستن، متحد شدن	make or become one; unite	اِتّفاق کردن (با)
پشت بندبه کسی داشتن	rely on; depend with confidence	اِتّکاء داشتن (به)
نفوذ کردن، تأثیر کردن	influence; affect; leave an impression	اَثر گذاشتن
نتیجه دادن، مؤثّر واقع شدن	produce an effect or result	اَثر کردن (در)
تهمت زدن، بدنام کردن، متهم ساختن	accuse; to charge with a fault	اِتّهام زدن
کرایه دادن خانه، اتومبیل وغیره	let (a house, etc.)	اِجاره دادن
کرایه کردن خانه، اتومبیل وغیره	rent; hire	اِجاره کردن
اجازه گرفتن، اِذن گرفتن	ask permission	اِجازه خواستن
رخصت دادن، گذاشتن	permit; allow	اِجازه دادن
گردهم آمدن، دورهم جمع شدن	assemble; get together	اِجتماع کردن
از چیزی دوری کردن، پرهیز کردن	avoid; refrain from	اِجتناب کردن (از)
زیادی حساب کردن، بی عدالتی کردن	overcharge (price); practise unjustly	اِجحاف کردن
پاداش دادن	reward; repay; recompense	اَجر دادن
عمل کردن، انجام دادن، باتمام رساندن	perform; execute; carry out	اِجرا کردن
مزد پرداختن	pay wages	اُجرت دادن
مزد گرفتن، دستمزد دریافت کردن	get paid; receive wage	اُجرت گرفتن
کسی را بعنوان مزدور گرفتن	hire (a person as labourer)	اَجیر کردن
مسلط بودن بر چیزی	acquire complete knowledge of	اِحاطه داشتن (بر)
محاصره کردن، دوره کردن	surround; encircle	اِحاطه کردن
دوری کردن از، پرهیز کردن از	avoid; refrain from	اِحتراز کردن (از)
اظهار ادب کردن نسبت به کسی	respect or honour (someone)	اِحترام گذاشتن (به)
انبار کردن کالا بقصد گرانتر فروختن	hoard; overstock	اِحتکار کردن
امکان داشتن	be possible; be probable	اِحتمال داشتن
احتمال دارد که فردا حرکت کند.	He will probably leave tomorrow.	
نیاز داشتن، نیازمند بودن، لازم داشتن	need; require	اِحتیاج داشتن
ما به خوراک احتیاج داریم تا زنده بمانیم	We need food to live.	

آواره شدن	**become homeless, stateless**	از میهن و خانه خود دور و در بدر شدن
آواز خواندن	**sing a song**	نغمه سرائی کردن،آهنگ خواندن
آوردن	**bring**	رساندن
آو یختن	**hang (something); suspend**	آو یزان کردن
آو یزان کردن	**syn. of** مترادف: آو یختن	
آهار زدن	**startch**	لعاب یاماده چسبنده به یقه زدن
آه کشیدن	**sigh**	نفس بلند کشیدن،افسوس خوردن
آهنگ ساختن	**compose a tune** *Who has composed this tune?*	موسیقی نوشتن،آهنگ نوشتن :این آهنگ راکی ساخته است؟

آرزو داشتن	desire; long for; wish for something	امید داشتن،میل فراوان به چیزی داشتن
آزاد کردن	set (someone) free; release	مرخص کردن،اززندان رها کردن
آزار دادن	harm; hurt	آزردن،اذیت کردن،رنجاندن
آزمایش کردن	try; test; experiment	آزمایش کردن،تجربه کردن
آزمودن	syn. مترادف: آزمایش کردن	
آسان گرفتن	take(things)easy;treat(something)lightly	سخت نگرفتن کاریا امری
آسیب دیدن (ل)	suffer damage	صدمه دیدن،خراب شدن
آسیب رساندن (م)	injure; harm; damage	صدمه زدن،خسارت وارد کردن
آسوده شدن	be relieved	راحت شدن
آشامیدن	drink	نوشیدن
آشتی دادن	reconcile	صلح دادن،سازگارکردن
آشتی کردن	be reconciled with (someone)	دوباره دوست شدن
	I was reconciled with my friend	من بادوستم آشتی کردم.
آشفته شدن	be disturbed, agitated	سرگردان شدن،پریشان شدن
آشکارکردن	make manifest; re veal	نمایان کردن،هویدا کردن
آشکارشدن	appear; become visible; be manifest	نمایان شدن،روشن شدن
آشناشدن(ل)	become acqainted with;be familiar with	باکسی یاچیزی شناسائی پیدا کردن
آشنا کردن (م)	make acquainted; make familiar	
آشوب بر پا کردن	stir up trouble;incite;cause a commotion	غوغاوجنجال کردن،بهم زدن آسایش
آغازکردن (شدن)	start; begin	شروع کردن،آهنگ کردن
آفریدن	bring into existence; create	بوجودآوردن،هستی دادن
آفرین گفتن (به)	applaud; say bravo	تمجید کردن،تحسین کردن
آگاه شدن	be informed; be notified	مطلع شدن،اطلاع پیدا کردن
آگاه کردن	inform; notify; caution	باخبرکردن،مطلع کردن
آگاهی داشتن	be aware of (something); know	باخبربودن،اطلاع داشتن
آگاهی یافتن (ل)	syn. مترادف: آگاه شدن	اطلاع پیدا کردن
آگهی کردن	advertise; announce	اعلام کردن درروزنامه یامجله یارادیو
آلت دست شدن	be deceived; be a mere puppet	رام کسی شدن، گول خوردن
آلوده شدن(ل)	be caught up in something; be involved	گرفتاری پیدا کردن، گرفتارشدن
آلوده کردن (م)	contaminate; pollute; involve	لکه دارکردن،آلودن، کثیف کردن
آماده شدن(ل)	get ready	حاضر شدن
آماده کردن(م)	make ready; prepare	حاضرکردن،تهیه کردن
آمدن	come; arrive; suit	رسیدن،واردشدن،مناسب بودن
	this dress suits you.	این لباس بشما میاید.
آمدورفت کردن	commute; associate with people	آمدوشد کردن، معاشرت داشتن
	he associates with us.	او باما آمدورفت دارد.
آموختن	teach; learn	یاددادن،یادگرفتن،درس دادن
آمیزش کردن (با)	associate (with someone)	باکسی معاشرت کردن
آمیختن (با)	mix; put together	درهم کردن، مخلوط کردن

آ

آب بندی کردن	**stop a leak**	ازچکه کردن شیرآب جلوگیری کردن
آب پاشیدن	**sprinkle water**	آبپاشی کردن،آب پاچی کردن
آب پس دادن	**leak**	آب رخنه کردن،آب نشد کردن
آب تنی کردن	**bathe; swim**	شنا کردن،درآب خنک تن شستن
آب خوردن	**drink water**	آب نوشیدن،آب آشامیدن
آب دادن	**water(plants,etc.); coat with(silver,etc.)**	برگیاه آب ریختن،برفلزروکش نقره یاطلا کشیدن
آبروبردن	**dishonour; disgrace; treat with indignity**	کسی راخواروبی اعتبارکردن
آبروریختن (رفتن)	**lose face**	شأن واعتبارکسی ازدست رفتن
	He has lost face.	آبرو یش ریخت (آبرو یش رفت)
آبستن شدن (ل)	**become pregnant**	حامله شدن
آبستن کردن(م)	**make (a woman) pregnant**	زنی راحامله کردن
آب شدن	**melt (v.i.); become embarrassed**	شل شدن،شرمنده شدن
	The icecream melted.	بستنی آب شد.
	I blushed with shame.	ازخجالت آب شدم.
آب کردن (فلزات)	**melt (v.i.)**	دراثرحرارت زیاد فلزات رامذاب کردن
آب کشیدن	**draw water (from well); rinse**	ازچاه آب بیرون آوردن، آبکشی کردن
آب میوه گرفتن	**extract fruit juice**	فشردن میوه برای گرفتن آب آن
آب وتاب دادن	**embelish; lend colour to; exaggerate**	شرح وتفصیل دادن،مبالغه کردن
آبونه شدن	**subscribe (to a publication)**	مجله یاروزنامه رامشترک شدن
آبیاری کردن	**irrigate; supply (land) with water**	زمین کشت یاباغ راآب دادن
آتش افروختن	**light a fire; make mischief**	آتش روشن کردن،فتنه بر پا کردن
آتش خاموش کردن	**extinguish a fire; put out; quench**	آب روی آتش ریختن،فتنه راخواباندن
آتش روشن کردن	**Syn. of** مترادف:آتش افروختن	
آتش زدن	**set fire to (something); ignite; set alight**	چیزی یاجائی راسوزاندن
آتش گشودن	**start fire**	تیراندازی شروع کردن
آتش کردن (اسلحه)	**fire; discharge gun**	تیردرکردن،تیرخالی کردن
آتش گرفتن	**catch fire; become infuriated**	سوختن،شعله ورشدن،عصبانی شدن
آتش نشاندن	**Syn. of** مترادف:آتش خاموش کردن	
آتشی شدن	**be agitated; fly into rage**	خشمناک شدن،ازکوره دررفتن
آدم کردن	**teach (someone) manners**	کسی راادب کردن،تنبیه کردن
آراستن	**put on make-up**	آرایش کردن،توالت کردن
آرام کردن	**calm (someone) down**	کسی راساکت کردن،تسکین دادن
آرایش دادن	**decorate; furnish with adornments**	زینت دادن،زیبا کردن
آرایش کردن	**Syn. of** مترادف:آراستن	

فارسی بانگلیسی

PERSIAN - ENGLISH

فرهنگهائی که مورد استفاده قرار گرفته

Dictionary Cited

Persian-English Dictionary by F. Steingass, published 1892 Reprinted in 1977	فرهنگ فارسی ـ انگلیسی استاینگاس اولین چاپ ١٨٩٢ آخرین چاپ ١٩٧٧
The larger English-Persian Dictionary by S. Haim, published in 1941	فرهنگ بزرگ انگلیسی ـ فارسی سلیمان حئیم چاپ ١٩٤١
The One Volume Persian-English Dictionary by S. Haim, published in 1973	فرهنگ یکجلدی فارسی ـ انگلیسی سلیمان حئیم چاپ ١٩٧٣
Persian Voccabulary by A.K.S. Lambton, published 1954	لغات فارسی نوشته بانو لمتون چاپ ١٩٥٤
The Concise Oxford Dictionary, edited by H.W. Fowler & F.G. Fowler, published in 1964, Fifth Edition	فرهنگ انگلیسی ـ انگلیسی آکسفورد نوشته ه. و. فالر چاپ پنجم ١٩٦٤
Farhang Amuzegar Persian-Persian Dictionary by Habibollah Amouzegar, published in 1979	فرهنگ آموزگار تألیف حبیب الله آموزگار چاپ ١٩٧١
A Dictionary of Persian-English Idioms by Shapoor A. Reporter, published in 1972	فرهنگ اصطلاحات فارسی به انگلیسی نوشته شاپور اردشیر جی ریپورتر چاپ ١٩٧٢
The Concise Persian-English Dictionary/ by Abbas Aryanpoor Kashani and Manuche Aryanpoor Kashani, published in 1976	فرهنگ فارسی ـ انگلیسی نوشته عباس آرینپور ومنوچهر آرین پور کاشانی چاپ ١٩٧٦
Chambers Twentieth Century Dictionary Revised Edition with New Supplements Edited by A.M. Macdonald Latest Reprint 1978	فرهنگ انگلیسی ـ انگلیسی چمبرز قرن بیستم باضمائم نو نوشته مکدانلد آخرین چاپ ١٩٧٨
The Shorter Oxford English Dictionary On Historical Principles reprinted in 1985, Volume I and II	فرهنگ انگلیسی ـ انگلیسی آکسفورد آخرین چاپ ١٩٨٥ جلد اول و دوم

پیشگفتار

پس از انتشار فرهنگ «فارسی به فارسی» تألیف مرحوم حبیب الله آموزگار در سال ۱۳۳۱ خورشیدی در تهران، مرحوم پدرم تشویق می نمود که فرهنگ وی را به انگلیسی برگردانم بدین معنی که فرهنگی فارسی به انگلیسی و انگلیسی به فارسی فراهم آورم.

پس از گذشت تقریباً سی سال، در سال ۱۳۶۰ در لندن پیرو تشویق و ترغیب شاگردان بسیاری که نزد نگارنده زبان فارسی میآموختند، تصمیم گرفتم به خواسته مرحوم پدرم تحقق بخشم ولی چون نگارش فرهنگی کامل بدون داشتن یار و یاوری کاری بسیار مشکل می نمود و زمان بیشتری میخواست، پس از مشورت با دوستان تصمیم بر این قرار گرفت که فرهنگی که فقط شامل افعال متداول و معمولی در زبان فارسی و انگلیسی باشد، تهیه نمایم.

برای نگارش این فرهنگ، دو جلد فرهنگ انگلیسی به انگلیسی آکسفورد (چاپ ۱۹۸۵) که مستندترین فرهنگ انگلیسی زبان شمرده میشود ملاک عمل قرار گرفت.

ضمناً بجا دانستم بخاطر دانشجویان ایرانی و دانشجویان انگلیسی زبان و سایر علاقمندان چند فعل فارسی در برابر فعل اصلی فارسی اضافه نمایم و در نتیجه کتاب بصورت یک فرهنگ افعال فارسی به فارسی نیز درآمده است. بمنظور راهنمائی، هر جا لازم بوده، در بخش فارسی به انگلیسی، علامت صدا گذارده شده و همچنین حرف اضافه ای که قبل یا بعد از فعل در زبان فارسی بکار برده میشود ذکر گردیده است.

در بخش انگلیسی به فارسی، بعلت داشتن معانی مختلف یک فعل انگلیسی در زبان فارسی، فقط به ذکر سه یا چهار معنی اکتفا شده است.

ناگفته نماند که نگارنده اعتراف دارد که این فرهنگ بدون نقص و عیب نیست و از فرهنگ دوستان تمنی دارم نظرات خود را بیدریغ ابراز فرمایند تا اگر عمری باقی بود و عنایت الهی شامل حالم گردید، در چاپ دوم نظرات صائب ایشان مورد نظر قرار گیرد.

در پایان نگارنده لازم میداند از زحمات و کومک بیدریغ آقای بارکلی میلن، آقای دکتر سعید گودرزنیا، آقای دکتر حسن فاتح و همسرم که پیشنهادهای مفید و ارزنده ای نمودند صمیمانه تشکر و قدردانی نماید.

از توجه خاص و سلیقه ایکه شرکت چاپ پیامکوی لندن در حروفچینی و طراحی و چاپ این فرهنگ مبذول داشته اند نیز سپاسگزارم.

هوشنگ آموزگار
لندن ۱۹۸۸

بنام
مرحوم پدرم
فریده، همسرم
جمشید، برادرم

فرهنگ افعال متداول فارسی و انگلیسی

همراه با مترادف‌ها و کاربردهای افعال فارسی

هوشنگ آموزگار

Ibex Publishers
Bethesda, Maryland